概説 日本思想史

編集委員代表 佐藤弘夫

ミネルヴァ書房

日本思想史への招待

　世界中を洗うグローバリゼーションの波と，それに反発する民族主義や宗教原理主義の激しい交錯のなかで，私たちは新たな世紀を迎えた。
　こうした尖鋭な思想的対立は，一見平穏に見える日本においても例外ではない。普遍的な理想としての戦後民主主義をあくまで守ろうとする立場と，それを幻想として斥け，日本の偉業を再び世界に輝かせようとする立場が，厳しいせめぎ合いを見せている。
　思想や歴史観の対立は学問の世界にも及んでいる。周辺諸国をも巻き込んで大きな論争となっている歴史教科書問題は，その最たるものであろう。日本思想史の分野でも，「日本思想」の伝統が近代において作り上げられた，我々自身の欲望の投影にすぎないことを指摘する論調が見られる一方で，日本思想と文化の一貫性と優秀さを声高に唱える議論もあいかわらず盛んである。
　私たちは日本思想史の概説書を編集するにあたって，ひとたびこうした喧しい議論を離れ，過去にこの列島に生を営んできた人々がいかなる知的な営みをもち，どのような成果を生み出してきたかを，もう一度冷静かつ客観的に見つめ直してみたいと考えている。知的文化遺産としての日本思想に関する基礎知識を，正確に分かりやすく記述するとともに，できるだけ多くの方々に日本思想史の全体像についてのイメージを持っていただくことが，本書の最終的な目標である。
　この目標を達成するため，私たちは執筆にあたって，次の２点を共通の前提として確認した。その第一は，「日本思想」を常に外から相対化する視点の設定である。
　日本の思想に外来の要素が圧倒的に多いことは，いまさらいうまでもない。儒教・仏教・キリスト教といった外来思想を除外して日本思想を語ることはほとんど不可能であるし，日本思想史という学問も成り立ちえないことは明らかである。けれども，外来の思想がストレートに日本に受容され，定着していったわけではない。先人たちは，それぞれの時代における社会の現実と格闘するなかでそれを磨き上げ，新たな思想へと昇華していったのである。
　そのことは，日本の思想がいかに世界と不可分に結びついているかを，あらためて想起させる。同時に，民族や国境を越えて流布した思想的素材を取り上げ，対比することは，国際的なレベルで先人たちの発想の独自性を明らかにする手がかりとなるに違いない。本書はこうした立場から，広くアジアやヨーロッパなども視野に入れて，具体的な人やモノの流れに即して他地域の思想との交流と影響関係を考えるなかで，この列島上に展開した思想の独自性を明らかにすることを目指した。
　第二は，頂点的な思想や文献資料だけに頼らない立体的な思想史像の構築である。

近年の日本思想史をめぐる研究の顕著な傾向として，方法と素材の多様化があげられる。文学・歴史学・民俗学・美術史などの周辺領域においても，思想史に関わる積極的な発言が目立つようになった。また，素材の面でも，かつてのような文献中心主義を克服すべく，多彩な資料を積極的に利用しようとする傾向が顕著となった。本書はこうした動向をふまえ，伝統的な思想史の分野はもちろん周辺領域にも目配りして，その最新の研究成果を取り入れることに努めた。また，古文書・金石文・彫刻・絵画資料などをも駆使して，より豊かな日本思想史像の構築を目指した。

　私たちはこのような立場から，本書において世界遺産としての日本思想の歴史を通観するとともに，人類の未来を支える新しい哲学が求められる21世紀に，この列島において育まれた思想が国境を越えた広がりのなかで，いかなる可能性を持ちうるかを問うてみたいと思う。

　　　　　　　　編集委員：佐藤弘夫(代表)　　佐藤勢紀子　　高橋章則　　高橋美由紀
　　　　　　　　　　　　　田尻祐一郎　　平山洋　　前田勉　　八重樫直比古　　渡辺和靖

目　次

日本思想史への招待 …………………………………………………………………… i
図版写真一覧 …………………………………………………………………………… xii
関係地図 ………………………………………………………………………………… xiv

|||||||||||||||||||||||||||||||||||||||　**I　古代の思想**　|||||||||||||||||||||||||||||||||||||||

概説：1　ことば・文字と思想史…2
　　　　　ことばと思想，思想史の始まりと思想史の記述の始まり　　文字の使用の始まり
　　　　　冊封体制　　漢字文化圏
　　　2　小「天下」の創出と文字使用の本格化…5
　　　　　日本列島における記録や書承の始まり　　暦・年号と三国世界観

第1章　「日本」の誕生 …………………………………………………………… 11
　　1　「日本思想」の形成　11
　　　　　倭国の「文明開化」　　外来思想の影響
　　2　倭国仏教の黎明　12
　　　　　仏教の流伝　　仏教公伝　　仏教祭祀の浸透　　個人救済信仰の萌芽
　　3　「日本」と「天皇」の登場　16
　　　　　新王朝の思想　　「日本」宗教の形成
　　▶コラム1　聖徳太子　18

第2章　奈良時代の思想と宗教 ………………………………………………… 20
　　1　政治思想と法思想　20
　　　　　新生日本国の成立　　天命思想の読みかえ　　律令の導入　　律令の実施
　　　　　明法道の誕生
　　2　仏教と神祇祭祀　25
　　　　　仏教と神祇祭祀　　古代国家の神祇祭祀　　古代国家の仏教　　道慈と行基
　　　　　仏教教学の誕生と宗派の成立
　　3　地域，民衆，女性　29
　　　　　思想史・宗教史の視点　　国家仏教論とその問題点
　　　　　地方豪族の仏教，民衆の仏教　　仏教信仰の特色　　女性と仏教

▶コラム2　神仏習合外来説　*32*

第3章　平安時代の仏教……………………………………………………*34*
　① 最澄と空海　*34*
　　　桓武天皇の政治　　最澄　　空海　　最澄・空海以後
　② 御霊信仰と神祇信仰　*39*
　　　御霊会の成立　　天神信仰　　石清水八幡宮と二十二社制
　　　霊場参詣と神仏習合
　③ 浄土信仰の展開　*41*
　　　宮中仏事と来世希求的信仰　　臨終出家　　空也と源信
　　　貴族社会における浄土教の広まり
　▶コラム3　罪と穢　*45*

第4章　平安時代の政治と貴族文化……………………………………*47*
　① 弘仁・貞観文化　*47*
　　　嵯峨天皇と弘仁格式の編纂　　文章経国思想　　大学別曹と別集
　　　仏教偏重と国風文化への流れ
　② 摂関政治　*50*
　　　摂政の始まり　　阿衡事件と菅原道真　　延喜・天暦の治
　　　摂政・関白の確立と貴種の観念
　③ 国風文化　*54*
　　　国風文化　　遺誡の思想と有職故実　　陰陽道の展開
　　　日本的信仰形態の形成
　▶コラム4　安倍晴明　*57*

第5章　漢文の思想・和文の思想………………………………………*59*
　① 仮名文学の発生　*59*
　　　漢詩文の変容　　和歌の復権　　和文の導入
　② 物語文学の生成　*62*
　　　物語の発生　　物語の位置づけ　　物語創作の正当化
　③ 和風文化の開花　*64*
　　　自国意識の確立　　和漢の並立　　和の領域の拡大
　▶コラム5　末法思想　*67*
　▶コラム6　木造仏の展開　*68*

Ⅱ 中世の思想

概説： 1 中世的コスモロジーの形成…72
　　　　　彼岸世界の膨張　　霊場の発展　　願いを聞く神
　　　 2 広がる世界観…74
　　　　　海外との交渉　　起請文の神仏　　環日本海交流圏の形成
　　　 3 イエ意識の形成…76
　　　　　家の分立　　女性と家　　庶民文化の形成

第6章　院政期の思想……………………………………………79
　1 院の信仰と文化　79
　　　　後三条天皇と院政　　大江匡房　　院の信仰
　2 遁世と隠逸　81
　　　　信西入道と明遍　　遁世という生き方　　院政期と遁世
　3 文化の地方への波及　84
　　　　寺院間の抗争　　霊場の形成　　文化の地方への伝播
　▶コラム7　未来記　86

第7章　武家政権の成立と政治思想の展開……………………88
　1 中世的天皇観の形成　88
　　　　神から人へ　　王権正当化の論理の模索　　徳治主義の導入
　2 武家政権の誕生とその思想　90
　　　　武士の登場　　武家の首都鎌倉　　道理と徳政
　3 政治思想の展開　93
　　　　足利政権の政治思想　　歴史思想の体系化　　地縁共同体の形成
　▶コラム8　天道思想　95

第8章　鎌倉仏教の思想…………………………………………97
　1 鎌倉仏教の成立　97
　　　　鎌倉仏教の起点　　顕密仏教
　2 国内的契機に基づく思想の変革　99
　　　　浄土教　　法華信仰　　顕密仏教の改革—戒律および禅
　3 国際的契機に基づく思想の変革　102
　　　　蒙古襲来とその思想的影響　　禅の移入と受容
　▶コラム9　本覚思想　104

第9章　神道思想の形成 …………………………………………………… 106
　　① 神祇信仰の変容　106
　　　　末法思想と神仏習合　　熊野信仰　　祓の信仰
　　② 仏家神道の展開　108
　　　　『中臣祓訓解』　　両部神道　　山王神道　　その他の仏家神道
　　③ 社家神道の成立と展開　110
　　　　伊勢神道　　慈遍と親房　　吉田神道
　　▶コラム10　神国思想　114

第10章　文芸と芸能の思想 ………………………………………………… 116
　　① 無常感の浸透　116
　　　　発心集・方丈記・平家物語　　仏教信仰の表出―釈経歌と説話
　　　　徒然草の登場
　　② 無常観と芸道　118
　　　　連歌の隆盛　　心敬と世阿弥
　　③ 無常観の変化と本覚論・尚古意識　120
　　　　本覚論の影響　　尚古意識と古今伝授
　　▶コラム11　補陀落渡海　123

第11章　民衆文化の開花 …………………………………………………… 125
　　① 中国文化の受容と変容　125
　　　　唐物数寄の世界　　禅と芸能
　　② 都市・農村・山野河海　127
　　　　惣村と町　　境界を越える人々
　　③ 室町・戦国期の思想動向　130
　　　　究極原理の追求　　宗教世界の広がり　　戦国仏教
　　▶コラム12　こよみ　133

||||||||||||||||||||||||||||||||||||　Ⅲ　近世の思想　||||||||||||||||||||||||||||||||||||

概説：1　近世社会の特質…136
　　　　世俗的な秩序化―宗教　　世俗的な秩序化―イエ
　　　　世俗的な秩序化―商品・市場・民族意識
　　　2　近世思想の骨格…139
　　　　近世思想のキーワード―「理」　　西欧文明との出会い

第12章　世俗と宗教の葛藤　143

1. 近世的公儀理念の形成　*143*
   公権力と天の思想　　武威の創出
2. 神国日本　*145*
   南蛮文化の衝撃　　神国意識の肥大化
3. 合戦の文化と思想　*148*
   兵学の展開　　鉄砲と城郭

▶コラム13　太平記読み　*151*

第13章　泰平の到来　153

1. 「武威」の近世国家　*153*
   文と武の支配　　「東照大権現」と朝廷　　寺壇制度の確立
2. 朱子学と兵学　*155*
   「中華」文明圏と朱子学　　藤原惺窩と林羅山　　兵学の統治論
3. 「御家」と武士道論　*158*
   明君の政治課題　　士道と武士道

▶コラム14　日本型華夷意識　*161*

第14章　儒学と仏教　163

1. 儒学と仏教　*163*
   儒学者の排仏論と仏教側の対応　　霊魂観をめぐって
2. 博学と不学・無学　*165*
   博学と不学・無学　　朱子学の位置
3. 政治と儒学　*166*
   蕃山・素行・仁斎　　白石と鳩巣　　徂徠

▶コラム15　赤穂事件　*171*

第15章　町人の思想・農民の思想　172

1. 職分論とイエの思想　*172*
   町人の思想・農民の思想へのアプローチ　　職分論の登場　　職分論の性格
   職分論と家業　　上からの職分論と下からの職分論
2. 生活と思想　*175*
   「正直」と「倹約」　　「商人の道」　　石門心学　　農書の意義
   農民は「直耕の転子」
3. 庶民思想の豊かな世界　*177*
   庶民芸能の意義　　〈田舎俳壇〉をめぐる思想状況

〈町人学者〉の思想世界　　体制の動揺と庶民思想
　　▶コラム16　義理と人情　*180*

第16章　国学と神道 ……………………………………………………… *181*
　1　二組の往復書簡——地方国学者からの手紙から見えてくること　*181*
　　　東北の国学者小沼幸彦の手紙　　国学の盛況　　『神代系図』の出版
　　　二通の書簡の意義
　2　『古事記伝』——神々の世界の再構築　*183*
　　　予想される『神代系図』刊行の影響　　『古事記』の神々
　　　『古事記』の初発神アメノミナカヌシ　　『日本書紀』の初発神クニトコタチ
　　　吉田神道　　儒家神道　　度会神道　　宣長の既存神道批判
　3　思想のはたらく場面——「神職」のなりわいと思想　*185*
　　　「諸社禰宜神主法度」　　神職の法度違反　　「神道裁許状」
　　　神職の鈴屋入門
　4　「神職」・「国学者」の「歴史」主義——地域に根ざす学問　*187*
　　　神社界を支配する吉田家への批判　　神社界の秩序再生への希求
　　　国学の課題　　国学者の職業構成　　国学者の著作と神道との関係
　5　その後の「アメノミナカヌシ」——明治維新と「神々」・国学者　*190*
　　　神道国教化への道　　「神仏分離」　　アメノミナカヌシの再浮上
　　　皇学所とアメノミナカヌシ　　国家的な教え
　　　歴史教科書のなかのアメノミナカヌシ
　　▶コラム17　現人神　*192*

第17章　蘭学の成立と内憂外患 ………………………………………… *194*
　1　蘭学とその影響　*194*
　　　洋学と蘭学　　蘭学の成立　　『解体新書』の背景と意義
　　　蘭学の影響と世界観の拡大
　2　経世家の登場と文化的ネットワークの形成　*196*
　　　経世家と幕藩体制の動揺　　軍事的経世論　　商業的経世論
　　　農業的経世論　　経世論の特徴
　3　鎖国意識と後期水戸学の成立　*199*
　　　北方の脅威　　『鎖国論』　　対外的緊張の高まり　　水戸学の登場
　　　水戸学の思想とその影響
　　▶コラム18　アイヌ・琉球・朝鮮　*203*

第18章　幕末の群像 ……………………………………………… 205
　　1　アヘン戦争の衝撃　205
　　　　情報の問題　　政治史と思想史との合体　　中国観の変化　　古賀侗庵
　　2　佐久間象山と横井小楠　208
　　　　「東洋道徳，西洋芸術」　　攘夷から「公共の政」へ
　　　　三代の学と『海国図志』
　　3　「民衆宗教」の成立　210
　　　　黒住教　　天理教　　金光教　　丸山教　　「民衆宗教」をどう捉えるか
　▶コラム19　お伊勢参り　215

|||||||||||||||||||||||||||||||||||||||　Ⅳ　近現代の思想　|||||||||||||||||||||||||||||||||||||||

概説：1　伝統思想と西洋思想の葛藤…218
　　　　近世と近代の連続性　　近世と近代の不連続性　　明治思想の二重構造
　　　2　共同体的倫理の解体…219
　　　　社会構成と産業構造の変化　　孤独な人々　　世界水準との接続
　　　3　戦中と戦後の間…222
　　　　植民地の問題　　1940年代思想史の必要　　戦後日本の課題

第19章　「文明」への旅立ち ……………………………………… 225
　　1　王政復古とその理念　225
　　　　王政復古の大号令　　王政復古の理念　　廃仏毀釈運動
　　2　文明開化と明六社の人々　227
　　　　維新の本質　　福澤諭吉　　福澤の「学者職分論」
　　　　政治学者加藤弘之の反論　　哲学者西周の反論　　藩閥官僚森有礼の反論
　　　　明六社の終焉
　　3　自由民権運動と宗教界の動向　231
　　　　自由民権運動から立憲体制へ　　明治20年代までの宗教界の動向
　　　　キリスト教の布教
　▶コラム20　御真影　233

第20章　臣民と国民 ………………………………………………… 235
　　1　「臣民」像と「国民」像の模索　235
　　　　大日本帝国憲法と教育勅語　　「明治ノ青年」たちの主張
　　2　日清戦争と「日本人」意識　237
　　　　「忠君愛国」思想の定着　　戦争の論理とアジアへの視線

③　日清・日露戦間期の思想　*240*
　　　　　「臣民」と「国民」のゆくえ　　分裂する「日本人」の相貌
　　▶コラム21　教育と宗教の衝突　*243*

第21章　大正デモクラシーの思想 ……………………………………… *245*
　　　①　時代閉塞の状況　*245*
　　　　　日清戦争から日露戦争へ　　日露戦争と国内世論
　　　　　日露戦争の帰結　　デモクラシー運動のさきがけ
　　　　　非戦論への報復としての大逆事件
　　　②　大正デモクラシー　*248*
　　　　　大正改元　　天皇機関説論争と第1次護憲運動
　　　　　第1次世界大戦とサラリーマンの登場　　第2次護憲運動と普通選挙法
　　　③　思想の新潮流　*251*
　　　　　文明から文化へ　　東洋思想と西洋思想の融合
　　▶コラム22　津田・村岡・和辻　*254*

第22章　都市と大衆の思想 ……………………………………………… *256*
　　　①　大衆社会の成立　*256*
　　　　　商工業の発展と大都会の成立　　盛り場・浅草　　連続活劇映画
　　　②　孤独と不安のなかで　*259*
　　　　　〈他者〉の発見　　新たな共同性を求めて　　マルクス主義の衝撃
　　　③　大衆文化の諸相　*262*
　　　　　ジャーナリズムの発達　　大衆文学の盛行
　　　　　大衆社会の教養─円本と岩波文庫
　　▶コラム23　アジア主義　*265*

第23章　民族という幻想 ………………………………………………… *267*
　　　①　マルクス主義の展開と挫折　*267*
　　　　　危機の時代　　福本イズム　　日本資本主義論争　　転向
　　　　　京都における展開
　　　②　日本への回帰　*270*
　　　　　西洋から日本へ　　九鬼周造・和辻哲郎・鈴木大拙
　　　　　民俗学・国語学・女性史　　日本浪曼派
　　　③　戦争と知識人　*272*
　　　　　天皇機関説事件と国体明徴　　国家主義とアジア　　近代の超克と京都学派
　　▶コラム24　総力戦論争　*273*

第24章　戦後民主主義……………………………………………………… 275
　　1　希望としての民主主義　275
　　　　戦後民主主義の誕生　　戦後民主主義の思想　　丸山眞男と大塚久雄
　　2　60年安保闘争　278
　　　　安保条約の改定　　平和と民主主義　　戦後思想の分岐点
　　3　試練の中の民主主義　281
　　　　高度経済成長　　ベトナム戦争・沖縄返還・大学紛争
　▶コラム25　新宗教・新新宗教　283

第25章　国民と市民の相克……………………………………………… 284
　　1　高度経済成長の終焉　284
　　　　大衆運動の挫折　　石油危機と企業の対応　　日本文化論の盛行
　　2　ポストモダンの世界　286
　　　　ウーマンリブからフェミニズムへ　　差別への眼差し　　新たなる世界認識
　　3　グローバリズムとその反発　288
　　　　国際交流の日常化　　J回帰の時代　　21世紀へ
　▶コラム26　ポストモダニズム　291

参考文献………………………………………………………………………… 293
あとがき………………………………………………………………………… 299
日本思想史年表………………………………………………………………… 301
人名索引………………………………………………………………………… 335
文献・史料名索引……………………………………………………………… 346

図版写真一覧

「北野天神縁起絵巻」（北野天満宮蔵）より ……………………………………………… 1
稲荷山古墳出土鉄剣（埼玉県立さきたま資料館蔵） ……………………………………… 6
『続日本記』（名古屋市蓬左文庫蔵） ………………………………………………………… 9
釈迦如来坐像（飛鳥大仏）（飛鳥寺蔵） …………………………………………………… 14
「天皇」木簡　飛鳥池遺跡出土（奈良文化財研究所蔵） ………………………………… 16
薬師寺址（本薬師寺）奈良県橿原市（奈良文化財研究所提供） ………………………… 21
最澄の受戒に関する「僧綱牒」（来迎院蔵） ……………………………………………… 28
「大法炬陀羅尼経」巻第六奥書（根津美術館蔵） ………………………………………… 31
満願（万巻）（箱根神社蔵） ………………………………………………………………… 33
伝教大師（最澄）（一乗寺蔵） ……………………………………………………………… 36
弘法大師（空海）（無量光院蔵） …………………………………………………………… 37
恵信僧都（源信）（聖衆来迎寺蔵） ………………………………………………………… 43
嵯峨天皇筆「光定戒牒」（延暦寺蔵） ……………………………………………………… 48
藤原道長筆「御堂関白記」寛弘4年（1007）8月条（陽明文庫蔵） …………………… 53
詩文の宴　「年中行事絵巻」（個人蔵）より ……………………………………………… 60
「源氏物語絵巻」東屋一（徳川黎明会徳川美術館蔵） …………………………………… 63
『近衛本和漢朗詠集』（陽明文庫蔵） ………………………………………………………… 65
藤原道長奉納金銅経筒と「無量義経・法華経」巻第四（金峯神社蔵） ………………… 68
定朝作「阿弥陀仏像」（平等院蔵） ………………………………………………………… 69
扇売と烏帽子折　「職人尽歌合」（東京国立博物館蔵）より …………………………… 71
「春日権現験記絵」模本（東京国立博物館蔵） …………………………………………… 78
『江談抄』（前田育徳会尊経閣文庫蔵） ……………………………………………………… 80
平家納経「法華経妙荘厳王本事品第二十七」（厳島神社蔵） …………………………… 86
後醍醐天皇（清浄光寺蔵） …………………………………………………………………… 89
鶴岡八幡宮（鎌倉市）（関幸彦氏提供） …………………………………………………… 92
『愚管抄』（宮内庁書陵部蔵） ………………………………………………………………… 94
日蓮筆「本尊曼荼羅」（妙本寺蔵） ………………………………………………………… 100
蘭渓道隆（建長寺蔵） ………………………………………………………………………… 103
「山王宮曼荼羅」（大和文華館蔵） …………………………………………………………… 110
『倭姫命世記』（神宮文庫蔵） ………………………………………………………………… 111
吉田神社太元宮（京都市） …………………………………………………………………… 113
琵琶法師　「職人尽歌合」（東京国立博物館蔵）より …………………………………… 117
補陀落渡海図　「那智参詣曼荼羅」（正覚寺蔵）より …………………………………… 124
連歌会席図　「猿の草子」（大英博物館蔵）より ………………………………………… 126
修験者（金峯山寺提供） ……………………………………………………………………… 129
「なべかむり日親」「開山日親上人徳行図」（本法寺蔵）より …………………………… 132
心学の講釈『前訓』（東北大学附属図書館蔵）より ……………………………………… 135

織田信長「天下布武印判」「深草内配当分目録」（東北大学附属図書館蔵） ………… *144*
「坤輿万国全図」（東北大学附属図書館蔵） …………………………………………… *146*
「安土城図」（大阪城天守閣蔵） ………………………………………………………… *150*
『太平記評判秘伝理尽鈔』（金沢大学附属図書館蔵） ………………………………… *152*
日光東照宮陽明門（栃木県日光市） ……………………………………………………… *154*
林羅山（個人蔵） …………………………………………………………………………… *156*
「朝鮮人来朝図」（神戸市立博物館蔵） ………………………………………………… *161*
沢庵宗彭（祥雲寺蔵） ……………………………………………………………………… *163*
室鳩巣　「肖像集」（国立国会図書館蔵）より ………………………………………… *168*
荻生徂徠（致道博物館蔵） ………………………………………………………………… *169*
『町人嚢』（「住田文庫」神戸大学附属図書館蔵） …………………………………… *174*
石田梅岩（明倫舎蔵） ……………………………………………………………………… *175*
常盤潭北（『栃木県史』より） …………………………………………………………… *178*
『神代系図』（福島県郡山市・安藤智重氏蔵） ………………………………………… *182*
「神道裁許状」（安藤智重氏蔵） ………………………………………………………… *186*
『解体新書』（東北大学附属図書館医学分館蔵） ……………………………………… *195*
林子平旧蔵「世界ノ図」（仙台市博物館蔵） …………………………………………… *197*
弘道館（水戸市） …………………………………………………………………………… *202*
アジアの海域図（浜下武志『沖縄入門』ちくま新書，より） ………………………… *204*
鯰絵「世ハ安政民之賑」（東京大学史料編纂所蔵） …………………………………… *211*
「新橋停車場之図」（『風俗画報』より） ……………………………………………… *217*
「帝国図書館尋常閲覧室」（『風俗画報』より） ……………………………………… *228*
「女学校の造花教室」（『風俗画報』より） …………………………………………… *229*
「小学校元旦勅語奉読並祝歌合唱」（『風俗画報』より） …………………………… *233*
「明治ノ青年」たち　三宅雪嶺，徳富蘇峰，志賀重昂（『少年世界』第1巻第20号，1895年）
　 ……………………………………………………………………………………………… *237*
「広島大本営軍務親裁」（明治神宮聖徳記念絵画館蔵） ……………………………… *239*
1905年（明治38）当時の平民社の人々（荒畑寒村『平民社時代』中央公論社，より） …… *241*
井上哲次郎（『名流漫画』より） ………………………………………………………… *243*
「御大葬中の東京市」（『風俗画報』より） …………………………………………… *248*
内国勧業博覧会　「表門内各本館及中門を望む図」（『風俗画報』より） ………… *251*
村岡典嗣（『慶應通信』より） …………………………………………………………… *255*
浅草六区のにぎわい（浅草文庫提供） …………………………………………………… *257*
萩原朔太郎（日本近代文学館提供） ……………………………………………………… *258*
竹内仁（『竹内仁遺稿』湖北社，より） ………………………………………………… *261*
転向声明を伝える新聞（『東京朝日新聞』昭和8年6月10日付） …………………… *269*
丸山眞男（『丸山眞男集』岩波書店，より） …………………………………………… *277*
安保闘争で銀座を埋めるフランスデモ（毎日新聞社提供） …………………………… *279*
Jリーグ開幕戦（1993年5月15日，国立競技場）（毎日新聞社提供） …………… *290*
ロシアタンカー重油流出事故（毎日新聞社提供） ……………………………………… *291*

図版写真一覧　xiii

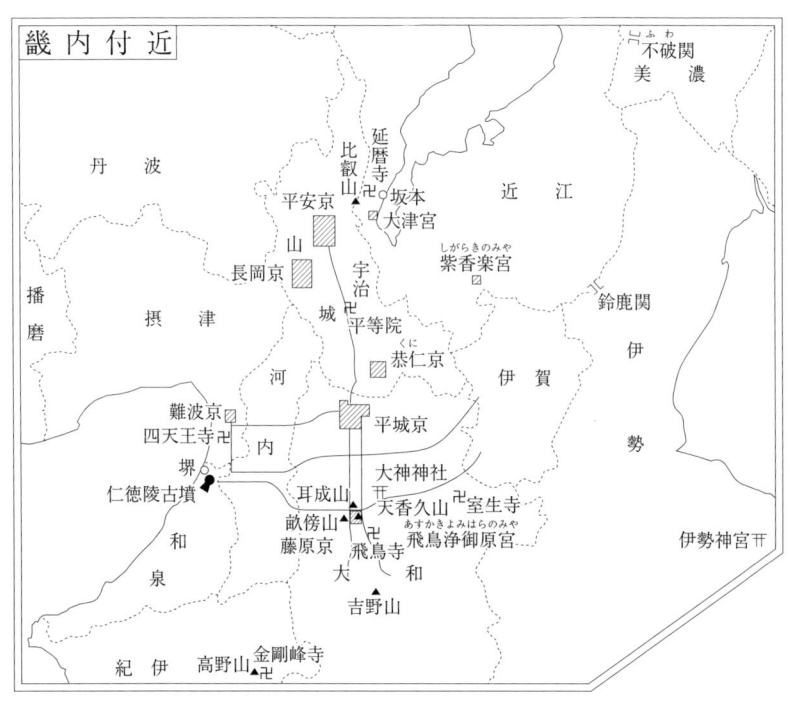
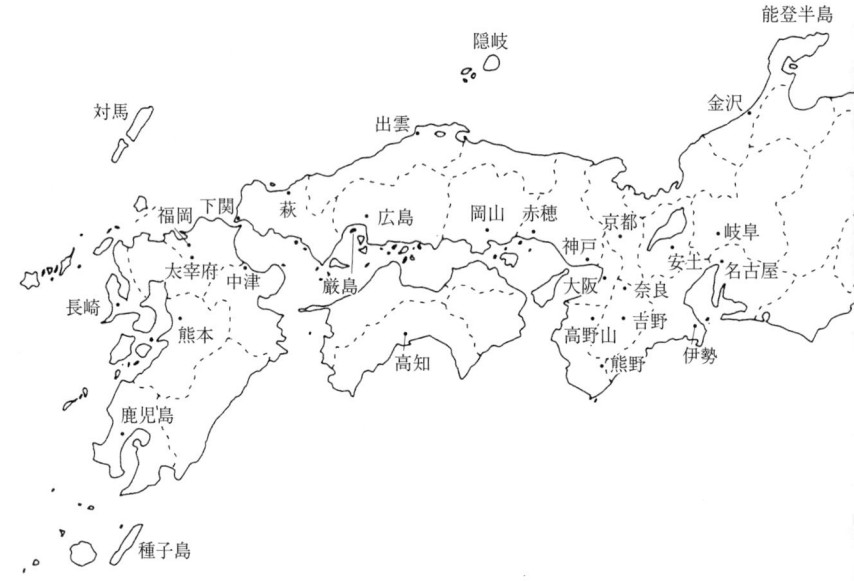

I
古代の思想

「北野天神縁起絵巻」(北野天満宮蔵) より

Ⅰ　古代の思想：概説

1　ことば・文字と思想史

◇　ことばと思想，思想史の始まりと思想史の記述の始まり

　人間の考える営みを支えるのはことばである。「昨夜決めたことはあれでよかったのだろうか」とか，「日本の経済は今後どのように推移するのか」とか，私たちがあれこれ考える時，頭の中をことばが駆けめぐる。考える営みや考えられたもの，つまり思想はことばとともにある。

　ことばと思想が切り離せないものならば，人類がことばを使い始めた時には，すでに思想が存在したことになる。日本列島における人類の生活の痕跡は，旧石器時代にまで遡る。したがって，日本列島における考える営みの歴史は，旧石器時代から始まることになるであろう。

　けれども今日の私たちにとっては，旧石器時代はおろか，様々な遺跡や遺物に囲まれているにもかかわらず，縄文・弥生・古墳時代の人々の心の中を明らかにすることすらむずかしい。それらの時代の人々の考え，つまり思想が文字によって書き留められることが全くなかったり，あるいはたとえ書き留められたとしても，それがあまりにも少ないからである。

　たとえば目の前に巨大な前方後円墳があったとしよう。鬱蒼と茂る森に覆われた丘の量感には圧倒される。多大な時間と労力を費やして造られた墓であることはまちがいない。しかし，そこには誰が葬られているのか，どのような人々のどのような思いや願いをこめて造られたのかなどという問いを発しても，この巨大な墓はなにも語ってくれない。まさにそれは沈黙したままである。

　沈黙する遺跡や遺物に比べれば，文字はまことに多弁である。ことばを用いて考えるという営み，ことばを文字によって書き連ねるという営み，書き連ねられたものが今日にまで伝えられたという幸運，それがあって初めて思想史の研究が可能になる。

　これまでの思想史の研究は，おおむね書き留められたもの，つまり文字史料に依って行なわれて来た。文字史料の乏しい時代の思想を明らかにすることを，思想史の研究は得意としていない。日本列島における思想の歴史の始まりが旧石器時代にあることを認めながらも，書き留められたものによって思想史を研究し，その成果を記述することの，その始まりは，大幅に繰り下げられることになる。

◇　文字の使用の始まり

　本書において古代と一括する時代は，院政期を除くそれ以前の平安時代まで，すなわち11世紀までである。私たちにとって，旧石器時代はあまりにも遠い。この旧石器時代

I 古代の思想：概説

を除外すると，それに続く縄文時代の始まりは，およそ1万2000年前とされている。本書において古代と一括する時代はおよそ1万1000年ということになる。たいへんに長い期間である。

長いばかりではなく，その間には，後の時代の日本列島に生きる人々の生活に決定的な影響を与えることとなるような，大きなそして多くの出来事があった。土器の製作と使用，農耕の始まりや金属器の使用，漢字の使用やかな文字の発明，国家の成立，外来の宗教や思想の伝来と土着，日本という国号の使用や天皇と呼ばれる君主の登場や都市の成立など，数えきれないほどの様々な出来事があった。日本列島に住む人々の発展の歴史の端緒と見なしうるような様々な出来事があった。しかしそれらは，別の角度から見れば，日本列島に住む人々にとっての負の歴史の開始でもあった。たとえば，農耕の始まりは，日本列島における戦争の時代への突入をも意味したとされ，また環境破壊の始まりともなったとされる。

このように，ここで取り上げる時代には，様々な出来事の始まりがあるが，今日の私たちが日本列島における思想の歴史を考える場合に，特に重要だと思われるのは文字の使用の始まりである。文字には様々な利点があるが，思想の伝達の手段として，それがいかに優れているかを思い知らされるのが，ここに取り上げる時代の思想を解明しようとする場合である。それは同時に，文字史料に依拠した思想史の研究の限界を認識させられることでもある。

日本列島に居住する人々によって，体系性をそなえたある程度まとまった考え，つまり最も普通の意味での思想が，文字を用いて書き残されるようになったのは，それほど古いことではない。現存する文字史料で言えば，8世紀の初め頃の『古事記』や『日本書紀』の成立した頃，およびそれ以降のことである。それ以前には，少数の文字史料が刀剣や鏡などの金属器などに刻まれて残っているか，あるいは『後漢書』や『三国志』などの中国の歴史書に残された記録があるだけである。ここで古代と一括した1万1000年ほどの期間の，その終わり頃になってようやくそうした史料が残され始めたことになる。

思想史のこれまで採られて来た主要な方法とは，この書き残された文字史料を読み，様々な時代の様々な人々の考えを明らかにするという方法である。沈黙を守る遺跡や遺物から，その時代の思想を明らかにすることは，今後に残された課題である。

◆ 冊封体制

日本列島における文字の使用の始まりに注目する場合に見逃してならないのは，東洋史家，西嶋定生が提唱した冊封体制である。冊封体制とは，東アジアの古代文明の中心

I 古代の思想：概説

である中国とその周辺地域に，両者の間の文明の格差を前提として設定された，国際的な支配と従属の関係の枠組みのことである。

「冊封」とは，元来は中国の皇帝が臣下などに領土を与えて諸侯などに任ずることを言う。冊封体制とは，中国内部の皇帝と貴族や官僚との間に取り結ばれる君臣関係を，その外部に拡大して，周辺の諸地域の支配者を皇帝の臣下と位置づけることである。中国周辺の諸地域の支配者たちは，朝貢して皇帝の臣下となり，その見返りとして，王や公・侯などの爵位や将軍などの官職を授けられ，自らの支配する地域における地位を承認される。諸地域の支配者に与えられる冊書（策書）と印綬（皇帝に宛てた文書の封印に用いる印章＝印と，印章を腰に吊るす組み紐＝綬のこと）が，冊封関係にあることを証明した。

冊封体制に入り朝貢することは，中国の皇帝に従属することにほかならない。それは，皇帝，すなわち天子の支配する天下に組み込まれることを意味した。しかし，周辺地域の支配者たちにとっては，自分の支配する地域や国における権威や地位が保障される，あるいは近隣地域や他国に対する優越した位置を確保でき，紛争などの場合には中国の皇帝の庇護を仰ぐこともできるという利点がある。他方，朝貢を受ける側の皇帝については，その徳が直接に支配する地域の外にまで及んだ証しとされ，中国における皇帝の地位やその支配秩序をさらに安定させると考えられた。

現実には，周辺の諸地域の支配者たちは，様々な利害や思惑の下に皇帝に朝貢して冊封されたであろうし，皇帝の側もまた様々な思惑の下に冊封したであろうが，冊封体制とは，そうした利害や思惑を吸収する外交の枠組みであったといえる。

冊封体制は，前漢の成立以降の，東アジア地域の国際関係を規制する枠組みであった。前漢以降のこの地域の歴史を考える場合には，対外関係の歴史ばかりではなく，それぞれの地域の内部の歴史についても，この国際的な枠組みを無視することはできない。なぜなら，冊封体制に入ることで，支配者は支配を持続させたり，諸制度を維持するなどのことが見られるからであり，単に対外的な面にのみこの関係が作用しているわけではないからである。

冊封体制を支える考え方としては，一つには，中国とその周辺地域との文明の格差を強調し，その格差によって両者を区別する中華思想（華夷思想）が挙げられる。それはまた，天より天下の支配を委ねられた天子，すなわち皇帝が天下の中央に位置し，文明は天下の中央において最も卓越しているという考え方である。またその一方で，徳のある皇帝の許には，中国の人民のみならず，周縁の夷狄すらもその徳を慕って朝貢するとする徳化の考え方が挙げられる。

I　古代の思想：概説

◯　漢字文化圏

　中国の漢字、漢文は周辺の諸地域にも広まったが、この漢字を共有する広がりを漢字文化圏と呼ぶ。阿辻哲次によれば、漢字文化圏の形成の萌芽は前漢の時代とされ、その後、それは清の時代まで存続したとされる。漢字文化圏の形成の始まりは、冊封体制の形成の始まりに一致しており、その形成は冊封体制の形成と不可分の関係にあったと見られる。

　多様な言語が用いられ、また同一言語にも多様な方言がある広大な中国においては、漢字という表意文字と、それを組み合せて綴られる漢文は、意志や情報を伝達するためには不可欠な手段であった。中国を統一的に支配するためにもそれは同様であった。岡田英弘は、中国の統一に果たした漢字や漢文の役割に注意を払うべきである、と指摘するが、この指摘は、東アジアにおける漢字文化圏の成立についても、その要因を考える場合に忘れてはならないであろう。

　中国の周辺の支配者が使者を立てて皇帝に朝貢する際には、皇帝に宛てた国書の携行が求められた。国書を封印する際に使用されるのが、皇帝から下賜された印綬である。国書の携行が求められたということは、漢字や漢文の使用が求められたことを意味する。中国周辺の支配者たちには、皇帝との関係を維持しようとする限り、たとえそれがごく少数ではあっても、漢字を駆使し修辞をこらした漢文を作成する者を近侍させる必要があったことになる。このように、冊封体制に参入することは、同時に漢字文化圏に参入することを意味したのである。漢字や漢文は、冊封体制の始まりとともに、外交文書の作成の必要から中国の周辺地域に広まったのである。

2　小「天下」の創出と文字使用の本格化

◯　日本列島における記録や書承の始まり

　しかしここで注意しておきたいのは、日本列島の場合は、残存する文字史料を見るかぎりにおいて、冊封体制への参入の時期と、列島内部において多量の文字史料が残されるようになる時期の間には、多大な時間差があったということである。冊封体制への参入によって、列島全体がただちに漢字文化圏に組み込まれたのではなかった。後述するように、冊封体制に距離をおいて、中国とは別個の天下を創出した後に、列島内部での本格的な文字使用が始まったといえるのである。

　福岡市の志賀島から発見された金印には、「漢委奴国王」と刻まれているが、これは紀元57年に後漢の光武帝から下賜されたものとされる。また、『三国志』東夷伝倭人条

I　古代の思想：概説

稲荷山古墳出土鉄剣（埼玉県立さきたま資料館蔵）

『魏志倭人伝』によれば，邪馬台国の卑弥呼が，239年に魏の皇帝から「親魏倭王」の称号や銅鏡などを与えられた。また，『宋書』倭国伝によれば，5世紀になって，倭の五王があいついで南朝に遣使しており，この倭国伝に引用された倭王武の上表文のような見事な漢文体の外交文書もよく知られている。さらに，中国や朝鮮半島との間の様々な人や物の交流が，長期間にわたって展開されていたことからすれば，相互の間に文書による意志の伝達も頻繁に行われていたであろうことは容易に想像される。

奴国の王や邪馬台国の卑弥呼，そして倭の五王の遣使は，倭国の支配者たちが，内政や外交を有利に運ぶ意図の下に行われたのであり，冊封体制への参入を意味するといえる。しかし，倭の五王の最後である武の場合は，その上表文や，それを引用する『宋書』の記述から知られるように，遣使の結果，望むような官職や地位は得られなかった。倭の朝鮮半島との外交や軍事的介入を有利な方向へ導くことにはならなかったのである。

埼玉県の稲荷山古墳から出土した銘文を有する鉄剣はよく知られている。その銘文によれば，この鉄剣は「辛亥年」に作られたものである。銘文には「獲加多支鹵大王」や

I 古代の思想：概説

「天下を治むるを佐く」の文字も見える。今日、この「辛亥年」は471年に当たるとされており、「獲加多支鹵大王」は雄略天皇、倭王武に比定されている。この銘文からは、天下を治める大王の支配を、先祖代々助け仕えて来たのを手柄とし、その手柄を謳い上げるために作らせた、という製作の意図を読み取ることができる。この銘文にいわゆる「天下」は、中国の皇帝を中心にすえた天下ではない。こうした銘文から推定されることは、冊封体制への参入が必ずしも自己の思惑通りに事を運ぶものではないと知った当時の倭国の支配者が、冊封体制を脱して、つまり中国の皇帝を中心にすえた天下から離れ、新たな「天下」を創出してそこの大王に自らを位置づけ始めたのであろう、ということである。

はたして、その後、倭国の支配者からの中国の皇帝への遣使は途絶える。久々に使者が派遣されたのは、『隋書』倭国伝から知られるように、7世紀初頭のことであった。その時の使者が携えた国書の書き出しには「日出づる処の天子、書を日没する処の天子に致す」とあり、隋の煬帝はこれを見て喜ばなかったとある。中国の皇帝の支配する天下とは別の、もう一つの天下という考え方が確認できるのであり、対等の間柄の外交を求めたと考えられるのである。日本列島において文字史料が多量に残存するようになるのはこれより後のことになるのである。

8世紀になって成立した六国史の第一、『日本書紀』の中に読み取れる天下とは、朝鮮半島の高句麗・新羅・百済を蕃国と位置づけて属国視し、また列島内部にあっては、本州島の北部を蝦夷、九州南部を隼人の住まう地域とするものであった。中国の天下を模倣したその小型版であった。またその書名から知られるように、この小天下の中心は日本と称され、そこの支配者は天皇と称されている。

中国の皇帝の支配する天下とは別のもう一つの天下が創出されたとして、それを支える考え方とは一体何であったのかということについて、石上英一は、「中国思想である儒教・道教による限り、中国王朝を中心とした天下観念を相対化し、それとは別の「天下」を構想することは不可能であった。それを可能としたのは仏教の宇宙観・世界観であった」と言う。『隋書』倭国伝には、倭国の使者が遣使の理由を述べた際に、煬帝を「海西の菩薩天子」と称したとある。中国の皇帝を菩薩に擬しつつ対等の外交を求めた背後に、石上が指摘するような、仏教の宇宙観や世界観に支えられたもう一つの天下の創出を想定することは十分に可能であろう。

小天下の創出に仏教の宇宙観や世界観が関与したことが推測されるとともに、こうした小天下の創出の時期が、『古事記』や『日本書紀』にみられる神話の筆録が行われた時期でもあることは無視できない。それは仏教と神祇信仰が相寄って崇拝されて行く、

I 古代の思想：概説

その後の日本列島の宗教や思想の歴史の端緒ともなっているのである。

　7世紀以降，9世紀に至るまで，遣隋使や遣唐使が中国に派遣された。中国側は，他の周辺諸国からの使節と同様に，これを一貫して朝貢使と受け止めた。しかし，日本列島の側は，少なくとも列島内部向けには，朝貢使という呼称を用いずに，遣隋使・遣唐使と称した。そのように称したのは，日本列島の支配者たちの思惑としては，使節の派遣は冊封体制への参入を意味するものではなく，もう一つの天下の支配者からの使節と位置づけたかったからであろう。

　7世紀末に成立する日本の律令国家は，中国の律令を継受して国家を支える法体系としたことからそのように呼ばれるが，それはまた，対外的な危機に備えるために急造された軍事国家であったとも言われ，また文書行政を基幹とする文書国家であったとも言われる。日本列島内部における多量の文字史料の残存の始まりは，この文書国家の始まった時点にほぼ一致しているのである。このように，日本列島の内部における広汎な文字使用の開始の時期，すなわち名実ともに漢字文化圏に組み込まれた時期は，冊封体制からの離脱，つまり中国を中心とした天下から離脱して，独自の天下を創出した後のことであったと見られるのである。

　冊封体制への参入があり，また中国や朝鮮半島との間の人や物の往来が決して不活発であったとは言えないにも関わらず，列島内部での文字使用の広汎な開始が非常に遅かったのはなぜか。そしてこの問題とともに，書承に頼らず専ら口頭伝承に頼ることを，それでよしとした考え方の究明は，今後に残された課題である。

　9世紀の初期に成立した六国史の第2番目の『続日本紀』には，60余りの宣命が引用されている。これらの宣命は，天皇などの意志を口頭で宣布するための，いわばその台本である。この宣命では，漢字を表意文字として用いるとともに表音文字（音仮名）としても使用しており，今日の漢字仮名混じり文の先駆的な形である。『続日本紀』の宣命の最初は文武天皇元年（697）の即位を宣言したものである。この頃には漢字を音仮名として和文を記述することが始まっていたことが知られる。続いて片仮名表記や平仮名表記が始まったことは周知のとおりである。

◙ 暦・年号と三国世界観

　内田正男によれば，日本列島において最初に使われた暦は元嘉暦である。元嘉暦は，中国の南朝，宋の何承天が作成し，445年（元嘉22）に施行された。それはただちに百済に伝えられたことから，百済と親密な関係にあった当時の倭にも程なく伝わったであろうと考えられる。ただし，『日本書紀』によれば，持統天皇4年（690）の記事として，「始めて元嘉暦と儀鳳暦を行ふ」とある。

I 古代の思想：概説

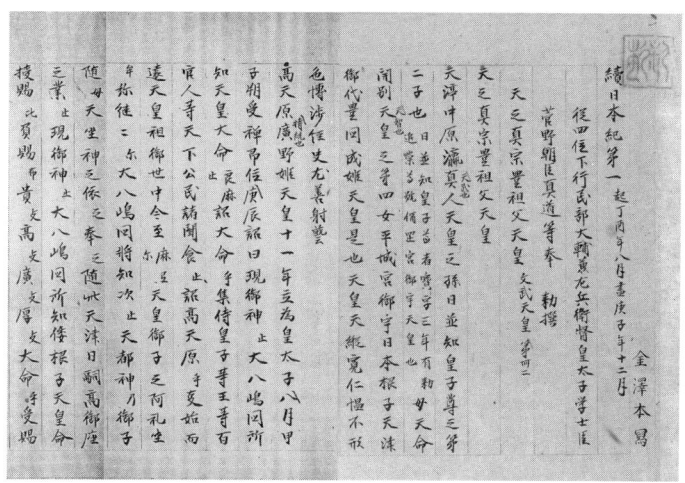

『続日本記』（名古屋市蓬左文庫蔵）

　暦についての中国の最古の記録とされるのは，『尚書』の「堯典」である。そこには「(堯，)乃ち羲和に命じ，欽んで昊天に若ひ，日月星辰を暦象し，敬んで人に時を授く」とある。暦の起源が伝説上の皇帝，堯にあることを伝えている。皇帝，堯が羲氏と和氏に命じて暦を作らせた。羲氏と和氏は天体の運行を観察して暦を作成したが，それは人民に時を授け知らせるものであったというのである。人民に時を授け知らせるために皇帝が暦を作らせるという，この最古の記録からは，天下という空間の支配者である皇帝は，それに加えて，天下に流れる時間の管理者でもあるとする考え方を読み取ることができよう。

　中国から輸入された暦の日本列島における使用の開始は，5世紀半ば以降，もしくは7世紀末期以降にあったらしい。輸入暦の使用は，その後長く江戸時代まで続き，日本独自の暦の最初は，渋川春海が考案し，1685年（貞享2）に施行された貞享暦である。

　輸入暦の使用の開始の時期は年号が初めて定められた時期にも当たる。『日本書紀』に現れる最初の年号は大化（元年は645年）である。この年号を制定するのは，中国では皇帝であった。従って，年号も，皇帝を時間の管理者とする考え方と不可分のものである。日本列島独自の年号の制定は，この地域の支配者を，中国の皇帝とは別の，もう

I 古代の思想：概説

一人の時間の管理者に位置づけることを意味した。

　5世紀から7世紀に至る約300年の時期は、中国とは異なる独自の天下の考え方が確立する時期であり、また日本という国号の使用、そして天皇の呼称の使用の開始の時期でもあった。それはまた輸入暦の使用や、独自の年号の使用の開始の時期でもあったのである。

　9世紀以降、律令国家の朝鮮半島に対する外交上の関心は希薄になってゆく。また事実上、最後の遣唐使となったのは、834年（承和元）に任命された遣唐使である。

　前田雅之によれば、この頃になると、朝鮮半島を欠落させ、他の三地域をあげることで全世界とする世界観が現れてくる。これは、今日、三国世界観とも呼ばれている。その初見は最澄の『内証仏法相承血脈譜』であり、安然の『教時諍』に初めてはっきりと示される。この三国世界観は、たとえば後代の昔話「ねずみの嫁入り」にも、ねずみの夫婦が娘を「三国一の聟殿」に嫁がせようとする、という話柄で表れる。この昔話における「三国一」とは世界一にほかならない。三国とは、仏教が誕生した天竺（インド）と、それを受け入れ独自な展開を経た上で周辺に伝えた震旦（中国）、そして仏教東漸の終着点である本朝（日本のこと、扶桑ともいう）の三地域である。仏教の東漸という事実と、それがインドや中国ではすでに衰退しており、唯一それが今なお栄えている日本という認識が生み出した世界観である。仏教を受け入れ、また中国の天下とは別個の天下を形成した日本列島は、その後、朝鮮半島を欠落し、中国に対する優越の意識を含んだ三国世界観を、長く保持していくこととなるのである。

　　　　　　　　　　　　　　　　　　　　　　　　　　　　　　（八重樫直比古）

第1章

「日本」の誕生

1 「日本思想」の形成

倭国の「文明開化」　自然物・自然現象崇拝は日本列島において最も古くから見られる信仰であり，「倭人」社会においても一般的信仰であった。そしてそれは今日まで日本宗教の底流たり続けている。ただこの信仰は，もともと生活圏にある自然物や現象を崇拝対象として成立している。崇拝対象を具体的に認知している地域以外には，流布する性格のものではなかった。豪族層においては，加えて祖先祭祀を核とする氏族神信仰が形成されていくが，これも各氏族の生活圏を越えて流布するものではなかった。大和朝廷が広域支配勢力となるにつれて，大王家の祭祀が，支配下においた氏族の祭祀を包摂して肥大化する現象は見られるようになる。だがそれが地域的・氏族的共同体の枠を取り払って，倭国全域を覆うような現象は起きなかった。大王は氏族祭祀総体を緩やかに維持・管理する存在であって，大王祭祀は倭国の統一祭祀ではなかった。外来宗教の流入が顕著になる以前の倭国は，豪族層では大王祭祀を含め個々の氏族祭祀と地域の自然物・自然現象崇拝が，民衆においては地縁・血縁共同体の自然物・自然現象崇拝が，まばらなモザイク状に分布していたのである。

　それが大和朝廷による全国支配が進展して，東アジア諸国との接触が多くなるにつれ，国際社会における地位確立が外交的課題として急浮上する。中国・朝鮮三国に肩を並べる文化国家の容貌を，早急に整える必要に迫られたのである。かくして対外的必要に促されて中国・朝鮮半島との交通が活発化するにつれて，5世紀から7世紀にかけて様々な宗教・思想・制度が流入する。倭国の「文明開化」の始まりであった。それら大陸文化は先進的な魅力に溢れていたばかりでなく，受容者の資格を問わない普遍性を持っていた。そのため速やかに支配者層に流布しつつ，在来の思想・信仰の枠組みにも大きな影響を与えていく。すなわち氏族・地域を超えた「日本」ないし「日本人」という新たな枠組みをもたらして，「日本思想」の形成を促すのである。

　この「日本思想」の黎明期において，担い手たる中央豪族の文化水準は飛躍的に向上した。約200年の間に中央豪族社会は，中国文人と対等に交流しうる「日本」知識人を生み出すほどに「開化」するのである。だが一方で民衆の「開化」はきわめて遅く，わ

ずかながらもその影響が現れ始めるのは奈良時代のことになる。倭国の「文明開化」は、それまで比較的近接していた支配者層と民衆との文化的・思想的距離を一気に拡大する役割も果たしたのである。

外来思想の影響 この「文明開化」の思想面において、主導的役割を果たしたのは仏教である。

仏教に先んじて、5世紀には儒教が伝来していた。だが元来治世の規範思想である儒教は、古代においては、中央豪族や官人の政治思想における教養的規範以外に影響範囲が広がることはなかった。その受容は、儒者や教典によらない間接的・断片的摂取に多くを負うなど、体系的でも組織的でもなかった。このため流布した領域はきわめて限られており、倭人の間に広く浸透するには至らなかったのである。

また卑弥呼の「鬼道」は措くとしても、各地で発掘されている三角縁神獣鏡や道教的呪術文様から窺われるように、道教も4世紀には流入していた。6世紀には百済からの仏教供給に随伴して「呪禁師」「遁甲方術」がもたらされ、さらに斉明朝から天武朝にかけてはその呪力に大きな期待が寄せられて、支配者層における方術の修得や施設建設も見えている。付随する神仙思想も、支配者層において教養的知識レベルに止まらない浸透を見る一方、民衆社会にも流布しており、『日本書紀』『風土記』『万葉集』に見える浦島子伝説、羽衣伝説等々の神仙伝説にその痕跡を残している。だがそれらは担い手組織の核となる道教経典・道士・道観の導入を伴っておらず、体系的な移植には至らなかった。断片的な知識や俗信仰の受容に止まったのである。そして天武朝以降、道教の組織的将来の道が政治的に閉ざされると、そうした知識や俗信仰が帯びていた体系的道教思想の痕跡も希薄になっていく。残ったのは、様々な領域で形成されていく古代日本思想の部分要素としての道教「的」断片だったのである。

それに比して仏教は、まずは呪術として受容されたものの、そこに経典・僧侶・寺院といった核となるセットの移植を伴っていた。道教においては見られなかった、思想の体系的理解も模索されていった。その結果一定水準の理解に達するのに200年を要したものの、日本における仏教は、拡散した知識や呪術の断片にはとどまらず、体系的思想の周囲に独自の呪術・施設・装置、さらにはそれに随伴する様々な現象を随伴した「日本仏教」に成長する。完結した宗教としての姿を保ちつつ、他とは比較にならない影響力と射程を以って「日本思想」を形成していったのである。

2 倭国仏教の黎明

仏教の流伝 紀元前5世紀のインドに誕生した仏教は、400年を経て中国に至る。当初は在来の方術と同質の呪術として受容されたが、5世紀初頭の鳩摩羅什による膨大な大乗経典翻訳によって急速に理解が進む。その内容は、インドでは伝統的部派仏教(小乗仏教)に比べて少数派であった大乗仏教に著しく偏ったものであり、

教理についても理解不足や中国特有のパラダイムに由来する誤解が伴っていて，インド仏教とはかなり異なっていた。そうした歪みを内包しつつ，6世紀末までにはインド由来の三論宗(さんろん)・摂論宗(しょうろん)・地論宗(じろん)や中国独自の天台宗といった学派が形成される。また伝来当初からの呪術的現世利益信仰は民衆にまで広まり，帰依者も支配者層を中心にしだいに増加した。独自の中国仏教が成立するのである。

周辺の朝鮮半島諸国でも4世紀から5世紀にかけて中国仏教が伝来し，6世紀には興隆期を迎えていた。高句麗(こうくり)では三論教学が最盛となり，推古朝の仏教を教導した慧慈(えじ)・慧灌(えかん)を送り出している。百済でも聖王(せいおう)治世下に国家宗教として急速な興隆を見せ，日本に仏教公伝をもたらして以後も，倭国仏教を担った慧聡(えそう)・観勒(かんろく)をはじめ多くの僧侶・呪者・技術者を送っている。そして新羅(しらぎ)でも，半島統一の軍事行動と連動した国家仏教を形成しつつ教学水準を高め，7世紀以降には倭国にも接近して，奈良から平安初期の教学に多大な影響を及ぼすのである。欽明(きんめい)朝の仏教公伝は，こうした東アジア仏教の潮流を背景にしてなされたのである。

ただ仏教公伝は，倭国に仏教が入った最初ではない。以前にも，中国・朝鮮からの渡来者を通じて仏教は流入していた。だがそれは司馬(しば)氏など渡来氏族内部で信仰されていただけで，倭国社会に大きな影響は与えなかった。倭国仏教の起点としては，やはり公伝をあてるべきであろう。

仏教公伝　6世紀に国家仏教の最盛期を迎えていた百済は，高句麗・新羅から軍事的圧力を受けて倭国との関係を強化しようとしていた。ここに538年（欽明(きんめい)7），聖王は仏教を通じて倭国と親密な関係を構築すべく，仏像・荘厳具・経典を欽明大王に送った。そしてかなりの文飾が指摘されている『日本書紀』の記事によれば，次の3つの利点を挙げて受容を勧めた。教義が深遠なこと。利益が分野を問わず大きいこと。そしてインドから東アジア諸国における信仰実績である。このうち欽明朝の支配者層が認知したのは第2点と第3点，なかんずく第2点であった。倭国の豪族達は，まず仏を「蕃神(となりぐにのかみ)」と理解した。正しい修行によって人間が到達する理想人格たる仏は，人間ならざる在来神とは本来異質の崇拝対象である。だが彼らは，これを在来神と同列の，祈って供物を捧げれば大きな利益をもたらしてくれる「蕃神」として理解したのである。

インドにおいてもすでに仏の神格化は定着しており，その傾向は中国に至っていよいよ顕著になっていたから，こうした理解は必ずしも倭国特有の誤解ではない。ただ今日までの日本仏教の一つの基調が，この「蕃神」信仰の直系であることも事実である。日本人の多くはもっぱらこの大きな御利益を期待して，仏にも神にも同質の信仰を捧げ続けてきたのである。一方聖王が筆頭に挙げた教義は，倭国には相応するものがなかったために，当面理解されも顧みられもしなかった。僧尼に期待されたのも，求道者というよりは「蕃神」に仕える巫者(ふしゃ)の役割であった。こうした状況は，遣隋使等によって中国仏教の情報が直接伝わった推古朝末年でも容易に改まらなかった。僧尼のあり方につい

第1章　「日本」の誕生　*13*

釈迦如来坐像（飛鳥大仏）（飛鳥寺蔵）

ての理解が是正され、教義・教理にしかるべき地位が与えられるのは、早くとも7世紀中葉のことなのである。

こうした「蕃神」信仰として倭人の前に登場した仏教だが、在来神と同質の神と解されたがゆえに、受容については朝廷で一部氏族の反対を惹起することとなった。在来「国神」の嫉妬を買って祟りが起こるというわけである。反対が出たのは当然である。豪族達の維持・繁栄は、旧来各氏族の「国神」を祭りその意を迎えることによって保証されると見なされてきたからである。大王家をはじめ現に有力な地位を占めている氏族の多くにおいては、「蕃神」を積極的に受容する理由は、公伝時点では存在しなかったのである。ただ蘇我氏には、あえて「蕃神」祭祀導入を推し進める理由があった。百済外交を主導する蘇我氏が、強力な呪力を持つこの「蕃神」祭祀について、他氏をはるかにリードできるからである。こうした状況下で欽明大王が出した結論は、受容に賛成した蘇我氏等に試験的に奉祀せしめる、つまりは状況を見守るというものだった。したがってこの後「蕃神」祭祀が公認を得るには、在来祭祀を凌駕する呪力や有用性を示すことが必要だったのである。そして仏教は、そうした宗教であった。

仏教祭祀の浸透　在来祭祀において祈願されるのは、季節に応じた秩序と豊穣である。その祈願内容は総体的であり、具体的・個別的要求に応える多様性には乏しい。一方仏教は在来祭祀同様の総体的祈願に加えて、富裕・治病・怨敵打倒等々の具体的現世利益、さらには倭人には馴染みの薄かった死後の安穏まで、個別の要求にいつでも応える広い間口を持っている。そして祈願を実現せしめる呪力は、すでに中国・朝鮮諸国で実証済みである。仏像・荘厳具などの麗々しい装備、風変わりな姿の僧侶、神秘的な響きの読経といった視覚的・聴覚的アピールとあいまって、その魅力的な呪力は豪族達を急速に引きつけていった。『日本書紀』では排仏派の頭目とされた物部氏も、実際には仏教祭祀を行うに至っている。物部氏が蘇我氏と対立したのは王位継承をめぐってであり、仏教に関しては、双方とも速やかに受容していたのである。

こうした潮流に乗って587年（用明2）、用明大王は、治病のために大王として初めて仏教に帰依する。最終的な公認は、物部氏討伐を経た後の594年（推古2）、推古大王の「三宝興隆詔」においてであるが、趨勢は用明出家の時点までに決定的となっていたのである。かくて豪族社会に地歩を占めた仏教は、飛鳥文化と呼ばれる異国風文化を開化させる。大和盆地周辺には飛鳥寺をはじめとした寺々が創建され、推古朝末年には46寺を数えたという。地方でも7世紀後半には、東は東海、西は北九州にまで寺院が分

布するに至るのである。そして645年（大化元）の大化改新で仏教祭祀の主導権を握っていた蘇我氏が倒れると、代わってそれを主導したのは大王家であった。改新後ただちに十師を設置して全僧侶を朝廷の統括下におき、各氏族の支配下にあった寺についても、財政援助を足掛かりとして公的管理に組み込む施策を採っている。仏教は急速に国家宗教の色彩を帯び始めるのである。

ただそうした中でも、仏教祭祀が圧倒的地位を占めることはなかった。当初華々しく仏教を宣揚した推古大王にしても、在位中の施策には、仏教を牽制して在来祭祀を擁護するものが多い。晩年には僧侶の傷害事件をきっかけに、仏教界の粛正すら図っている。また大王が率先して仏教の管理・主導に乗り出した孝徳・斉明朝においても、「両槻宮」をはじめ様々な道教施設を建立するなど、緊迫化する国際情勢を背景に、あらゆる呪力動員に奔走している。仏教はその呪力をもって豪族層の帰依を集め、広く流布してはいたものの、最有力祭祀以上の位置づけではなかったのである。

一方民衆は、仏教とは全く疎遠な状況にあった。彼らが寺を外から見ることはあっても仏像に接する機会は稀だったし、仏教の教えを聞く機会などはまず皆無だった。いささかなりとも仏教を学んだ僧尼による布教が現れる7世紀後半までは、民衆は仏教についてほとんど無知な状態に置かれたのである。

個人救済信仰の萌芽

この時期までの仏教信仰＝「蕃神」呪力信仰の主体は、個人でも国家でもなく在来祭祀同様の氏族であった。仏教が豪族達に信仰されたといっても、主たる祈願内容は氏族レベルの繁栄や安穏であり、豪族個々人の宗教的救済が求められたわけではなかった。

本来仏教の中核である救済論は、すでに中国で一般信者向けの現世利益の外皮を厚くまとっていた。倭人社会に流布したのも、まずはこの外皮部分だったのである。本来仏教の核をなす涅槃・浄土などの救済材や救済論は、倭人社会においてはあまりに異質であった。漠然とした冥福を祈る等の形では、少しずつ救済信仰も広まりつつあったが、仏教の宗教的救済についての認識が豪族社会に浸透するには、奈良時代も後期まで待たねばならないのである。

そうした中でも教義修得の機会があった一部知識人の間では、救済宗教としての仏教理解が生まれていた可能性がある。その一人が、没後間もなく聖徳太子と呼ばれて神格化された厩戸皇子である。ただ今日一般に流布している厩戸皇子像も、なお神格化から脱してはいない。『三経義疏』を選述するなど中国学問僧なみの仏教者とする評価など、その最たるものである。『三経義疏』が皇子選述と見なせないことはほぼ確実だが、そもそも仏教伝来から半世紀しか経ていない日本で、俗人の皇子が中国学問僧なみの仏教理解を持っていたとするのは非現実的である。

こうした神話的解釈を排除して厩戸皇子の仏教を見直す時、注目されるのは、遺言と伝えられる「諸善奉行。諸悪莫作。」「世間虚仮。唯仏是真。」である。これが彼の信仰を反映しているならば、仏教の宗教的救済に対する信仰が抽出されうる。それは「蕃

神」信仰が一般的であったなかで,皇子がいち早く救済論に着目し帰依した人物だった可能性を示唆している。だが遺言は信憑性が疑われている『天寿国繡帳銘』や『日本書紀』の記事に見えるものであり,現時点では可能性以上には進めないのである。

厩戸皇子からは看取できないとしても,いつ宗教的救済を求める信仰が現れるのかは,重要な問題である。ただ推古朝段階では,そうした信仰を確認し得たとしても,散発的で特殊な現象として見るべきであろう。この時期には,そのような信仰が連続した流れを形成しうる基盤はまだできていない。基盤が整うのは,教義を修得した僧尼が増加して仏教界と呼べるものが形成されて来る7世紀後半である。それは仏教が氏族の仏教から「日本仏教」へと脱皮し,氏族や地域の神々が「日本神祇」へと再編される時期であった。そしてそれはまた徐々に形をなしてきた「日本思想」が,初めて表現された時期だったのである。

3 「日本」と「天皇」の登場

新王朝の思想 672年(天武元)の壬申の乱に勝利し新王朝を樹立した天武は,旧来にない専制権力とカリスマ性を手にして「現神」と見なされるようになる。この神的権威を象徴する尊号として,かつてなかった「天皇」号が登場する。号自体の由来は,道教で北極星の神格であり唐の高宗の没後諡号でもあった「天皇大帝」である。だが天武が「天皇」号に込めようとしていたのは,道教の世界観に由来する権威ではない。「天つ神」の長たる太陽神＝天照大神直系の「現神」としての権威と,中国の天子像を投射した権威であった。天武・持統二代のエネルギーは,この権威にふさわしい体制整備に注がれるのである。

「現神」たる「天皇」に相応する装置として,新たな「日本」の国号が登場し,大嘗祭や大極殿での即位式が創始・整備される。また中国皇帝と二重写しにされた「天皇」に相応する装置として,時間秩序の規格としての暦の導入と本格的な年号制の施行,空間秩序の中心としての藤原京の建設,そして社会秩序の規範としての飛鳥浄御原律令の編纂がなされる。平城京において展開する古代律令国家の枠組みが,姿を現わすのである。

「天皇」権威を支えるこの2つの柱は,同時期に編纂が始まる『古事記』『日本書紀』の目的とも連動していた。諸氏族の神統譜を天照大神の下に再編成した『古事記』は,天照大神の子孫たる天武の神性の正統性を確認するものであったし,中国流史書の体裁をもって天武・持統朝に至る歴史を記した『日

「天皇」木簡
飛鳥池遺跡出土
(奈良文化財研究所蔵)

書紀』は，中国的史観と仏教史観の枠組みから天武政権の正当性を主張したものである。記紀神話も素朴な民族神話などではなく，それらの素材を取捨選択して創り上げられた政治的神話なのである。

　平城遷都前後に完成する両書は，初めて形をなした体系的「日本思想」の表現であった。ただ表現を支配していたのは天武・持統・文武王朝の思想であったし，両書を漢文ないし漢文の影響を受けた語法で記述したことは，「日本思想」を中国文化のフィルターを通して語ったことも意味していた。にもかかわらず両書は，神代からの純潔な「日本」の起源と歴史を有りのままに語った古典として流布する。神話に盛られた思想も，太古からの純粋「日本思想」と理解されていくのである。創出された神話と歴史は，天武・持統の思惑通りの文脈で読み継がれていったのである。

　そしてここに新たに創成された制度秩序と神話的・歴史的文脈によって，「天皇」は天武個人のカリスマ性によらない正当性と正統性を獲得する。倭国氏族社会を代表する祭祀者であった大王は，「日本」全体に君臨する統治権威者「天皇」へと変身したのである。

「日本」宗教の形成　隔絶した権威を手にした天武・持統天皇は，もはや神仏に対しても平伏するだけの祭祀者ではなかった。自らも呪力を保持する「現神」として，神仏の呪力を相対化しつつ積極的に利用する方向へと歩み出す。ただ天武自らはかなり通じていたという道教については，社会的不安定要因と見なされたためか除外され，奈良時代に至っても組織的受容忌避の方針は変わらなかった。目指されたのは，神と仏の祭祀を国家主導で組織化した上で統一的に管理し，呪力を国家護持に集中的に発動せしめる体制であった。

　神祇においては，天照大神を頂点とする神々の体系化・組織化と併せて，伊勢神宮を頂点とする祭祀の組織化が推進された。そこに出現してくるのは，祈願内容も祭祀運用も国家が管理し，国家が認定した者だけが参加して行われる閉鎖的な神祇信仰である。民衆は国家神祇に組み込まれた氏族神・地域神祭祀から疎外され，位相を異にする信仰世界に生きていったのである。

　仏教においても，大化の改新以降徐々に進んでいた国家管理が一気に加速する。僧尼管理機能の曖昧だった僧綱制を整備・確立し，藤原京の四大寺など中央寺院には国家仏事を担う中枢機能を負わせていく。仏事も全国で護国経読誦を行わせるなど，個別寺院単位から全国レベルで挙行されるようになり，さらには後の国分寺制の先駆となる施策も取られている。その祈願内容も護国ないしはそれに準じたものがほとんどを占めるに至る。僧尼・寺・仏事すべてを国家が閉鎖的に管理・運営して利益も独占する古代国家仏教体制は，この時期に成立するのである。そして直接の担い手たる僧尼も，大王から「天皇」に引き継がれた後援や中国仏教との交流に後押しされて，教義を一通り修得した者は飛躍的に増加していた。また実質は不明だが，専門的宗派教学の将来者も徐々に現れていた。後に南都六宗を形成する仏教界が形成され始めていたのである。

一方民衆においては，仏教は公伝以来なお疎遠な存在たり続けていた。国家仏教においても，直接民衆を対象とした利益は想定されていない。得られるのは，総体的保全たる護国によってもたらされる間接的恩恵のみという構造になっていたのである。ただ増加した僧侶の中には，大乗仏教の説く菩薩道の実践として，直接民衆の教化・救済に当たる者も出現した。律令では禁止されているこうした行動は奈良時代に入っても継続的に見え，国家仏教とは別の民衆仏教の世界を形成していくのである。

　この時期に姿を現した「日本」の仏教は，まだまだ中国仏教を模倣し追随する段階にある。だが中国とは内実を異にする国家仏教体制といい，誤解も含めて中国のそれとは微妙に異なる教学理解といい，そしてまた移植土壌たる在来信仰の違いによる独自の民衆信仰といい，それは中国仏教の模写ではなかった。公伝以来朝鮮半島そして中国からの受容に終始していた倭国の仏教は，「日本仏教」という新たな「日本思想」として歩み始めたのである。
　　　　　　　　　　　　　　　　　　　　　　　　　　　　　　（曾根正人）

▶コラム1　聖徳太子
　親鸞が「倭国の教主」と称えた聖徳太子。存生時は厩戸皇子(うまやどのみこ)であったこの人物は，没後まもなくこの尊称を付されて神格化される。そして神話に覆われた聖徳太子像は，日本人の思想に常に足跡を残してきた。それは聖徳太子信仰といった宗教レベルの現象ばかりではない。政治・社会・文化等様々な領域において，仏教界のみならず多くの人々に，影響を及ぼし続けてきたのである。こうした長期間にわたる聖徳太子神話の刷り込みは，歴史上の厩戸皇子について，神話を混在させた理解を流布せしめることとなった。歴史学においても，後世の学僧なみの仏教者という，背景が説明できない人物像を再生産してきた。そして時代からかけ離れたその仏教をもって飛鳥仏教を代表させるという，奇妙な仏教史が綴られてきたのである。
　こうした聖徳太子像（神話的厩戸皇子像）から脱却して歴史上の厩戸皇子の仏教を復元するには，旧来依拠してきた史料の信憑性を再検討する必要がある。そして今日彼の事蹟が記されている『日本書紀』の関係記事，『天寿国繡帳銘』，法隆寺金堂の薬師如来像・釈迦三尊像光背銘，『三経義疏』などほとんどすべての史料について，旧来説かれてきた成立時期・事情・背景に疑義が呈されており，確実なのは法隆寺（若草伽藍）の創建のみといった状況にある。旧態依然とした聖徳太子仏教の理解は成立しがたくなっているのである。なかでも問題なのは『三経義疏』である。時代からかけ離れた学僧水準の仏教者という人物像の最大の根拠は，この著作だからである。だが『三経義疏』を皇子の選述とする解釈は成立しない。まず『勝鬘経義疏』については，すでに中国成立であることが確実となっている。また『法華義疏』では，譬喩品(ひゆぼん)釈に皇子の師慧慈(えじ)が属する新三論学派では採らない解釈が見えており，これもまた皇子の選述とは考えられない。残る『維摩経義疏』も，前2疏ほどの明確な否定材料はないものの，依拠学派や引用学説の傾向は同様であり，これのみ皇子選述と見なすのはやはり困難である。さらに状況証拠からしても，厩戸皇子は仏教が伝来してようやく半世紀後に生まれた俗人である。いかに高僧慧慈に付いたにせよ，学問僧として仏法修得に専念したわけではない。

20年に満たないそうした修学で、中国南北朝期の専門註疏レベルにある『三経義疏』を選述したとの解釈は無謀であろう。

かくして『三経義疏』選述が除かれると、厩戸皇子の仏教は篤信の在家信者以上のものとは見なせない。『三経義疏』とあわせて皇子の仏教水準を示す事蹟としてよく取り上げられるのが、『日本書紀』に見える『勝鬘経』『法華経』講経である。だがこれが史実だったとしても、後世の学僧達の講経と同一視する必要はない。経典の冒頭や主題の一節を正確に朗読した「講経」と考えれば少しも不自然ではない。これも、厩戸皇子の仏教を後世の学僧なみと解する根拠にはならないのである。

そこで問題となるのは、篤信の在家信者たる厩戸皇子の仏教の内実である。これを窺いうるのは『日本書紀』の関係記事や『天寿国繡帳銘』などだが、いずれも信憑性に問題がある。厳密にいえば、現時点では彼の仏教については不明とするしかない。だがそのなかで「諸悪莫作。諸善奉行。」「世間虚仮。唯仏是真。」の偈頌を遺言としたことなどは、状況からしてありうる。もしそうならば問題は、日本史上最も早い時期の個人救済信仰という重要テーマへと展開するのである。

厩戸皇子を聖徳太子神話から解放することは最優先課題である。だがこの課題は同時に、こうした彼の思想再構築への模索をも求めているのである。　　　　　（曾根正人）

第2章

奈良時代の思想と宗教

1 政治思想と法思想

新生日本国の成立　7世紀末期，持統天皇の時代は，日本の歴史にとって大きな画期となる，変革の時代であった。持統は，亡き夫，天武の遺志を継いで，中国の国制や文化・思想を大幅に取り入れた国家を建設していった。

持統は，我が国最初の中国風の都城である藤原京を飛鳥の地に造営した。これは天武が開始した事業を継承・完成させたもので，たいへん大がかりな造営事業であった。中国風の都城とは，天皇が居住し，政務が行なわれる「宮（宮城）」を中心として，その周囲（もしくは南方）に「条」「坊」で区画された「京」が配置されるもので，日本においては，藤原京，平城京，長岡京，平安京の四つが造営された。その最初となる藤原京は，694年の完成，発足と考えられている。この都城に建立された宮殿は中国風の建築様式に従ったもので，屋根は瓦葺でつくられた。また，藤原京には，外来文化の象徴とも言うべき仏教寺院がいくつも立ち並んだ。それらもまた中国風の瓦葺の建築であり，特に塔は，遠くからでも一目でそれとわかる高層建造物であった。持統は，天武が造営を開始した薬師寺を完成させた。藤原京には，この薬師寺のほか，飛鳥寺（元興寺），川原寺（弘福寺），大官大寺が，国家の寺院として軒を連ね，また氏族の寺院もいくつも立ち並んだ。

持統が行なったのは，土木建設事業ばかりではなかった。7世紀末期，倭国はそれまでの国名を改めて「日本」を号するようになり，その君主は，「大王」ではなく，「天皇」を称するようになった。新生日本国が天皇制国家として誕生したのである。「倭」という名が，他からつけられた民族名，国名で，マイナスの価値評価を含む言葉であったのに対し，「日本」は自ら考案した国名で，自称であった。この国号は，702年の遣唐使で唐に伝達され，則天武后によって承認された。一方の「天皇」という言葉は，もともと中国の宗教思想の中で誕生した言葉で，天上世界の最高神を指す「天皇大帝」（「上帝」「昊天上帝」に同じ）に由来する語である。中国では，君主は，秦の始皇帝以来「皇帝」を称するのを一般としてきたが，674年，唐の高宗はそれを改めてこの「天皇」という称号を名のった。日本の「天皇」号は，この高宗の天皇号を導入，模倣したもの

で，持統の代から，もしくは天武の代の途中から採用された君主号だと考えられている。藤原京は，「天皇」なる存在が「日本」国を統治する，その中心の都城として建設されたのである。

天命思想の読みかえ 中国では，殷周春秋戦国時代から，君主は「王」さらには「天子」を称していた。「天子」とは，万物を支配する「天」（擬人的には「上帝」「天帝」）の「命」を受けて人民を統治する存在という意味の語であった。このような，

薬師寺址（本薬師寺）奈良県橿原市

「天」の「命」を受けた人物が君主となって「天下」を統治する，と考える政治思想を天命思想と呼んでいる。紀元前3世紀，中国では戦国の世を秦王の政（始皇帝）が統一し，新たに「皇帝」なる君主号を創案した。「皇帝」なる称号は，当初は，天子よりも上位の，上帝，天帝にも等しい存在という意味の語として創案されたものであった。だが，漢代以降，この「皇帝」号も「天子」とほぼ同義の，天から命を受けた君主という意味の称号として定着していった。以後，中国では，清朝が滅亡する20世紀初頭まで，君主は「皇帝」を称するのを一般とした。唐の高宗は，しかし，「皇帝」を改めて「天皇」と称した。この「天皇」は，始皇帝が最初に構想した「皇帝」と同じく，上帝，天帝にも等しい君主，万物の支配者が地上に出現した存在，といった意味の語であった。だが，この称号は中国では後代に継承されるものとはならなかった。

持統もしくは天武が採用した「天皇」号は，中国の天命思想の伝統の中から生まれた君主号であった。しかしながら，天命思想は「革命」すなわち王朝交替の思想を含んでいる。天の命が，ある一つの家，血筋からそれとは別の家，血筋へと移れば，王朝は交替することとなる。これが革命である。実際，秦以降，いくつもの王朝が生まれ，また滅び，王朝は交替していった。7世紀末の日本の王権は，「天皇」号，および中国皇帝制度の中で成立した「皇后」「皇太子」「詔」「制」などの用語・概念を採用しようと考えたが，しかしその政治思想には，右のような危険思想が含まれていた。そのため，「天皇」なる概念に包含される思想から，天命思想の部分，とりわけ革命に関する部分を注意深く排除しようと考えた。皇統を，ただ一つの家，血筋，具体的には持統の血筋に固定化し，永遠に他に移ることがないようにと考えたのである。こうして，持統は，自らのことを天から命を受けた存在だとは規定せず，実は自分は天に在る神の子孫であり，天の最高神の血筋を引く存在なのだと位置づけようとした。

681年（天武10），我が国最初の歴史書の編纂が開始され，それは8世紀初頭に『古事記』『日本書紀』となって完成した。この二書は，しかし，歴史書とは言うものの，過

去の出来事を事実に立脚して公正に記述しようとするような性格の書物ではなかった。それは，自らの王権の正統性を，あらゆる論理，表現を用いて論述しようとする書物として作成された。これら二書には，その冒頭，神代の話が記述され，神々の住む高天原の様子や，神々の中心である女神アマテラス大神の姿が描かれる。そして，彼女の孫が地上世界に降り，さらにその子孫が人間となって初代天皇のカムヤマトイワレヒコノミコト（神武）が誕生したと述べられている。『日本書紀』では，この神武から持統まで，血統が途切れることなく続いてきたとされ，一つの血筋であったと記述されている。いわゆる「万世一系」の皇統の連続が，あたかも史実に立脚する歴史であるかのように記述されているのである。これに従うなら，持統やその子孫たちは天の最高神の子孫ということになる。天から命を受けた者ではなく，天の最高神の子孫が国家を統治するとしたなら，必然的に革命は起こりようがなくなり，王朝交替は成立しないことになる。これが記紀神話や万世一系説話の創作者たちが考えた基本構想であった。もちろん，天皇家が天の最高神の子孫であるとか，神武から持統まで血筋が続いているなどというのは史実に基づく記述ではなく，政治的に創案された創作神話にほかならない。新生日本国の政府は，中国的天皇（皇帝）制度を導入するにあたって，天命思想の部分を読みかえ，代わりにこうした神話を創作して，皇統の将来にわたっての連続を宣言したのである。

なお，最高神アマテラスの造形にあたっては，女帝の持統天皇（孫の軽皇子がのち文武天皇として即位）や，やはり女帝の元明天皇（孫の首皇子がのち聖武天皇として即位）の姿が色濃く投影されていると考えられる。特に持統は，アマテラスの直接のモデルと見てよく，むしろ彼女のイメージこそがアマテラスの原型になったと言うべきであろう。『日本書紀』冒頭の条に記述される持統天皇のおくりな「高天原広野姫天皇」はそのことを端的に示した文言と理解される。

律令の導入　7世紀末の日本は，中国の法体系である律・令・格・式を継受，導入した。中国的天皇（皇帝）制度を導入するに伴い，天皇（皇帝）の名のもとに発布，施行される，成文法の体系的法典が必要とされ，それが本格的に作成，施行されたのである。

旧説では，我が国最初の成文法は，厩戸王（聖徳太子）によって作成された「憲法十七条」であるとされてきた。この法は『日本書紀』（720年成立）に記述されるもので，同書の推古12年（604）の条に「皇太子」（厩戸王を指している）が作ったと記され，全十七箇条すべての条文が掲載されている。しかしながら，狩谷棭斎（1775～1835）以来これを疑う見解があり，やがて津田左右吉（1873～1961）は憲法十七条は厩戸王の真作とは見なせないとする論陣を張った。津田は，まず憲法の第十二条に「国司国造」とあるのを不審とした。604年に国司はまだ存在せず，また「国司国造」と二つを並記するような表現は七世紀末頃以降に見られるようになるものだからである。さらに憲法は，全体が「中央集権制度・官僚政治制度」の政治理念に基づいて書かれているが，そうした理念は大化改新以降のもので，いまだ氏姓制度の時代であった推古朝のものとは理解

できないと指摘した。こうして津田は、憲法十七条は『日本書紀』の編者によって創作されたものにほかならないと断じたのである（『日本古典の研究』下、岩波書店、1950年）。最近では、国語学の立場から、憲法十七条は厩戸王の真作ではなく、『日本書紀』の編纂段階で作成されたとする見解（森博達『日本書紀の謎を解く』中公新書、1999年）も提出されている。憲法十七条を実際に推古朝に制定、施行された法と見ることはできないだろう。

　そうであるなら、我が国最初の成文法は律令ということになる。その日本律令の成立過程であるが、『日本書紀』には671年に施行された「法度」があったと記され、『弘仁格式』序はこれを、668年に制定されたとし、「令二十二巻」「近江朝廷之令」と表現している。これを今日では「近江令」という名で呼んでいるが、しかし、近江令については、その完成や施行を否定する学説（青木和夫『日本律令国家論攷』岩波書店、1992年）があり、今日の有力説となっている。

　『日本書紀』には、また681年2月条に「律令を定め方式を改めん」という記事があって、律令編纂が開始されたことが記され、持統天皇の689年6月条に諸司に「令一部二十二巻」が「班賜」されたとする記事が見える。この令は今日「（飛鳥）浄御原令」と呼ばれている。後者の記事は、律令のうち、令が完成して施行されたとするものであるが、この記述は他の史料を勘案するに、史実に基づく記述と評価してよい。近江令が未完成ないし未施行だとすると、この浄御原令が我が国最初の成文法ということになる。次いで、701年に編纂が完成し、翌702年に施行されたのが「大宝律令」である。これは、浄御原律令（ただしこれの律は未完成だった）を准正（修正）して作成されたものであるが、ここに至って日本の律令法典は律と令とがそろい、ようやく完成に至ったと評価することができる。それは文武天皇の時代のことであるが、彼はまだ若く、事業は太政天皇として政務を担当していた祖母の持統や、藤原不比等によって成し遂げられたとすべきであろう。

　なお、大宝律令は散逸してしまって今日には伝わらないが、令の逸文が多数残っていて、条文のかなりの部分を復元することができる。他方、律の方は逸文がごく少数しかなく、これが施行されたものであることはまちがいないが、復元作業は進展していない。大宝律令に次いで、718年に編纂が開始され、作業が進展せずにお蔵入りとなっていたものを、757年に未完成のまま施行したものが「養老律令」である。この令の条文は、多く今日に伝えられており、そのほとんどを『令義解』（清原夏野らの撰、833年成立）『令集解』（惟宗直本著、貞観年間〈859〜876〉頃の成立）から知ることができる。養老律の条文は部分的にしか伝わっていないが、失われた巻については諸書から逸文が集められ、ある程度の内容を知ることができる。

律令の実施　『続日本紀』和銅4年（711）7月条に、「律令を張り設けたること、年月已に久し。然れどもわづかに一、二のみを行ひて、悉く行ふこと能はず」と見える。律令を施行して、律令法に基づく国家を運営しようとしたにもかか

わらず、律令の実施は思ったようには進捗しなかったという現実が、ここには率直に語られている。日本律令の作成者は、日本の国情に合わせて唐の律令の条文の修訂を行なった。しかしそれは部分的なものにとどまっており、全体として律令法の理念はきわめて中国的なものであった。また、当時の日本の法文化・法意識は未熟な段階であって、高度で体系的な律令法典を十分に使いこなすことは難しかった。特に律（今日の刑法にあたる）の実施ははなはだ困難であって、大宝律、養老律施行以後の刑事事件の実例を調べてみても、きちんと律に基づいて刑罰が科された事例はほとんど見出すことができない。刑罰は、むしろ前代以来の罪刑慣行に従って科されており、全体として律が日本社会に実施されていたとは評価できないであろう。

　かつては、律令の施行とともに、ただちに律令法に基づく国家が成立したととらえる見解が多く唱えられた。すなわち、律令の施行、即、「律令国家」の成立であって、以後はしだいにそれが崩壊する過程だと理解する見解である。この学説は、今日の日本古代史研究の基礎を築いた坂本太郎（1901～87）によって確立されたもので、坂本は、「律令国家（律令制）」を中核にすえて日本古代史を把握しようとする学説を提唱した。それによれば、日本古代史の大筋は、①「律令国家」の準備段階（聖徳太子の新政、大化の改新）→②「律令国家」の成立→③「律令国家」の変質・崩壊過程、という筋道で理解されることになる。この見解は歴史教育において広く教えられ、国民的歴史常識として流布・浸透している。

　だが近年では、もう一つの見解として、律令法が提示した国制のプランは、あるべき目標、建設すべき国家の青写真なのであって、その施行とともにただちに実現したわけではなかったとする学説が提唱され、注目されている（吉田孝『律令国家と古代の社会』岩波書店、1983年）。この説では、大宝律令で示された国制の青写真は、その後約一世紀をかけて、大きく軌道修正をしつつも日本社会にしだいに浸透し、平安時代初期に、律令的国制を日本的に組みかえた新しい別の国制が成立すると考えるのである。

明法道の誕生　現代においても、法は用語、概念、論理などがとても難しく、素人にはなかなか近づきがたい分野となっている。古代の律令も、また難解であることに変わりはなく、法の専門家なしには容易に理解できるものではなかった。法の専門家は律令の制定時にも存在し、条文作成の実務に従事したと考えられるが、やがて奈良時代中期の天平の頃になると律令の注釈書が著されるようになっていった。大宝令の注釈書である『古記』（738年頃の成立）はその代表的なもので、『令集解』に引用されて今日に伝わっている。法を学ぶ道を「明法道」といい、その専門家の頂点には明法博士がいた。

　古代の大学には、当初、儒学を学ぶ本科（のちに明経道）と、数学を学ぶ付属科（のちに算道）とがあったが、奈良時代中期に、本科から、法を学ぶ明法道と、文章を学ぶ文章道とが分離、成立し、学問の四道が成立した。だが、明法道が本格的に発展するのは奈良時代末期～平安時代初期のことで、延暦年間以降、律令の注釈書が多数作

成されるようになり(『令集解』にそのいくつかが引用されている),法の解釈,概念構成,現実との関係などがようやくつめて考えられるようになっていった。833年には,養老令の国家の公式注釈書である『令義解』も成立した。律令の実施の問題については,明法道の発達の問題がはずせない論点となるであろう。

2 仏教と神祇祭祀

仏教と神祇祭祀　　7世紀後半以降,古代国家は,寺院・仏像の造立,法会の開催,写経事業,僧尼の創出といった各方面で,仏法興隆の政策をとった。その一つの画期となったのは,やはり持統天皇の時代である。彼女は,新生日本国の宗教的基盤を仏教と神祇祭祀の二つとする方針を明確にうちだし,次々と具体策を実施していった。国家の寺院は,彼女の祖父の舒明によって百済大寺(のち大官大寺)が,父の天智によって川原寺(弘福寺)や崇福寺が建立されていたが,持統も藤原京に薬師寺を完成させた。そして,国家儀礼として金光明経斎会を創出して,これを中央のみならず,地方でも挙行させた。あわせて,国家が僧尼の出家制度に関与することとし,中国の制度にならって,出家者を国家が認可する制度(官度制という)を創始した。官度の僧尼の人数は一年間10人と定めた(年分度者という)。また,僧尼集団の戒律に相当する規範を国家が定め,それを令の一篇として大宝令に組み込んだ。それが「僧尼令」であるが,この法は唐の「道僧格」という法を参照,改変して作成されたものである。仏法の信奉者であった持統は,死後は火葬とされた。

　6,7世紀の我が国の仏教は,伝来以来,朝鮮半島の仏教の強い影響下に形成されていった。それが8世紀になると,唐の仏教を直接摂取しようという志向が高まった。その大きな契機となったのが,702年(大宝2)の遣唐使である。これは,実に32年ぶりという久しぶりの遣唐使であった。663年の白村江の戦い以降,日本と唐とは関係が良好ではなく,交流は疎遠なものとなっていた。だがこの時,時機到来との判断がなされ,唐との関係の本格的な回復を目的とした使節が派遣されたのである。この遣唐使は,したがって,外交面で重要な職務を遂行したのであるが,文化面でもたいへん大きな役割を果たした。これ以後,唐の先進的な文化,高度な思想が,堰を切ったように一気に日本に流入するようになったのである。仏教について言えば,この遣唐使には道慈が参加しており,長期の留学生活を送って,唐の長安の仏教を学び,日本に伝えた。以後,日本の仏教は,中国の仏教を本格的に受容,導入し,その直接の影響下に発展を遂げていった。

　国家的神祇祭祀もまた,天武～持統天皇の時代に体系化がなされた。神々に対する祭りは,大和の政治権力が成立した当初から,原初的な形態のものが王権の祭祀として実施されていたと推定されるが,この時期になって,唐の国家的神祇祭祀が参照されて,新生日本国の国家的神祇祭祀が整備,体系化されたのである。その全体像は,大宝令の

「神祇令(じんぎりょう)」に規定されるところとなった。

古代国家の神祇祭祀　日本律令の「神祇令」は，唐の律令の「祠令(しれい)」を参照して，それをもとに作成されたものである。であるから，古代国家が神祇祭祀を整備するにあたって唐の祭祀を参照，模倣したことはまちがいない。ただ両者には，注目すべき差異もまたある。中国の皇帝祭祀は，天をまつる「郊祀(こうし)」と皇帝の祖先をまつる「宗廟(そうびょう)」祭祀の二つを根幹とし，祠令もそうした思想で構成されていた。しかし神祇令は，予祝と収穫の祭祀をその中心に位置づけており，中国とは異なる構成となっている。また，祠令に規定される釈奠(しゃくてん)が日本令では学令で規定されたこと，日本の神祇令が天神(てんじん)をまつる「祀(し)」と地祇をまつる「祭(さい)」とをほとんど区別しなかったこと，祠令では規定されない即位儀礼が神祇令では規定されたこと，祠令にはおそらく存在しなかった大祓(おおはらえ)が神祇令では規定されたこと，などの違いが知られる。日本の神祇令には，即位儀礼として，践祚(せんそ)（即位）と大嘗祭の二つが規定された。また伊勢神宮が天皇家の皇祖神(こうそしん)をまつる神社とされた。

　神祇令には，13種（一年に19度）の国家的祭祀が規定されている。中で最も重要なのは，先に述べたように，豊作を祈る予祝の祭祀と，収穫後に新穀を祝う祭祀の二つであった。前者が祈年祭であり，後者には神嘗祭(かんなめのまつり)，相嘗祭(あいなめのまつり)，新嘗祭(にいなめのまつり)（大嘗祭）の三つがあった。この祈年祭と新嘗祭，それに6月と12月の月次祭(つきなみのまつり)の四つ（三種）が最も重視される国家的神祇祭祀であった。これらでは，諸国の官社の祝部(はふりべ)たちが中央に集められて，朝廷から幣帛がわかち与えられるという「班幣(はんぺい)」の儀礼が実施された。この四つは伝統的祭祀を継承しつつ，この7世紀末にあらためて整備がなされた一連の祭祀と考えられている。さらに，神祇令には唐になかった大祓が規定されており，穢(けが)れを排除する国家儀礼が日本では重視されたことが知られる。

　しかしながら，そうした国家的祭祀はわずか数十年で大きな変更を余儀なくされた。岡田莊司が明らかにしたように（『平安時代の国家と祭祀』続群書類従完成会，1994年），8世紀後半から9世紀に，新たな公的祭祀が次々と開始されて，神祇令祭祀と並存するようになり，やがてそれが国家的神祇祭祀の中心となっていったのである。春日祭(かすがのまつり)，平野祭(ひらののまつり)，園韓神祭(そのからかみのまつり)，賀茂祭(かものまつり)，松尾祭(まつおのまつり)，梅宮祭(うめみやのまつり)，大原野祭(おおはらののまつり)，大神祭(おおみわのまつり)などがそれである。その一方，神祇令祭祀の方は「班幣」の儀礼が実施されなくなり，その意味が変化していった。新しく成立した公的祭祀は，変質をとげた神祇令祭祀ともども国家的祭祀を形成し，それが平安時代初期から室町時代後期に至るまでの日本の神祇祭祀の中核となっていった。

古代国家の仏教　持統皇統は，文武(もんむ)，元明(げんめい)，元正(げんしょう)，聖武(しょうむ)，称徳孝謙(しょうとくこうけん)天皇とみな仏教を重視した。元明天皇の時代，710年，都は藤原京から平城京へと遷都になった。平城京には，藤原京から大官大寺（大安寺(だいあんじ)），薬師寺，元興寺(がんごうじ)が移建された。また聖武天皇は，光明皇后の意向を汲んで全国に国分寺・国分尼寺を建立し，都には大仏を造立した。大仏をおさめた寺は東大寺となり，光明皇后の宅は尼寺とされて

法華寺となった。二人の娘の称徳孝謙天皇は西大寺を建立した。こうして平城京にも国家の大寺が立ち並ぶところとなった。また一切経の書写も国家事業として大規模に実施された。その状況は正倉院文書に記されているが，近年その読解が進み，事業の全体像が明らかになりつつある。さらに聖武は自ら出家した。日本の天皇の出家の始まりである。聖武は出家とほぼ同時に退位したが，娘の称徳孝謙は一度天皇を退位した後に出家して尼となり，その後そのまま再び天皇に復位した。これは日本史上ただ一回の出家の天皇であって，たいへん注目される。官度制もしだいに整備が進み，天平六年には『法華経』『金光明最勝王経』の二つが官度僧尼になるための必修経典として定められた。これは道慈の提言によるものだろうと推定されている。

　持統皇統が称徳孝謙天皇で途絶えると，皇統は光仁，桓武の血筋に移り，長岡京，次いで平安京へと遷都が実施された。かつては遷都の理由として，仏教の政治への関与を防止するためとする見解が唱えられたこともあったが，この説は今日では否定されている。皇統が変わったので遷都が実施されたのである。桓武天皇は郊天祭祀を行なって皇統の交替を宣言した。光仁皇統も，引き続き仏法興隆政策をとり，平安京には国家の寺院として東寺，西寺が建立された。桓武天皇は最澄を，嵯峨天皇（上皇）は空海を重く用いた。

道慈と行基　奈良時代を代表する僧は道慈（？～744）と行基（668～749）であろう。
　道慈は，奈良時代前半の国家の仏教を支えた僧で，唐留学から帰国の後，長屋王や藤原氏の信任を得て活躍した。そして，『日本書紀』の編纂に関与し，仏教伝来記事，崇仏派廃仏派抗争記事，聖徳太子関係記事，僧旻関係記事など，多くの仏教関係記事の述作に関わったと考えられる。『日本書紀』の記述の真偽についてはこの点をふまえて慎重に考証する必要がある。また『金光明最勝王経』と『法華経』の二経を重視する国家の政策，国分寺建立計画，戒師招請計画にも，彼の見解が大きな影響を与えている。

　一方，地方豪族層に支援され，民衆の絶大な支持を得たのが行基である。彼は，当初政府から非難されたが，のち活動方針を転換し，交通施設（橋，布施屋など），灌漑施設（池など）を作る社会事業，勧農事業を行なって，地方豪族や民衆のみならず，政府の信任も獲得した。大仏造立の勧進にも協力し，ついには大僧正に任じられた。行基が都や地方を周遊して人々を教化すると，人々は争い集まって彼を礼拝したといい，またしばしば「霊異神験」をあらわし，人々から「行基菩薩」と呼ばれたという（『続日本紀』）。「霊異神験」とは中国仏教で重視された概念で（「神異」「感通」などとも表現する），超自然的，超人間的な奇跡を示すことを指している。行基は日本古代を代表する霊異の僧であった。彼が造立した道場は畿内だけでおよそ四十九箇所あったといい，普通これを四十九院と呼んでいる。その弟子，信徒には多くの女性が含まれていた。

仏教教学の誕生と宗派の成立　日本の仏教教学は，伝来からおよそ200年を経た8世紀中頃に，ようやく本格的な進展を遂げ，学僧たちによって経典の注釈書や教

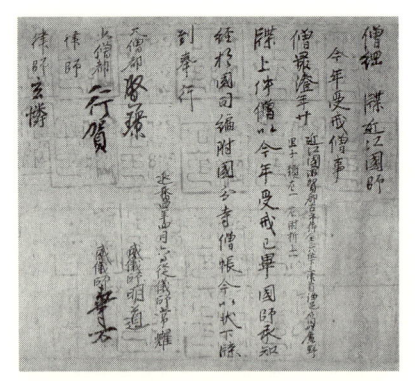

最澄の受戒に関する「僧綱牒」（来迎院蔵）
当時の僧綱たちの自署があり、全面に二十数の「僧綱之印」が捺されている。

学書が著されるようになっていった。旧説では、飛鳥時代に、早くも厩戸王（聖徳太子）によって三つの経典の注釈書、すなわち『法華義疏』『勝鬘経義疏』『維摩経義疏』（これらを「三経義疏」という）が著作されたとする説が有力であった。しかし、近年「三経義疏」の研究が進展し、これらが聖徳太子の著作ではなく、中国において中国人によって著された書物であることがほぼ明らかになった。この三書を除外して考えてみると、日本において経典注釈書が著されるようになるのは、ぐっと時代が下り、8世紀中頃のこととなる。日本の仏教教学は、8世紀になって成立、発展したもので、中国の仏教教学を受容、模倣するところから開始されたと理解することができる。

その最初期の学僧に智光（生没年不詳）という人物がいた。彼は、中国の吉蔵（549～623）の教学を研究する学僧であり、また阿弥陀信仰の研究家でもあって、『般若心経述義』『浄妙玄論略述』（以上現存）『法華玄論略述』『盂蘭盆経述義』『大般若経疏』『無量寿経論釈』（以上、永超『東域伝灯目録』所引）など多数の書物を著し、学生たちに教学を教えたという。智光にやや遅れて、行信、善珠（723～797）、明一（728～798）、智憬、寿霊などが活躍し、いくつかの経典注釈書、教学書が著されていった。

そうした中、中国の宗派を学んで、日本にも宗派の萌芽が誕生していった。正倉院文書に「宗」「衆」と表記される集団がそれである。だが、それらはまだ共同学習集団といった性格が色濃く、後世の宗派に見られるようなセクト性や、学問以外の部分も含めた統一性、組織性は確立していなかった。それが、8世紀後期～末期にかけてしだいに成長をとげ、法相と三論を学ぶ僧の集団が有力となって、宗派の祖形とでも呼ぶべき団体が形成されていった。やがて最澄（767～822）が登場する。彼は唐に留学して天台宗を日本に伝え、あわせて密教も一部伝えた。806年、最澄の提案に元興寺の護命（750～834）が同意して、年分度者（10人が定員であったが、この時12人に増員）が宗派単位に分割されることとなった。以後、国家公認の出家者は、基本的に宗派を単位に誕生することに変わった。これを契機として日本にも宗派が本格的に成立、発展するところとなった。それは日本仏教史のその後の展開に決定的な影響を及ぼす画期的な出来事であった。この時年分度者を割り振られたのは、法相、三論、倶舎、成実、華厳、律、天台の七宗で、やや遅れてこれに真言宗が加わった。こうして平安鎌倉時代を通じて活動する日本仏教の八宗が成立したのである。

3 地域，民衆，女性

思想史・宗教史の視点　思想史や宗教史を考える上で重要なことは、中央の国家の次元の思想、宗教に注目するのは当然であるとしても、それのみにとどまらず、広く視点をとって多様な次元の思想、宗教に着目することであろう。筆者は、具体的には、次の四点に注目して考察を進めるべきであると考えている。まず①地域社会の具体的な状況、様相を史料にそくして検証することである。その際②地方豪族層の動向に着目しなくてはならないが、それとあわせて、民衆層の様相にも視野を広げる必要があるだろう。また③中央、地方を問わず、女性の活動を考察する必要がある。さらに④日本一国のみならず、東アジア全体の様相の中から日本の特質を明らかにしていくという視点も忘れるわけにはいかない。この節では、古代の仏教史を題材にこれらの問題について考えていきたい。

国家仏教論とその問題点　日本の古代仏教については、これまで「国家仏教」という観点から理解、説明する見解がしばしば説かれてきた。その代表的な論者の一人である井上光貞は、古代の国家仏教は、律令などに規定される法や制度を中心に理解すべきであると説き、「律令的国家仏教」という概念を提唱して、古代の仏教史を説明した（『日本古代の国家と仏教』岩波書店、1971年）。この説では、僧尼令、官度制、僧綱制といった法や制度にこそ、古代の国家仏教の基本的な性格が窺えるとされている。しかし近年では、国家仏教論は様々な批判を受け、そのままでは成り立ちがたい状況になっている。そもそも「国家仏教」なる用語が曖昧で、概念規定が明瞭でないという問題点があった。また個々の論点についても、僧尼令の規定は、奈良時代においては実際にはほとんど機能しておらず、刑罰法規として適用されていない。それゆえ、この法の文言をただちに実態に結びつけることはできないであろう。また私度僧尼も、たしかに法の規定では禁止されていたが、実際にはほとんど容認されており、そればかりか登用されて官度僧に転じて、国家の仏教の場で活動するような僧もいた（空海など）。

むしろ必要なのは「国家仏教」の相対化であろう。日本古代には国家の仏教が確かに存在した。だがそれが古代の仏教のすべてであったわけではなく、また国家仏教が古代の仏教の全体を規定していたというのでもない。国家の仏教は古代仏教の一部を構成したにすぎず、他に貴族の仏教や宮廷の仏教、また地方豪族の仏教や民衆の仏教があり、それらは互いに連関しつつ、全体として古代の仏教を形作っていた。

国家仏教論は、中世仏教の基軸を鎌倉新仏教ととらえ、それゆえ中世仏教は民衆仏教であったとする学説の強い影響を受けて形成された学説であった。この説では、古代から中世への仏教史の展開は、〈国家仏教から民衆仏教へ〉という図式で理解されることとなる。だが、黒田俊雄によって顕密体制論が提起され、中世仏教の基軸はむしろ旧仏教（顕密仏教）であったことが明らかとなり、あわせて中世には民衆仏教ばかりでなく、

多様な仏教があったことがあらためて認識された。古代仏教の全体像をどう理解するかについても、顕密体制論の提起によって、大幅な見直しが要請されているのである。

　地方豪族の仏教、民衆の仏教　我が国では、7世紀後半～8世紀、地域社会に仏教が急速に浸透していった。地方豪族たちは、多くの寺院を建立し、仏像を造立し、僧尼を招いて、法会を開催した。都の大寺の僧が地方に招かれ、そこで仏教を講じることもしばしばあった。そうした地域社会における仏教の様相は、『日本霊異記』にいきいきと記述されている。同書で興味深いのは、地方豪族層の仏教信仰のみならず、民衆層の仏教信仰についても多くの記述が見られることである。村人たちが協力して村の道場（堂）を建立したという話。貧しい漁業労働者二人が海で遭難したが、「南無……釈迦牟尼仏」と称えて命が助かったという話。鉱山を採掘していた役夫が事故でとじこめられたが、仏教信仰の利益で命が助かったという話。地域社会で仏教勧誘の法会や写経などが催されていた話、などである。8世紀中後期となると、民衆層にも、初七日、四十九日などの仏教習俗がすでに流布していたことも記されている。また地方ばかりでなく、都の大寺（大安寺など）にも、貧しい女性が参詣に訪れている様子が描かれており、国家の寺院が民衆に開かれたものであったことも知られる。

　かつては、日本では、仏教が民衆に広まるのは鎌倉時代のことであると考えられていた。すなわち、鎌倉時代にいわゆる「鎌倉新仏教」が誕生し、これが日本最初の民衆仏教であると理解されたのである。しかしそうした見解は、今日ではもはや成り立たない。すでに奈良、平安時代に、仏教は民衆にかなりの程度流布しており、その端緒は白鳳仏教の時代にまで遡ると考えられるのである。

　仏教信仰の特色　日本古代の仏教信仰の様相は、『日本霊異記』『日本感霊録』といった仏教説話集、仏像の造像銘、経典の奥書、寺院縁起幷資財帳、『延暦僧録』『行基年譜』といった僧伝、その他国史、文書などから知ることができる。それらとインドの正統的仏教とを比較してみると、差異が大きく、質的相違が明らかである。かつては、それを日本の固有信仰との習合や、日本的心性との混交といった観点から理解、説明することが多かった。しかしながら、中国や朝鮮の仏教信仰と日本古代の仏教信仰とを比較してみると、その差異は小さく、多くの共通点があって、日本古代の仏教信仰が中国や朝鮮のそれを直輸入したものであったことが知られる。今後は、日本古代の仏教信仰の様相を示す史料と、中国や朝鮮の関係史料とを本格的に比較研究し、その共通点を明らかにするとともに、またどのような差異があるのかも明確にしていく作業が必要となろう。

　女性と仏教　日本の古代仏教の特色の一つに、女性が仏教に大いに関わり、重要な役割を果たしていたことがあげられる。『日本書紀』は、倭国の最初の出家者は女性であったと伝えるが（善信尼など三人の尼）、実際に7世紀においては、尼が多く活動し、坂田寺、豊浦寺など尼寺も多く建立された。8世紀になってもこの傾向は継続した。尼の数は前代に引き続いて多く、宮中では女帝や皇后に仕える尼が活躍し、貴

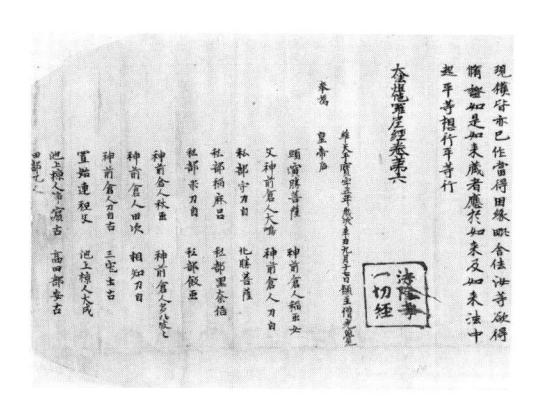

「大法炬陀羅尼経」巻第六奥書（根津美術館蔵）
光覚知識経と呼ばれる奈良時代の写経。写経参加者に
大勢の女性が含まれている。

族の家に寄住する尼も存在した。宮中の仏教儀礼の挙行にも尼たちは参与しており，ま
た地方においては国分尼寺や地方豪族の寺ないし家で活躍し，さらには民衆布教を行な
う女性仏教者も存在した。行基集団にも多くの尼が含まれており，多数の尼院が造立さ
れた。女性と仏教の問題でもう一つ重要なのは，女性宗教者のみならず，一般の信徒に
女性が多かったことである。それは宮廷の仏教や貴族の仏教のみならず，地方豪族の仏
教や民衆の仏教においてもそうであった。『日本霊異記』には，女性たちが仏教に深く
関わっていた様子が描かれているが，それは地方の有力者層から民衆層にまでわたって
いる。
　しかしながら，そうした情勢はしだいに変化をとげていった。光仁・桓武皇統が成立
すると，光仁天皇は内供奉十禅師の制度を発足させ，以後，宮廷の仏教は男性の僧が務
める十禅師たちによって運営されるようになっていった。そして，806年，最澄の提言
によって新しい年分度者制度が成立すると，牛山佳幸が論じたように（『古代中世寺院組
織の研究』吉川弘文館，1990年），各宗派は，男性ばかりを宗派の僧として得度・受戒さ
せていったため，結果として尼は出家の機会をほとんど失うこととなり，国家公認の尼
の数が著しく減少してしまった。尼寺も退転して廃寺となったり，僧寺に転じていくも
のが少なくなかった。こうして尼たちは，国家の仏教や宮廷の仏教の分野から撤退を余
儀なくされ，以後は他の分野に活動の場を求めることとなっていった。

　　　　　　　　　　　　　　　　　　　　　　　　　　　　　　　（吉田一彦）

▶コラム2　神仏習合外来説

　在来の神信仰と外来の仏教とを混交的あるいは融合的に信仰する「神仏習合」は，かつては，日本列島で独自に発生した，日本的な宗教現象の一つとして理解，説明されることが多かった。仏教が伝来した最初の頃，倭国では神信仰と仏教とが対立したが，やがて仏教受容派が勝利し，以後は仏教と神信仰とがしだいに融合していって，神仏習合の宗教文化が形成されたと考えたのである。近代歴史学において，こうした見解を最初に学問的にまとめあげたのは辻善之助（1877～1955）で，彼が1907年に発表した長編論文「本地垂迹説の起源について」（のち『日本仏教史研究』第一巻，岩波書店，1983年）は，神仏習合思想が日本の国内で誕生し，それが内在的に発展していって，やがて本地垂迹説へと成長していく順路を跡づけようとした論文であった。辻の見解は高い評価を得て，以後，長く定説の地位を占めるに至った。しかし，そうした内在成立説に対しては，早く津田左右吉（1873～1961）による批判があった。津田は，日本古代の神仏習合で語られる論理，用語と同じような話が中国の『高僧伝』などに見えることを指摘して，内在成立説に対して疑問を投げかけた（津田左右吉著作集第九巻『日本の神道』岩波書店，1964年）。津田の指摘は，しかし簡略，短文であって，史料の提示や説明が不十分であったため，後進の学者たちに継承されるような見解とはならなかった。だが，私は津田の見通しは妥当であると考えている。日中の史料を丹念に検索していくと，数多くの関係記述に出会うことができるが，それらはたいへんよく似ており，津田も気づかなかった多くの共通点があることが知られる。日本古代の神仏習合は，中国仏教で説かれていた神仏習合思想を受容，模倣するところから開始されたと理解しなくてはならないであろう（これについて詳しくは，吉田一彦「多度神宮寺と神仏習合」梅村喬編『伊勢湾と古代の東海』名著出版，1996年）。

　日本の神仏習合は，神宮寺の建立や神前読経の実施から開始された。すでに神社がまつられている地に，神社と並び立つように建立される寺院が神宮寺であり，僧によって神に対して経典が読まれるのが神前読経である。それらについて語る史料では，神たちは，重い「罪業」のために「神道」の「報」をうけてしまったとか，「宿業」のために「神」となってしまったなどと身の上を告白し，「神身」ははなはだ「苦悩」が深いので「神道」をまぬがれたいとか，「業道」の「苦患」から救われたいなどと述べて，「三宝」「仏法」に帰依したいと願っている。苦悩する神が仏教に救いを求め，寺院を建立してもらったり，経典を読んでもらうという構造の話になっているのである。気比神宮寺，若狭神願寺，多度神宮寺，香春神宮寺といった神宮寺に関わる史料や，『日本霊異記』下巻第二十四などにそうした話が見える。この思想は，神が苦しい身の上から離れたいと希望するところから，「神身離脱」の思想と呼ばれている。仏教の力によって救われた神には，仏教（仏法）の守り神という地位が与えられ，「護法善神」などの語をもって表現された。（図版は，多度神宮寺，箱根山の神宮寺などを建立した遊行の僧，満願）

　だが，先に述べたように，そうした思想や用語は中国の仏教文献にしばしば見られるもので，日本だけのものではない。たとえば『続高僧伝』の「法聡伝」では，神が法師の講説を聞いて「神道」の「罪障」による「苦悩」から脱出したという話が述べられているし，『出三蔵記集』の「安世高伝」（この話は『高僧伝』に継承されている）では，

湖の神が大蛇の姿をして出現し、寺塔を建立してもらって、仏教の力によって神身離脱を遂げるという話が述べられている。他にも中国の仏教文献には、山の神、樹の神などの神々（それらはしばしば蛇や虎の姿をして現れる）が仏教の力によって救済されるという話がたくさん見える。神が仏教に帰依した後「護法神」「善神」「護寺善神」になったという話も豊富に見える。

日本の神仏習合の第一段階は、「神身離脱」「護法善神」の思想の成立であるが、それらは中国仏教で説かれていた神仏習合思想を受容して開始されたとしなくてはならない。その導入の時期は8世紀中頃～9世紀初めのことで、唐に留学して中国仏教を学んだ道慈によって端緒がもたらされ、その後、入唐僧による波状的な導入があって日本社会に流布し、さらには最澄や空海によってあらためて輸入された思想と評価されるであろう。

日本における神仏習合の第二段階は、「垂迹」思想の受容である。日本の神仏習合思想としては「本地垂迹説」が著名である。これは、ある神を特定の仏菩薩の「垂迹」〈姿を変えて出現した存在のこと〉であると解釈し、仏菩薩の方をその神の「本地」〈本質のこと〉と位置づける思想のことである。この思想が成立するのはずっと時代が下って、中世のこととなるが、ただ、その萌芽となる思想が唐からもたらされたのは古代に遡る。8世紀最末期～9世紀、中国の天台宗で説かれていた本迹思想が日本に伝えられ、日本でも「垂迹」の思想が語られるようになったのである。①延暦17年（798）8月26日の「故石田女王一切経等施入願文」（東南院文書）、②『叡山大師伝』、③『日本三代実録』貞観元年（859）8月28日条（恵亮の上奏文）は、「垂迹」の語が見える早い例であるが、ただそれは、聖徳太子を慧思（中国の有名な僧）の「垂迹」〈生まれ変わりのこと〉と説明するなど（②）、いまだ神を仏菩薩の垂迹と位置づけるような思想とはなっていなかった。古代の史料にはまだ「本地」の語は見えないのである。

中国においては、僧肇（384～414？、鳩摩羅什の弟子）の『注維摩詰経』の序に、「非本無以垂跡、非跡無以顕本、本跡雖殊而不思議一也。（本に非ざれば以て跡を垂るること無く、跡に非ざれば以て本を顕はすこと無し。本跡殊なりと雖も不思議一なり）」という一文があり、「本」「迹」「本迹」「垂迹」の用語、説明が見える。この一文は、その後、吉蔵（549～623）や智顗（538～597）によって重視、継承され、特に智顗はこの「本」「迹」の用語、概念を用いて『法華経』を読解して天台宗を開始した。その思想や用語が、この時代、日本に流入してきたのである。ただ、智顗の著作には「本地」の語が見えるが、「本地」と「垂迹」とを用いて仏菩薩と神との関係を説明するような記述は見えない。この二つの用語を用いて神仏関係を説明するのは日本で初めて唱えられた言説と考えられ、その成立時期は11世紀後半のことと考えられる。本地垂迹説は11世紀後半に日本で成立した思想であるが、それに先立ち、平安時代初期に「垂迹」の思想が受容されたのである。

（吉田一彦）

満願（万巻）（箱根神社蔵）

第3章

平安時代の仏教

1 最澄と空海

桓武天皇の政治　平安時代は通常,桓武天皇(737～806)による平安遷都から,平氏政権,ないしは鎌倉幕府の成立までの約400年間を指し,比較的安定した時代と考えられている。しかし,平安京そのものが,奈良末期の政治的な混乱から成立したことを忘れてはならない。

桓武の父光仁天皇は,770年(宝亀元),称徳天皇崩御により道鏡(?～772)政治に終止符を打たせるべく擁立された。当初,聖武天皇の皇女井上内親王を皇后とし,その皇子他戸親王を皇太子に立てていたが,皇后が天皇を呪詛したとの嫌疑により2人が廃され,百済王家の後胤である高野新笠を母とする桓武天皇の即位が実現した。これは,奈良時代を通じて維持されていた天武天皇の系譜が,天智天皇の系譜へと交替したことを意味している。そして,新たな系譜の天皇の正当性を表明するために,天命思想や讖緯説が用いられた。

讖緯説とは中国漢代に流行した予言説の一種で,陰陽五行説や祥瑞災異・神仙思想などに基づいて,神秘的に王朝交替などの政治事件を説明した。辛酉年に大変革があり,甲子年に政令が改まるとする辛酉革命・甲子革令説は顕著な例で,日本へも7世紀頃には伝わり,『日本書紀』に記される神武天皇即位年(辛酉)が設定されたと考えられている。そして,光仁天皇の譲位により桓武天皇が即位した781年(天応元)は辛酉,長岡京へ遷都した784年(延暦3)は甲子にあたってる。桓武天皇は延暦4年と6年の2回,河内国交野の柏原で中国的な儀礼により天神をまつる郊祀を行ったが,6年の時には光仁天皇の霊を配祀させており,王統の交替による新たな王朝の出現を世に知らせる意図が認められる。

ところが785年,新王朝の象徴として建設されていた長岡京で藤原種継暗殺事件があり,皇太弟早良親王(?～785)が廃され,その怨霊が取り沙汰されるようになる。そして,新皇太子安殿親王(後の平城天皇)の病気や皇太后・皇后の崩御,洪水なども重なり,わずか10年で不穏な長岡京を放棄し,平安なる京(=平安京)への遷都が敢行された。

光仁・桓武朝における最大の課題は律令制の再編にあり,仏教界についても奈良時代

末に廟堂と癒着したことを反省して大きな見直しがなされた。平安京内には東寺・西寺の2寺が建立されただけで、平城京の寺院は移されず、官大寺の僧侶の俗化をおさえ、僧尼令的な統制が強化された。また、年分度者の制に大学寮の課試制度を取り入れて経典の理解能力を僧侶に要求しただけでなく、近江国に梵釈寺を建立して浄行の禅師10人を置くなど、戒律を守って修行し、かつ民衆教化にも努める山林修行僧を登用する方針が示された。ここに、最澄・空海らの活躍する場が用意されたといえる。

最澄 最澄（766〜822）は、近江国滋賀郡の三津首氏の出身、近江国分寺で得度、785年（延暦4）に東大寺で受戒し、ほどなく比叡山での修行生活に入った。そこで真摯な求道態度を表明した「願文」を書いた。また、華厳教学を通じて天台教学に出会った。797年に内供奉十禅師に任ぜられ、比叡山で法華十講を始修し、高雄山寺で天台教学の講義をするなど、国内での名声と桓武天皇の親任を得ていった。そして、804年9月に還学生として遣唐使の一行に加わった。

唐では、天台山の行満・道邃から天台教学と菩薩戒を受け、天台の聖教102部240巻を書写して目的を果たした。さらに帰路の準備が整うまでの間に越州へ赴いて順暁から密教の付法を受け、三部三昧耶の図様・印契・密教法具などを請来して805年6月に帰国した。翌月に「進経疏等表（経疏等を進るの表）」と金字の諸経典などを奉進すると、すぐに請来した天台典籍を書写し七大寺に備える命が下された。ただし、病床にあった晩年の桓武天皇は密教の方により大きな関心を示したようで、9月に高雄山寺で初の密教灌頂、都の西郊で五仏頂法、内裏で毘盧遮那法を行わせている。翌806年（大同元）1月、最澄の請いにより天台法華宗に対して年分度者2名の勅許が下り、ここに日本天台宗の開創をみるが、1名は止観業（天台）、他の1名は遮那業（密教）を学ぶものであった。すなわち日本の天台宗は、桓武天皇の庇護と密教修法への関心のもとで開創が認められたのであり、当初から密教化を余儀なくされていた。そして、同年3月に桓武天皇が崩御し、やがて空海が正純密教を伝えると、最澄と天台教団は苦難の時代を迎えることになる。

空海が請来した正純密教の意義をいち早く理解した最澄は、弟子の礼をとって空海から灌頂を受け、典籍を借り受けて不完全な密教部門の充実に努めた。しかし、弟子泰範の離反や宗教観の相違などが原因で813年（弘仁4）に決別した。その後、教団の全国拡大を目指して関東に行化した。この頃から、会津の法相学匠である徳一と5年間にわたる三一権実論争を展開し、『守護国界章』『法華秀句』『決権実論』『依憑天台集』などを著した。

最澄の教義は、中国天台の教相判釈を受け、法華一乗のもとに華厳をはじめとする代表的な仏教思想の統合をはかろうとするものであった。その前提として、自身の生きた時代を末法ととらえる深刻な末法意識があり、『法華経』こそが末法の時機にふさわしい教えだという時機論が存在した。三一権実論争では、『法華経』の一乗真実説（仏の教えに声聞・縁覚・菩薩の三乗の差別があるのは衆生を導くための方便であって真

実は一乗である）に基づいて，法相宗の三乗真実説（真実には三乗の差別がある）への批判がなされた。そして，法華一乗こそ迂回せずにただちに悟りの世界に至る「直道」であるとした。さらに密教をも天台の教え（円教）の中に融合させ，中国天台には見られなかった「円密一致」の主張を展開した。

　天台を最高とする最澄の思想は，日本における天台宗の独立に向けた現実の活動と密接に関わっていた。818年（弘仁9）5月，天台宗に与えられた年分度者の受戒と受戒後の修行・任用などについて規式を立て（『山家学生式』六条式），嵯峨天皇の裁許を請い，8月に補足再説したが（『同』八条式），いっこうに相手にされなかった。翌年3月，さらに改訂して独自の受戒方式などを示し（『同』四条式），天台円宗の菩薩の意義と自覚を宣揚し，大乗独自の梵網戒の重要性を提唱

伝教大師（最澄）（一乗寺蔵）

した。12年間の籠山などで菩薩僧を育成し，大乗の利他行を実践して鎮護国家の実現を目指すとして，比叡山内に南都仏教から独立した大乗戒壇の設立を要請したのである。それは東大寺で行われている具足戒を小乗の戒として否定し，俗人にも授ける菩薩戒によって正式な僧侶を生み出そうとするもので，僧綱・南都教団側から強い反対にあった。最澄は，小乗戒とは異なる大乗戒（円戒）が存在することを証明するために『顕戒論』を著し，伝法の系譜を示した「血脈」とともに朝廷に奉ったが，未決着のまま比叡山の中道院で没した。大乗戒壇設立の勅許が下ったのはその7日後であった。

空海

　空海（774～835）は讃岐国の佐伯氏の出身で，外舅阿刀大足に伴われて上京し，任官を目指して勉学に励んだが，一沙門から虚空蔵求聞持法を授かり，土佐室戸崎などで修行し，仏道を志すようになった。797年（延暦16）に著した『聾瞽指帰』（後『三教指帰』と改題）は，四六駢儷体で，儒教・道教・仏教の三教の中で仏教が最も優れていることを論じたもので，空海自身の出家への宣言でもあった。それから804年に入唐するまでの経緯は不明だが，遣唐使の一行に加えられたのは彼の文才によるとも考えられ，在唐中は遣唐大使藤原葛野麻呂の書記官的な役割も負っていた。

　入唐した空海は，自ら日本国留学僧として入京を乞う啓状を提出し，念願の長安での留学生活に入った。翌年，般若三蔵にインドの声明や悉曇を学び，さらに青竜寺の恵果に胎蔵・金剛界・阿闍梨位の灌頂を受け，正統な密教をすべて受法した。805年12月に恵果が示寂したので，多くの経論・曼荼羅・法具などを請来して806年（大同元）10月に帰国した。それら216部461巻の『御請来目録』を，密教こそ仏教の最高の教えで国家安穏の基となると記した上表とともに進めたが，新帝平城天皇の歓心を買うことはなく，入京は許されなかった。その意義を最初に認めたのが最澄で，この目録を書写し

ている。
　空海は嵯峨天皇の外護のもとで真言密教の宣布に努める。809年、高雄山寺（神護寺）に入住して真言密教の法灯を掲げ、812年（弘仁3）に最澄とその弟子や南都の学僧のために胎蔵・金剛界の灌頂を授けた。これにより空海の真言宗は密教界の中心と見なされることになった。最澄には経論を貸すなど親密な交流を持っていたが、813年に決別した。この根源には、最澄が「円密一致」を説くのに対し、空海は密教の完全な優位を主張するという、仏教に対する見方の相違が存在した。南都の教学とも異なっており、徳一の『真言宗未決文』に即身成仏への疑義が呈されている。

弘法大師（空海）（無量光院蔵）

　空海が請来した密教は、『大日経』『金剛頂経』に基づいて法身の大日如来を教主とする純密であり、それまでに伝えられていた雑密と比べて教義体系・儀礼の両面で格段の差があった。それゆえに、以後の仏教界は空海による密教化を避けることはできなかった。816年、密教寺院建設のために高野山を請い、生涯を通じての一大事業を開始した。822年、東大寺に真言院を創立して南都密教の拠点とした。823年、東寺（教王護国寺）を勅賜され、真言宗の根本道場とし、堂塔の建立に努めた。
　この間に執筆された著作では空海独自の思考が加わり、密教の日本的な展開が認められる。『弁顕密二教論』では、顕教（法相・三論・天台・華厳の4宗）と密教（真言宗）との差別・優劣を弁別するという独自の教相判釈で、真言宗の優越性と独立性を明らかにしている。すなわち、悟りの世界は言葉では説明できず（果分不可説）、成仏にはきわめて永い時間を要する（三劫成仏）と説く顕教を浅略の教えとし、悟りの世界を真言によって表すことができ（果分可説）、この身のままで成仏できる（即身成仏）と説く密教を、深秘の教えと位置づけた。『即身成仏義』では、即身成仏の思想を理論・実践の両方面から組織的に論じている。大日如来を中心に諸仏菩薩が調和して存在する悟りの世界を可視的に図示したものが曼荼羅であり、心に曼荼羅の諸尊を観念し、口にその真言を唱え、手に諸尊の印契（印相）を結ぶという三密瑜伽の修行により本尊と一体となる即身成仏を目指すとした。晩年の著作『秘密曼荼羅十住心論』（『十住心論』）では、人間の心の状態を10の発展段階に分類し、第10番目の「秘密荘厳心」が真言密教の究極の境地であり、あらゆる宗教・思想が包摂・統合されているとした。これを要約したのが『秘蔵宝鑰』である。
　空海は文才にすぐれ、漢詩集『性霊集』のほか、修辞学を説いた『文鏡秘府論』、

第3章　平安時代の仏教　37

日本最初の辞典『篆隷万象名義』があり，能筆家として「三筆」の一人とされるなど，弘仁文化の牽引者であった。また，四国の満濃池の修築に指導的役割を果たし，庶民教育の場としての綜芸種智院の設立を目指すなど，利他行の精神による社会事業も精力的に行った。

834年（承和元）1月に宮中真言院で毎年正月に真言の修法を行うことが勅許され，翌年1月に真言宗年分度者3名が勅許されるなど，真言宗教団の基盤を固め，その年の3月に高野山で没した。死後，921年（延喜21）に弘法大師の諡号を賜わり，さらにその超人的な才能と活動から大師信仰が生じ，空海は死んだのではなく高野山の石室中に「入定」していると信じられるようになった。

最澄・空海以後 最澄と空海は，それぞれ天台宗・真言宗という中国から請来した新しい仏教を日本的に発展させた。最澄は，独自の大乗戒壇設立と比叡山の修行によって養成された菩薩僧の創出こそが鎮護国家のためであるとし，空海は南都戒壇の受戒の上に密教特有の三摩耶戒を位置づけて，旧来の護国法会の密教化によって鎮護国家仏教を確立させようとした。共に国家仏教という枠組みの中であったにせよ，教義・教団について理想を追求し，大乗仏教の利他の精神に基づく社会事業や教育にまで及ぶ思考活動を展開したことは，特筆に値する。

二人の出現は旧来の南都仏教をも変質させた。それまで正統・非正統にかかわらず様々な学説を併存させていた南都の諸宗は，淳和天皇の天長年間（824～833）における「天長勅撰六本宗書」（律宗は豊安の『戒律伝来宗旨問答』，法相宗は護命の『大乗法相研神章』，三論宗は玄叡の『大乗三論大義鈔』，天台宗は義真の『天台法華宗義集』，華厳宗は普機の『華厳一乗開心論』，真言宗は空海の『秘密曼荼羅十住心論』および『秘蔵宝鑰』）の提出などを通じて，それぞれ単一の正統教学のみを奉ずる「南都六宗」に変貌した。これに，国家公認の宗派であることを意味する年分度者制が天台・真言両宗を加えて再編されたことで，いわゆる「八宗体制」が確立した。

密教は南都仏教でも併修され，全宗派の密教化が進んでいった。最澄・空海後の入唐僧は，修法の護国的効験を競うために新奇な別尊像や修法の請来に努めた。838年（承和5）に最後の遣唐使船で入唐した常暁（？～866）は太元帥法をもたらし，天台宗の円仁（794～864）は熾盛光法をもたらした。最澄の段階で不十分だった天台法華教学と密教との融合は，円仁によって進められ，853年（仁寿3）に入唐した円珍（814～891）に受け継がれ，安然（841～？）に至って大成され，空海に始まる東密に対峙する台密が完成した。安然は現実肯定の本覚思想を形成したともされる。しかし，平安中期以降，貴族仏教における修法隆盛の中で思想的な発展はなく，東密・台密とも事相中心の矮小化された祈禱仏教へと変質し，多くの流派が分立した。

2 御霊信仰と神祇信仰

御霊会の成立 　政治的に失脚して非業な死を遂げた者が怨霊となって社会に不利益を与えるという考えは、奈良時代の長屋王や藤原広嗣に対して起こり、平安時代に新たな信仰を生み出す。桓武天皇が早良親王の怨霊を恐れて、陵墓を改築し、「崇道天皇」と追号し、様々な仏事を行い、密教の本格的受容に至ったことは先述した。これに「祟をなす神」という伝統的な神観念が結びついて、御霊を鎮めるための祭礼として「御霊会」が創始された。文献上の初見は『日本三代実録』貞観5年(863) 5月20日条で、京都の神泉苑で、崇道天皇のほか、伊予親王（桓武の皇子）・藤原夫人（吉子、桓武の妃、伊予親王母）・橘逸勢・文室宮田麻呂らがまつられた。これは疫鬼となって疫病を流行させる怨霊を、経典の講説や、歌舞・騎射・相撲・走馬・演劇などを行って鎮めるというもので、もと民間の風俗が公的行事となったのである。

　疫病流行の際に疫神をまつる御霊会は、その後も民衆の間で発生し続けた。945年(天慶8)、志多羅神の神輿が山城国山崎郷から石清水八幡宮に移座するということがあったが、これもその一種で、この時の歌舞の童謡には「月笠着る、八幡種蒔く、いざ我らは荒田開かむ」として、農民の繁栄と富が謳歌されている。神霊を神輿に移して神仏混交の祭祀を行う都市民の新しい信仰は、やがて牛頭天王をまつる祇園社（観慶寺感神院、現在の八坂神社）をはじめ、紫野今宮・松園今宮・上出雲寺（上御霊神社）などの宗教施設へと発展した。そして年中行事化された御霊会では、神輿渡御の行列に馬長や風流・田楽の芸能が加えられ、目を驚かすような華美・豪華な風流を競い合う風潮も生まれた。また、後述する北野や稲荷などの祭にも適用された。

天神信仰 　菅原道真（845〜903）も、怨霊と見なされ、仏教の神観念が投影されて天神となった。

　学問の家に生まれて文才を発揮した道真は、宇多天皇に登用され、醍醐天皇の899年（昌泰2）に右大臣となるが、901年（延喜元）正月、大宰権帥に左遷され、配所で没した。やがて藤原菅根・藤原時平らの政敵や皇太子保明親王が相次いで死ぬと、「菅帥霊魂宿忿の所為」（『日本紀略』延長元年3月21日条）と考えられ、彼を本官の右大臣に復したり、一階を進めた正二位を授けるなどの鎮魂の措置がとられた。さらに宮中清涼殿への落雷で大納言藤原清貫・右大弁平希世らが震死し、醍醐天皇も病死した。次の朱雀天皇は病弱であり、承平・天慶の乱（平将門・藤原純友の乱）など社会不安も重なった。この頃、道賢が金峯山での修行中に頓死して蘇生するまでの13日間に道真の霊魂と会見したという話ができたり、道真を神としてまつる祠が作られていった。

　道真の没した大宰府では、埋葬地に廟所と安楽寺が営まれ、太宰府天満宮へと発展した。一方、京都では託宣により北野の地にまつられるが、そこはかつての天皇の遊猟の地であり、遣唐使の無事を祈念したり、雷神をまつる祭祀の場であった。彼の霊威を

第3章　平安時代の仏教

恐れて付けられた「天満天神」「天満大自在天神」「大威徳天神」「火雷天神」などの神名は，いずれも仏教によるものである。つまり天神信仰は，御霊信仰や巫覡の活動に仏教思想が加わって成立したもので，学問の神としての性格が付与されるようになるのは，朝廷によって国家的守護神とされた後の平安末期のことである。

石清水八幡宮と二十二社制　祇園社の牛頭天王にせよ，北野天満宮の天神にせよ，平安時代には神仏習合的な神格が生み出され，朝野の崇拝を受けていった。その中核となったのが石清水八幡宮である。

石清水八幡宮は，859年（貞観元）から翌年にかけて，行教が宇佐八幡宮を山城国綴喜郡の男山に勧請したことに始まる。もとより護国寺と一体で，検校・別当などの社僧が神社を運営する宮寺であり，祭も宇佐八幡宮と同じ放生会という仏教的な儀礼であった。

平安時代には，王城鎮守としての賀茂神社や天皇と外戚関係のある氏族の神社の祭が公的行事（公祭）として行われるようになり，律令祭祀以上の意味を持つようになる。また，天皇個人の祭という性格を持つ「臨時祭」も創始された。このような神祇祭祀そのものの変革に伴い，神社の格付けも朝廷が農作物の収穫を祈願する祈年穀奉幣などの対象社を中心になされるようになった。ここで石清水八幡宮は天皇擁護・国家鎮護の神をまつる宮として常に奉幣を受け，伊勢神宮に次ぐ宗廟として位置づけられていった。この対象社は醍醐天皇の時代に16社だったが，次第に増加され，北野・祇園，そして日吉などの社も加えられて最終的に22社となった。

石清水八幡宮では朱雀天皇の時代に臨時祭が創始され，後三条天皇の時代に放生会が勅祭とされた。北野祭・祇園御霊会も貴族たちの奉幣を受けるようになり，他の神社の祭と同様の崇敬を受けるようになった。また，天皇による神社行幸，貴族による参詣の対象ともされた。平安時代に誕生した神仏習合的な神社は，宮寺としての運営組織を維持しつつも，日本の神としての地位を確立したといえる。

霊場参詣と神仏習合　平安時代には山岳霊場が神仏習合にも大きな役割を果たした。特に清水寺・石山寺・長谷寺などの観音霊場への参詣は男女を問わず盛んで，摂関期には毎月18日に参詣する月詣の風習も生まれていた。霊場ではお告げを得るためにお籠りをすることが多かったが，それは神祇信仰の誓盟の系譜に連なる。また，精進（潔斎）が必要とされ，その期間に穢が発生すると，参詣そのものが中止された。これらは，霊場にまつられているものが単なる仏像ではなく，在来の神に対する観念と重ねられていたことを意味している。

吉野の奥にある金峯山（大峰山）は，女人禁制の山岳修行の場であったが，宇多法皇や花山法皇も参詣したことで，摂関期の貴族たちの出世祈願などを祈る重要な霊場へと発展した。その際にも御嶽精進と呼ばれる一カ月に及ぶ潔斎期間が必要とされた。ここでまつられた蔵王権現は，忿怒の姿で右手に三鈷を持って振り上げ，右足を宙に浮かせる独特な尊格で，日本の山岳信仰と仏教信仰の融合によって生まれたものであり，以後，

修験道の主尊とされた。

　金峯山詣（御嶽詣）は、1007年（寛弘4）に藤原道長が左大臣という最高の身分で行っている。その時は子守三所に詣でて娘彰子に皇子が誕生することを祈願しただけでなく、山頂において埋経も行った。埋経は、弥勒がこの地に下生した時のために経典を埋めておくもので、この功徳によって来世に往生できるよう祈願された。道長は出家後の1023年（治安3）に高野山詣も行っているが、金峯山・高野山とも主要な参詣霊場へと押し上げられたのは彼の影響による。院政期、白河上皇は両所へ参詣し、さらに奥の熊野へと足を伸ばした。熊野詣は各階層に広まり、「蟻の熊野詣」と呼ばれるほどの盛況を生むことになる。また埋経の風習も広まり、日本各地に経塚が営まれていった。

　神仏習合としては、奈良時代以来、寺院にまつられた鎮守神、神社に建立された神宮寺があり、そこで僧侶による神前読経などの仏事がなされていた。この頃になされた仏教による理論化は、神を迷える衆生と見なして仏へと救い上げるというものであった。平安時代には仏像の影響により神像が作成され、八幡神に菩薩号が付与されるなど、神と仏を一体と見る現象が起こり、さらに御霊信仰や山岳信仰の要素が加わって多様に展開していった。この中で、神仏習合的な神は悟りの世界の存在へと格上げされるようになり、仏を本地、神をその垂迹（仮の姿で現れたもの）とする本地垂迹説が形成された。「権現」も「権に現れた」という意味で、旧来からの神も含めて広く使われるようになった。ここに、中世に神道説が発達する基盤が築かれたといえる。

3　浄土信仰の展開

宮中仏事と来世希求的信仰　平安時代には年間を通じて様々な仏教行事が宮中で行われていた。御斎会は、1月8日から7日間、大極殿に本尊毘盧舎那仏を安置し、衆僧を召して斎食を設け、『金光明最勝王経』を読ませて国家安寧・五穀豊饒の祈願をする法会である。薬師寺最勝会・興福寺維摩会と合わせた三会の講師を勤めると、已講と呼ばれ、僧綱へと出世する道が開かれており、仏教教団の統制という意味でも重要な国家儀礼であった。平安時代以降は、天皇個人のための仏事という性格を強め、嵯峨天皇の813年（弘仁4）に天皇の前で経典の内容を講義させる内論義が始められ、仁明天皇の835年（承和2）からは宮中真言院で後七日御修法も併修されるようになった。季御読経は、百僧に『大般若経』を講読させる儀式で、清和朝に四季の恒例行事となり、陽成朝に二季の行事に改められた。天皇以外にも皇后・皇太子のための行事があり、それぞれの平穏な生活を保証する儀として定着した。もとは鎮護国家的な仏事が、天皇など個人の安泰を約束する儀へと展開した点は見逃せない。

　7月15日に行われる盂蘭盆会は、4月8日の釈迦の誕生日に行われる灌仏会とともに、日本で最も早く受容された法会で、606年（推古14）に寺院の儀として始まり、宮中の儀式へと再編された。平安時代の盂蘭盆会では、内蔵寮が調備した盆供を天皇が拝んで

から寺に送る儀も加えられ、天皇の私的な先祖追善の儀礼という色彩が強められた。追善供養の斎会としては、天皇・母后の命日に定められた寺院で行う国忌もあり、その日は廃朝・廃務とされていた。平安時代になると、伝統的な死者供養である殯の風習はなくなり、荷前奉幣（墓所への奉幣）も形骸化し、仏教行事に代替されていった。貴族による忌日供養も同様で、『法華経』を講ずる法華八講などが盛んとなった。これは日本人が「死後の世界」をもっぱら仏教に委ねるようになったことを意味する。

仏名会は、年末の3日間、過去・現在・未来の三世の諸仏一万三千の名号を唱え、六根の罪障を消滅させる行事で、宮中の儀としては嵯峨朝から仁明朝にかけて恒例化された。天皇の日常生活の場で礼仏・布施という行為がなされるのであり、私的な信仰に基づいて始められたといえる。季御読経や灌仏会と同様、中宮・東宮などの仏名会もそれぞれ別個に行われた。

これら平安時代の宮中仏事を通観すると、奈良時代の国家的仏教が天皇の私的な信仰儀礼へと転換しており、仏教がより個人的・日常的な次元にまで浸透していったことが窺える。さらに、天皇の行事から、皇后・皇太子、そして貴族の信仰へと広まった。これは平安時代に御願寺という天皇の私的性格の強い寺院の営みが盛行し、貴族による私寺造立が盛んになることとも対応する。その中で、死者の追善、そして自らの来世を祈る儀礼が重きをなしていたことは、以後の日本仏教を性格づけるものとなった。

臨終出家　平安時代に隆盛した密教が現世の安穏を保証するものであったとするならば、来世の安穏を引き受けるものは浄土教であった。浄土教とは、阿弥陀仏の極楽浄土に往生してから、成仏することを説く教えである。『無量寿経』『観無量寿経』『阿弥陀経』など浄土教の経典や阿弥陀浄土図などは早くから日本に伝わり、奈良時代には三論宗の僧智光などによる研究が行われた。しかし、教義的な展開以上に、来世を仏教に委ねるという浄土教的な信仰が定着していた点を見逃してはならない。

仏名会の成立が物語るように、平安前期には天皇を中心に来世希求的仏教信仰が進展したが、その頃、死の数日前ないしは数刻前になされる臨終出家（死の直前の出家）が行われるようになった。臨終出家は、重病患者が自らの死を自覚した時に僧侶を招いて戒と戒名を授かる儀で、教義的な裏付けはなく、日本で形成された風習である。その初見は、840年（承和7）に崩じた淳和上皇（『本朝皇胤紹運録』）、ないしは850年（嘉祥3）に崩じた仁明天皇（『続日本後紀』）であり、天皇主導による弘仁文化が展開する中で、出家を理想視した仏教理解により成立したと考えられる。そして約150年を経た摂関期には貴族全般へと広がり、誰もが死ぬ前には出家したいと考えるようになっていた。女性の場合、尼（尼剃ぎという髪を残した姿）になっていても、病状が悪化するとさらに髪を剃って「僧」になって死んでいくことが行われた。この二重出家も仏教の教義になく、臨終の場で僧侶の姿になることへのこだわりであった。さらに平安末期になると、死が確認された後で出家させる死後出家の例も認められるようになる。日本仏教の最大の特徴である葬式仏教で死者に授ける「死後戒名」の風習は、貴族社会で臨終出

家から死後出家へと発展する過程において形成されたのである。

空也と源信　貴族社会で来世希求的仏教への関心が高まる中，比叡山にも円仁によって中国五台山の念仏三昧法が移植され，浄土教の一大拠点となった。そして，平安中期に空也と源信という二人の僧が登場し，浄土教隆盛の時代を迎える。

空也（903〜972）は，幼少の時から聖として諸国を回って道・橋・井戸を整備するなどの社会事業をするかたわら，荒野に野ざらしとなっていた死骸を集めて火葬し，阿弥陀仏の名号を唱えたという。20余歳で尾張国分寺に入って出家し，自ら空也と名乗った。その後，播磨国峯合寺，阿波国と土佐国の境の湯島などで修行し，陸奥国・出羽国へも布教した。938年（天慶元）から活動の拠点を京都に移し，市中の人々に情動的・狂騒的な念仏を勧めたので，阿弥陀聖・市聖と呼ばれた。948年（天暦2）に比叡山で天台座主延昌から正式に受戒して光勝という戒名を得ても，自分では空也の名を用い続けた。951年には京都で疫病が蔓延して死者が相次いだのを悼んで金色一丈の十一面観音像などを造立した。これが六波羅蜜寺の創建につながる。963年（応和3）に13年の歳月を費やして書写した金字『大般若経』600巻を供養した時には，左大臣藤原実頼以下の人々が結縁するなど，貴族たちからも多くの賛同を得た。972年（天禄3）に70歳で示寂した。翌年，源為憲が『空也誄』を執筆し，それを受けて慶滋保胤が『日本往生極楽記』の中に「沙門弘也（空也）」伝を収めているように，同時代の文人貴族によっても，日本に念仏を広めた先駆者として高く評価された。六波羅蜜寺に安置されている空也像（康尚作）は，空也のイメージを現在に伝えている。

恵信僧都（源信）（聖衆来迎寺蔵）

源信（942〜1017）は，大和国当麻郷の出身で，幼くして比叡山に登り，13歳で得度受戒した。師の良源（912〜985）は摂関家の後援を受けて横川を整備し，修学を奨励するなど，比叡山中興の祖ともいわれ，浄土教に関して『極楽浄土九品往生義』を著している。そのもとで才学を発揮した源信は33歳の時，法華会の広学竪義に及第して名声を得たが，いつの時か横川に隠棲した。仏教論理学を解説した『因明論疏四相違略註釈』など多数の著作があるが，44歳の985年（寛和元）に完成された『往生要集』3巻が最も重要である。

『往生要集』の序文には，往生極楽の教行は「末代の目足（末の世の人々を導く目と足）」であるが，「顕密の教法」は多くて自分のような「頑魯の者（かたくなで愚かな者）」には難しすぎるので，「念仏の一門」に限って「経論の要文（重要な文）」を集め，

第3章　平安時代の仏教　43

わかりやすく、かつ修行しやすくした、という撰述の意図が述べられている。全体は10章に分かれ、第1「厭離穢土」で地獄にはじまり人間界をも含む六道の苦しみの様子を示して「この世に留まってはいけない」という気持ちを起こさせ、第2「欣求浄土」で阿弥陀仏の浄土である極楽のすばらしさを示して「往生したい」という願いを強固にさせ、続く諸章で往生のための念仏の方法を詳しく説いている。源信は、心に阿弥陀仏の姿を思念する観想念仏を主とする天台教学の立場を崩してはいないが、それに耐えられない人には仏名を称える称名念仏も勧めている。また第6「別時念仏」には、日時を限って行う念仏の具体的な実践方法が示され、さらに死の床にある人に対して念仏を勧める勧念について、源信自身が行うことを想定しながら克明に記している。この「臨終行儀」こそ、臨終出家を行っていた平安貴族の風習に合致し、かつ最も影響を与えた部分である。

　『往生要集』は、完成後、源信の意思によって中国に送られ、宋の人々に絶賛されたという。経典に基づいて往生極楽の方法を体系的に説いた画期的な書であり、これにより日本天台宗に本格的な浄土教の法門が確立された。同時代の学僧である静照（静昭）・覚超によって引用されただけでなく、貴族たちによっても書写されて広く読まれた。思想・文学のみならず、美術の面でも地獄絵・六道絵または極楽のイメージの規範を作るなど、絶大な影響を与えた。また、後代にも読まれ続けて、法然・親鸞らが出現する布石ともなった。

貴族社会における浄土教の広まり　浄土教を教義的に実践し、かつ思想的に心情を表現できたのは、中下級の文人貴族たちであった。彼らは依頼を受けて様々な仏事の願文を作成するだけでなく、964年（康保元）、同じく摂関政治による門閥化への不満を募らせる比叡山の学僧たちとともに、勧学会を催すようになった。作文と崇仏の両立を志した白居易の影響を受けて結成された法会で、毎年3月・9月の15日に比叡山の西麓に集まり、法華講や阿弥陀念仏を行い、仏法を讃嘆する漢詩を作った。主要メンバーの一人であった源為憲は、984年（永観2）に尊子内親王の仏道修行のために『三宝絵』を編纂し、その下巻14「比叡坂本勧学会」に詳しい行事の様子を描いている。

　慶滋保胤（934～1002）は、勧学会の指導者的存在で、982年（天元5）、随筆『池亭記』で、官人としての立場を貫きながら浄土教信仰をも満足させようという思想を表明していた。五位の大内記へと昇進するが、主体的に関わった花山天皇の朝政が破綻した986年（寛和2）、出家して比叡山の横川に入った。法名は心覚、後に寂心と名乗り、「内記の上人」「内記のひじり」などと呼ばれた。源信や入宋した奝然との交流も知られ、弟子に入宋した寂照（大江定基）がいる。出家前に一応の完成を見た『日本往生極楽記』は、中国のものに倣って、日本における異相往生の実例を、国史などの文献や古老からの聞書を集めて編纂した、日本最初の往生伝である。収録された42伝（45人）の大部分は同時代人で、念仏、真言、法華経読誦、礼仏など様々な善行を行った往生者の姿が描かれている。また、臨終行儀を重んじ、臨終の際に生じた瑞相や夢告を往生

の証拠としていることも，当時の世情を反映している。同時代の浄土教信仰に指針を与え，院政期以降，大江匡房『続本朝往生伝』，三善為康『拾遺往生伝』『後拾遺往生伝』，蓮禅（藤原資基）『三外往生伝』，藤原宗友『本朝新修往生伝』などの往生伝作成の流行を生んだ。文学的な影響も大きく，この中の伝記が『本朝法華験記』や『今昔物語集』にも取り上げられている。

勧学会の活動は1122年（保安3）まで認められるものの，休止期もあり，衰退へと向かった。他方，986（寛和2），比叡山僧のみによる厳格な念仏結社である二十五三昧会ができ，これに対して慶滋保胤と源信がそれぞれ8ヶ条と12ヶ条の『起請』を書くなど，教義と実践の結びつきは緊密になっていった。また，上級貴族の間でも浄土教の影響は圧倒的で，『往生要集』の書写や阿弥陀堂の建立，僧侶を自邸に招いての経典講読などが盛んになされた。藤原道長（966〜1027）は自邸で法華三十講を定期的に行って教理への理解を深め，1019年（寛仁3）に出家した後，九体阿弥陀堂（無量寿院）を建立した。後に法成寺という大伽藍へと発展させるが，道長は死に臨んでその阿弥陀堂に移り，阿弥陀仏の手から渡した五色の糸を握りしめ（糸引如来），念仏（臨終正念）しながら息を引き取った（『栄華物語』30「つるのはやし」）。単に僧形になるだけではなく，教義に基づく臨終行儀を目指す段階に達したといえる。阿弥陀堂は，安置される仏像，堂内の装飾や絵画，庭園に至るまで，極楽の姿をこの世に出現させるべく，貴族の美意識を最大限に発揮して造られた。それを今に伝えるのが，道長の息頼通が1053年（天喜元）に建立した宇治の平等院である。

（三橋　正）

▶コラム3　罪と穢

　神道では，正直と清浄を重視し，罪と穢を嫌い，それらを祓によって除くとされる。これは日本固有の信仰のように理解されているが，古代社会における実態を検証すると，中世・近世に形成された神道論が主張するような単純なものではなかったことがわかる。

　そもそも祓は，中国の道教儀礼であり，日本にもたらされた当初は，『日本書紀』大化二年（646）3月甲申（22日）条にみえる「祓除」のように，罪を犯した者に財物を提出させて償いをさせる行為であったと考えられる。これが676年（天武天皇5）に国家的な「大祓（大解除）」として整備され，参集した官人を前に宣読された「大祓詞」が成立した。

　『延喜式』に収録されている「大祓詞」は，冒頭に天孫降臨のモチーフを取り入れ，参集した人々が犯した罪を「天津罪・国津罪」として列挙し，大中臣が「天津祝詞の太祝詞事を宣」ることで，それらの罪が外界へ追い払われ，朝廷に仕える人々に罪という罪がなくなったと宣言するのである。ここで祓われる対象は，あくまでも罪であり，「穢」という語は出てこない。また，「天津罪・国津罪」に殺傷・窃盗などの基本的な罪は含まれず，スサノヲが犯したような神話的（観念的）な罪ばかりである。つまり，大祓は，記紀神話の形成期でもある天武朝に，諸氏族の服属を象徴するために復古的に成立した国家的宗教儀礼だったのである。

　では，どうして穢が祓によって清められると考えられたのであろうか。まず思い浮か

ぶのは，イザナギによる黄泉国訪問神話であろう。「国生み」の最後で，イザナギは，火神カグツチを産んで死んだ妻イザナミを追いかけて黄泉国へと赴いたが，その醜い姿を見て逃げ帰り，「吾は，いなしこめしこめき穢き国に到りて，在りけり。故，吾は御身の禊せむ。」と言って，竺紫日向の橘小門の阿波岐原で「禊祓」したという。これは，『古事記』では主要な神話として扱われているが，『日本書紀』では本文になく，第六番目以降の「一書」で異説として取り上げられているにすぎない。また，『日本書紀』における「穢」の用法を分析すると，そのほとんどが形容詞・副詞として使われ，特定のものを規定していない。つまり，この神話は「穢」の規定ではなかったのである。
　「穢」規定は，701年（大宝元）に『大宝令』の編目の一つとして成立した「神祇令」の条文に基づいて形成されたと考えられる。第11条は，祭祀を執行するために必要な潔斎について定め，祭祀に集中する「致斎」の前後に設定される「散斎」期間に，役所の仕事をいつも通りに行ってかまわないが，死者を弔ったり，病気見舞いをしたり，食肉をしたりしてはいけないとし，また，死刑判決・罪人の刑執行・音楽・穢悪の事への関与を禁止している。この「穢悪」が問題となるが，すでに唐の「祠令」の斎規定の中に「散斎」期間中「不預穢悪之事（穢悪の事に預からず）」と記されているのであり，「神祇令」はこれを踏襲したにすぎない。それゆえに「穢悪」とは何かも不明確であり，当然，神話との関連も示されていなかった。
　平安時代，律令の施行細則である式の編纂が進む中，初めて明確に「穢悪」とは何かが規定された。820年（弘仁11）の『弘仁式』は現存しないが，わずかに残る逸文から，人と動物の「死」と「産」を「穢悪の事」とし，食肉・弔問・病気見舞いを加え，それらに触れた時の忌（慎むこと）の日数が定められたことがわかる。そして『貞観式』で修正され，「穢」という用語に変更して，発生場所（甲）から人の移動により（乙・丙まで）伝染するという触穢規定も加えられた。これが最終的に『延喜式』穢規定としてまとめられた。平安時代には「穢」により神事（祭など）が中止されており，「穢を近づけると祟をなす」という神観念の形成とともに，「火」の神を「産」んで「死」んだイザナミのイメージと重ねあわされて「穢」観念が形成されたことがわかる。
　しかし，穢は祓によって清浄になるものではなく，触穢の場合でも決められた忌を遵守しなければならず，その期間が過ぎるまで神事に関わることはできなかった。その際に行われる祓は，穢により神事（祭）を中止したことを神に謝罪する「由の祓」であり，穢を除去するわけではないのである。ところが，祓は祈禱としても広範に定着しつつあり，「大祓詞」は「中臣祓」と名称を変えて，陰陽師や僧侶によっても読まれるようになる。そして，中世に神道論が形成されていく中で，信仰習俗的な祓の意義が言語的に説明され，穢を祓う儀と見なされるようになる。この時，大祓成立当初の「天津罪・国津罪」の意味を理解できず，「正直」と「清浄」の対極として「罪」と「不浄」を位置づけ，罪と穢が混同されるようになったと考えられる。
　神観念が時間の経過とともに変化するのは，あらゆる時代のどの文化でも起こる現象であるが，日本ではその変化が非常に緩やかで自覚を伴わないことが多い。学術的にも「神道」を大化前代から一貫するという見解が払拭されずにいる。罪・穢に対する観念の変化は，日本の神観念の変化だけでなく，「神道」の成立を考える上でも重要な意味を持っている。

（三橋　正）

第4章

平安時代の政治と貴族文化

1 弘仁・貞観文化

嵯峨天皇と弘仁格式の編纂 810年（弘仁元），嵯峨天皇（786〜842）は平城の旧京で平城上皇が重祚を企てた薬子の変を制圧して「二所朝廷」という危機を克服し，平安京を「万代の宮」であると再確認し，平安時代の基礎を確立した。蔵人所を基盤とした政治機構の再編，法令の整備，源朝臣姓の賜与や親王宣下制の創始など，いずれも天皇の権威を伸長させた。儀礼面でも，平城朝に停廃された諸行事を復活するだけでなく，内宴・朝覲行幸などを始めた。礼法・服飾や宮殿・諸門の名を唐風に改めるなど，中国文化への憧憬は強く，空海がもたらした密教の本格的な受容も進められた。823年，弟淳和天皇に譲位した時，太上天皇号は天皇から奉上する尊号宣下によったが，これは中国の制度を参照した新制度で，略称の「上皇」も中国での呼称を起源とする。上皇となった嵯峨は内裏を出て冷然院に住み，淳和天皇の譲位により嵯峨の皇子である仁明天皇が即位した833年（天長10）以降は嵯峨院に隠棲した。天皇の政治的権威を保つための措置であったが，上皇の権威も維持されたことで，安定した政局のもとに充実した文化が展開した。

法律面では，格式の編纂があげられる。格は律令を修正・補足する法令，式はそれらの施行細則である。それまでにも単行法としての格や官司ごとの式があり，それらの編纂も進められながら完成には至らなかったが，『弘仁格』と『弘仁式』が820年（弘仁11）に撰進され830年（天長7）に施行された。さらに修訂が加えられ，840年（承和7）に「改正遺漏紕謬格式」として再施行，『貞観格』『貞観式』の施行後も併用された。そして，格は『延喜格』をも含めて内容別に整理した『類聚三代格』に，式は『延喜式』（927年撰進，967年施行）によって集大成された。

淳和朝の833年（天長10）には養老令の官撰注釈書『令義解』が完成し，834年（承和元）に施行された。これは惟宗直本が編纂した私撰注釈書『令集解』とともに，養老令に準じる効力をもった。儀礼面の整備も進められ，821年（弘仁12）に勅撰儀式書『内裏式』が成立し，833年（天長10）に補訂された。貞観年間には『儀式』も成立した。修史については，桓武朝後半から淳和朝までをまとめた『日本後紀』が840年（承和7）

嵯峨天皇筆「光定戒牒」（延暦寺蔵）

に完成し、仁明・文徳を一代ごとにまとめた『続日本後紀』（869年〈貞観11〉）と『日本文徳天皇実録』（879年〈元慶3〉）、清和・陽成・光孝の三代をまとめた『日本三代実録』（901年〈延喜元〉）へと続く。815年（弘仁6）成立の『新撰姓氏録』は、桓武天皇が諸氏に提出された本系帳をもとに、嵯峨天皇の命により完成させた古代諸氏族の系譜書で、古代の氏姓秩序を維持するためになされた最後の努力の産物である。

格式や儀式書・歴史書の編纂は、現実に対応しながら律令政治を理想的形態へ高めようとするものであった。この律令国家拡充への努力は醍醐・村上朝まで継続されるが、その路線を確立したのが嵯峨天皇であったと評することができる。

文章経国思想 平安前期（9世紀）の文化は弘仁・貞観文化と通称される。しかし、嵯峨天皇在世時（弘仁・天長・承和の前半まで）は、天皇が文化の牽引者であり、藤原良房による摂関政治が進められた貞観時代とは根本的に異なる。それは、嵯峨天皇が唐風の書法を発展させた能書家で、橘逸勢・空海と並んで三筆と称されたこと、多くの漢詩を遺し、勅撰漢詩集として『凌雲集』（814年）と『文華秀麗集』（818年）を相次いで編纂させたことに明らかである。続いて淳和天皇により編纂された『経国集』（827年）は、中国の『文選』の体裁にまねて『懐風藻』以来半世紀にわたる詩賦と散文を集大成したもので、宮廷生活を反映し、唐の新傾向をも取り入れている。

詩集の名にも込められた文章経国思想が、時代の精神を象徴している。文章経国の語は、魏の文帝の「典論」の中に「文章は国を経めるの大業、不朽の盛事なり」とある句に基づき、『凌雲集』『経国集』の序文に引用されている。つまり、詩文の盛行は文化・文明の隆昌であり、宮廷生活での詩宴も政治と不可分のものとして意識されていた。

詩文以外にも、嵯峨天皇自らが『日本書紀』の講読を受けた成果として『弘仁私記』があり、正月の御斎会の最終日、そして春秋二季の釈奠の翌日に、天皇の前で論議を行わせる内論義が定着した。淳和天皇も仏教の各宗派に教義の概要をまとめた書（「天長勅撰六本宗書」）を進上させたり、千巻にも及ぶ漢語の類書『秘府略』を編纂させたりして、仏教・中国の文献や思想を積極的に習得した。弘仁文化の意義は、天皇主導のもと、政治との一体性をもって唐文化を理想的に内面化させようとしたことにあった。

大学別曹と別集 天皇の理想に基づく政治・文化を支えた貴族官僚が育っていたことも重要である。それは、桓武朝から進められた儒教主義に基づく大学振興策の成果とみることができる。貴族の子弟の入学が奨励され、勧学田の増加、漢

音の学習などによる大学教育の強化が図られた。平安時代には、和気氏の弘文院、藤原氏の勧学院、橘氏の学館院、皇族出身氏族の奨学院など、氏族ごとに大学別曹とよばれる大学の寄宿舎も出現した。

都に置かれた大学と諸国に置かれた国学は、いずれも官吏養成機関であり、儒教経典を学ぶ明経道が主体であった。平安時代になると、三史(『史記』『漢書』『後漢書』)と『文選』『爾雅』の学習や作文を主体とする紀伝道(文章道)が隆盛する。この大学理念の変質は、唐末の中国思想界の反映であり、また文章経国思想に基づく詩文尊重の風潮がもたらしたものである。

空海や最澄のような詩文に秀でた入唐僧が出たのも、このような学問動向と無関係ではない。そして、空海の『性霊集』以下、都良香の『都氏文集』、島田忠臣の『田氏家集』、菅原道真の『菅家文草』など、個人の作品を集めた別集も作られた。この頃の作品には神仙・老荘思想に傾倒するものが多く、その意味で文章経国の標榜は、漢詩文への憧れという程度の意味しかなかったともいえる。天皇の宴席における詩作の応答が、君臣和楽の儒教的な礼の具現であると考えることで、支配層は自己満足に浸っていたのかもしれない。しかし、儒教的教養に基づいて勧農政策をすすめた藤原園人(756～818)のような良吏もおり、儒教思想に基づく利民の精神が根づいていたことも忘れてはならない。

仏教偏重と国風文化への流れ　弘仁・貞観文化は、唐風文化と呼ばれてよいものであるが、中国文化の受容が仏教に偏重していたこと、次代の国風文化への流れを形成していた点を見逃してはならない。

そもそも弘仁・貞観文化という呼称は美術史上の時代区分で、特に一木造の密教彫刻が念頭に置かれていた。室生寺・東寺(教王護国寺)・観心寺などの仏像が代表作であり、その影響下に薬師寺の僧形八幡神像のような神像彫刻も生まれた。密教の教理上の要求から作成された絵画として、神護寺・小島寺の両界曼荼羅がある。東寺は空海が嵯峨天皇から密教専門の道場として与えられたもので、神護寺もまた空海に付属された。空海没後も、嘉祥寺・安祥寺・禅林寺・貞観寺・大覚寺・仁和寺・醍醐寺など、真言密教寺院が次々と天皇・皇族の祈祷を行う御願寺として建立された。天台宗の京都寺院は、遍昭の元慶寺が貞観時代になって建立された。宮中でも、年中行事化された仏事だけでなく、一代一度の大仁王会など臨時の仏事が頻繁に営まれた。この頃、僧綱への昇進には三会(宮中の御斎会・薬師寺の最勝会・興福寺の維摩会)講師の歴任が条件とされたように、各寺院でも論義や竪義と呼ばれる試験が学僧に課された。

和歌は漢詩の流行に影を潜めていたといわれるが、『古今和歌集』にも作品が収められた歌人として、「凡そ当時の文章、天下無双」(『日本文徳天皇実録』仁寿2年〈852〉12月22日条)と評された小野篁をはじめ、『経国集』の作者である藤原関雄・源常、奨学院の創始者である在原行平がいた。続いて遍昭や在原業平らが登場して、いわゆる六歌仙時代が開かれていく。このうち、小野篁(802～852)は834年(承和元)に遣唐副

使となるも大使と争って乗船を拒んで隠岐に配流され，遍昭（816〜890）は父仁明天皇の死により出家し，在原業平（825〜880）は『伊勢物語』に発展する東国下向の伝説を持つなど，それぞれに特異な体験が和歌再生の背後にあった。

唐風文化全盛のこの時代にあって，底流では次の時代の文化が育まれていたのである。

2 摂関政治

摂政の始まり 842年（承和9），嵯峨上皇の崩御を契機に起きた承和の変で，皇太子恒貞親王が廃され，伴健岑・橘逸勢らが逮捕，多数の官人が流罪・左遷された。恒貞親王は2年前に崩御した淳和天皇の皇子で，代わりに仁明天皇と藤原良房（804〜872）の妹順子の間に生まれた道康親王（文徳天皇）が皇太子となった。これは，嵯峨系・淳和系の両皇統が交替で皇位継承する迭立の状態を解消して嫡系相続とし，その外戚として政権を握ろうとした良房の陰謀とみられている。850年（嘉祥3），仁明天皇が急死し，文徳天皇が即位すると，娘明子の所生で生後9カ月の惟仁親王（清和天皇）を皇太子に立てた。良房は857年（天安元）に違例の太政大臣となり，翌年に文徳天皇が崩御して，9歳の清和天皇が即位すると，天皇の外祖父として政治を領導した。そして，866年（貞観8）に応天門の変が起きると，勅を奉じて「天下の政を摂行」し，伴善男らを断罪したことで，名実ともに摂政になった。

良房は，『貞観格式』『儀式』『続日本後紀』の編纂を主導し，没後，正一位を追贈され，美濃国に封ぜられ，忠仁公という諡号を賜わるなど，先祖不比等以外に例を見ない殊遇を受けた。また，皇位について確立した嫡系相続の理念を，男子のいなかった良房自身にもあてはめ，兄の子基経を養子にして家を継がせ，藤原北家繁栄の道を開いた。摂関政治が形成された当初は，単に天皇との血縁関係によるだけでなく，儒教の理想を取り込もうとしていたのである。

阿衡事件と菅原道真 藤原基経（836〜891）は，応天門の変で養父良房と密に連携を取り，直後に7人を超えて従三位中納言となった。876年（貞観18），27歳で譲位した清和天皇の命で，陽成天皇（9歳）の摂政となり，880年（元慶4）に太政大臣となった。884年，乱行を重ねる甥の陽成天皇に代えて光孝天皇を擁立し，その「奏すべきの事，下すべきの事は，必ず先づ（太政大臣に）諮稟せよ」（『日本三代実録』元慶8年6月5日条）という詔により実質上の関白となり，887年（仁和3），宇多天皇が即位して，万機を「皆太政大臣に関白して然る後に奏下すること一に旧事の如くせよ（『政事要略』30）」という詔により，正式な関白となった。

宇多天皇の詔に対し，藤原基経は高官に任命された際の慣例に従って辞退したので，再度就任を促す勅答が下されたが，その中に関白を阿衡の任とするとの表現があり，これを問題視したことで阿衡事件（阿衡の紛議）が起こった。阿衡は地位のみで職掌を伴わないとの藤原佐世の解釈にしたがい，基経が執務を放棄したのである。勅答を起草し

た橘広相(837〜890)は、参議左大弁兼文章博士で、文人派官僚として天皇の信頼を受けた出世頭であり、その娘が天皇との間に2皇子をもうけ、次代の天皇の外戚ともなりかねない情勢であった。それに対し、基経は天皇と外戚関係がない。阿衡の解釈をめぐる空虚な論議は、基経と政治的につながりのある者、および広相と学問上の派閥を異にする学者たちによって繰り返され、天皇はこれを収束させるために勅答を訂正し、起草者である広相を処分せざるをえなかった。事件が基経の娘温子の入内で落着したことからも、学問論争のベールをかぶった政治抗争にすぎなかったことがわかる。実力者基経の示威行為に学者が利用され、結果的に文人派官僚が圧伏されたのである。

阿衡事件の時、守として赴任していた讃岐国から事件解決のために奔走したのが、菅原道真(845〜903)である。宇多天皇は、菅原是善の子で文章生出身の道真を信任し、藤原基経が没した891年(寛平3)に蔵人頭、893年に参議とし、896年には娘の衍子を女御とした。宇多天皇の譲位後、醍醐天皇のもと、899年(昌泰2)、藤原時平が左大臣・左大将、道真が右大臣・右大将となった。ところが、901年(延喜元)、自らの娘を室に入れていた斉世親王(醍醐の弟)を天皇に即けて醍醐天皇を廃する企てをしたとして、道真は大宰権帥に左遷され、任地で2年後に没した。これも基経の長男である時平とその一派による策略とされているが、その背後に菅家一門の隆盛を抑えようとする学者たちの存在があった。

道真は傑出した文人学者であり、『菅家文草』『菅家後集』に収められた詩文は唐の様式を自家薬籠中のものとしたうえで、日本的な情緒をも表している。歴史家としても『日本三代実録』の撰集にかかわり、かつ六国史を項目別に分類整理した『類聚国史』を編集した。道真は死後、怨霊となったことで天神という神格が付与されたが、平安末(院政期)には学問の神としても崇敬されるようになった。

延喜・天暦の治 醍醐天皇(在位897〜930)と村上天皇(在位946〜967)の治世は、それぞれの主要な年号をとって「延喜・天暦の治」と称され、後世に理想的な時代とされた。律令制的な事業が行われた最後の時期で、摂政・関白が置かれず、天皇と藤原氏ら上級貴族との一体感が形成されたと考えられたからである。たしかに、『蔵人式』の制定や蔵人所機構の充実による宮廷儀礼の整備、勅撰和歌集(『古今和歌集』)撰集に象徴される国風文化の創出など、後世の規範となる文化現象が現れた。しかし、古代律令国家を象徴する諸事業は、902年(延喜2)の班田、927年(延長5)の『延喜式』撰進(967年〈康保4〉施行)、958年(天徳2)の乾元大宝(皇朝十二銭の最後)の鋳造など、いずれもその最後の成果であり、国史編纂に至っては、六国史の最後である『日本三代実録』が901年に撰進された後にも、撰国史所が置かれて勅撰史書『新国史』の編纂が進められ、34年を費やしたが、ついに完成しなかった。これは、古代国家の権威を誇示する作業を後代に継続させる力がなかったことを意味している。

むしろ、延喜の荘園整理令と称される私的大土地所有に関する一連の法令が、最後の

班田が行われた902年に出され，結果的に以後の荘園制を保証してしまったことに象徴されるように，律令制的土地公有体制は事実上崩壊し，中世的な支配関係が形成される「王朝国家」時代に入ったとする見解もある。事実，醍醐朝と村上朝との間の朱雀朝には，承平・天慶の乱（935～940）という平将門と藤原純友による大反乱が関東と瀬戸内で同時に起こったように，次代を担う武士たちが在地で着実に勢力を伸ばしていた。

　この時期の政治の混乱に対し，儒教の政治理念に基づいて警鐘を鳴らしたのが，三善清行（847～918）である。清行は，巨勢文雄に学び，文章得業生に選ばれたが，881年（元慶5）に秀才試（方略試）を受けた際には道真によって不及とされ，対策及第したのは2年後であった。大内記・備中介などに任じられた後，文章博士・大学頭に任じられると，警世家的な文筆活動を活発にし，901年（延喜元）が辛酉革命の年にあたるという讖緯説に基づいて辛酉改元を主張し，右大臣菅原道真に対して辞職を勧告して失脚を加速させた。道真失脚後，格式の編纂に関わるなか，914年に醍醐天皇の詔命に応じて『意見封事十二箇条』を封進し，地方官の経験を持つ文人貴族の立場から，国家財政の再建などについての具体的な改善案を提示した。ところが，これらの提案は現実の政治にほとんど反映されなかった。清行自身も，72歳で没する前年に参議となったにすぎず，三善氏にしては破格であったが，文人貴族の低落は明らかであった。以後，栄達と政策実現の道を閉ざされた文人貴族たちは，その文才を願文の作成など職業的に用い，あるいは浄土教を信奉する勧学会の活動などに向けることになる。

　延喜・天暦の時代を理想化し，聖代視する観念は，藤原北家による摂関政治が本格化するなかで，学識に比して地位の不遇を嘆く文人官僚たちから生まれ，11世紀初頭以降に広がった。これが，後醍醐天皇の親政にも影響を与え，近代の皇国史観に至るまで重視された。

摂政・関白の確立と貴種の観念　延喜・天暦の時代は，摂関政治の歴史においても重要な意味を持つ。律令国家を支えた官僚機構や財政制度が大きく変質すると，摂関は旧来の太政官政治から離れ，天皇に密着して貴族社会全体を領導するという性格を強めていったからである。それは，醍醐朝の909年（延喜9）に藤原時平が死んだ後に氏長者となった弟の忠平（880～949）によって進められた。忠平は，914年に右大臣となって以後，35年間も太政官の首班にあり続けた。その間，930年（延長8）に即位した甥の朱雀天皇の摂政となり，936年（承平6）に太政大臣となり，941年（天慶4）に朱雀天皇の元服によって関白となった。これにより，天皇の幼少時には摂政，元服後には関白を置くという区別ができたのである。忠平は，946年の村上天皇即位後も引き続き関白を勤めた。忠平の没後には摂関の任命がなかったが，967年（康保4）村上天皇の没後に即位した冷泉天皇が病弱であったため，忠平の長男実頼が関白となった。これ以後，摂政ないし関白がほぼ常置されることになった。

　摂関政治の定着は，藤原基経・時平らが橘広相・菅原道真らを追い落とした結果であり，それまで建前として前面に押し出されていた儒教政治が形式だけとなったことで，

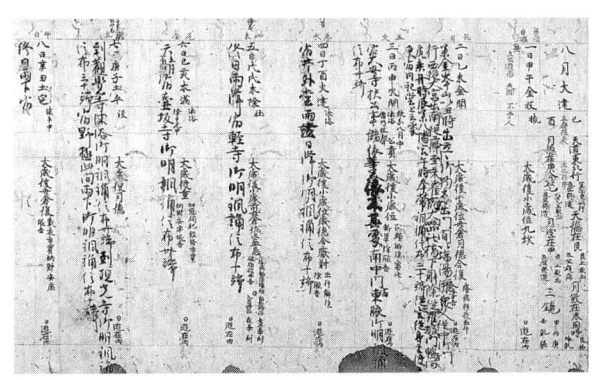

藤原道長筆「御堂関白記」寛弘4年（1007）8月条（陽明文庫蔵）

藤原北家の人を「貴種」とみる観念と，外戚という身内による政治の本質がむき出しになった結果である。さらに成功（じょうごう）など，私利私欲に基づく政治が横行することになる。

「貴種」の観念は，摂関を独占する思想的背景をなしており，菅原道真も右大臣に任ぜられた時の上表文に「臣は貴種にあらず」といい，三善清行からも学者としての「止足の分」を知って辞任するように勧められた。もともと律令政治の推進に中心的な役割を果たしてきた藤原氏は，平安初期には「累代相承け政を摂りて絶えず」（『日本紀略』延暦12年〈793〉9月10日条）との理由で2世以下の皇女を娶（あい）るという他氏に優越した地位を認められていたが，忠平の次男師輔（もろすけ）以降には内親王の降嫁（こうか）をさえ受けるようになった。この「貴種」の観念により，先に藤原元方（南家）の娘祐姫が村上天皇の第1皇子（広平親王）を生んでいたにもかかわらず，950年（天暦4）に師輔の娘安子が生んだ第2皇子（憲平（のりひら）親王）がすぐに皇太子に立てられた。これが冷泉天皇であるが，幼少の頃から多かった異常な行動が元方の祟（たたり）のためと考えられたように，藤原北家による門閥化で閉塞的になった貴族社会は，怨霊思想の温床でもあった。

儒教理念の後退が，摂関の継承が，嫡子相続によらず，天皇との外戚関係によって決まっていったことにも顕著であった。忠平の長男実頼は，村上天皇のもとに入内（じゅだい）した娘が早世して外孫としての皇子を得ることができなかった。それに対し次男師輔の娘安子が2人の天皇（冷泉・円融（えんゆう））をもうけたことで，以後，師輔の息子たちが実質的な権力を手にした。そして，伊尹（これただ）・兼通（かねみち）・兼家（かねいえ）らの兄弟間での闘争が，天皇に入内させた娘が皇子を生むことを前提にして繰り広げられ，最終的には986年（寛和2），外孫の一条天皇（円融の子）を即位させることに成功した兼家が摂政に就任した。兼家は右大臣辞任後，無官の摂政として，太政大臣の上席たるべき宣旨（一座宣旨（いちざのせんじ））を賜わり，令制官職機構を超越した独自最高の地位としての摂政・関白を作り出した。その地位を継いだのは長男道隆（みちたか）であったが，995年（長徳元）に急逝し，その息伊周（これちか）と弟道長（みちなが）の間で再び争いが起こり，道長が勝利する。この時になされた一条天皇の決定は，母藤原詮子（せんし）（兼家

第4章 平安時代の政治と貴族文化　53

の娘、東三条院）の説得によるといわれるように、国母（天皇の母）の影響力が前代に比べて増大したことも重要である。

道長の権力は長男頼通へと受け継がれ、安定した政権が続いたことで、天皇との外戚関係に左右されない摂関家が成立した。以後、摂関家を頂点とし、あらゆる官司が特定の家によって継承されることとなる。儒教についても、大学寮における博士を世襲する博士家の家業（家学）と化し、政治的な理念とは無縁の学問芸能、あるいは貴族の教養という程度の役割しか持たなくなる。中世には、儒教のみならず、雅楽・書道・和歌などあらゆる分野で家学化が進み、その技芸や知識が特定の家筋で先祖相伝の文献訓読・儀礼作法などを排他的に墨守することで成り立っていたため、学問的な発展もきわめて制限されることになった。

3 国風文化

国風文化　摂関政治の全盛期であった10～11世紀の文化を国風文化という。また、天皇との外戚関係のもとで政治・文化を領導した藤原氏にちなんで、藤原文化ともいう。前代の弘仁・貞観文化を唐風文化というのに対し、仮名の成立による国文学の発達、やまと絵・和風書道の誕生など文化活動全般が和風化することから付けられた名称である。

それまで東アジア世界で絶大な国力と権威を持っていた唐が、黄巣の乱（875～884）などにより衰退し、滅亡へと向かう。そして、日本文化に圧倒的な影響力を持っていた遣唐使も、838年（承和5）を最後に派遣されなくなり、894年（寛平6）には遣唐大使に任命されていた菅原道真の建言によって廃止される。朝鮮半島の新羅とは、779年（宝亀10）に公的交渉を終了した後も、835年まで使節を送っていたが、遣唐使の廃止により必要なくなった。その新羅は、9世紀前半から王位をめぐる権力闘争が続き、崩壊する。919年（延喜19）まで使節を送っていた渤海も、926年（延長4）に滅亡する。一方で、民間貿易の活発化により遣唐使時代以上に中国の文物が流入しており、依然として中国文化が規範・理想として尊ばれていた。しかし、国際社会での向上を目指して新羅と競争していた奈良時代以前の段階とは異なり、中国文化を内面化した弘仁・貞観文化の段階を経過して、日本の風土・生活・心性に基づいた文化を築く段階に至ったといえる。つまり、中国文化への受容の態度が変化し、日本人の価値観に基づく中国文化の組み換えが行われるようになったのである。

正式な外交関係を持たなかったことは、国際的な緊張感を欠き、自国に都合の良い形で外来の物を受容する傾向をいっそう強めた。日本を「本朝」と呼ぶ自国意識も、ここから生み出されたといえる。また、仏典などの漢字（中国）文献を「漢文」として訓読するためにヲコト点が開発され、さらに片仮名・返り点へと発展した。漢詩にも訓読が施され、和歌とともに節を付けて歌う朗詠が流行する中で、貴族の美的好尚による和風

化がなされていった。藤原公任(きんとう)(966〜1041)による『和漢朗詠集』は、その歌詞を集大成したものである。また、三蹟として知られる小野道風(おののみちかぜ)・藤原佐理(すけまさ)・藤原行成(ゆきなり)が和様の書法を発達させた。

国風文化誕生の要因としては、文化創造の場であった平安京が都市として発展したこと、それに伴い都鄙(とひ)意識が拡大したことなどもあげられる。何よりも重要なのは、摂関政治体制下で女性の教養が重視され、宮廷サロンが形成されたことである。平仮名(ひらがな)はこの中で発達し、やがて清少納言の『枕草子』や紫式部の『源氏物語』など平安時代を代表する女流仮名文学が誕生した。

遺誡の思想と有職故実 文化的な華やかさとは対照的に、政治を主導する貴族の精神世界はきわめて閉塞的になった。儒教による政治論が後退し、代わって先例(せんれい)(前例)のみを重視して細かな作法を問題とする風潮が生まれた。宇多天皇が897年の譲位に際して子の醍醐天皇に与えた訓戒の書『寛平御遺誡(かんぴょうのごゆいかい)』では、天皇の日常の作法や儀式・任官叙位のあり方、さらに菅原道真・藤原時平らの人物評などについて書かれ、細かな配慮が窺える反面、国家を治めるという経国(けいこく)の思想は影を潜めている。藤原師輔(908〜960)の『九条殿遺誡(くじょうどのゆいかい)』は、父忠平の教えを子孫のために記した書と考えられるが、やはり、幼い時から勉強をし、現世・来世の安泰のために仏教を信仰せよということから、親に細かなことまで報告し、兄弟を思いやり、人との接し方に細心の注意を払えというような、日常の振舞について指示している。冒頭の「日中行事」には、毎朝の神仏への礼拝、暦で吉凶を確認して日記を付けること、さらに手足の爪切りや沐浴をしてもよい日を示し、くれぐれも他人の悪口を言わないように戒(いまし)めている。ここからは、事なかれ主義により消極的な生き方しかできなくなった貴族の精神が読み取れる。

政治の場で何よりも重視されたことは、先例に背かないことであり、年中行事などの儀式を誤りなく執行することであった。次々と細かな作法が問題とされ、有職故実(ゆうそくこじつ)が形成されていった。「年中行事」の語は、885年(仁和元)、藤原基経が光孝天皇に献上し清涼殿(せいりょうでん)の庇(ひさし)に立てられた衝立障子(ついたてしょうじ)に記された『年中行事御障子文』にある。これが以後の宮廷社会を大きく規定した。また、それぞれの行事の儀式次第が、『内裏式(とうぎょう)』以下、弘仁・貞観・延喜の時代に儀式書としてまとめられた。摂関期には、幼帝の登極(とうぎょく)、摂関の意向、儀式の場所の移動などに伴う新儀が加わって複雑化し、祖父の例を踏襲する子孫たちの間で家流が形成された。貴族たちが日記を付ける習慣を身につけたのも、故実の徴証として備えるためであった。その記載は先例として重視されたため、子孫たちは自家の日記はもとより、他家の日記も借用・書写して後日に備えた。家流の分派の典型は藤原忠平の子孫で、その口伝教命(くでんきょうめい)を受けた実頼の小野宮流(おのみや)と師輔の九条流(くじょう)が生まれ、それぞれから『小野宮年中行事』と『九条年中行事』が成立した。また、この前後に源高明(たかあきら)の『西宮記(さいきゅうき)』、藤原公任の『北山抄(ほくざんしょう)』が成立し、院政期にそれらを集大成した大江匡房(おおえのまさふさ)の『江家次第(こうけしだい)』が成立した。

陰陽道の展開　他との軋轢を避けて先例の踏襲を重んじた平安貴族の生活にとって，欠かせない存在となったのが陰陽道である。陰陽道の母体は，中務省の被官で，占・造暦・天文観測・時報の4部門を担当していた陰陽寮にある。ところが，平安中期以降に宗教的な要求を受けて日本的に変質し，寮外へ転出した者までが陰陽師と称され，重用された。

　陰陽道の形成期は御霊信仰が発展した時期とも重なり，占による祟の判定や道教的な技法を加味した祭祀や祓を発展させるなど，神祇官が担っていた職掌を吸収しながら存在価値を高めていった。けれども，貴族社会内での役割という視点でみると，この分野の活動は密教などの仏教儀礼ほど重視されてはいない。

　陰陽道の役割はより日常的な次元にあり，特に占術と日時・方角の吉凶禁忌の勘申の両方が結びついたところで独自性が発揮されていた。陰陽道の占は，式盤を用いた六壬占法で，凶事の予兆と目される怪現象についての発生場所・日時を聞き，その日の干支と時間を基に式盤の天盤（円）と地盤（方）を組み合わせて四課三伝を確定し，そこから卦遇を演繹して推断を加えるのである。その結果を記した卜形（占形）は，依頼者に届けられ，関係者に回覧された。その卜形には，どの年（十二支）の生まれの人が何日に慎むべきかが示されており，貴族たちは自分に該当する具注暦に「物忌」と書き入れ，その日の外出を極力控えた。

　具注暦は，毎年陰陽寮の暦博士が作成し，11月1日に奏上されてから諸氏に頒布された。巻首に，その年の日数，暦月の大小，歳徳と八将神（大将軍など）の方位，暦注の説明などが記され，一日ごとに，干支・五行・十二直と大小歳神の位置など，各種の禁忌事項が記されていた。貴族は毎朝この暦により日の吉凶を知り，その余白に昨日の出来事を書き入れていたのである。

　具注暦の記載は神秘的・迷信的でありながらも，天体観察によって築き上げられた中国の暦法が導入されており，一種の科学に裏打ちされた定理として受け取られていた。それらの定理の核心を握り，その情報に最も精通していたのが陰陽師であり，貴族たちは平穏な生活を送るために彼らの占術や吉凶予測を頼った。これを「暦に基づく信仰」ということができる。暦に示された多様な禁忌に抵触しないよう日時を選び，暦の上に想定された神々への侵犯を避けて移動（方違え）するなど，貴族の行動は大きく規制された。

日本的信仰形態の形成　平安貴族は陰陽道に生活・信仰のすべてを委ねていたわけではない。年中行事の中には宗教儀礼も多く，特に神事（祭）は最も重要とされた。その基盤の上に，新たな外来的宗教儀礼が重層的に組み込まれ，神事と仏事が併修されることになった。神事は純粋を維持するとされるが，穢や仏教を排除するのは「斎」という前後の潔斎期間だけで，その時期を外せば他の宗教観に基づく儀礼の執行に何ら支障はなかったのである。

　諸宗教を使い分ける信仰構造も確立された。摂関期の平安貴族は氏神社の祭への奉幣を信仰の基盤としていたが，院政期以降は祭の時以外の神社参詣が一般的となり，月

詣や百度詣の習慣も生まれ，現在の「神社信仰」が形成された。それは，仏教信仰の中でも観音霊場への参詣に代表される霊場信仰と多くの共通点を持ち，主に子息（女子）誕生や官位昇進などの子孫繁栄を願う「積極的」現世利益信仰が担われていた。

同じ現世利益信仰でも，息災・延命など日々の安寧を祈る「消極的」現世利益信仰は，別の仏事によって担われていた。読経・石塔造立・印仏などその方法は様々であるが，特に威力を発揮したのが『大般若経』『法華経』『仁王経』などの護国経典であり，密教修法であった。日課としての念誦も定着し，貴族の邸内に念誦堂が建設された。陰陽道の役割は，平穏な生活を約束するために暦にまつわる禁忌についての判断を示すことであったが，しだいに密教修法に刺激され，本命祭・泰山府君祭・代厄祭などの除災の行法を発展させた。また，仏教の中からも宿曜道という暦・天文・占に習熟する一派が生まれ，貴族の命運を占った。

来世希求的信仰はほとんど仏教（浄土教）に委ねられていた。貴族は，死者の供養のみならず，自らの来世をも仏教に託し，死の数日前ないしは数刻前に「臨終出家」を行っていた。つまり平安貴族は，「積極的」現世利益祈願を神祇信仰と観音などの霊場信仰に，「消極的」現世利益祈願を読経や密教修法と陰陽道に，そして来世希求的祈願を仏教の浄土教信仰に委ねるという形で，3つの役割に応じて様々な宗教を使い分けていた。

国際的緊張関係の希薄な摂関期に形成された国風文化は，中国文化（唐風）を我がものにした（と思いこんだ）うえで，日本人の生活や感性に根ざした「和様」を作り出した。それは，服装で衣服令に規定された朝服に代わる束帯（女子は女房装束）が一般的になり，建築で寝殿造ができるなど，生活に密着した部分から，書道，絵画，彫刻，工芸などあらゆる分野に至るまで日本文化の基本様式となる。それと同様に，年中行事および宗教の使い分けという日本的信仰形態が確立され，以後に展開する宗教思想の基盤となる。平安末期，摂関期から院政期にかけては，氏族的紐帯が薄らいで個人意識が高まり，数の多さを重視する「数量主義」が一般化して，次々と新奇な宗教儀礼が生み出されるが，それらは各役割の範囲で発展していく。そして，仏教の独壇場ともいうべき来世希求の信仰が，僧侶との間で教義的にも深化され，新仏教が生まれるのである。

公家社会が近世まで継続したという次元にとどまらず，文化史的に「日本的」なるものを確立したという意味で，平安時代の意義は再認識されなければならない。

（三橋　正）

▶コラム4　安倍晴明

　平安中期の陰陽師。921年（延喜21）年に中級官人安倍益材の子として生まれ，1005年（寛弘2）年に没している。12世紀前半に成立した『今昔物語集』によれば，少年時代，陰陽師賀茂忠行の供をした時に「鬼共」が道の向こうから来るのを見て車の中で眠っていた忠行に告げ，事無きを得たという。占術を業とする陰陽師に欠かせない異界のものを見る能力を晴明が生まれつき備えていたことを示すエピソードである。この後，

忠行、その子の保憲に師事して陰陽の道を習い、陰陽師として頭角を現していくが、官人としての出世は決して早くはなく、960年（天徳4）、40才の時に陰陽寮の天文得業生（正六位上相当）であったというのが官位に関する記録の初見である。その後天文博士を経て、1001年（長保3）に従四位下に達し、1004年（寛弘元）に左京権大夫に任ぜられているが、ついに陰陽頭、陰陽助といった陰陽寮の要職にはつくことなく生涯を終えている。後世に伝えられる名声に比べると、遅咲きで、陰陽師としての地位もさほど高くなかったことがわかる。

　その一つの原因は、『続古事談』の「晴明ハ術法ノ者ナリ。才学ハ優長ナラズトゾ」という人物評を信ずるならば、晴明が博学広才の、いわば秀才型の人間ではなかったことであろう。また、もう一つの要因として、晴明が陰陽道の家の生まれでなかったことがあげられる。当時陰陽寮の要職は秦氏や賀茂氏によって占められており、生得の霊能力をもってしても、それ以外の家から出た者がその世界で高い地位につくことは困難であった。

　しかし、「才学」ならぬ「術法」の方面での晴明の名声は生前からきわめて高く、『今昔物語集』をはじめとするいくつかの説話集に、晴明をだまそうとした陰陽師の式神（陰陽師の命令に従って妖術をなす神）を隠して改心させた話、高僧らに術の披露を求められて木の葉で蛙を殺してみせた話、ある少将が呪詛されたことを見抜いてこれを救った話、日頃式神に格子や門の開閉をさせていた話など、晴明がすぐれた占術・呪術の使い手であったことを伝える様々な逸話が伝えられている。『御堂関白記』、『小右記』などの貴族の日記からも、当時晴明が皇族や上流貴族によって重用されていたことが明らかであり、85歳で他界したその年にも、中宮彰子のため「反閇」（地霊鎮め）の法を行ったという記録がある。『栄花物語』の中の藤原道長が大病をわずらう場面には、亡き晴明の術の効験あらたかであったことが記され、『続本朝往生伝』にも、一条天皇の時代の傑出した人物群の一人として晴明の名があげられている。

　また、陰陽道の家の出身でないことから出世は遅れたものの、師の賀茂保憲に才能を認められて陰陽寮の中の天文道の官職を譲られ、それが晴明の子孫に継承されていくこととなった。安倍家はやがて賀茂家を圧して陰陽家の主流をなし、室町時代より土御門家を称し、江戸時代の初期には土御門神道を創始するに至っている。そのような歴史的経緯の中で、晴明の超人的な呪術の才を強調した様々な伝説が育まれていく。なかでも、晴明の母が信田の森の狐であったとする「しのだ妻」の話、陰陽師芦屋道満との激しい確執を描いた「晴明道満術比べ」の話が有名である。それらが文学作品に結実した典型的な例として、仮名草子『安倍晴明物語』、黄表紙『安倍晴明一代記』、浄瑠璃『芦屋道満大内鑑』などをあげることができる。

　現代においても、夢枕獏の小説『陰陽師』を皮切りに、岡野玲子の漫画や野村萬斎主演の映画など、晴明をめぐる多彩なジャンルの作品が生み出され、人気を博している。上述の晴明の晩成ぶりから言って、これらの作品に描かれたような、貴人と対等な交渉を持つ美形の青年陰陽師としての晴明像は、史実に即したものとは言いがたいが、一方、そこには、中世以来の晴明の理想化・神格化の一端が如実に現れていると見ることができよう。

（佐藤勢紀子）

第5章

漢文の思想・和文の思想

1 仮名文学の発生

漢詩文の変容 　9世紀の初め，新都平安京を舞台に徹底した唐化政策を推し進めた嵯峨天皇は，「文章経国思想」のもと，儀式の場で漢詩文を作ることを奨励した。この時期，『凌雲新集』『文華秀麗集』『経国集』という三つの勅撰漢詩集がたて続けに編集され，公的な場で和歌を詠むことはほとんど行われなくなった。後に『古今和歌集』の仮名序にこの時代を顧みて，「(和歌は)色好みの家に埋もれぎ木の人知れぬこと」となったと述べているとおりである。

　これがいわゆる「国風暗黒時代」であるが，それでは上記の勅撰三集が純粋に唐風の詩集であったかというと，そこにはわずかながらも漢詩の日本への受容による変化の兆しが見えていることが注目される。奈良時代に編纂された『懐風藻』が唐詩集の模倣の域を出なかったのに比べ，『文華秀麗集』では，その形式をほぼ唐の詩文集『文選』にならいながらも，独自の項目として新たに「艶情」・「梵門」の二門を設け，後の勅撰和歌集の部立の先蹤をなしている。また，『経国集』には，『古今和歌集』以後の歌集に著しい「秋愁」をテーマとした連作が見られる。

　9世紀のなかばになると，後述するように，和歌が再び公の場で詠まれるようになるが，漢詩文はその後も公式の書記言語として重んじられ，「唐才」すなわち漢学的教養を身につけることが律令官人の必須条件であり続けた。しかし，9世紀末の段階ですでに，菅原道真，紀長谷雄ら文人貴族の漢詩文は，日本語の文法や表現の影響を受けてかなりの変質を遂げている。作られる漢詩文の種類も，奏上文など実用的な文章の占める比率が高くなり，願文，記など日本独自の形式をもつものも登場した。

　また，同じ頃から，上流貴族の間で日記を書くことがさかんになった。初期のものとして，藤原忠平の『貞信公記』，忠平の子実頼の『清慎公記』，同じく師輔の『九暦』などが知られる。これらは，先例を重んじる政治的風土の中で，「忽忘に備へむがために」(藤原師輔「九条殿遺誡」)政務や儀式の次第に関する詳細な記録を残し，後々の参考にするとともに子孫に伝えようとするものであった。実際，実頼らの孫の世代の藤原実資による『小右記』，同じく藤原道長の『御堂関白記』などには，そうした父祖の日

59

詩文の宴　「年中行事絵巻」（個人蔵）より

記をしばしば参照・利用していることが記されている。こうした漢文日記においては、それらがなかば私的なものであるだけに、さらに正調の漢文から隔たった日本流の漢文が形成されていった。

　このように、和歌・和文の隆盛の時代を迎える前に、漢詩文自体が、形式的にも内容的にも、日本古来の言語文化に即した変容を遂げつつあったことを念頭に置いておく必要がある。「国風暗黒時代」においても、文化の和風化の動きは水面下で着実に進んでいたと見るべきである。

和歌の復権　和歌が公的な場でよみがえったのは、849年（嘉祥2）のことであった。仁明天皇の四十賀の儀式において、興福寺の僧侶らが仏像や経典とともに長歌を献上したのである。その中の「此国の本詞に逐倚りて唐の詞を仮らず書記す」という一節には、自国固有の言語に対する矜持が読みとれる。また、882年（元慶6）の日本紀竟宴においても、和歌が詠まれている。日本紀竟宴とは、当時約30年ごとに行われていた『日本書紀』講書の終了に際して催される宴会である。元慶6年のそれは3回目にあたるが、この時初めて儀式に伴う賦詩の代わりに詠歌が行われ、それがその後の日本紀竟宴の先例となったのである。こうした公式行事における和歌の復活の背景には、他氏文人貴族の勢力に対抗しようとする藤原良房ら藤原北家の和歌尊重の方針があったと言われる。

　その方針を受け継いだ藤原時平と醍醐天皇が、これをさらに明確な形で打ち出したのが、905年（延喜5）における和歌集編纂の詔勅であった。和歌集が天皇の勅命によって作られるということは、和歌集の編纂が国家の公的事業たりうるという見方を広く示すものであった。ここで注目されることは、この詔勅によって撰進された『古今和歌集』が、当時和歌を書き記すのに用いられた草仮名をベースとしてつづられ、仮名書き

の序（仮名序）を持つ一方，真名序と呼ばれる漢文の序を備えていることである。しかも，二つの序文は，いずれも中国最古の詩集『毛詩』の詩論をふまえて和歌の本質と効用を説いている。ここに，漢文および漢学によって和歌を権威づけようとする撰者の意図が窺える。

序の内容でもう一つ興味深いことは，「この歌，天地の開けはじまりけるより出来にけり」（仮名序）とあるように，和歌が神代から存在したものとして位置づけられていることである。このことは，『日本三代実録』の869年（貞観11）12月14日条に見える，新羅海賊の鎮圧を願って伊勢神宮に奉った「告文」の中の「我が日本朝は所謂神明の国なり。神明の助け護り賜ば，何の兵寇か近来すべき」という一節に表れた神国思想と無縁ではない。「神明の国」としての日本特有の伝統的文学様式として，和歌が宣揚されているのである。『古今和歌集』の勅撰が，政治的にきわめて重要な意義を担っていたことが知られる。

ただし，『古今和歌集』の撰者である紀貫之らは，いずれも専門的な歌人として有名ではあったが，撰進当時は「地下」と呼ばれる昇殿を許されない下級官人であり，掲載された歌の作者を見ても，身分の高い貴族はごくわずかであった。この時代の上流貴族の間では，和歌を詠んで公的記録に残すことを下賤の者のしわざとして，入集を嫌う意識が強かったようである。しかし，その後1世紀ほどの間に，和歌への評価も徐々に高まり，10世紀なかばに選進された『後撰和歌集』には公卿の歌も多く入集し，11世紀初頭成立の『拾遺和歌集』は，上流貴族である藤原公任の撰んだ『拾遺抄』をもとに，花山上皇が自ら編纂したものとされている。

和文の導入

先に『古今和歌集』の真名序について，漢文による和歌の権威づけを試みたものとして注目したが，当時の公式の書記言語が漢語であったことから言えば，驚嘆に値するのはむしろ仮名序が書かれたことであるといえよう。ここに，和歌の歴史を叙し，その存在意義を論ずるという，人間の日常的な行動や感情の記録のレベルを超えた高度に観念的な論述が和文をもってなされたということは，刮目すべき一大事件であるといってよい。当時，貴族の女性の間で，仮名を用いて和文を書くことがしだいに広まりつつあったと考えられ，たとえば，醍醐皇后穏子の身辺の記録『太后御記』や，女流歌人伊勢の作と伝えられる『亭子院歌合』付載の仮名日記にその片鱗が見られる。しかし，それらはあくまで私的な営みの範囲を出るものではなく，勅撰和歌集という公的な作品に仮名書きの序論が付けられたことはまさに画期的なことであった。

仮名序の作者である紀貫之は，晩年になって再び仮名書きによる紀行文『土佐日記』を世に問う。その冒頭に「男もすなる日記といふものを女もしてみむとてするなり」とあり，筆者を女性に仮託して筆を起こしている。このように貫之があえて当時「女文字」とされた仮名を採用しているのは，旅の哀感，都への望郷の念，任国の土佐で亡くした女児への思いなど，筆者の感情をありのままに記すのに，漢文よりも和文が適していたからだと見なされている。

こうして，豊かな感情表現を盛り込んで仮名の日記が書かれる道が切り拓かれた。『土佐日記』の成立から約半世紀の後，藤原道綱母は「身の上をのみする日記」と称して，時の権力者藤原兼家の妻妾の一人としての半生の記録『蜻蛉日記』を世に残した。11世紀に入り，清少納言が書いた随筆『枕草子』も，宮中における様々な体験を記した日記的章段がその主軸をなしている。同じ頃，『源氏物語』の作者紫式部も，藤原道長の娘である中宮彰子の皇子出産の記事を中心に，宮仕え生活の中での折々の心境を『紫式部日記』に書きとどめている。他にも，歌のやりとりを中心に親王との恋の経緯を描いた『和泉式部日記』，物語の世界に憧れた少女時代からの思い出を記した菅原孝標女の『更級日記』など，貴族の女性による仮名文の日記が数多く成立し，当時の貴族の生活ぶりや心情が克明に描き出されている。

2 物語文学の生成

物語の発生　10世紀前半，『土佐日記』の成立と相前後して流布し始めたのが，同じく仮名文で書かれた物語の類である。物語の一つの原初的な形態は，口承の歌語りを原型とする，和歌に詞書が付いた形態のものであったと見られる。『伊勢物語』『大和物語』『平中物語』などの歌物語は，それらが集成され記録されたものである。なかでも『伊勢物語』は，9世紀なかばに実在した歌人在原業平の恋をめぐる様々な伝説を中心に形成されたもので，「色好み」の文学として後代に伝えられている。

一方，現実とは異なる架空の話を語る，いわゆる作り物語もこの頃から世に出始めている。その最初のものが「物語の出来始めの祖」（『源氏物語』絵合巻）と呼ばれる『竹取物語』である。月の都から来た異界の人かぐや姫をめぐるこの物語は，中国や日本に古くから伝わる伝説を再構成して書かれている。10世紀後半になると，主人公清原俊蔭の漂流譚に始まり，その子孫への琴の秘法の伝授を中心的主題としてつづられた伝奇的長編『宇津保物語』，継母にいじめられて育った姫君が苦難を乗り越えて幸せをつかむという筋書きの中編『落窪物語』が世に出た。そのほかにも，現在散逸して伝わらない数多くの物語が創作され，「つれづれなぐさむもの」（『枕草子』）として，貴族階層の女性の間に熱心な読者を獲得していた。

物語の位置づけ　ここで重要なことは，こうした物語が，当時，文芸としては最下層に位置づけられていたということである。仏教の経論や儒教の聖典は別格として，書かれたものの中で権威があったのは歴史書であり，それに続くものとして漢詩文の文学があった。仮名で書かれたものはおおむねその下に位置づけられていた。その中で比較的地位が高いのが，『古今和歌集』の勅撰によって公的地位を獲得した和歌であり，日記や物語はさらに低い位置に置かれていた。このうち日記は実録であるのに対し，物語は作られたものであるため，後者の方がよりいっそう価値の低いも

「源氏物語絵巻」東屋一（徳川黎明会徳川美術館蔵）

のと見なされた。『蜻蛉日記』の序文に古物語を「世に多かるそらごと」と称しているように，当時の人々の目からすれば，物語は「そらごと」（虚言）にほかならなかったのである。

「そらごと」を否定的に見る考え方の背景には，文学作品の創作を罪悪と見なす仏教的文学観がある。仏教では，在俗の信者の日常生活を律するための「五戒」として，殺生，偸盗，邪淫，妄語，飲酒を禁じており，これを破れば罪になるとする。文学を創作することは，このうち妄語の罪に当たるとされている。ことに物語の創作は事実の記録ではなく，作りごとであるから，仏教の見地からは，とりわけ厳しく指弾されることになる。

こうした仏教的文学観を鋭く意識したのが，『白氏文集』を通じてこの時代の日本の文学に多大な影響を与えた唐代の詩人白居易（白楽天）であった。仏教を信仰していた白居易は，晩年，自作の詩文を寺に奉納し，「願はくは今生世俗文字の業，狂言綺語の過ちを転じて，将来世世讃仏乗の因，転法輪の縁とせん」という一節を含む文章を添えて，罪の消滅を願ったと伝えられる。仏教の否定的文学観を表す常套句「狂言綺語」はこれに由来するものである。

964年（応和4）に平安京で結成された念仏結社，勧学会においても，紀伝道の学生らは上記の白居易の「狂言綺語」をめぐる句を吟じて，仏法への結縁を祈願した。勧学会の参加者の一人源為憲は，984年（永観2）に仏教入門書『三宝絵』を著すが，その総序において強調されているのも，世に夥しく流布している物語が，「浮かべたることを云ひながし，……誠なる詞をば結びおかずして……花や蝶やと」いっているので罪深きものだという認識である。これによって，当時，物語が文学作品の最底辺に位置づけられるとともに，軽佻浮薄で粉飾に満ちた「狂言綺語」と見なされていたことが明らかである。

第5章　漢文の思想・和文の思想

物語創作の正当化　11世紀に入ってまもなく、受領階級出身の紫式部によって、光源氏とその子孫を主人公とする一大長編『源氏物語』が書かれる。この物語は、その規模や構想の大きさからいっても、仏典、漢籍、和歌和文についての膨大な知識を背景とした重厚で深みのある内容からいっても、それまでの世界文学史上類を見ないものであった。また、思想史的に見ても、当時仏教の教えとともに広く浸透していた宿世観（物事のなりゆきは当人の前世の業因によってあらかじめ決められているとする見方）を色濃く反映していることをはじめ、この物語が持つ意義は大きい。

　さて、上述の仏教的文学観に関して、『源氏物語』で注目されるのは、螢巻の物語論である。この物語論は、物語に夢中になっている養女玉鬘を相手に、光源氏が物語談義をするという形で展開される。源氏はまず、若い玉鬘をからかうように物語を「偽りども」と貶めるが、玉鬘の反論に応じて、「日本紀などは、ただかたそばぞかし。これら（物語）にこそ道々しく詳しきことはあらめ」と、今度は、正史をさえ凌ぐものとして物語を持ち上げてみせる。その後、真顔になった源氏は、物語創作の動機を論じつつ、物語に書いてあることを「この世の外のことならず」とし、外国の例をあげて論を補強する。そして最後に、仏法を引き合いに出して、物語は仏教でいわれる方便のようなものであるから、「よく言へば、すべて何ごとも空しからず」と結論づけて、物語を虚言とする見方を斥けている。この物語論は、光源氏の言葉を借りた作者自身の、物語創作を「狂言綺語」とする仏教的文学観への巧みな反論であったと見ることができる。仏教の文学創作批判に対抗するために、ほかならぬ仏教の方便の思想を援用して、物語の価値を主張しているのである。

　この螢巻物語論の主張によって、物語の地位がにわかに向上したかといえば、必ずしもそうではなく、紫式部の没後、『源氏物語』が高く評価される一方で、式部が『源氏物語』を書いた罪によって地獄に堕ちたとする風評が広まり、式部を救済するための源氏供養がしばしば営まれるようになる。しかし、『源氏物語』以後にも、『夜の寝覚』『浜松中納言物語』『狭衣物語』など、物語はさかんに作られ続けた。さらには、次節で述べるように、歴史物語という新たなジャンルが派生し、物語は着実にその地歩を固めていったのであった。

③　和風文化の開花

自国意識の確立　ところで、上に紹介した螢巻物語論では、「他の朝廷」においても物語の基本的な「作り」に変わりはないはずで、まして「同じ大和の国」のことだから変わらないという文脈で、物語がこの世の真実相を伝えるものであることが論じられている。こうした、中国や他の近隣諸国を「他国」と見なしての「自国」日本の認識というものは、いつ頃から顕著になったのだろうか。

　ごく早い段階で自国意識を表に出した作品としては、822年（弘仁13）頃に成立した

仏教説話集『日本霊異記』があげられる。その序文に因果応報の理を説いて「何ぞ，唯他国の伝録に慎みて，自土の奇しき事を信け恐りざらむや」と述べている。やがて9世紀中葉には，国土の範囲が境界あるものとして認識され，自国意識が鮮明になったといわれている。第1節であげた，仁明天皇四十賀を祝う長歌における「此国の本詞」への注目や，新羅海賊の鎮圧を願った告文の中の「我が日本朝は神明の国」という主張は，その一端を示すも

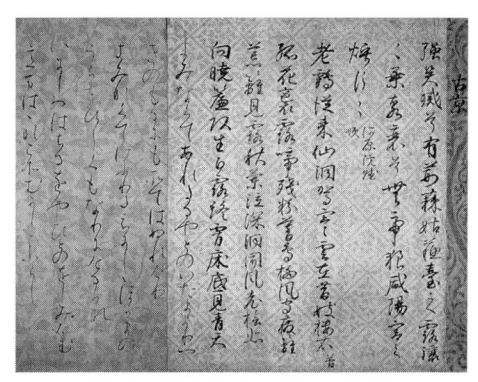

『近衛本和漢朗詠集』（陽明文庫蔵）

のであろう。ただし，自国意識が広く浸透したのは10世紀以降であって，『古今和歌集』の編纂はまさにそうした時代の到来を告げるものであった。

　10世紀後半から，日本という国に焦点を合わせた作品が多数出現する。たとえば，前掲の仏教入門書『三宝絵』は，仏教で言う三宝（仏・法・僧）のそれぞれに焦点を合わせて論じる三部構成形式をとっているが，このうち法宝および僧宝と関連づけて日本の僧俗の伝記や仏教的行事を解説している第二部・第三部の分量が圧倒的に多く，日本的な仏教理解を表した作品であると見ることができる。また，同じ頃慶滋保胤によって書かれた『日本往生極楽記』も，日本における浄土信仰者の極楽往生のさまを記した往生伝である。やがて11世紀に入ると，『本朝麗藻』『本朝文粋』など，「本朝」の語を冠した作品が相次いで著されるようになる。これは天竺（インド），震旦（中国），本朝（日本）の三国を中心に世界を捉えようとする三国世界観の表れと見ることができる。

和漢の並立

　和文の地歩が固められ，自国日本への関心が高まるにつれて，「和」の地位が向上し，「和」と「漢」を対等のものとして扱おうとする意識も一部に生じてくる。古くは，9世紀末に宇多天皇の命を受けた大江千里が『白氏文集』などの詩句に和歌を添えた『句題和歌』を献上した。また，ほぼ同じ時期に菅原道真は『新撰万葉集』を編み，『句題和歌』とは反対に，和歌に七言絶句の漢詩を配することを試みた。これらは和漢を並立させようとする試みの先ぶれであったといえる。

　承平年間（931〜938）には，源順によって『和名類聚抄』が著された。これは，漢語の意味を漢文で示すとともにその和訓を万葉仮名で記した漢和辞典であり，漢語と和語との対応関係を整理する必要に応じたものであったと考えられる。11世紀初頭に藤原公任が編纂した『和漢朗詠集』は，当時人口に膾炙していて朗詠するにふさわしい和歌と漢詩を部類別に並べて記載した詩歌集で，上記の大江千里や菅原道真の試みの延長線上にあるものである。これは当代きっての才人で，和歌，漢詩，管弦のいずれの道においても優れた能力を発揮した公任ならではの作品であった。

第5章　漢文の思想・和文の思想　65

こうした和漢の並立の例は，文学のみならず様々な分野で見られる。たとえば，当時の雅楽には，日本古来の神楽，東遊，大和舞などの歌舞と，大陸伝来の舞楽が含まれていた。書道では，9世紀前半に三筆と称せられた嵯峨天皇，弘法大師空海，橘逸勢の書は唐風の趣の強いものであり，11世紀初めに三蹟と謳われた小野道風，藤原佐理，藤原行成らの書はそれに比べて字体のやわらかい和風の趣を示しているが，これは必ずしも時代が下るにつれ唐風の書体が廃れたことを意味するものではなく，むしろ両様の書体が併存し続けていた。絵画では，遅くとも10世紀後半には倭絵と唐絵の2種類の絵画が存在し，ともにさかんに制作されていたことが知られている。たとえば，天皇の即位に際して行われる大嘗祭の節会においては，「和絵屏風」と「本文屏風」が新たに作られ設置されるしきたりになっていた。「和絵屏風」は新穀を献上する悠紀・主基の二国の中の名所を歌に詠んで絵にしたものであり，一方，「本文屏風」は文章博士らが漢籍から選んだ文章をもとに描かれたものであった。このように，天皇の即位儀礼という重大な国家的行事において和漢両様の絵画が必要とされたことが注目される。
　『源氏物語』を見ても，詩歌，故事，絵画等をめぐって，「唐のも大和のも」（葵巻ほか），「唐土と日の本と」（絵合巻）というように和漢の二つの様式を並べてあげる例が目立つ。どちらが勝りどちらが劣っているというのではなく，場合に応じての使い分けはあるものの，両者を受け入れそれぞれのよさを認めるという意識が顕著になってきたといえる。

和の領域の拡大　嵯峨天皇によって徹底した唐化路線が敷かれた9世紀初めの段階から後，しだいに文化に古来の和風の色彩が強まり，11世紀には「和」と「漢」が並び立つ状況が出てきていることを見た。「国風暗黒の時代」と呼ばれる時代に文化の和風化の兆しがなかったわけではなく，また，一般に「国風文化の時代」と言われる10世紀以降についても，和漢の両文化が併存していたといえる。
　本章の最後に注目しておきたいのは，「和」の文化の中心をなす仮名書き文学作品のうちでも最下層に位置づけられていた物語が，11世紀になって，歴史叙述という，本来漢文の領域であった分野にまで進出してくることである。最初の歴史物語である『栄花物語』は，第59代宇多天皇の時代から叙述を開始する。このことは，漢文で書かれた正史「六国史」が第58代光孝天皇の時代までで途絶していたのを継承しようとする作者の意図を示すものであるといわれている。前引の『源氏物語』螢巻で冗談めかして表明されていた「日本紀などは，ただかたそばぞかし」という思いに通ずるものがその背景にあったのではないか。本来私的な領域のことを扱うものであった和文が，公的な領域にまでその守備範囲を拡げた特記すべき事象として，これを捉えることができる。
　『栄花物語』は女性作者の手になるものとされているが，続いて成立する『大鏡』が男性官人の著作であったことは，さらに注目に値する。この時，和文は，女性がごく私的な事柄を書き付けるためのものという従来の位置づけを脱して，日本における書記言語の基盤となる道を歩み始めるのである。
　　　　　　　　　　　　　　　　　　　　　　　　　　　　　　　　　　（佐藤勢紀子）

▶コラム5　末法思想

　仏教的な時代観の一つとして，釈迦入滅後を正法，像法，末法の三つの時期に区分し，仏教はしだいに衰滅に向かうとする見方がある。正法の時代には教（正しい教え），行（正しい教えの実践），証（その結果としての悟り）の三者がそろっているが，像法に入ると，教・行はあるが証がなくなり，さらに末法の時代には教のみ存在し，行・証は失われるという。この三時説は，中国では教団内部で僧侶の堕落を戒めるものとして受容されたが，日本では，特に平安後期以降，仏教のみならず社会全体の衰退を示唆するものとして民間にまで浸透していった。この仏教の三時説をふまえ，特に末法の到来に注目して時代と世相をとらえようとする考え方が，いわゆる末法思想である。

　三時の起点となる仏の入滅の年次については諸説あるが，周の穆王の53年（紀元前949）とする説が有力であった。三時の継続年数については，正法五百年，像法千年，末法一万年とする説と，正法千年，像法千年，末法一万年とする説があり，仏滅を上記の年次とすれば，前者では552年（欽明天皇13），後者では1052年（永承7）が末法第一年となる。南都仏教では前者の説が有力であったが，平安時代に入ると，後者の正法・像法各千年説が支持されるようになり，最澄をはじめとする天台宗の学僧を中心にこの説が継承されていった。

　10世紀後半になると，教団外の貴族の著作においても，「澆季」「季世」といった中国伝来の末代意識の表明とともに，末法への言及が見られるようになる。984年（永観2），源為憲は，仏教入門書『三宝絵』の中で，「釈迦牟尼仏隠れ給ひて後，一千九百三十三年になりにけり。像法の世にあらむこと残る年いくばくならず」と，末法の到来が近いことを指摘した。そして，入末法の年とされた1052年には，藤原資房がその日記『春記』に長谷寺焼失のことを記し，「末法の最年にこの事あり。これを恐るべし」と評している。このように末法思想が俗人の間にまで浸透していった背景には，当時の仏教界の規律の乱れや律令体制の形骸化による社会不安の増大があったと考えられる。

　末法思想の浸透に伴い，行と証の失われた仏教衰退の時代に適合した信仰の必要性が唱えられ，受け入れられていった。1007年（寛弘4），時の左大臣藤原道長は吉野の金峰山に参詣し，自筆の『法華経』『阿弥陀経』，および弥勒三部経を銅製の筒に納めて地下に埋めた。この埋経という行為は，末法の後に来る法滅尽の時に備えて経典を永く保存しようとするもので，この頃から流行し始め，埋経を勧める勧進聖の活躍もあって，各地でさかんに行われるようになった。道長が奉納した経典の中でも特に注目すべきものは『弥勒上生経』『弥勒下生経』『弥勒成仏経』の弥勒三部経で，これらは五六億七千万年後の法滅の時代に弥勒菩薩がこの世に現れて仏弟子を救うという弥勒下生の時に遇うことを願って埋納されたものであった。このような弥勒信仰は，当時すでに広く行われていた弥陀信仰，観音信仰などとともに，末法の世に生きる機根の劣った衆生にふさわしい信仰とされ，急速に広まっていった。

　また，平安時代末期には，最澄の撰述とされる『末法灯明記』が流布した。この書は後人による偽作の可能性が高いが，僧侶の破戒が当然のこととなる末法の時代にあっては，どのような無戒の僧であっても世の宝として敬うべきであるという論を展開している。この『末法灯明記』は，その現実肯定的な論調において旧来の顕密仏教の末法へ

の対応の姿勢を反映している一方で，鎌倉新仏教の祖である法然，親鸞，栄西，日蓮らの思想形成に大きな影響を与えたといわれている。　　　　　　　　　（佐藤勢紀子）

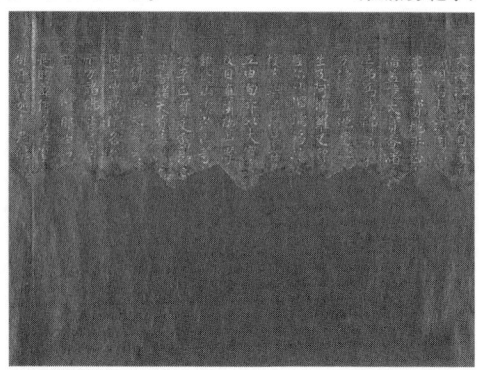

藤原道長奉納金銅経筒（左）と「無量義経・法華経」巻第四（右）（金峯神社蔵）

▶コラム6　木造仏の展開

　日本仏教の歴史の中で仏像が重要な存在であることはいうまでもない。欽明天皇の時代に仏教がもたらされたとされる「仏教公伝」からして，仏像との出会いとその衝撃の物語である。また，仏像の製作法の変遷などから，それぞれの時代の思潮を探ることもできる。

　奈良時代までの仏像は，銅で鋳造し鍍金を施す金銅像，粘土で造る塑像，麻布を漆で何枚も張り固めて造る脱活乾漆像（脱乾漆像）などが中心であるが，これらは労力と経費を惜しまずに作成された国家仏教ならではの産物である。それに対して，平安時代以降は木造仏が主流になる。

　平安前期の木造仏は，一木造という一本の木材から全身を丸彫りする方法で造られている。一木造という彫法が出現した理由としては，奈良時代末に脱活乾漆像より製作費をおさえられる木心乾漆像から発達したという説と，檀像から発達したという説とがある。檀像は，白檀（栴檀）というインド原産の黄白色の香木を緻密に彫刻した小像で，ほとんどが中国からの舶来品である。一木造に等身大以上の大型仏が多いことを考えると，木心乾漆像の木心部分の技巧が発展したとする見解も無視できない。しかし，神護寺の薬師如来像をはじめとして，唐招提寺・大安寺・元興寺などの同時代を代表する諸像がすべて榧を用材としており，榧は白檀の代用品とされたのではないかと考えられている。入手困難な白檀の代用として，ある教典の注釈書には「栢」を用いるように書かれているが，「栢」は奈良時代には榧を指していた。とすれば，白檀の代用材として国内の山林に多く植生している榧を用いることに教義上の裏付けがあったことになる。さらに，一木造には日本人が古来から有していた木を神聖視する感性が込められていたようで，特に東国に多く残る立木観音や鉈彫という粗い鑿の痕跡を意図的に残す技法にその思想が見出せる。

他方，平安後期以降に主流となるのは寄木造である。頭部と胸部など主要部を複数の材から造って接ぎ合わせる方法で，定朝（？～1057）によって完成された。一木造では避けられないひび割れを，内刳・割剥の技法によって克服していくなかで創出されたと考えられているが，その背景には藤原道長（966～1027）ら平安貴族の盛んな造仏があった。道長は定朝の師（一説に父）康尚に法性寺五大堂の明王像を造立させ，出家後，無量寿院の九体阿弥陀仏像を定朝と共に造立させる。無量寿院は大伽藍に発展し，法成寺と名を替えるが，金堂の中尊である三丈二尺の大日如来像，二丈の釈迦・薬師・文殊・弥勒像，九尺の梵天・帝釈・四天王像，五大堂の二丈の不動尊像など，大型仏像の造立は定朝に託された。定朝はその賞として仏師の僧綱補任の初例となる法橋に叙されるなど，仏師の社会的地位を向上させた。

　平安貴族たちの大量注文に応じるなかで，用材を大幅に節約しながら容易に巨像を作成できる寄木造の技法が完成された。定朝の作品としては1053年（天喜元）に造立された宇治平等院の丈六阿弥陀仏像が残るだけであるが，定朝様ともいわれるその様式は，貴族の好みを反映した和様に仕上がっている。均整のとれた優美な様式は，中国彫刻の型からも，木を神聖視する原初的な信仰からも完全に脱皮している。また，高度な技術を持つ工房で分業がなされたことで，製作の合理化が進み，大型仏像を大量に生み出すことが可能になった。これは，定朝様による仏像の画一化をも推し進めた。何よりもこの技術が平安末期の数量を重視する信仰を支えることになる。院政期の文献には，病気平癒祈願などのために短期間で大量の仏像を造立したことが記されている。そのような数量主義的信仰に基づいて，院（後白河上皇）のために受領（平清盛）が作り上げたモニュメントが三十三間堂である。

　寄木造は，江戸時代まで仏像の基本的な構造技術であり続けただけでなく，体内へ小金銅仏や写経などの納入を容易にし，玉眼技法を生むなど，新たな思想表現をも可能にした。

（三橋　正）

定朝作「阿弥陀仏像」（平等院蔵）

Ⅱ

中世の思想

扇売(左)と烏帽子折(右)「職人尽歌合」(東京国立博物館蔵)より

Ⅱ 中世の思想：概説

1 中世的コスモロジーの形成

◉ 彼岸世界の膨張

　戸籍による人民一人ひとりの人身把握を前提とする律令制支配は，民衆による公田の耕作放棄や逃亡などの抵抗によって，10世紀にはほとんど機能不全に陥った。もはや国家支配に依存できなくなった有力な家々（権門勢家）は，自ら土地を領有し支配することに生きる術を見出し，競って領地（荘園）の集積に乗り出した。かくして院政期以降，国家の保有する土地（公領）と私的所有になる荘園とがモザイクのように入り乱れる，荘園公領制とよばれる中世的秩序が形成されるのである。

　中世的な社会構造が完成をみる院政期は，思想や世界観の面でも大きな変動期にあたっていた。祟りや託宣を下す無数の「カミ」が，この世のいたるところに地を占めているという太古以来の世界観は，仏教の本格的受容と浄土信仰の浸透に伴って変化をみせ始める。平安後期から此土と隔絶した遠い彼岸世界の観念が膨張し始めるのである。そしてそれは院政期以降，この世と断絶した死後に往生すべき他界浄土の観念として定着をみる。古代的な一元的世界観に対する，他界——此土の二重構造をもつ中世的世界観の形成である。

　こうした仏教的コスモロジーのなかで，日本は此土の中でも，その中心である天竺（インド）からは遠く離れた「辺土」であると位置づけられた。しかも時代は「末法」の悪世であり，そこに生まれあわせた人々はみな根性の曲がった悪人とされた。

　末法辺土意識の流布にあわせて，古来からこの世にあった神々は，他界の仏（本地）がこの世の衆生を救済するために顕現した垂迹であると規定された（本地垂迹説）。聖徳太子や伝教大師などの聖人や，寺堂に安置された仏像もまた垂迹とみなされた。それらは遠い世界に棲む本源の仏が末代濁世の衆生をその浄土に導くために，わざわざこの地にふさわしい姿をとって現れたもの，と考えられたのである。

◉ 霊場の発展

　垂迹の使命が末法の衆生救済であるがゆえに，その所在地はしばしば彼岸世界への通路とみなされるようになった。霊場の形成である。

　日本各地で「霊地」や「霊験所」とよばれる聖地が生み出されてくるのは，平安後期のことだった。律令体制が解体していく中で，国家の庇護のもとからはじき出された官寺は，自力で生き延びていくことを余儀なくされた。そのためには荘園の獲得に加えて，たくさんの信者を寺に呼び込むことがぜひとも必要だった。こうした課題を背負った寺院は積極的に民衆の中に分け入り，布教を推し進めた。

Ⅱ 中世の思想：概説

　官寺としての古代寺院からの脱却を目指した諸寺院は，積極的に地方にも教線を拡大した。それは地方では，多くの場合廃れていた古い寺院の再興という形態をとった。その役割を担ったのが「聖(ひじり)」とよばれる一群の行者たちだった。
　こうした状況の中で，12世紀頃から寺の由緒と霊験を説く寺社縁起が数多く作られるようになり，霊場の地を踏むことの重要性が盛んに宣伝された。高野山の弘法大師のように，寺にゆかりのある聖人たちは，彼岸の仏の垂迹として人を浄土へと導く存在であると規定された。彼らのいる空間はこの世の浄土であるとともに，遙かなる彼岸の浄土への入口であり，そこへ足を運び祈ることによって，他界浄土への往生が可能になると説かれた。霊場に骨を納めることによって死者の安穏が約束されるという観念も，こういった見方の延長線上に成立するものだった。
　かくして彼岸と此岸(しがん)を結ぶ通路としての霊場が，院政期には国土の上に点々と出現するに至る。霊場と霊場を結んで大勢の人々が列島上を広範に移動する，巡礼と参詣が始まる。中世という新たな時代の幕開けとともに，この列島上に霊場の時代が到来するのである。

◉　願いを聞く神

　それは一方では，国家が神仏との通路を独占していた時代の終焉を意味していた。だれもが神仏の声を聞くべく垂迹の鎮座する寺社に自由に足を運ぶような状況の中では，もはや古代のような国家による託宣の管理と解釈の統制は意味をなさなかった。いまや人はその身分や地位や能力に関わりなく，一定の作法を踏むことによって，冥界と自由に交渉することが可能な時代となった。庶民一人ひとりが，それぞれ異界との交流の回路を有するような時代が到来することになったのである。
　こうした観念を背景に，平安時代の後半から，神仏の意思を知るべく貴族たちはこぞって寺社への参詣に出かけるようになった。その習慣は，在俗の庶民にまで及んだ。彼らは寺社に出向き参籠するなかで，夢を通じて神仏の声を聞こうとした。堂舎に鎮座する神や仏は，彼岸の仏が末法の人々を救うために垂迹したものだった。それゆえ，その声は人々に救いの道を示すものと信じられた。彼らは異界からの存在からの啓示によって自己の将来を知り，行動の指針をえることができた。冥界もまた，ことあるごとに人間界に様々な情報を提供しようとした。流行する歌や噂までが，神仏のささやきかける声と信じられていた。
　そうした無数の神仏の啓示が交錯する中で，聖徳太子らの権者に仮託された未来記は人々の心を捉え，広く社会に受け入れられて影響を及ぼしていった。いわゆる鎌倉新仏教や両部(りょうぶ)神道，伊勢神道をはじめとする頂点的な宗教思想も，神仏との交感を重んずる

II 中世の思想：概説

こうした精神的土壌の中から生み出された。『愚管抄』をはじめとする中世の史論もまた，世界の根源に絶対的存在が実在するという中世的理念を背景として形成されたものだったのである。

2 広がる世界観

◎ 海外との交渉

遣唐使の派遣が停止されて以来，国家レベルでの日本と中国の交流は廃絶するに至る。だが，日中間の貿易はむしろ中世に入って盛んになった。この交易を通じて，日本には宋版と呼ばれる大蔵経や銅銭・陶磁器を初めとする膨大な文物がもたらされ，活発な人的交流が進められた。宋代に入ると中国では禅が興隆したが，入宋僧によってそれが日本へと移入され，公武の庇護のもとに京都と鎌倉には巨刹が相次いで建立された。宋学（朱子学）とよばれる儒学界の新風も伝えられた。また宋代の建築技術は，平家の焼き打ち（1180）から再建される過程で，南都（奈良）の寺院に多大な影響を及ぼした。

室町時代には遣明船による明との間で国家的レベルの貿易も復活する一方，朝鮮との間でも諸大名らによる多元的な交流が進み，大陸との交渉は最盛期を迎えた。中国語に通じた五山の禅僧は，外交使節として通訳や接待に活躍した。

アジア世界との交渉を通じて，中世の日本には新たな対外認識が形成されていった。

中世はしばしばナショナリズム回帰の時代であるといわれる。唐を中心とする東アジアの冊封体制が崩れると，日本もその束縛から解き放たれた。遣唐使が廃止され，平安後期には国風文化が興隆した。中世にはいると伊勢をはじめとして神道思想が理論化され，鎌倉時代の後半からは，日本を神孫の君臨し神の守護する地であるとする神国思想が勃興してくるのである。

しかしそのような日本回帰＝本朝意識の形成は，いわば括弧付きのものであった。慈円の『愚管抄』とともに中世を代表する史書である北畠親房の著した『神皇正統記』は，冒頭「大日本は神国なり。天祖はじめて基をひらき，日神ながく統を伝給ふ」と記し，日本が他国に異なる神聖な地であることを強調している。ところが同じ著作で，親房は日本の地理的位置を説明するために須弥山を中心とする仏教的世界像を持ち出し，中国でさえもその中では「一辺の小国」にすぎないと述べる。その上でさらに，そこを遠く離れた「東北の大海の中」にある小島が日本であるとするのである。

神国思想を説いて日本を神秘化した例としてしばしば引用される『神皇正統記』が，他方では仏教的世界観を受け入れて，日本をこの現実世界＝娑婆世界の東北方面に位置

Ⅱ 中世の思想：概説

する「粟散国(そくさんこく)」（粟粒のごとき小島）と捉えていたことは興味深い。このように日本を相対視する見方は親房だけにとどまらず，中世日本では身分・階層を問わず広く人々に共有されていたのである。

◆ 起請文の神仏

この時代の世界観における日本の相対化の進行を示すいま一つの事例として，中世文書の代表とされる起請文(きしょうもん)をあげよう。起請文は12世紀から急増し，中世を通じておびただしい数のそれが著された。その罰文（誓約を破った場合に罰を受けることを明記した部分）には，蒙古襲来前後から「日本国主天照大神」がたびたび姿を見せるようになる。おりしも神国思想が昂揚する時期にあたっていた。これだけを見るとこの時期から，天照大神がクローズ・アップされてきたかの印象を受ける。しかし，天照大神が勧請(かんじょう)される場合でも，その前に梵天(ぼんてん)・帝釈天(たいしゃくてん)・四天王といった，日本という領域を越えた仏教の守護神が勧請されるのが常であり，天照大神はあくまで仏教的な世界像を前提とした小国日本の国主にとどまっている。

中世は「日本」に目が向けられた時代であった。しかし，それは無条件の日本主義への回帰ではなかった。日本を越える広い世界の存在を前提とした，「辺土」日本の独自性への着目だったのである。

そうした世界像の集約的表現が「三国」（インド・中国・日本）という言葉である。法相宗の覚憲(かくけん)の『三国伝灯記』や華厳宗の凝然(ぎょうねん)の『三国仏法伝通縁起(けごんしゅう)』にみられるように，中世では三国伝来・三国相承といった言葉が日常化した。また『今昔物語集』は収録した説話に対し，天竺・震旦(しんたん)・日本という分類を行っている。三国は仏教が伝来した空間的な過程であるとともに，正法(しょうほう)のインド→像法(ぞうほう)の中国→末法の日本という時間的な推移をも含んだ観念であった。

このような世界観の広がりを背景として，高弁(こうべん)のように実際に天竺行きを志す僧も現れたのである。

◆ 環日本海交流圏の形成

三国世界を軸としてこの現実世界を捉える視点は，仏教という外来宗教のもつ普遍性と活発な海外交流によるものではあったが，それは必ずしも当時の現実に即応したものではなく，観念世界の所産という側面を多分に残したものだった。

まず三国史観では，古代から中世にかけて日本仏教に大きな影響を及ぼし続けた朝鮮が欠落していた。また，インド・中国・日本というのはあくまで観念的な枠組みであって，他方ではこうした国家レベルを超えた地域交流圏が形成されつつあった。

朝鮮との関係についていえば，最初の仏教の公伝が朝鮮の百済(くだら)からであったことにも

Ⅱ 中世の思想：概説

知られるように，日本仏教の展開は朝鮮仏教との関係を抜きにしては論ずることができない。膨大な数の朝鮮系渡来人は古代仏教の中心的な担い手そのものであった。

そうした影響関係は，中世においても継承された。高弁は7世紀頃の新羅の華厳の学匠，義湘と元暁の伝記を描いた「義湘絵」「元暁絵」を作成したが，これらは『華厳宗祖師絵伝』として現在高山寺に収められている。東大寺に対抗して独自の教学を打ち立てようとした高弁は，その視線を朝鮮仏教へと向けることになったのである。また，蒙古調伏を祈って高麗の高宗王の時代に開版された「高麗版大蔵経」は，日本にとって垂涎の的であり，以後幾度かにわたって日本へと寄贈された。

いまひとつ注目すべきことは，国家レベルとは次元を異にする地域交流圏の活発化である。13世紀には，日本と大陸を結ぶ南北二つの水上交通路が存在したことが知られている。北方についていえば，蝦夷島（北海道）とカラフト及び大陸との交通は早くから開けていた。13世紀後半に蒙古のカラフト遠征が行われると，それを契機に物資の交流が活発化した。その主役となったのが，津軽半島の十三湊を本拠地とする安藤氏である。義経や日蓮の高弟である日持といった人物の大陸渡航伝説は，そうした北方との交易の日常化を背景として生まれたものであった。

他方，南方の交流圏は琉球を中心に日本・朝鮮・中国を結び付けるものであり，いわゆる倭寇世界とよばれている地域である。このルートはこれらの世界で完結することなく，さらに南へと延びて東南アジア諸国とつながるものだったのである。

3　イエ意識の形成

◆　家の分立

院政期頃から貴族社会では，同一の祖先をもち氏神を共有する「氏」のなかから，単婚の夫婦を中心とするより小さな集団である「家」が分立する現象が顕著となってくる。藤原氏では鎌倉時代になると，北家流から近衛・鷹司・九条・二条・一条のいわゆる五摂家が成立する。家は男系の家長によって引き継がれていったが，その立場の正統性と家としての統合性を保証するものが日記（家記）だった。家記は父祖のそれを中心に，たくさんの日記の記事を集積したもので，そこに載せられた儀式の次第や作法・先例に関する知識は，貴族社会を生き抜いていくうえで不可欠のものだった。家記の成立は家の形成と並行して現出する現象であり，しだいに家と一体のものとみなされるようになるのである。

家の成立は武家社会でも広汎にみられた。館とよばれる居館を中心に，従者や周辺領

Ⅱ　中世の思想：概説

域に対して強固な支配を築きつつあった武士たちは、その居住する地名をとって自らの家名（苗字）とした。合戦の場において名乗りを上げて、自らの先祖の高名と家柄の由緒を高らかに宣言する風習（氏文よみ）も定着した。

　12世紀後半からそれまでの共同墓地に代わって、夫婦一緒の墓が出現してくることが指摘されている。また鎌倉時代からは、家長がその継承者や子孫に教訓を残す目的で、「家訓」が著されるようになってくるが、これらもまた家の広汎な成立に対応する現象だった。かくして中世では、貴族や武家の社会を中心に、世代を超えて継承される「イエ」の観念が社会に共有されるようになっていくのである。

◘　女性と家

　家の形成は女性の地位に決定的な変化をもたらした。身分や階層によって時期的な相違はあるものの、中世では婚姻の形態がそれまでの招婿婚（婿入り婚）中心から、嫁取り婚へとしだいに推移をみせていった。嫁取り婚が一般化するのと並行して、家長としての男性の権限が強化される一方、女性はしだいに家に従属する存在と位置づけられた。

　貴族社会では平安時代までは女性が財産を相続することが一般的だったが、中世以降は男性家長の相続へと変化した。武家社会でも当初女性の相続が認められていたが、鎌倉時代に入ると一期分といわれる一代限りの相続に限定され、やがて財産の相続権そのものを失うに至る。また武士団の間では婚姻による結びつきが重要視されたが、女性が政略結婚の手段化される傾向は後になるほど強まった。

　しかし、女性の家への隷属といった問題はあるものの、多くの人々にとって中世はその社会的地位を飛躍的に高めることのできた時代だった。古代では公家階層に独占されていた知識や文化は、中世になると新興の武士層にまで及び、源実朝のような著名な歌人が出現した。また、武家社会から多数の出家者が現れ、権門寺院のなかで大きな地位を占めるようになった。北条泰時の「御成敗式目」や北条重時の家訓にみられるように、武士が自らの信念や理想を自らの言葉で記す例が数多くみられるようになり、武士を主人公とした軍記物語も出現した。

　その一方で、美作国（岡山県）の押領使を父とする法然や、東国の名主階層の出である日蓮など、京畿を離れた地方や公卿・知識人以外の階層から、時代を代表する思想家が輩出した。中世社会は文化や思想が社会のより下層、国土のより周縁へと浸透していく時代だったのである。

◘　庶民文化の形成

　だがなんといっても、中世における最も顕著な現象は、庶民層の台頭だった。院政期

Ⅱ　中世の思想：概説

には，貴族層のみならず庶民にまで寺院への参詣や参籠の習慣が定着した。それに対応して寺院建築においても，仏を安置する内陣に対して，礼拝者のためのスペースである外陣の割合が相対的に増大した。また，寺社縁起絵巻のように民衆の身近な場に舞台を求め，庶民を鑑賞者とする芸術が誕生し，説話文学では庶民の生き生きとした生活ぶりが描き出された。12世紀に開花するこうした新たな民衆文化の流れのなかで，だれにでも実践可能な「易行」を標榜する新仏教もまた呱々の声をあげるのである。

けれども，鎌倉時代までの中世前期の民衆文化は，民衆自身が自らの欲求に従って作り出したものではなく，頂点的文化の担い手がいわば庶民向けにアレンジしたものだった。それに対し，中世後期（室町時代）に入ると，新たな文化の流れが生じる。室町時代に完成する回遊式庭園は，河原者とよばれる被差別民がその中心的な担い手だった。初め「乞食の所行」と蔑称された猿楽能をはじめ，狂言や連歌・御伽草子・茶の湯など，この時期に定着する新たな文化はみな衆庶の間で練り上げられ，鍛えられたものだった。

民衆自らが頂点的文化の加担者となり，製作者となる状況が，中世後期に至って初めて到来した。室町期の文化がその後長く受け継がれ磨き上げられて，国民文化として現代にまで及ぶのは，同一の文化がこの時期初めて階層を超えて広く受容されるようになったことが，その大きな理由だったのである。

（佐藤弘夫）

「春日権現験記絵」模本（東京国立博物館蔵）
白河院が春日社に御幸した場面。

第6章

院政期の思想

1　院の信仰と文化

後三条天皇と院政　10世紀末から11世紀に最盛期を迎えた摂関時代の終り頃に登場したのが後三条天皇（1034〜73，在位は1068〜72）である。後三条天皇は藤原氏を直接の外戚としなかったので，摂関時代の天皇とは違って比較的自由にいくつかの特徴的な政治を断行することができた。その典型的なものが荘園整理事業である。記録荘園券契所（記録所）を設け，領主からその荘園としての証拠となる文書（券契）を提出させて，最終的に朝廷でその存廃を決定しようとするものであった。結果的にはあまり実効性はなかったものの，摂関家などの荘園所有にメスを入れようとしたことは評価される。後三条天皇がわずか4年半ほどで退位したあと，天皇親政は子の白河天皇に引き継がれていった。後三条天皇をもって摂関政治は事実上終焉を迎えることになった。

父の後三条天皇のあとを承けて1072年（延久4）に皇位についたのが貞仁親王（白河天皇）である。この白河天皇が1086年（応徳3）に子の善仁親王（堀河天皇）に譲位して上皇（院）として天皇の後見役となって政務を執る形式の政治（院政）が始まった。院政はおおむね幼少の天皇の後見として天皇の父など直系の尊属が院となって政務にあたった，いわば二重政権であった。院は「治天の君」とよばれ，王家の家長として国政の重大な事項を決済するようになる。「院政」とよばれるこうした政治体制は鎌倉幕府が成立するまで国制上で実際的な政治的実権を行使した。院政期は白河院から後白河院の頃まで，およそ90年間をさし，次の鎌倉時代を待ついわば過渡期といえよう。

大江匡房　後三条天皇とその子白河天皇（上皇）の2代にわたって側近として仕えたのが大江匡房（1041〜1111）である。大江氏はもともと平城天皇の子孫で，代々知識人官僚を出し学問にたずさわる家柄であった。11世紀ともなると，貴族社会では摂関家の藤原氏を頂点とした家柄の序列が固定されており，そのなかで大江氏はせいぜい五位で地方の国司が行き止まりである中級ないし下級貴族であった。しかし彼らは官僚であると同時にそれぞれの専門の学問（「家学」）の学者でもあったから，大江匡房に代表されるような官僚は文人貴族ともよばれる。匡房も文人貴族として，大江氏の家

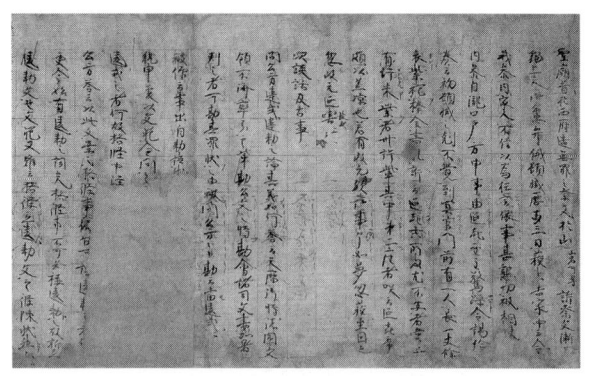

『江談抄』（前田育徳会尊経閣文庫蔵）

学である文章道を専攻しすでに16歳のときに国家試験である省試に合格して文章得業生になっている。1067年（治暦3）に皇太子であった尊仁親王の東宮学士になり，翌年尊仁親王が践祚して後三条天皇となるのに際して匡房もその秘書役的な官職である蔵人そして正五位下・中務大輔に就任した。匡房はこのあと後三条天皇政権において天皇側近の政治家として実務を執ると同時に，彼の学問を下敷きにした独自の思想，信仰の世界を築いていった。

　匡房は，日常生活のなかで実際に見たり読んだりすることで彼の知識となったあらゆる事柄に生涯にわたって多大な関心を保ちつづけ，談話を遺したり（『江談抄』として集成される），貴族社会の雑事を日記に書きとめたりしたらしい。また漢詩文の学識を駆使して仏事の際に読み上げられる願文の類を精力的に作成したり（『江都督納言願文集』などに集成されている），晩年には阿弥陀仏の極楽浄土に往生したと信じられた人々の伝記を集成（『続本朝往生伝』）したりした。このような匡房の思想的，知的活動は，篤い仏教信仰と家学である文章道の学識とをふまえたうえで基本的に人間と社会・歴史とに対する彼のなみなみならぬ興味，関心に根ざしたもので，収集した膨大な書物などを収めるために京都の二条高倉に書庫を持っていたほどである。

　匡房はいろいろな人間や社会，そして人の死後の世界に至るまでの社会の種々の側面に関心を示し，書きとめた。さらに10世紀末以降の貴族社会でさかんになった浄土信仰からの影響が加わり，独自な仏教信仰を形成した。

　匡房による人間や社会に関する種々雑多な記録は平安時代末期以降盛行する説話文学に貴重な題材を供給することになる。院政期に先立つ摂関期に紫式部の『源氏物語』に結実したような物語的精神は，院政期になって匡房のような説話的精神にとって代わられたのである。

院の信仰　後三条天皇は篤く仏教を信仰し，御願寺として円宗寺（現存せず。現在の仁和寺の近く）を建立した。この寺の金堂には2尺（約6メートル）の毘

盧遮那仏を安置していたという。また白河院は京都東山に法勝寺（現在の岡崎付近）を創建した。法勝寺には八角九重の塔がそびえており，「国王ノウヂデラ」（『愚管抄』）と称されたという。法勝寺の近辺には，尊勝寺など勝の字を共有する6寺が壮麗な甍を並べていた。これら六勝寺と総称される寺院群はいずれも白河院をはじめ堀河，鳥羽院などの御願寺として建立された国家的規模の大寺院であったが，独自の僧団組織をもたなかったらしく，早くも13世紀には廃絶した。こうした寺院では法勝寺の大乗会，円宗寺の法華会，最勝会（北京三会）に代表されるような国家的な意味をもつ大法会が始められた。すなわち，六勝寺などの寺院群は，大規模で国家的意義をもっていたが，寺院としての本質的な内実よりも院の権威を掲げた外面的な華美さを競うことに主眼がおかれる傾向があったことも事実である。

　このように，代々の院たちは後院領などとよばれるゆたかな荘園を経済的な背景として壮麗な御願寺を営んだ。またそれだけではなく，後白河院のように煩も厭わずしばしば熊野詣に出かける院もあった。熊野詣は，「蟻の熊野詣」と揶揄されるほど盛行したもので，とくに後白河院の場合などは京都から遠く熊野にまで長い行列を従えて行く大がかりなもので，従来の単なる寺院参詣とは多少趣の異なる，院の権勢を目のあたりにする大事業であった。

　仏教では造寺・造仏といった事業は善根として高く評価されるのが通例であるが，13世紀初めに成立した説話集『続古事談』はそれに関して興味深い記事を載せている。白河院が天を突くような大きな塔を備えた法勝寺を造営したことの功徳について，永観という僧が，口数少なく「罪にはよも候はじ」（まさか罪にはならないだろう）と言ったというものである。この記事から院たちの豪華壮麗な仏教信仰のありよう，ひいては院そのものに対して醒めた目で批判的に見ていた人々がいたことがわかる。また，白河院は「天下の三不如意」（意のままにならない例外的な三つのこと，すなわち，賀茂川の水，双六の賽の目に比叡山の悪僧たち）でもよく知られ，ある貴族の日記（『中右記』）によれば彼が発願した作善として7宇の堂，21基の塔，627体の丈六仏……が数えられている大権力者でもあった。このように院たちの信仰に典型的にみられるように，この時期の仏教信仰には数が多いことを誇る傾向があったことがわかる。

　院政期の文化に共通する特徴のひとつとして，多数主義とならんで法勝寺の八角九重塔のごとく意表をつく奇抜さという点がしばしば挙げられるが，一般の民衆はその華美な表面に隠されている危うさ，あるいは矛盾を察知していたのかもしれない。

2　遁世と隠逸

信西入道と明遍　　後白河院の側近であった人物に藤原通憲（1106〜59）がいる。通憲は代々の学者の家柄に生まれ，非凡の学識を誇った。また，『本朝世紀』など多数の書物を著していることでも知られている。そして彼も文人貴族の例に

もれず，正五位下・少納言という低い官位に甘んじていた。この通憲が1145年（久安元）に遁世を遂げたというのである。遁世とは，文字通り，大寺院や世俗の係累がまとわりついた社会（世）を遁れて，山中などで自由に修行や学問一筋の生活を送る生き方である。これは中国晋代の「竹林の七賢」などで知られる隠者の生き方に影響されたものと考えられる。「漱石」というペンネームができるきっかけとなった「石に枕し流れに漱ぐ」という一句がその境地の一端を表している。

それでは通憲も遁世後はそれ以前の院の側近政治家としての生活をやめて修行一筋の生活に転換したかというと，そうではない。1156年（保元元）に勃発した保元の乱に勝利した後白河天皇が院として君臨することになり，通憲こと信西入道は後白河院の側近として保元の新制を発布するなどますます政治的実権を行使したのである。通憲の遁世の場合は，世俗的権威から遁れるのではなくて，ますます世俗に没入して世俗的生き方に拍車をかけることであった。のちに鎌倉時代の僧無住（1226〜1312）は遁世について，昔の遁世はまさに「世を遁れる」ことであったが，近年は「世を貪る」ことになってしまったと述べている（『沙石集』）。つまり無住は，昔の遁世者は俗世を遁れてひたすら形而上的価値を求めたものだが，今の遁世者は実利を追求するだけに成り下がったと皮肉っているのだが，これに当てはめれば通憲の場合は後者の一例になろうか。ともかく遁世にはこの二つの種類があったようである。

通憲の子息のひとりに明遍（1142〜1224）がいる。明遍は出家後東大寺で修行していたがのちに遁世して光明山寺（京都府南部）や高野山などに隠棲して修行に励んでいた。当時，遁世した人々は喧騒を避けた所に設定された光明山寺のような別所に隠れ住むのが通例であった。

明遍は理想的な遁世者として当時の人々に称賛され，早くから伝説化されていたひとりである。明遍によれば，人生の最期には華美な場ではなく道のほとり，野辺などで死ぬことを期し（『一言芳談』），世を捨て，世にも捨てられて世から忘れ去られることこそ本来の遁世で，世を捨てても世から捨てられないならば，真の遁世ではない（『沙石集』），だから，亡き父信西の13回忌の仏事にも僧として出仕することはありえないというのであった。この明遍は先の無住による分類によれば前者に入るだろう。親子であった信西と明遍はともに遁世を遂げたが，そのあり方が全く異なっていたことは興味深い。同じ遁世といってもしばしば様相が違うことがあったことがわかる。父の信西は遁世後も世の真っただ中にいて世を捨てるどころか後白河院の側近政治家としての生きかたを選んだが，子の明遍はその父の歿後の13回忌の仏事にも出仕しないというほど徹底的に世を捨て，また世から捨てられることを望んだのである。

遁世という生き方

このように，信西は俗人としての生きかたから直接に遁世を遂げたがそれは信西ひとりのことではない。たとえば，後世に理想的な遁世者として崇拝されるようになった西行（1118〜90）もそのひとりである。西行は江戸時代に至っても「風流」「数寄」の祖としての理想的な遁世者と考えられていた

ようで，松尾芭蕉も自ら模範とすべき人物として称えている。

　西行は遁世前は佐藤義清という鳥羽院に仕える武士（北面の武士）であった。詳細な理由はよくわからないが，とにかく彼は23歳の時に妻子を捨てて突然遁世を遂げたという。その後西行は，ひとつの地に定住することなく，各地を遍歴しながら和歌と仏道修行との生涯を送った。彼の歌集『山家集』には漂泊の人生を自然の景物を通して感動的に詠みこんでいる歌が収められている。

　鎌倉に武家政権が開かれてまだ日も浅い1186年（文治2）8月，鎌倉の源頼朝のもとに西行が訪ねて来た。西行は，「弓馬の道」（軍事技術・兵法）は佐藤家代々の家風であったが私が若年に遁世したとき家に伝来していた軍事の書物は焼失してしまい，この道が罪業の因であることでもあり，家風のことは全部忘れてしまった，それに対して花や月などの自然に触れた感動をわずか31字で表現する和歌の道は奥深いものだなどと述べた。西行はこのように言いつつも，家伝の兵法の極意を語り伝えていったという。去り際に頼朝が銀製の猫の置物を贈ったが，西行はこれにまったく執着せず路傍の子どもに与えたという（『吾妻鏡』）。

　これらのことが事実であるか否かは別として，『吾妻鏡』が成立したと考えられている14世紀初頭にはすでに，「弓馬の道」を捨てて23歳以来変わらずに物欲を離れて清貧のうちに仏道や和歌に没入して生きる西行の遁世のあり方が肯定的に捉えられていたことがわかる。したがって，院政期にみられた遁世・隠遁という生き方は鎌倉時代の後半に至ってもなお，現実的な意味をもっていた，いわば中世的な性格を秘めた生き方であったといえよう。また，このようにひとくちに遁世といっても，信西と明遍，西行とではそのあり方が全く異なっていたことがわかる。信西と西行は官僚・政治家，そして武士という生き方から直接に遁世を遂げたが，遁世後は全く別の生き方をしたし，明遍は一度出家したあとに再度の出家ともいうべき意味をもつ遁世を遂げたのである。

院政期と遁世　信西こと藤原通憲の子孫は院政期文化の特徴を余すところなく示す興味深い性格をもっていた。信西の子息たちのなかで僧になった者は上に紹介した明遍の他に，静憲，澄憲，覚憲，勝賢（憲）などがいた。

　静憲は父の後継者とでもいうべき後白河院の側近政治家となった。

　澄憲は安居院という寺に住んだので安居院法印とよばれるようになった天台宗の僧で，唱導（法会や説法などの際に，経文などを節を付けて朗誦すること）の名手として知られた。子の聖覚がその流派を継承し安居院流といわれた。

　覚憲は法相宗，勝賢は真言宗の僧である。覚憲は，三国世界観（仏教が天竺（インド）に起こり，震旦（中国），本朝（日本）に伝来したという事実認識に起因する世界観）に依りつつ，末法時における日本の仏教，とりわけ興福寺の「令法久住」（仏法を滅尽させず，興隆させること）に努め，のち興福寺別当まで務めた。勝賢は醍醐寺座主や東大寺別当などの要職を歴任した。澄憲，覚憲や勝賢などはいずれも国家的大寺院に在って仏教体制や院などの側に立ってそれらの実益のために祈り，行動したのである。

第6章　院政期の思想　83

円宗寺や六勝寺に代表されるように国家的仏教が活性化を呈し，豪華の度を加えてきた院政期において，信西とその子孫たちには国家体制や仏教体制の側で活躍する人物とその背後の遁世という生き方を選んだ人物の両方がいた。このことこそ，過渡期としての院政期を象徴する現象であったといえよう。

③ 文化の地方への波及

寺院間の抗争　院政期には六勝寺に代表されるような国家的規模の大寺院が創建されるとともに，既存の寺院も経済的側面を中心にその活動が活発化していった。その結果，大寺院間に様々な抗争が勃発するようになる。たとえば，比叡山延暦寺(りゃくじ)と興福寺(こうふくじ)，興福寺と石清水八幡宮(いわしみずはちまんぐう)，延暦寺と園城寺(おんじょうじ)というように，いろいろな組み合わせで抗争が起きた。そのなかではそれらの寺社の悪僧や神人(じにん)などがおおいに暴れた。このうち，延暦寺と園城寺や高野山内部の大伝法院・根来寺(ねごろ)をめぐる抗争などは天台宗，真言宗という同じ宗派の内部のものであった。このような抗争には，教理の解釈の違いから起きたものもあったが，多くの場合が寺院の重要ポストの人事や荘園の経営をめぐる派閥や寺院どうしの権益ないし経済的な原因によるものであった。

たとえば延暦寺と興福寺との抗争を例にとって考えてみよう。興福寺は院政期にはすでに大和国（現在の奈良県）のほぼ全体に政治的な影響力を行使しうるだけの力量をもっていた。その大和国のちょうど真ん中に存在していた多武峰妙楽寺(とうのみねみょうらくじ)は天台宗に属していた。なおこの寺は，藤原氏の始祖である藤原鎌足の墓所としても知られていた。そうしたなか，興福寺にとっては大和国における自らの支配力の行使に際しては天台宗の妙楽寺が障害になったことは当然であろう。そこでこの両者のあいだの抗争が徐々に激化し，まさに院政期が始まる時期である1081年（永保(えいほう)元）以来しばしば多武峰は興福寺の衆徒（「悪僧」などとよばれた，また俗には僧兵とも）によって炎上させられている。大和盆地のほぼ中心にある丘陵状の多武峰は攻められやすい地理的条件を備えていたのである。この時期の，寺院間の抗争とはこのように互いに火をかけて炎上させたり，悪僧による軍事的な実力行使を伴ったりするきわめて乱暴なものであったことがわかる。平安時代末の公家政治家であった藤原（九条）兼実(かねざね)（1149〜1207）が，藤原氏の始祖の墓所の寺と藤原氏の氏寺（興福寺）とのあいだのこの激しい抗争に接して「昔からこれほどの大衆(だいしゅ)の蜂起はなかった。これでは仏法が滅尽してしまう，悲しいことだ」と日記に書き残した（『玉葉(ぎょくよう)』）ほどの「無常」そのものであった。

しかし，こうした抗争についての評価は別としても，諸抗争がいわば，寺院どうしを切磋琢磨させることになって仏教界全体の底力をかさ上げし，仏教体制の足腰を強化する結果を招いた一面も否定できない。

霊場の形成　院政期には京都や奈良など中心部の大寺院の活動が活発化しただけではない。都を離れた地方の寺院，霊場の存在も広く知られるようになった。

後白河院の参詣で著名な熊野，大和の長谷寺，京都の清水寺などがその代表的なものである。こういった霊場のなかにはその由来や本尊の霊験などを宣伝するために縁起や絵巻などを制作して遠くからの参詣を募ることも行われた。大和の信貴山の毘沙門天への信仰を勧める趣旨の『信貴山縁起絵巻』はそのうちのひとつで，毘沙門天を祀る命蓮という僧が鉄の鉢を飛ばすという話はよく知られている。

　現在の和歌山県と三重県との県境付近にある熊野（熊野本宮，熊野速玉社，熊野那智社の三山）は都から遠い地にあったが，都の貴族たちの信仰を集めた。それには都からの交通条件がある程度整備されたことに加え，「熊野御師」や「熊野比丘尼」などの宗教者たちの布教活動に与るところが大きかった。このような民間宗教者たちは，聖や沙弥などと称されることもあり，中世には盛行してくる勧進の活動に従事して，都の内外で寺社の修造のためと称する浄財をひろく集めながら特定の信仰を拡める者もあった。院政期に貴族を中心にさかんになった，阿弥陀仏によって来世での極楽往生を願う浄土信仰や法華経の信仰などもそのような民間宗教者たちの活動によってこそ一般の民衆のレベルにまで広められた。本地垂迹説（日本の神祇は，「本地」である仏教の仏・菩薩が人々に分かりやすい姿，形をとって日本に「垂迹」して現れたもの，という説）によれば熊野権現の「本地」が阿弥陀如来と考えられたことから，熊野が阿弥陀の極楽浄土に擬されたことも大きかったと思われる。

　また，南北朝時代に成立した説話集『神道集』の説によると，熊野権現とよばれる熊野の神の「本地」は天竺の善財王とその妃，王子が日本に垂迹した存在であるともされ，その姿が曼荼羅のなかに図示されて崇拝された（熊野曼荼羅）。

　院政期以降になると，この熊野権現や八幡の神などのように，多くの神々は仏教に由来する存在と日本在来の神祇とが習合した霊験あらたかな存在であると考えられるようになり本地垂迹説によって説明される。そしてそれに基づいて制作された縁起や説話などでは，人間的弱点をもち，仏教上の罪悪にまみれる神祇が慈悲深い仏や菩薩に救済される，といったモチーフをもって仏教との深い関連が誇示されることになる。

文化の地方への伝播　陸奥では，都の藤原氏と陸奥の在地の豪族である安倍氏との血を引いた藤原清衡（1056～1128）が平泉において1088年（寛治2）に政治的実権を握った。ちょうど都では白河院の院政が開始されたころにあたる。これ以来，奥州藤原氏が三代にわたって平泉で繁栄を築くことになる。金や馬の生産による藤原氏の豊かな経済力を背景にして平泉には天台宗の大寺院である中尊寺や毛越寺を中心にしていくつもの寺院が建立され，平泉は平安京に倣って周到な都市計画が施された藤原氏のための政治的都市，すなわち奥州の首都ともいえるほどの様相を呈していた。中尊寺には，紺紙に豪華な金泥で書写された法華経（中尊寺経）や本尊の阿弥陀三尊とともにそれを安置した金色に輝く豪華絢爛な阿弥陀堂（金色堂）が藤原氏によって寄進され，都の仏教文化が奥州にまでそのまま移されたといえるほどの高い水準の文化が維持された。

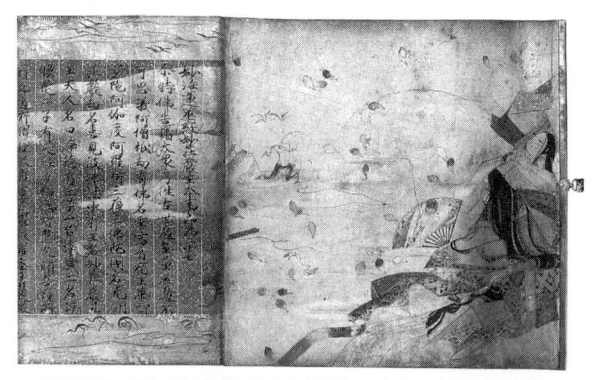

平家納経 「法華経妙荘厳王本事品第二十七」(厳島神社蔵)

　瀬戸内海中の安芸の厳島社には平清盛が篤い信仰をよせた。院政期に新しく社会的地位を獲得した武士階級に属する平清盛は，平氏が瀬戸内海の海上交通を支配していたことから，貴族や王家などとの関係の深い都の大寺社を避けて，海上交通の守護神として厳島社を崇めたのである。清盛は，遠浅の海に乗り出した流れるような朱塗りの社殿を造営したり，経典の内容を描いた絵が付随する法華経などの経巻（平家納経）を奉納したりして厚い保護を加えた。

　平泉にしても厳島にしても，都や都の大寺社に匹敵するばかりの大規模で壮麗な都市や寺社が地方に造営されたことは，藤原氏や平氏の独自な性格によるものであると同時に，仏教を中心にした都の院政期の文化が都を遠く離れた地方にまで確実に波及していたことを示すことにほかならない。さらにこれらの作善は，奥州藤原氏や平清盛といった新興権力者個人の好みによってなされたものというだけでなく，政治的都市や大寺社の造営という事業を通して，それほどの政治的力量，すなわち政治権力が京都のみならず，武士階級にそして京都から遠く離れた地方にまで分散してきたという中世的特徴をあらわす指標としての意味をも持っていた。

　したがって，京都から地方にまで拡がっていった院政期の文化現象は，たんに奇抜・豪華・意表をついた，といった表面的な特色でのみ評価するのではなく，古代から中世に足をかける過渡期に特有の文化史的，思想史的な独自性にも注目すべきだろう。

（市川浩史）

▶コラム7　未来記

　朝廷の権威が弱体化し，武家政権が樹立されて権力の分裂が生じ，さらには皇統さえもが二分されて武家と公家が合従連衡を繰り返した平安時代末期から室町時代にかけての時期は，社会全体が流動化し，伝統的な価値観や権威が根底から崩れ去った時代で

ある。度重なる天変地異や，蒙古襲来という外国からの侵略が，それに拍車をかけた。人々の世界観は，伝統的な基盤を失って揺らぎ続ける。目の前に次々と現れる予期せぬ様々な現象は，いったい何に由来し，いずこに向かって収斂しようとするのか。中世の人々のこの切実な問いが，様々な偽書や，「中世日本紀」と称される一群の神話を生み出すことになる。人々は浮遊する世界を秩序づけ意味づける新たな「神話」を求めていたのである。このような「中世神話」の大きな柱をなすものに「未来記」がある。

　未来記とは，文字通り，未来の世のありさまを記した予言の書をいう。その先駆けとなったのは，中国梁(りょう)の時代，5世紀から6世紀にかけての頃の伝説的な僧侶，宝誌和尚の作と伝えられる『野馬台詩(やばだいし)』と称された五言二十四句の漢詩である。その詩は難解であるが，小峯和明(こみねかずあき)氏の解読するところによれば，全体の意味は，「君臣あい和して秩序が保たれていたのが，突如乱れて下剋上が起こり，王の威は急速に衰え，緊急に避難し，残った臣下が政務に当たるがそれもむなしく，ついに王家はほろび，世は英雄を称する異類の輩の覇権争いとなり，群雄割拠の時代を迎え，戦乱が全国に蔓延し，ついにすべてが滅び去り，世界は崩壊する」というものである。『野馬台詩』は奈良時代末期には日本にもたらされたらしい。平安時代以降，この詩は日本の歴史を予言したものとして受容されたが，とりわけ院政期以降の政治的社会的変動と末法思想の広がりのなかでその存在が注目されるようになり，「中世神話」の形成に重要な役割を担うことになる。なかでも，「百王，流れことごとく竭(つ)きて，猿犬，英雄と称す」の一節は，皇統は百代で滅び去る運命にあるという百王思想(ひゃくおうしそう)を生みだし，中世の社会と思想に大きな影響を及ぼした。

　未来記の作者として伝教大師(でんぎょうだいし)や弘法大師(こうぼうだいし)などの高僧や聖武天皇(しょうむ)が登場するが，歴史の予言者として盛んに活躍したのは聖徳太子である。中世には，太子に仮託された多くの言説が出現し，それらを総称して「聖徳太子未来記」という。たとえば，藤原定家の『明月記』には，1227年（安貞(あんてい)元）河内の太子廟近くの土中から出現した石碑に，「人王八十六代の時，東夷来たりて，泥王，国を取る。七年丁亥歳三月，閏月あるべし。四月二十三日，西戎来たりて国を従へ，世間豊饒となるべし。賢王の治世三十年，しかして後，空より獼猴(みこう)・狗(いぬ)，人類を喰らふべしと云々」との聖徳太子の予言の言葉が刻まれていたことが記されている。また，南北朝の動乱を描いた『太平記』には，1332年（元弘2）に後醍醐天皇の命に応じて挙兵した楠木正成が披見したという，天王寺に秘蔵されていた聖徳太子の未来記が登場する。そこには，「人王九十五代に当たって，天下ひとたび乱れて，主，安からず。この時，東魚来たって四海を呑む。日，西天に没すること三百七十余箇日。西鳥来たって東魚を食ふ。その後，海内一に帰すること三年。獼猴のごとくなるもの，天下を掠むること三十余年。大凶変じて一元に帰す，云々」とある。これらの未来記は，明らかにその時代の政治的変動を神話的に根拠づける言葉として出現している。前者は承久の乱を，後者は鎌倉幕府の滅亡とその後の動乱を，聖徳太子が予見していたことを示すものであるとされた。

　これらの未来記は，実証主義的で合理主義的な精神が横溢する近世社会になると，偽書ないし偽作として歴史の表面から退場させられることになる。未来記は，まさしく中世的精神の産物であった。

（高橋美由紀）

第7章

武家政権の成立と政治思想の展開

① 中世的天皇観の形成

神から人へ　崇徳上皇側を打ち破って保元の乱（1156）に勝利した後白河天皇（1127～92）は、乱後ただちに7カ条からなる保元新制を発布した。その第一条において、「九州の地は一人の有つところなり。王命の外、なんぞ私意を施さん」と記して、全国土と全人民を支配する唯一の主体が天皇である彼自身であることを高らかに宣言し、簇生しつつあった新立荘園の整理を命じた。いわゆる「王土王民思想」の表明である。

しかし、こうした主張にもかかわらず、現実には院政期に入って、社会の分権化はますます進行しつつあった。権門勢家とよばれる有力な門閥（摂関家・大寺社など）は膨大な領地＝荘園を集積して、治外法権の支配領域を形成し、国家からの自立の度合いを深めていた。天皇もまたかつてのように国土全域を実効支配する唯一至高の存在ではなく、独自の荘園群を保有する天皇家という一権門の代表へと滑り落ちた。

院政期以降、こうした社会構造の変化に加えて、理念の面でも天皇の権威の相対化は進行した。かつて古代において、天皇は天皇は神の子孫であると同時に、神そのものだった。天皇の地位の淵源は、「現神」とよばれたそれみずからの聖なる威力にあった。それに対して中世に入ると、歴代の天皇が、神や仏といった超越者の力によって失脚に追い込まれるという説話や主張がたびたびみられるようになる。天皇が仏法に敵対した罪によって地獄に落ちたという逸話も広く人口に膾炙した。また、天皇や上皇に対しては、「和漢の間、比類少なき暗主」（『玉葉』）と酷評された後白河天皇のように、聖代の帝王と対比しての仮借ない批判も投げつけられることになった。

仏教の流布などを背景として、現人神としての天皇を超える仏法や天といった根源的権威が措定され、その権威の前に天皇は一人の人間として相対化された。かくして、天皇が即時的な神聖性を喪失する中世的な天皇観が形成されるのである。

王権正当化の論理の模索　天皇の脱神秘化が進行する状況の中で、天皇とそれを取り巻く貴族たちにとっては、その支配を正当化すべく、時代にふさわしい新たな論理と儀礼を構築することが緊急の課題となった。その際、現世的権威をしのぐ超越者の

存在が広く承認されていた中世では，天皇もまたそうした超越的存在との関係において，自らの地位の正当性を弁証せざるをえなかった。

中世では，即位灌頂とよばれる新たな即位儀礼が実修されたことが知られている。これは即位にあたって，天皇が高御座において手に智拳印を結び口に真言を唱えるという，きわめて仏教色の濃い儀式である。また，建武の新政を行った後醍醐天皇（1288～1339）は，天皇位にありながら自ら倒幕の祈禱を行ったとされる。藤沢の聖浄光寺の後醍醐天皇像は，天子としての後醍醐天皇を描くものであるが，袈裟を着け手には密教の法具をもつ姿になっている。古代においては，在位中の天皇が仏教に接触することは基本的にタブーだった。それが中世になると一転して，天皇は仏教と密接な関わりをもつに至る。仏教的要素は，最も重要な国家的儀式である即位儀礼にまで侵入するようになるのである。

さらに中世には，王法と仏法との関係を鳥の二翼や車の両輪に喩えた上で，両者の相互依存を主張する仏法王法相依論といわれる論理が広く説かれるようになる。王法（天皇を頂点とする支配秩序）の存続に仏教の威力が不可欠とするこの論理にも，支配権力の存続に果たす仏教の役割の拡大を見て取ることができる。

後醍醐天皇（清浄光寺蔵）

中世において，天皇は仏や神によって支えられ，規定される存在と化していた。即位灌頂をはじめとする新たな儀礼の形成は，古代的権威＝現人神としての神秘的存在からの凋落という現実を前にして，それに対応すべくなされた天皇の地位正当化の試みだったのである。

徳治主義の導入 仏神の世界との間にパイプを構築することによって，その立場を意義づけようとする方向に対し，もう一つの王権の正当化の方法が徳治思想の導入だった。為政者の資格として儒教的な徳目と安民の実現を重視するこの思想は，儒教の伝来に伴ってすでに古代から存在した。律令時代の天皇の発する詔勅や宣命には，天下の人民を「撫育」すべきことが繰り返し説かれている。

儒教的な徳治思想は，中世に入るとますます大きな影響力をもつにいたった。公卿の会議の場である陣定では，法律解釈の詳細をめぐって意見が戦わされる一方，儒学関係の典籍に依拠して為政者の責任が論じられた。また天変地異や災害を契機として朝廷はたびたび法令（公家新制）を発布し，徳政の実現を期している。天皇家が持明院統と大覚寺統の二つの皇統に分裂して皇位を争う両統迭立の時代に突入すると，神孫為君の論理に安住できなくなったそれぞれの系統は，自らの正統性の根拠として，競って徳治と善政を標榜するようになった。持明院統の花園天皇（1297～1348）は『戒太子書』

第7章　武家政権の成立と政治思想の展開　89

において、「皇胤一統」の論理に寄り掛かることを戒め、国王としての徳を涵養することの必要性を力説している。天皇や院もまた天の意を帯して、安民を実現すべく道徳性を身につけ、理想の政治を目指さなければならなかったのである。

　中世における徳治思想の受容を考える際、注目すべき点は、徳に基づく政治という理想が単に為政者の心構えとして説かれるだけでなく、それがしばしば現実の政治を批判する根拠とされたことである。

　承久の乱の顛末を描いた『承久記』は、後鳥羽院側が敗北した理由について、「一人（後鳥羽上皇）怒る時は罪なき者をも罰し給ふ。一人喜ぶ時は忠なき者をも賞し給ふにや。されば、天これに与し給はず」と述べて、その原因を感情に任せた恣意的な人事と、天への違背にあるとしている。『六代勝事記』は、善政の可否が帝位の安危に直結していると主張している。日蓮（1228～82）もまた後鳥羽院の敗北の原因を、誤った仏法の流通を容認し、安国実現の使命を果たしえなかったその失政にあると批判している。天の威力はすべての人々の上に平等に及ぶものであり、天皇や上皇も例外ではありえなかった。天皇家に生を享けて天皇や上皇の地位に就いたとしても、天の意志に反して悪政を行い民衆を苦しめた場合にはその位も安泰ではなく、失脚や夭折の憂き目にあうことすらありうると考えられた。

　だが、個々の天皇に対して激しい批判が加えられ、その失脚が正当化されても、天皇という制度そのものが否定されることはついになかった。儒教的徳治論の核心をなしていた易姓革命思想（天の支持を失った王朝の交代）は、天皇候補者の中でも徳の高い人物が皇位に就くべきであるといった、あるいは、天皇のもとで徳のある人物が政治を行うべきであるといった論理に姿を変えて日本に定着することになったのである。

②　武家政権の誕生とその思想

武士の登場　平安時代の後半、日本で起こった最も顕著な社会現象のひとつに武士の社会進出がある。武士は当初「侍」として貴族に仕える下級武官にすぎなかったが、保元・平治の乱以降、乱逆の世が続くなかでしだいに発言力を強めていった。彼らが地方において本拠地として日常生活を送っていたのは、館とよばれる居館だった。館は通常防御を目的とした土塁や板塀で囲まれ、入り口には矢倉が設けられた。内部には主人の住居や馬屋以外に、従者・下人の生活する建物も造られていた。

　戦闘の日々を送り、常に命の危険を分かち合う武士たちの間では、強い主従のきずなと濃密な人間関係が構築されていった。従者は生命を賭して主君に忠誠を尽くすことを求められる一方、主君は従者の所領を安堵し、その戦功に応じて恩賞を与える責務があった。そうした主従関係は軍記物語などにおいては、従者の一方的な献身が美徳として賛美される傾向にあったが、主人がその義務を果たさない場合は主従関係を解消できる、双務契約的な側面も有していた。

社会的な地位の上昇につれて、武士たちの間には自らの立場に対する自負の念が膨らんでいった。彼らは公家や庶民いずれとも異なる、独自の技能と生活形態・倫理を共有する集団（弓馬の士）であることを、しだいに誇りにするようになった。中世では武士を主人公とした数多くの軍記物語が著された。そこでは、武士が発揮する超人的な武の技能が、驚嘆の念を込めて描き出されている。また合戦の場において、武士同士が名乗りを上げて、自らの先祖の高名と家柄の由緒を高らかに宣言する風習（氏文よみ）も定着した。それは他方では、一騎打ちの戦闘に際して、まず自身が対決するにふさわしい相手かどうかを詮索する、といった意識を生みだしていった。

　北条義時の三男で六波羅探題を務めた重時（1198〜1261）は、二つの家訓を残している。そのうち子息に当てられた「六波羅殿御家訓」では、「仏・神・主・親」への忠誠を説く第1条以下全43条にわたって、武家社会を生きるうえでの作法と気配りが具体的かつ詳細に記されている。これ以外にも、鎌倉時代にはいくつもの武家の家訓や家法が出現するようになる。これらも武家社会の成熟と家の成立を示す現象だった。

武家の首都鎌倉

　1180年（治承4）の源頼朝（1147〜99）の鎌倉入りと、本格的な都市の造営は、武士の歴史にとっても画期的な意味をもつものだった。それまで京都の公家たちに従属していた武士は、ここに自らの政権を樹立するに至った。

　頼朝がまず行ったのはその居館の建築と、鶴岡八幡宮の整備であった。鶴岡宮は地勢的にも精神的な位置においても都市鎌倉の中心を占めるものであり、京都における内裏に匹敵するものであった。そこでは放生会など様々な年中行事が整備される一方、放生会に際して奉納される流鏑馬や笠懸は武家社会を代表する重要行事となった。鶴岡宮では中央から下向した天台・真言の僧が、供僧として運営の主導権を握っていた。

　基本的な都市計画の実施と並行して、頼朝は新造の武家の都を飾るべく、奉行人を定めて諸寺社の建設を進めた。父義朝の菩提のために建てた勝長寿院や、中尊寺の二階大堂を模したという永福寺などに加え、13世紀に入ると寿福寺・東勝寺といった禅宗の寺々が次々と建立されていった。禅宗はこれ以降も幕府の手厚い保護を受け、北鎌倉の地には渡来僧を開山とする建長寺や円覚寺などの巨刹が偉容を示すに至る。

　その一方で、頼朝は公家政権との交渉によって、その政権の政治的地位を承認させていった。1183年（寿永2）10月の宣旨において、頼朝は東海・東山諸国に対する支配権を認められ、東国政権の首長としての地位が確定した。1185年（文治元）には諸国への国地頭の設置が許可されて、鎌倉政権の影響力は全国に及ぶことになった。

　独自の権力基盤を確立した頼朝は、後白河上皇や九条兼実らに書簡を送って公家政権の刷新に乗り出した。いわゆる「廟堂刷新」である。頼朝は、朝廷組織の根本的な変革を要求した。そこでは親頼朝派の公卿の登用を求めただけでなく、天下に正道が行われるような体制作りが必要であることが強調された。頼朝はこの試みを称して、「天下草創」とよんでいる。頼朝は天皇と公家政権を尊重する一方、公武の枠を越えた日本の

統治者としての自覚にたち，意欲的に政治改革を推進した。

道理と徳政 天皇の廃位と三上皇の配流という結果をもたらした承久の乱（1221）は，武家政権の側にとっても政治思想の展開のうえで決定的な転換点となった。父北条義時の死後，執権職を継いだ泰時（1183〜1242）は，幕府の地を大倉から宇都宮辻子に移すとともに，執権・連署と評定衆との合議による政治制度をスタートさせた（執権政治）。この新たな体制の思想的基盤をなしたものが，1232年（貞永元）に制定された「貞永式目」（御成敗式目）だった。

鶴岡八幡宮（鎌倉市）

泰時は弟重時宛書簡において，この式目が権威ある公家の法令を模範としたものではなく，ただ「道理」の推すところを記したものであると述べている。また，「人の心のまがれるをばすて，なおきをばしやうして，おのづから土民あんどのはかりごと」をなすことを意図したものである，とも記している。ここでいう「道理」は東国の武士社会において形成された規範であって，公家政権の支配領域にまで及ぶ普遍性を持つものではなかった。にもかかわらず，武士の規範が一定の領域に一般的に適用されべき体系性をもった式目として成文化され，そのなかで為政者の役割が「道理」に基づく善政の施行と安民の実現と規定されたことは重要である。貞永式目は以後武家の基本法典として，室町・戦国時代に至るまで重視され，大名の法にまで影響を及ぼしていくことになった。

1246年（寛元4）に執権に就任した北条時頼（1227〜63）は，息つく暇もなく三浦氏や千葉氏といった対抗勢力の抹殺を続け，得宗（北条氏の家督）専制への道を強引に切り拓いた。その一方で，時頼は道元・蘭渓道隆・兀庵普寧・叡尊といった僧を重用し，また積極的に儒教的徳治論を導入した。時頼は自ら理世・撫民の政治を標榜するだけでなく，後嵯峨院に対しては徳政の実施を申し入れている。こうした得宗政治の儒教的徳治主義への傾斜と並行して，鎌倉時代の後期には，金沢実時の開いた金沢文庫に儒教的政治論を説く書物が集められたり，政治のあり方を説いた唐代成立の『貞観政要』が僧俗社会に広汎に流布するなどして，儒教の影響は広く社会一般に及んだ。

だが中世前期において，政治を行う上で最も重視すべき存在と観念されていたものは，やはり神仏だった。1268年（文永5）に蒙古の国書が到着し，蒙古襲来への危機感が高まるなかで，神仏への祈禱が盛んに行われるようになった。「神風」によって蒙古が退散すると神仏崇拝熱はさらにエスカレートし，神領興行法が繰り返し施行されて寺社領に手厚い保護が加えられた。このほか得宗専制期の注目すべき出来事として，幕府の

記録や公家の日記などを資料として，鎌倉幕府の公式の歴史書である『吾妻鏡』全52巻が編纂されたことも見落とすことはできない。幕府は朝廷と並ぶ公権力としての体裁を，着実に身に付けつつあったのである。

3 政治思想の展開

足利政権の政治思想　後醍醐天皇による建武の中興（1333）が失敗に終わった後，光明天皇を擁して室町幕府を開設した足利尊氏（1305～58）は，1336年（延元元）建武式目を定めた。そこでは目標として「善政」と「安民」が正面に掲げられ，儒教的徳治論による政権の合理化が図られている。後醍醐天皇の率いる南朝に対抗してその政権の正当化を図るためには，神孫であること以外に為政者としての根拠を求める必要があった。尊氏とその弟の直義はまた，禅僧である夢窓疎石の勧めにしたがって全国に安国寺と利生塔を設置した。これは室町幕府の支配が国土の隅々にまで行きわたったことを示すシンボルであるとともに，内戦の犠牲者を弔い，生き抜いた人々を仏法の恩恵に浴させようとしたものであった。

室町時代における儒教的徳治論の影響は，北朝政権を中心にきわめて大きなものがあった。二条良基や今川了俊は，徳治主義の立場から室町政権を合理化した代表的な思想家だった。だがその主張は基本的な枠組みとしては，国王としての天皇の存在を前提として，そのもとで徳の高い人物が政治の実権を握るという，有徳者執政論の枠を越えるものではなかった。それに対し，南北二つの朝廷の統合に成功し，全国土に支配権を打ち立てた足利三代将軍義満（1358～1408）は，自らの地位を天皇の父である上皇になぞらえ，それにふさわしい礼遇を公卿に要求するようになった。また，「日本国王」を自称して，その地位を明の皇帝に承認させている。義満のこうした姿勢の背景には，室町政権を「革命」によって成立した新政権とみなす中巌円月など五山の禅僧の思想があった。義満は天皇家が百代で断絶すると信じられていた「百王思想」によっても，天皇家から足利家への権力委譲を正当化しようとした。義満の死によってその計画は挫折したが，彼は天皇と自身とを同レベルの存在と位置づけることによって，最終的には天皇位を自らの血統に簒奪することを計画していたことが指摘されている。

歴史思想の体系化　保元・平治の乱にはじまり，鎌倉武家政権の成立とその滅亡，そして建武の新政・南北朝の内乱と続く激動の政治過程は，社会の荒波に翻弄される人々に，彼ら自身の立脚点を改めて確認すべく歴史に対する深い省察を促した。かくして，中世には『今鏡』『水鏡』『増鏡』『百錬抄』といった歴史叙述が次々と出現することになった。すでに述べたように，中世は神仏の時代であった。したがって，その史論ももっぱら世界の根源に存在する超越者の意思とのかかわりにおいて，歴史の展開を論じるものとなったのである。

中世の史論を代表するものとして，まずあげなければならないのは慈円（1155～

1225)の『愚管抄』である。公家社会の頂点に位置する九条家に生まれ，延暦寺の座主にのぼりつめた慈円は，兄兼実の公武協調路線をあるべき政治の姿と考えた。それが後鳥羽上皇の倒幕計画によって危殆に瀕したとき，神々の約諾にはじまる神代以来の壮大な歴史の構想の中で，その試みがいかに「道理」を無視した無謀なものであるかを証明しようとしたのである。『愚管抄』の歴史観はしばしば道理史観で

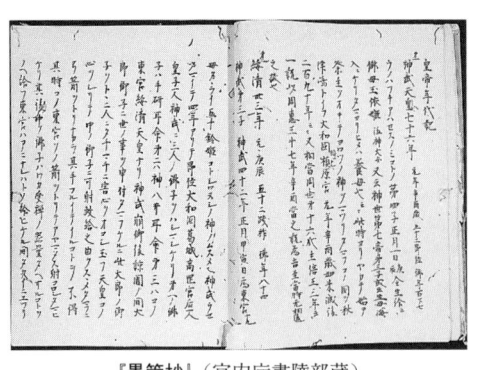

『愚管抄』（宮内庁書陵部蔵）

あるといわれるほど，その文中には「道理」という言葉が溢れている。慈円が『愚管抄』において用いる道理の概念は一つではなく，その意味するところの内容もかなり複雑である。慈円は大小・軽重様々な道理が干渉しあいながら織りなす模様として歴史を描くことによって，長期にわたる複雑な歴史の展開を統一的に捉える視点を獲得しようとしたのである。

『愚管抄』と並ぶ中世の史論の双璧が『神皇正統記』である。「大日本は神国なり」という有名な言葉で始まるこの書は，南北朝動乱のさなかの常陸国（茨城県）小田城において，南朝側の武将北畠親房（1293～1354）によって著された。天地の開闢から，人皇初代の神武天皇を経て後村上天皇に至る歴史が年代記風に綴られるなかで，親房は自らの見解をその合間に挟み込むことによって，独自の史論を展開している。親房にとってこの日本は，天照大神の神意が貫かれた地であり，その子孫＝正統が皇位に就くべきことが定まった国であった。しかし，「神は人をやすくするを本誓とす」という立場をとる親房にとって，徳治＝万民の安穏の実現の有無によって皇位が複数の皇統間を移動することは十分ありうることだった。承久の乱・建武の新政の当事者である後鳥羽院と後醍醐天皇は，いずれも徳治主義の立場から容赦ない批判が加えられている。三種の神器をそれぞれ正直・慈悲・智恵の本源と道徳的に意味づけた親房は，神意の貫徹という要素に儒教的徳治論を組みあわせることによって，よりダイナミックな歴史像を描き出そうと試みたのである。

地縁共同体の形成　公武の都である京都・鎌倉といった大都市から在地の村落に目を転ずると，そこにも大きな変化が起こりつつあった。古代の律令体制下において人口の圧倒的多数を占めていた公民層は，公地公民の原則のもと，一定の口分田を与えられていた。それは死後没収される規定であったため，本来人々の間にはなはだしい貧富の差は生じるはずはなかった。ところが令制が解体するにしたがって，持つものと持たざるものとの間に貧富の格差が拡大した。有力農民は田畠や動産を蓄積して大名田堵といわれる地位を築く一方，貧しい人々は資産を失って彼らのもとに隷属

していくのである。

　平安末期から鎌倉期は「名主」と呼ばれるこうした有力農民層を中心に，村落に地縁共同体が形成されていく時期であった。その動きは畿内が最も早く，そこから周辺に及ぶという相違はあったが，とどめがたい時代の潮流となっていた。成長しつつあった在地の共同体の精神的な核となったものが，村落の鎮守や寺堂である。共同体の構成員は多くの場合，同時にこれらの信仰を紐帯とする講によって結び付いていた。そこでの恒例の仏事や祭礼は，住民の生活や農耕の節目をなしていた。

　中世にはいると各地に石塔の造立がみられ，様々な形態の供養塔が建てられるようになる。また関東・東北を中心に，板碑といわれる一枚岩からなる石の塔婆が出現する。これらは在地領主や名主層によって建立されたものが多かったが，やがて村落共同体の成長に伴って，結衆とよばれる集団によって作られるタイプのものも増加した。

　こうした地縁共同体の広汎な結成を背景として，自らの利権の拡大を求める農民運動が各地で頻発するようになる。それは初めは，荘園領主に申状（要求書）を提出して非法の代官などの罷免を求めるという要求闘争であったが，鎌倉時代も後半に入ると，より組織化された逃散の形式をとることになった。行動を起こすにあたって人々は村の鎮守の前に集い，最後まで仲間を裏切らないことを神仏に誓ったうえ神水を飲み干すという，「一味神水」の作法を行った。その誓約を紙に記した起請文も数多く著された。

　村落の寺社は恒例の行事を通じて人々の生活のリズムをつかさどっていただけでなく，逃散や一揆といった非日常的な事態が出来した場合にも，その精神的な拠り所となったのである。

（佐藤弘夫）

▶コラム8　天道思想

　「天道」の思想は，おおむね南北朝期から江戸時代初期にかけて流行した。しかしとりわけ戦国時代から江戸時代初期にかけて顕著にみられ，天道や天といったことばが多くの階層の人々に用いられることになった。現在でも「おてんとうさまに顔向けができない」といった俗諺が残っているほどである。

　天道あるいは天とは，本来儒教に由来する概念で，直接には文字通りの天を指すが，歴史的には人々にとってある人格的な重みをもって迫ってくる擬人的な性格をもっていた。その人格とは，人々の日々の行動を的確に評価しそれにふさわしい応報を下すというものである。「天網恢恢，疎にして漏らさず」（天の網の目は大きくて粗いようだが，決して漏らすことはない，したがって，悪事は必ず露見するものだ，という意味で機能した）という『老子』の一句が現実味を帯びて語られた所以である。だから多くの戦国大名はただやみくもに武力のみを行使して殺生を事として領国拡大に努めたのではなく，彼の領国にいかにして天道に嘉される善政を敷くかということを心にかけたのである。このように，天道あるいは天は，たとえば「神」「仏」などに匹敵する属性をもつ超越

的存在であり、人——多くの場合、為政者——にある倫理的緊張（したがってこれは実際の政治に携わる者にとっては善政を志向せよという内的要請につながる）を強いるものであったことがわかる。

天道・天の語がもとは儒教に由来することは上に述べたが、歴史上に展開した天道の思想は、儒教だけでなく、仏教、神道そしてキリシタンの思想・概念からも多大な影響を受けて形成された。その意味でこの思想は、日本の思想の特徴としてしばしば指摘されるシンクレティズム（syncretism, 習合）の一例として位置づけることも可能だろう。すなわち、儒教、仏教、神道など複数の思想体系に属するいくつかの概念が結び合わされて別の思想として新たに形成されるということである。複数の思想の体系に由来していることから、その性格が複雑になるのは当然である。

天道の思想についてのこれまでの研究史によれば、倫理的な側面と神秘的な側面の二面性があるとされている。前者は、人々を倫理的、道徳的な高みから律することによってより高い完成度に導いてゆく、というものである。この場合人々に対しては天はあたかも一個の人格をもったごとくに接することになる。たとえば、これは神や仏などといった超越的、絶対的な存在に匹敵するだろう。これに対し後者は、前者のような性格があるにもかかわらず、人にとっては天は不可測、不可知なものだということである。その意味で「天網恢恢……」という俗諺はまさにこのふたつの性格を如実に現しているといえよう。天の網は粗く見えるが、人の言動をしっかり掌握しており、神秘的にも適切な応報を与えるというものだからである。いずれにしても、こうした天道は形而上的であって、決して人々の五感によって把握されないということなので、きわめて宗教的でもある。

夏目漱石は晩年に「則天去私」ということを言った。私心を去って天のありように沿う生き方、という意味であろうが、彼自身のことばによれば、柳は緑、花は紅という、そのままでいい、というあり方を表現したものである。この場合は決して規範的ではなく、むしろ全面的に天に私をゆだねる宗教的な傾斜が見てとれるだろう。参禅の経験のある漱石らしい境地のように思われる。

日本人の思想のなかにはこの天道の思想のように、既存の宗教、思想などに一元的に帰すことのできない複雑に熟成した要素もあったのである。　　　　　　（市川浩史）

第8章

鎌倉仏教の思想

1 鎌倉仏教の成立

鎌倉仏教の起点　鎌倉時代における仏教革新運動の中心人物のひとりである法然（1133〜1212）は，罪悪意識に苦しみ救済を望んでいる遊女に，次のように説いたという。

　室の泊につき給ふに，小舟一艘近づきたる，これ遊女が舟なりけり。遊女申さく，「世をわたる道まちまちなり。いかなる罪ありてか，かかる身となり侍るらん。この罪業重き身，いかにしてか，のちの世たすかり候べき」と申しければ，上人（法然）あはれみてのたまはく，「ただそのままにて，もはら念仏すべし。弥陀如来はさやうなる罪人のためにこそ，弘誓（衆生を極楽浄土にひろく救うという阿弥陀如来の誓い）をも立てたまへる事にて侍れ。ただ深く本願（如来の誓い）をたのみて，あへて卑下することなかれ」　　　　　　　（『法然上人行状絵図』鎌倉末期成立）

　遊女は，前世の罪のために現世において罪業の重いつらい身となってしまった，この私はどうすれば来世に救済されるのか，と悩む。法然は，今のあなたのままでよい，阿弥陀仏の救いを信じてひたすら念仏しなさい，阿弥陀仏はあなたのような人をこそ救済するのだ，と説く。輪廻転生・自業自得といった仏教が説く自己責任の状況におかれ，遊女という職業のもつ罪悪に悩む女性に対して，阿弥陀仏による他力の救いを説く法然の姿が示されている。

　かつて朝鮮・中国から移入された仏教は，鎌倉時代にはもはや僧侶や貴族など一部のエリートの専有物ではなくなっている。この史料にみえる遊女の場合のように，仏教は，様々な階層や地域の人々によって自分の信仰として受けとめられ，人々は仏教によって救われたいと願うようになった。仏教以前から日本列島に存在した神祇信仰は，氏族・村落・地域・国家といった共同体によって信仰されていた。このような神祇信仰と，仏教は原理的に異質である。仏教には，共同体ではなく個人が信仰し修行するという特徴がある。個人は自己の責任において悟りに至り，あるいは極楽に往生する。逆にこの遊女のように，罪業意識に苦しみ，堕地獄の恐怖におびえるということもあった。このように，鎌倉時代とは，仏教によって個人の意識が登場し社会全体に拡大していった時代

なのである。

　個人の意識の登場は，同時に，それまで意識されてこなかった社会・国家と個人との間の関係——対立や一致，反抗や服従など——を意識させるに至った。本章では，個人意識が登場した鎌倉時代の仏教において，個人がいかに意識されたか，他者との関係はどのようにイメージされたか，社会・国家に対してどのような立場をとろうとしたかを検討していく。

顕密仏教　鎌倉時代に新たな達成を遂げた思想として，法然の浄土教や日蓮の法華信仰がよく知られている。だが，当時圧倒的な影響力をもっていたのは，法然や日蓮ではなく顕密仏教と総称される思想であった。顕密仏教についての研究は，現在，寺院制度や国家制度をも含んで幅広く展開しているが，ここでは思想面に絞って紹介する。

　奈良時代の南都六宗，平安時代の天台・真言二宗の登場以降，それら8つの宗は，競合しあいながらも緩やかな連帯をもつ仏教界を形成していた。それらの連帯の基盤にあったのは，国家的・個人的な現世利益を求める信仰と，それを実現する顕教・密教の呪術的修法であった。様々な修法・法会を通じて現世利益を追求すること自体は古代から行われてきが，中世にはいると，各寺院は，天皇・院・貴族・武家など様々な権力者の現世利益願望に仏教を通じて応えること，すなわち王権への忠誠・奉仕の行為として自らの仏教の能力を活用し，王権からの報酬として自らの運営基盤を確保していくようになる。中世の顕密仏教の寺院にとっては，教理研究というよりも，王権との関係，王権への利益をもたらす修法・法会こそが主要な立脚点であった。

　仏教が社会に拡大・定着していくにあたって，王権だけではなく，一般民衆との新たな関係も発生した。各寺院が古代律令制下の官寺として受けていた国家からの保護は，律令制の解体とともに失われていく。保護を失った中世の寺院は，国家から自立し，領主として自ら土地と民衆を支配することを余儀なくされた。寺院は，一般の権力がもつ物理的な強制力のほかに，自らがもつ宗教観念を利用したイデオロギーを用いて支配していった。たとえば南都東大寺や紀伊国粉河寺などの支配下の土地では，大仏や観音といった超越者が支配するのであり，年貢や労役は超越者への宗教的奉仕であるとされていた。したがって，寺院への奉仕を行えば宗教的な善行となって現世・来世の利益が保証される。逆に奉仕を欠いたり寺院に反抗したりすれば，その悪は超越者によって処罰される。善因善果・悪因悪果という仏教の因果応報の教えは，年貢・労役の完遂や土地・物品の寄進にいたるまで，様々な仏教的作善と仏の救済とを対応させながら，寺院運営という物質的動機のもとで，寺・僧侶の支配に従わせるイデオロギーとして民衆の上におおいかぶさっていった。

　こうして，鎌倉時代の仏教の起点に位置する顕密仏教は，様々な階層・地域に拡大していく。様々な身分階層の宗教的願望に対応するために，顕密仏教の思想・実践は多様化・複雑化していった。そのなかで仏教は，身分階層，現世・来世の利益や支配イデオ

ロギーの観念と分かちがたく結びついていったのである。

2 国内的契機に基づく思想の変革

　鎌倉時代の仏教思想は，顕密仏教を起点として展開していく。展開のきっかけは，国内的な契機によるもの，国際的な契機によるものの，2つに分けて考えることができる。まずはじめに，国内的契機に基づく思想展開を考えていこう。

　浄土教　念仏を修行して，死後阿弥陀仏の極楽浄土に往生することを目的とする浄土教は，顕密仏教の周縁において顕密仏教への信仰を喚起する教えとして平安時代には広がっていた。顕密仏教の枠内にあった浄土教は，鎌倉時代の法然によって大きく変質し，ひとつの宗として独立する。法然は，それまで観相念仏（阿弥陀仏の姿を心中に思う）・称名念仏（阿弥陀の名を唱える）という難・易2つのレベルで行われていた念仏を，「一心専念弥陀名号」（善導『観無量寿経疏』）の「念」を称名念仏のみに限定して解釈することで，称名念仏に一元化した。一元化する過程で，観相念仏，戒律や経典の知的理解，寺院への経済的奉仕など，他の一切の善行を不要とした。法然は，「一切衆生を平等に往生せしめんがために，難を捨てて易を取る」（『選択本願念仏集』）というように，すべての人を浄土に往生させる目的で，困難な善行を捨て平易な称名念仏を採用したのだ，と説明する。

　法然の思想を理解するうえで重要なのは，称名念仏のみを往生の方法として選択したのは，救済主体すなわち阿弥陀仏だ，という考え方である。修行者が自己の能力に応じて平易な行を選ぶというのではない。各人の宗教的能力の高低と無関係に往生のための行の一元化を主張した法然は，善行の必要性を無化し他宗の教理・修行を中傷するものと見なされ，新たに浄土宗を樹立したことが問題視されたこともあって，伝統的な仏教教団から批判・弾圧されることになった。貞慶の「興福寺奏状」や明恵の『摧邪輪』などにおける法然批判は，この時期の顕密仏教と法然の間の理論的・社会的対立点をよく示している。法然は，往生に関しては各人の能力の高低は問題にならないという意味で，宗教的な結果の平等を主張したといえよう。他方，顕密仏教側は，現世について差異を設定することで，その応報としての来世の結果についても不平等を強調するのである。こういった顕密仏教側の階層性の観念は，身分・支配と結びついた顕密仏教の社会的存在形態の反映としても説明できる。

　法然門下は，法然の没後に多様な分化を遂げた。彼らの最大の分岐点は，称名念仏の行と阿弥陀仏への信のいずれを重視するかにある。前者は起行派，後者は安心派と呼ばれた。ここでは，安心派のひとり，浄土真宗の祖である親鸞についてふれておく。

　親鸞（1173～1262）は，阿弥陀仏の救済に徹底して信頼をおく，いわゆる絶対他力の思想を説いた。阿弥陀仏によって救済の行として称名念仏だけが選択されたのだとする法然の説をふまえながら，親鸞は，阿弥陀仏を信じて浄土に往生しようという信仰その

ものが阿弥陀仏から与えられているのだ，と考える（『教行信証』）。こういった説は，意志や修行・善行の意味や価値を法然の思想よりもさらに強く否定し，念仏者間の宗教的平等を主張したものといえる。また，親鸞は，現世で念仏して浄土へ往生し（往相），浄土で悟りを開いたのちに再び迷いの世界に戻って衆生を教化する（還相）という一連の過程を想定した。往相も還相も阿弥陀仏のはからいによるものであり，その過程で念仏者が仏となることは決定している。よって現世の念仏者は仏と等しい立場にあると説明した。親鸞は，阿弥陀仏による救済についての思索を深めるなかで，念仏者を宗教的な意味で相互に平等であるとしただけではなく，平等な念仏者を仏と同等であるという段階にまで高めたのである。

日蓮筆「本尊曼荼羅」（妙本寺蔵）

法華信仰

『法華経』を信仰することで現世・来世の利益を得られるという信仰は，平安時代においてすでに様々な階層・地域に広まっていた。当時の『法華経』信仰は，読経・写経や埋経などの形でなされていたが，鎌倉時代にはいって大きな革新を行ったのが日蓮宗の祖，日蓮（1222〜82）である。

日蓮は，『法華経』とそれを説いた釈尊を信じること，さらに，『法華経』の中心である題目を唱えること（唱題）によって，現世の利益と後世の悟りを得られると説いた。こういった平易で単一な行による悟りの獲得という考え方は，法然・親鸞の場合と同様，善悪・貧富や性別といった様々な差異や階層性を宗教上無化することにつながる。その意味では，日蓮の思想は，法然らの思想に近い。

しかし，日蓮はむしろ，法然への批判として思想形成を行っている。日蓮の思想の基盤には天台本覚思想があり，その一元論的な価値観は，現世と来世の二元論をもつ浄土教とは正反対のものであった。日蓮は，『法華経』・釈尊・唱題のみに価値をおくと同時に，浄土教をはじめとする『法華経』以外への信仰を，『法華経』を誹謗するものと見なして徹底して排除する。初期の著作『立正安国論』・『守護国家論』は，『法華経』の思想によって多様な思想・信仰を統一し，さらに『法華経』の力によって国家・国土の安穏を実現することを主張するものであった。

日蓮は，『立正安国論』を鎌倉幕府の有力者北条時頼に送り，政治的な力を利用しつつ自己の思想を実現しようとした。この意味で，日蓮の思想は，個人の利益・悟りと同時に，国家・政治を志向する面がある。時頼への提言は受け入れられなかったが，後述するように，国家や政治への見解や法華信仰への確信は，蒙古襲来によっていっそう強固なものになっていった。

顕密仏教の改革
—— 戒律および禅

本来、仏教は戒律・禅定・知恵の三学を兼修する。法然・親鸞や日蓮は三学の兼修を不要であるとし、称名念仏や唱題など単一の行の専修を説いた。ひとつの行のみによって本来の目的である往生・解脱が得られる、と考えたのである。

では、平安時代以来の顕密仏教は、三学についてどう考えていたのであろうか。現実論として、三学の兼修は顕密仏教においても困難であり、さほど重要視されていなかった。この時代、顕密仏教の主潮をなしていた本覚思想において学問重視——さらには本覚思想の究極においては一転して学問不要視——の傾向が強まり、戒律や禅定は軽視されがちであった。そういった傾向への反省として、戒律や禅定が改めて必要視されるようになる。顕密仏教の改革派として、律僧・禅僧が登場してくる理由はここにある。禅の問題は次節で論じることにし、ここでは戒律について見ておこう。

鎌倉時代の初期から戒律への関心は高まっていた。法相宗の貞慶（1155～1213）は「興福寺奏状」において伝統的な顕密仏教の立場から法然の選択・専修の思想を批判した人物だが、当時の顕密仏教界の戒律軽視の傾向に批判的でもあり、南都の戒律興隆運動の端緒を開いた。その運動を継承した叡尊（1201～90）らは、南都興福寺・西大寺、鎌倉極楽寺などで四分律・梵網戒を遵守する律僧集団を形成した。叡尊らの戒律興隆運動は、寺院社会内部での出家の戒律だけでなく、在家への戒の布教・拡大にも力を注いでおり、大規模な授戒運動が展開された。叡尊から受戒した出家が1694人であるのに対して、在家は9616人にものぼる。在家への授戒に関しては生活規範としての正統的な意味以外に、受戒そのものから功徳・利益を得るという変則的な意味も見出されていたとされる。

一括して「戒律」と呼ばれることが多いが、戒と律は異なる内容をもつ。律は出家した僧侶の個人的な修行規則・寺院の集団的な運営規範であり、戒は出家・在家両者が共通して用いる生活規範で、他者に対する善行（利他）の必要を説いている。叡尊らの戒律運動は、自利のみでなく利他の行動を人々に促すことになった。叡尊とその弟子忍性（1217～1303）らによる非人や癩者・行路病者への保護・救済活動は、多数の賛同者・協力者を結集することに成功した。被救済者を文殊菩薩と見たて、文殊菩薩への供養として行われたこの救済活動は、戒によって喚起された利他の行動として位置づけることができる。ただし、戒律が7つの段階に分けて受持され、救済者と被救済者の立場が分かれる保護・救済活動の思想は、顕密仏教の考える相対的な階層性のあり方を、そのまま強化するものであったといえよう。

顕密仏教が説く現世的な相対性——身分や善悪、能力の高低——を、宗教的に無化するものとして法然や親鸞、日蓮の思想を位置づけるとき、彼らの思想史的意義は明確になる。彼らは全員、朝廷・幕府・顕密寺院など当時の権力者らとの意見の対立をみた。その理由は、階層性を認めるかどうかという、人間観・社会観の基本的な理解が異なるためである。一方、顕密仏教の改革派である叡尊と忍性は、階層性を認め、むしろ階層

性を強化するような活動を展開した。人の間に差があるのかないのか。個人の意識をもたらした鎌倉仏教は，こうした問題を改めて提起している。

③ 国際的契機に基づく思想の変革

顕密仏教を思想的起点とする展開を国内的な視点から論じてきたが，鎌倉仏教は海外との関係をふまえつつ進展した面もある。ここでは，蒙古襲来をきっかけに進展した日蓮の思想や「神国」観念，および宋から移入された禅の問題を通じて，国際的契機が鎌倉仏教をいかに展開させていったかを検討する。

蒙古襲来とその思想的影響 1274年（文永11）と1281年（弘安4）の蒙古襲来は，鎌倉時代までの日本がほとんど経験してこなかった対外戦争だった。蒙古襲来における戦闘とその前後の北九州の防備は，それに関わった御家人を疲弊させ，鎌倉幕府を衰滅させる原因になった。蒙古襲来がこのような政治上の変化をもたらしたことはよく知られているが，この事件は宗教界の動向をも大きく規定した。

日蓮は，外国の侵略という『立正安国論』における自己の予想の的中として蒙古襲来を受けとめ，『法華経』の行者としての確信をますます強めた。浄土教を民間に広めた一遍（1239～89）の踊念仏にみられる熱狂性の背後に，蒙古襲来の脅威を背景とした緊迫感・終末感を指摘することもできる。彼らの宗教的活動の背景には蒙古襲来があったのである。

日蓮・一遍らばかりではない。既存の寺院の関心も蒙古襲来に向けられていた。朝廷・幕府の両政権は，全国の主要寺社に戦勝祈願のための異敵降伏祈禱を命じている。これを受けて，数多くの寺社が奈良・平安時代以来蓄積されてきた顕密の修法を用いて国家鎮護・国土安穏を目的とした大規模な祈禱を続けた。この祈禱は，鎌倉幕府の解体まで長期間続いたとみられる。この戦争で戦ったのは幕府・御家人ばかりではない。「神々の戦争」と言われるように，祈禱を行った僧侶・神官も，そして祈禱に応じて国土を守るために戦ったと観念された仏・神も，この戦争の当事者だったのである。二度の襲来を経たのちも日本の国家・国土は維持され，その後，蒙古の脅威は消滅した。仏・神は日本を守護したと観念され，日本は「神国」と自称するようになる。この当時，仏・神の国土守護の存在意義が寺社側によって宣伝され布教に利用されたことは，当時数多く編纂された寺社縁起から読みとることができる。各地の寺社縁起では，朝鮮半島を征服したという神功皇后の「三韓征伐」の神話が想起され，日本の軍事力や神々の力の優越性が主張された。蒙古襲来は，日本の独自性・優越性を宗教的・観念的に肥大化させる自己肯定的・自己満足的な言説によって記憶されることになった。同時に，外国とりわけ朝鮮半島は「征伐」される悪人の地として位置づけられた。その結果，自国観・対外観が歪むにいたったことは，近世・近代の国際認識にもつながっていく，根の深い問題となった。

禅の移入と受容

禅は，坐禅を修行し，現世で悟りを開くことを目的とする。戒律・禅定・知恵の三学は，古代以来日本に移入されており，顕密仏教の枠内でも禅定は行われていたが，鎌倉時代に独立した禅宗は，禅のみによって悟りを開く。鎌倉時代の禅の立場は，「教外別伝，不立文字，直指人心，見性成仏」の語に端的に示される。禅は，言説化された認識（教）とは別個に継承されてきたものであり，文字による学問を不要・有害とし，自己の心にある仏としての性質を直接認識して悟りを開くのである。

禅は，「単伝密印」というように，インドから中国に来た祖師達磨（？～530？）から代々師弟関係を通じて受けつがれる悟りの連続性・継承性を重視する。師が弟子の悟りを評価し，認証するのである。たとえば，最初期の禅宗の僧である大日能忍は，自身は宋に渡らなかったが，宋に派遣した弟子を通じて印可（悟りの証明）を受けている。これは異例な方法だが，その後，日本臨済宗の祖師明庵栄西（1141～1215）は三回入宋して日本に禅を伝え，帰国後京都建仁寺で禅を広めた。京都東福寺の円爾弁円（1202～80）も入宋している。宋から来日し，鎌倉建長寺・建仁寺・鎌倉寿福寺を住持した蘭渓道隆（1213～78），鎌倉建長寺・円覚寺を住持した無学祖元（1226～86）らも，それぞれ臨済禅を広めた。彼ら臨済禅僧は，禅を修行の中核に置きながらも，学問研究や密教修法を行い，個人や国家の利益を祈願するなど，様々な目的を並列的に実践するという特徴をもつ。

蘭渓道隆（建長寺蔵）

日本曹洞宗の祖である希玄道元（1200～53）は，臨済禅から出発しながらそれと訣別し，純粋に禅のみを実践する中国曹洞禅の只管打坐の禅風を日本にもたらした。道元は，修行という手段によって悟りを開くという二段階の発想を否定し，本来悟っている仏の立場で仏としての修行を行うという説を『正法眼蔵』で展開している。この説は，本覚思想的な一元論を基盤とした，日本独自の禅であるといえよう。

禅は，達磨以来の連続性・同質性を不可欠な要素とする。したがって，禅は，鎌倉時代の日本が特殊であるという感覚——末法という時代観念や，粟散辺土といった地域観念に必然的に伴う劣等性——とは正反対の立場にある。禅の人々は，アジアに広がる仏教の世界（鎌倉時代には「天竺・震旦・本朝」すなわちインド・中国・日本の「三国」と観念されていた）において，同じ悟りを得ているという同質性・連続性の認識を持っていた。こういった国際的な普遍性の認識が，活発な国際貿易とあいまって，室町時代の禅僧による外交や漢詩文の文化にもひきつがれたのである。

「神国」観念と禅は，鎌倉時代の国際環境が産みだした宗教思想だが，個人と国家・

国土の関係，自国と他国の関係について，対照的な2つの類型を提示している。蒙古襲来の結果として強調された「神国」観念は，国家・国土という先験的な枠組みによって諸個人を一括し同一視する発想を促進した。自国は「神国」であると独善的に規定され，他国は「神国」を守護する仏・神に反抗する宗教的な悪人・愚人の国であると一方的に説明されたのである。その結果，日本・日本人は，自己を類として特別視するようになっていく。一方，禅の場合は，修行する個人と他国の人々は同質である。禅は，国家・国土の枠を超えた普遍的な人間観をもっている。

鎌倉時代の仏教は，複線的な人間観の交錯をもたらすものであったといえるであろう。

（吉原健雄）

▶コラム9　本覚思想

現実世界の様々なあり方を，迷いや愛欲など否定的な側面も含めて徹底して肯定する思想が，本覚思想である。本覚思想は，日本中世の天台宗比叡山を中心として発展したため，中古天台思想・天台本覚論とも呼ばれる。

まず，「本覚」の語の意味を確認しておこう。「本覚」の語の初出である真諦訳『大乗起信論』(554年)によれば，「本覚」とは，すべての衆生において「本来ある悟りの知恵」を意味していた。『大乗起信論』は，覚っていない迷いの段階（不覚）と，修行を通じて悟りの段階へ向上する過程（始覚）とを設定し，現実の人間のもつ迷いと悟りとを相対的・対立的に捉える。不覚から本覚への向上過程の基底に位置し，悟りへの契機となるものが，「本覚」である。この『大乗起信論』の段階では，迷いの肯定といった側面はいまだあらわれない。

「本覚」の概念は，中国の華厳宗・日本の真言宗を経由して，日本の天台宗において独自な展開を遂げた。日本天台では，迷いと悟りというような相対・対立を超えた，絶対的・一元的な思惟を究極視するようになる。「明闇本より同体なり，迷悟本より同なり。全くこの所には，二物を見ず。……明闇不二・迷悟不二と知る時には，全く二物を見ざるが故に，ただ平等寂静に住するなり。……全く煩悩を改めて菩提と云ふには非ず。ただこの煩悩の体を直さず。その体を尋ぬるに，般若甚深の理なり」（伝源信『三十四箇事書』「煩悩即菩提の事」）。認識主体である人間は，迷いや煩悩といった否定的な面を改めることなくそのまま悟りの存在である，と肯定される。肯定されるのは認識主体だけではない。「自他身一切の有情みな真如なればすなはち仏なり。されば草木・瓦礫・山河・大地・大海・虚空，皆これ真如なれば，仏にあらざる物なし」（伝源信『真如観』）というように，他者と環境をふくめて現実世界の存在すべてが真理・仏として肯定されるのである。

古代インド以来のアジア世界には，物質と精神・自己と他者・生と死・迷いと悟り・善と悪・苦と楽・男と女などの区別は相対的なものにすぎず，空の次元で不二・一体である，と考える思想の脈流がある。この流れの延長線上に本覚思想をみるとき，絶対的・一元的な思惟は，不二・一体の思想の究極的な到達点である，と位置づけることができる。しかし，本覚思想は，従来の仏教思想とは全く異質なものでもある。現実の相

対的な存在をそのまま肯定した結果，修行を通じて悟りを得ることは不要だとしたからである。「ただ破戒無慙なり，懈怠懶惰なりとも，常に真如を観じてわするる事無くば，悪業煩悩，往生極楽の障りと思ふことなかれ」（伝源信『真如観』）。不二・一体の議論が徹底されると同時に，現実の迷いの心理や行為が，そのまま究極の悟りの姿として理想視・絶対視されることになった点が，本覚思想の評価を大きく分けることになる。

　本覚思想の文献は鎌倉時代以降編集されたものであるが，それらの著者は最澄・良源・源信ら平安時代の思想家に仮託されている。その意味で，狭義の仏教思想史として思想の成立過程を跡づけることは容易ではない。だが，広義の思想史を考える場合，日本人の価値観には，現実肯定の傾向や，外面的行為ではなく内面的心情を重視する傾向があるといわれる。「本覚」の概念は，こういった日本的な傾向から影響を与えられると同時に，影響を与えた面がある。また，本覚思想は，歌道・能楽・茶道・花道など，中世の芸道論の理論化にも用いられてきた。本覚思想の意義と影響力は，仏教思想史の枠内のみではなく，日本思想史の全体像や，仏教以外の異分野との交渉・影響の面でも追究されるべきである。
　　　　　　　　　　　　　　　　　　　　　　　　　　　　　　　　（吉原健雄）

第9章

神道思想の形成

1 神祇信仰の変容

末法思想と神仏習合　院政期頃から伝統的な神祇信仰も大きな変容を遂げる。もともと神々の信仰は土着の素朴な信仰であり，共同体の安寧を祈るものであった。神は特定のウジ（氏）やムラ（村）と結びついており，その信仰はきわめて閉鎖的なものであった。ムラの氏神はそのムラに住む人々にのみ関わる存在であり，他のムラの人々には全く関わりのない存在であった。それどころか，かかわりのない神を祭ると，その神のタタリ（祟り）を受けるとさえ考えられていた。普遍宗教である仏教の伝来は，このような伝統的な神観念に大きな影響を与えることになる。仏教が社会に浸透する過程で伝統的な神祇信仰との融和がはかられたことや，古代の王権が，天皇を天つ神の子孫とする神話のイデオロギーと，東大寺大仏に象徴されるような仏教による鎮護国家の思想を車の両輪としたことなどから，奈良時代以降，神仏関係はしだいに緊密化し，平安時代には，神のために読経したり（神前読経），寺院を建立すること（神宮寺）が広く行われるようになった。

　中世に入ると，神と仏は一体であるという思想が一般化する。その理論となったのが本地垂迹思想である。本地垂迹の本地とは本体の意であり，垂迹とはその本体が人々を救済するために具体的な姿をとってこの世に出現することをいう。この本地を仏とし，垂迹を神とするのが本地垂迹思想である。つまり，神々は仏の化身であるというのが本地垂迹思想の説く神観念なのである。もともとこの思想は仏教において歴史的存在としての釈迦を永遠の存在である仏の化身と見なす思想に由来するもので，この仏と釈迦との関係を仏と神との関係の解釈に転用したものであった。

　それでは何故このような神の理解が広く受け入れられたのであろうか。それは，思想の面から言えば，末法思想の流布に深く関係している。院政の開始や武士の台頭による政治の流動化，天災や戦乱による社会の混乱を背景として，末法の世の実感とそこからの救済願望が人々の心をとらえたのである。それによって生じた広範な浄土信仰の高まりは，法然をはじめとする新しい仏教諸宗派の登場を引き起こすことになったが，他方で伝統的な神祇信仰の変容と再生をも促すことになった。

末法思想と連動しつつ人々の終末意識をかきたてものに粟散辺土観がある。仏教の説くインド中心の世界観では、日本は世界の果ての果てにある粟粒のような辺境の島である。そこでは世界の中心に近い人間ほど優れており、逆に中心から遠ざかれば遠ざかるほど人間は劣悪となるとされる。それゆえ、末法の世の、しかも粟散辺土たる日本に生きる人間は、そもそも堕落した救済の可能性の少ない存在であるということになる。この救いがたい人間たちを救済することは、正当な教化の方法では不可能である。そこで仏が仮に神の姿をとってこの辺土に現れ、厳罰をもって人々を教化し救済への道を開こうとしたのだというのが、本地垂迹思想の意図するところである。こうして神々は、共同体の神から個人を救済する神へと変貌を遂げていった。伝統的な神祇信仰が全く新たな装いのもとに活発に活動を始める時代がやってきたのである。

熊野信仰　本地垂迹思想は、共同体という囲いの中に閉じこめられていた古代的な神々が、万人に開かれた救済神へと変身することを可能にした。仏教の持つ普遍性を神々が獲得する重要な契機となったのである。この変身した中世的な神の先頭に立ったのが、八幡神や日吉神、熊野神など早くから仏教と深い関係を取り結んでいた神々であったのは、当然のことといえよう。とりわけ熊野の神々は、修験道と結びつくとともに、他方で院の帰依を受け、院政期以降その信仰を全国に広げていった。

熊野は本宮・新宮・那智の三社より構成され、熊野三所権現と称された。ちなみに、「権」とは「仮」の意であり、「権現」とは、神という存在は仏が衆生を救済するための方便として仮りにこの世に現れたものであるということを意味する語である。熊野本宮の本地は阿弥陀如来、新宮は薬師如来、那智は観音菩薩とみなされて、平安末以降の阿弥陀仏による救済願望に応える神として衆庶の信仰を集め、熊野の地は一大霊場として繁栄をきわめた。その様子は「蟻の熊野詣」という言葉に如実に言い表されている。後に浄土信仰を奉ずる一遍が熊野に参詣し、熊野の神の託宣を受けて時宗開教へ一歩を踏み出すことになるのは、熊野信仰が浄土信仰と一体化していたからにほかならない。

熊野信仰の隆盛は、新たな宗教の時代としての中世の始まりと古代的な価値観の解体を示すものでもある。熊野信仰の特質の一つに、苦行がある。熊野への道は悪路険路の連続である。しかし、公家といえども徒歩で参詣するのが習わしとされた。水辺ごとに禊ぎを重ねつつ、険しい道にあえぎながら参詣することが、贖罪のための行として欠かせないものであったからである。この苦行あるがゆえに熊野の神の霊験は高まるのである。そこには現世的なもの、身体的なものを超えた、彼方へ、精神的なものへの憧憬と熱情が息づいている。他方、熊野の神はこの霊験をテコに「日本第一大霊験所」と称して、比類なき神格の尊貴性を主張し、伊勢・熊野同体論まで登場するに至った。熊野信仰は、古代的な神々の秩序が解体され、神々がその霊験を競いあう時代の幕開けを告げるものであった。

祓の信仰　平安時代における都を中心とする王朝文化の爛熟は、都人による個人的な祈願や呪法の需要拡大をもたらした。本来共同体の祈りの対象である神へ

の祈禱の担い手たる神官は，個人祈願への対応が困難であった。このため僧侶や陰陽師による呪法が発達することになる。古代において神祇官とともに国家の安寧のための呪術的儀礼を行っていた陰陽寮を母体とする陰陽師達は，神道的な祓の儀礼を取り込んで個人祈願の要求に積極的に応えようとした。末法意識の高まりとともに，罪障滅除の呪法としての祓への信仰は僧侶にも受容され，「河臨祓」のような神仏習合的儀礼も成立した。

祓の儀礼は，亡き妻を取り戻そうと死者の世界である「黄泉の国」に出かけたイザナギノ神が，その目的を達することができず空しくこの世に帰った後で，黄泉の国のケガレを払うために水中に入り身を清めたとの神話に由来するものである。古代においては，6月末日と12月末日の年に2度，この世界に沈殿したツミやケガレを祓い清め，清浄な世界を回復するための公の祭儀として「大祓」が行われた。この時に唱えられる祝詞が『大祓詞』である。この『大祓詞』を個人祈願用に改変したものが『中臣祓』であり，11世紀以降，陰陽師や僧侶による祓の儀礼に盛んに用いられ尊重された。

2　仏家神道の展開

『中臣祓訓解』　本地垂迹思想は，日本の神々に末法の世の救済者という新たな役割を付与することになった。その結果，神の国としてのこの国土を特別な聖なる世界とみなす神国思想が広がった。それに伴い，仏教者の間に日本の神々や祓を中心とする神道的な儀礼への関心が高まり，神々や神話，儀礼などを仏教思想によって意味づけする動きが現れてくる。その先駆けとなったのが『中臣祓訓解』である。この書は1191年（建久2）以前の成立になる『中臣祓』の注釈書で，天台宗の園城寺に伝来したものである。内容は，仏教，とりわけ密教の教えにより祓や神祇信仰の意義を説くものである。本地垂迹思想に基づいて，「神は即ち諸仏の魂，仏は即ち諸神の性」との神仏一体論の立場に立ち，祓を「罪障懺悔の神呪」であり，煩悩を離脱して清浄なる悟りの境地に至る秘術とするとともに，様々な災難から身を守る呪詞として，その現世利益をも強調している。特に，天照大神を密教の教主である大日如来の垂迹と見て，日本を「大日本国」という名の「仏土」なりと説き，この国の住人はたとえ悪道（地獄などの悪しき世界）に墜ちても祓戸の神々が身代わりとなってその苦しみから解放され成仏は疑いないと述べ，祓の力による現世・来世での安楽を保証している。

両部神道　『中臣祓訓解』の成立を契機として，鎌倉時代以降，両部神道と称される密教思想による神道説が形成される。両部神道という名称は，この神道説が伊勢神宮の解釈を核としていることによる。伊勢神宮は天皇家の祖神である天照大神を祀る古代以来の国家祭祀の神社である。その神域は，主祭神である天照大神を祀る内宮と，天照大神への食物を司る豊受大神を祀る外宮という，二つの大きな社殿から成っている。この内宮の天照大神と外宮の豊受大神を，密教の世界観である胎蔵界と金剛

界に重ね合わせ,天照大神を胎蔵界の大日如来,豊受大神を金剛界の大日如来と見なすことによって,日本の神々の世界を仏教思想によって意味づけようとするのが,両部神道である。

　平安末から鎌倉初期にかけて,前述の『中臣祓訓解』をはじめとして『天照大神儀軌』や『三角柏伝記』などが著されて両部神道が形成される。その後,鎌倉時代末にかけて成立してくる両部神道書のなかで最も重要な書は『麗気記』である。その内容は,日本の神話の内容や伊勢神宮鎮座の由来,天照大神をはじめとする神々の神格や形態,社殿の持つ宗教的意義などを,密教思想によって意味づけしたものである。本書によって両部神道思想は初めて体系化された。そのため,本書は,その後の両部神道において聖典視され,数多くの注釈書を生み出すことになる。

　ところで,『麗気記』にいたる前期両部神道は,伊勢神宮の信仰を核としその周辺において形成されたこと,天台密教（台密）との関わりが深いが純粋な密教思想というよりは修験系の思想との関わりが窺われること,神宮観においても,後述する伊勢神道と同様,外宮の神を天御中主神と見なして重視していて,神宮祠官との思想的交流のもとに成立したとみられること,などの特徴を持っている。これに対して,鎌倉末期以降に派生してくる後期両部神道においては,成立の場が伊勢を離れること,台密や修験系の影響が後退し真言密教（東密）の影響が強まること,内宮の天照大神が重視されること,などの違いが出てくる。

　後期両部神道の主なものとしては,三輪流神道と御流神道がある。三輪流神道は奈良県桜井市に鎮座する大神神社の神宮寺の一つ,大御輪寺を中心に形成された神道説で,高天原の天照大神と伊勢の皇大神,そして三輪大明神を三身即一の大日如来とするものである。また,御流神道は奈良県宇陀郡室生村の室生寺において生み出されたものである。室生寺は,平安初期に龍神を祀る龍穴神社の神宮寺として成立した寺院といわれ,以後祈雨や止雨の祈禱の場として栄えた。この室生の地には空海が如意宝珠を埋めたとの伝承があり,この宝珠を天照大神の垂迹とする信仰をもとに神道説が形成されたと推測され,天照大神を信仰することで成仏できるとの教えを説いている。

山王神道　もう一つの仏教系の神道思想に山王神道がある。最澄が比叡山延暦寺を開いた際に,その地主神たる日吉神を天台宗の守護神として信仰したことから,両者は一体となって発展を遂げた。この日吉神社は,天台宗の本山たる中国の天台山国清寺の鎮守,山王元弼真君になぞらえて,日吉山王社と称された。この日吉山王神の信仰をめぐって天台宗のなかに形成されたのが山王神道である。

　山王神道は,神社の由緒や神事についての覚え書きを基盤として鎌倉後期に成立したものであるが,比叡山におけるこの動きは,いうまでもなく,両部神道や伊勢神道の形成という神祇世界の動向と連動したものと見ることができる。その内容は,『山家要略記』や『延暦寺護国縁起』,そして比叡山における記録を業とした記家と称される人々の所産の集大成ともいうべき『渓嵐拾葉集』の神明部等に記されている。そこで説か

れている主な点は、日吉大宮の神の本地は釈迦如来であり、したがって日吉山王社は日本で最も貴い神であること、台密では顕密一致の立場から釈迦如来と大日如来を同体とするがゆえに、大日如来を本地仏とする伊勢神宮と日吉山王社は同体であること、「山王」の文字は天台宗の根本教理である三諦即一、一心三観を象徴するものであること、日吉山王社を形成する七社は人間の運命を司る北斗七星の化現(けげん)であること、などである。要するに、山王神道は、天台密教の理論と本地垂迹思想に基づく神観念を結び合わせることによって、日吉山王社の尊貴性を説き、その信仰を広めようとしたものである。

「山王宮曼荼羅」(大和文華館蔵)

その他の仏家神道 最後に、鎌倉新仏教系の神道説について述べよう。まず、浄土真宗系の神道書として『諸神本懐集(しょじんほんかいしゅう)』がある。本書は、存覚(1290〜1373)の手になるもので、神々を仏・菩薩の垂迹である「権社の神」とそれ以外の悪霊を祭る「実社の神」に分類した上で、弥陀一仏への帰依こそ神々の本意にかない、その冥助を得る道であると説く。次に日蓮宗系の神道説に法華神道がある。この神道説は三十番神信仰に由来する。三十番神とは、日本の三十の神々が毎日順番に国家と法華経の持経者を守護するという天台宗の信仰である。これが、鎌倉末期に日蓮宗に取り入れられ、室町時代に吉田神道の影響を受けて教説が整えられ、法華神道三大書といわれる『番神問答記(ばんしんもんどうき)』・『法華神道秘決(ほっけしんとうひけつ)』・『神道同一鹹味抄(しんとうどういつかんみしょう)』が室町時代末から安土桃山時代にかけて著された。

③ 社家神道の成立と展開

伊勢神道 平安末期における両部神道形成の刺激を受け、その動きと連動する形で、伊勢神宮の神官、とりわけ外宮の神官を中心として独自の神道説が形成されてくる。これが伊勢神道、あるいは外宮神道と称される神道思想である。平安時代後期における古代国家体制の弛緩は、国家祭祀の場であった伊勢神宮の経済的基盤を弱体化させた。そこで神宮の神官たちは伊勢国内の荘園化を進めるとともに、古くから深いつながりのあった東海地方や、新興勢力である東国武士団に働きかけて、土地の寄進を募った。こうしてこの地域に御厨(みくりや)と呼ばれる神宮の荘園が多数出現する。この御厨の開発の主たる担い手となったのは権禰宜(ごんねぎ)と呼ばれる神宮の下級神官であった。伊勢神宮の神官は、祭主、宮司、そして内宮・外宮の禰宜より成っている。祭主と宮司は代々大中臣(おおなかとみ)氏が任ぜられ、都より赴任する。これに対して禰宜は在地の氏族であり、内宮は荒木

110　Ⅱ　中世の思想

田氏、外宮は度会氏が神官として実務にあたり神事を執り行っていた。この禰宜には定員があり、禰宜の任にある者は神宮の鎮座する神域を離れることは禁じられていた。権禰宜とは、これら正規の禰宜に任じられない下級神官であり、それゆえ行動の自由をもっていた。神宮経済の担い手として権禰宜たちが活躍するのはこのためである。これら権禰宜たちの活動は自ら内

『倭姫命世記』（神宮文庫蔵）

宮・外宮の経済的分離と対抗意識を醸成することになる。元来、内宮神に食物を奉仕する神を祭る外宮側は、神格の面でこの格差を解消し、外宮神の尊貴性を強調しようとした。内宮と外宮を曼荼羅の胎蔵界と金剛界に配当し、ともに大日如来の現れとみなす両部神道は、そのような意図を持つ外宮神官に大きな刺激を与えた。

　ところで、伊勢神宮では、皇祖神を祭る国家祭祀の中心として、伝統的な祭祀の保持継承が強く意識されていた。このため、本地垂迹思想の広がりの中にあっても、神宮だけは伝統的な祭祀の中に仏教的儀礼が加わることを排除してきた。このような神宮祭祀における神仏隔離の伝統が、仏家神道とは異質な神道説の形成を促したといえよう。

　伊勢神道成立のメルクマールとされるのは、後世に神道五部書と称される一群の書物、すなわち『天照坐伊勢二所皇太神宮御鎮座次第記』『伊勢二所皇太神宮御鎮座伝記』『豊受皇太神御鎮座本紀』『造伊勢二所太神宮宝基本記』『倭姫命世記』である。いずれも古い時代に仮託されていて正確な成立年代は不明であるが、『宝基本記』と『倭姫命世記』は平安時代末期まで遡るとみる説が有力になっており、他の書も鎌倉時代中期までには成立していたものとされる。五部書の内容は、書名からも明らかなように、伊勢神宮鎮座の由来や社殿の意義、祭神の名称や神格と神徳、祭祀の意義と禁忌事項などである。いわば神宮の縁起書として五部書は編まれたのであるが、そこには厳しい祭祀の伝統のなかで育まれた思想が結晶しており、その後の伊勢神道の展開のなかでこれらの書物が経典視されることになる。すなわち、神仏の区別の意識化、神と向き合う人間のあり方としての心の重視（正直の強調や「心は神明の舎」などの教え）、伝統的な神祇祭祀の形の墨守（「左を左とし、右を右とす」「元を元とし、本を本とす」「混沌の始めを守り、仏法の息を屏し、神祇を崇め祭れ」）などが主要な教えとして説かれている。これらの教説は、仏家神道とは異質であり、神官の伝統的な祭祀意識を理念化したものと見ることができる。伊勢神道では、また、外宮の祭神である豊受大神を天御中主神と同体の神と見なすことにより、内宮の祭神である天照大神と同格ないし、より根源的な神（大元

第9章　神道思想の形成　*111*

神)であると主張する。ここには,外宮の神官の内宮に対する対抗意識が認められる。これらの伊勢神道の教説は,その理論化にあたり儒教や道家思想を援用している点に特質がある。

　鎌倉時代後期に度会行忠(ゆきただ)(1236～1305)が現れて神道書の整備がなされた伊勢神道は,度会常昌(つねよし)(1262～1339)や度会家行(いえゆき)(1256～?)によって継承され大成された。とりわけ度会家行は,南北朝の動乱の時代に,外宮一禰宜として南朝方のために奮闘するかたわら,伊勢神道書の教説を整理,体系化し,主著『類聚神祇本源(るいじゅうじんぎほんげん)』をはじめとして『神道簡要』『神祇秘抄』『瑚璉集(これんしゅう)』などを残している。特に,天地開闢説(てんちかいびゃくせつ)については,道家思想や宋学の宇宙論を取り入れて意味づけをはかっており,後の神道思想に大きな影響を与えた。

慈遍と親房　伊勢神道の思想的な影響を受けて独自の思想を展開した人物に慈遍(じへん)と北畠親房(きたばたけちかふさ)がいる。慈遍は鎌倉末期から南北朝頃の天台宗の僧で,卜部氏(うらべし)の出身。外宮の神官度会常昌と親交があり,両部神道や山王神道に加えて伊勢神道を学び,独自の神道思想を説いた。著書に『旧事本紀玄義(くじほんぎげんぎ)』『豊葦原神風和記(とよあしはらじんぷうわき)』『天地神祇審鎮要記(てんちじんぎしんちんようき)』などがある。その思想は,「神はすなはち諸仏の霊,仏はすなはち諸神の性」と述べているように,基本的に神仏一体の立場に立ちながら,天地の道の本体としての「大元」の神たる国常立尊の存在を認める。この大元の神の救済の働きは時処機に応じて神道や儒教,仏教という個別的な教えとして発現するのであり,時代の変化に応じてこれらの教えが救済の役割を担うとみる。その上で,山王神道でよく説かれる「我滅度の後,濁悪世(じょくあく)中に大明神と現じて,広く衆生(しゅじょう)を度(わた)さん」との経文を根拠として,もはや仏教の力での救済に期待できない以上,垂迹の神たる大明神の力により人々を上古の正直・清浄の心へと導いてもらうよりほかはないと説く。慈遍は,この神による救済の役割を天皇の治世に委ねる。天皇は神の働きを地上世界に実現することを委任された存在であり,天照大神の神意を体して,徳をもって民を治める「君道」に道の実現が委ねられるのである。彼はまた,神国たる日本を根ないし種子の芽,中国を枝葉,インドを花実に比定し,それぞれに神・儒・仏を配当するいわゆる根葉花実説(こんようかじつせつ)を説いており,後の吉田神道(よしだしんとう)に大きな影響を与えることになる。

　北畠親房(1293～1354)は南北朝の動乱の時代に,南朝方の柱石として活躍した公家である。彼は度会家行と親交があり,『類聚神祇本源』を書写するなどその思想の強い影響下に,主著『神皇正統記(じんのうしょうとうき)』をはじめ,『元元集(げんげんしゅう)』や『東家秘伝(とうかひでん)』『二十一社記(にじゅういっしゃき)』などの書を残した。『神皇正統記』冒頭の「大日本は神国なり。天祖はじめて基(もとい)をひらき,日神ながく統を伝へたまふ。我国のみこの事あり。異朝にはそのたぐひなし。このゆゑに神国といふ也(なり)」との言葉は,神国としての日本の特殊性の強調を通して,天皇を中心とする政治体制の崩壊に思想的に対抗しようとする彼の立場を端的に示している。この神国を支えてきた道が神道である。したがって,神道は単なる神に仕える道ではない。それは天皇の治世の要道であり,臣下の踏み行うべき人としての道でもあると規定され

る。その道は，皇位のシンボルである聖器，いわゆる三種神器に象徴的に示されている。すなわち，鏡は正直の徳を，玉は慈悲の徳を，剣は智慧の徳を意味するのであり，この三つの徳を体することが神道の教えである。そして，これらの徳の根本は正直の徳にあると説かれる。

　慈遍も親房も神国としての日本と，神孫たる天皇の治世という，歴史的文化的特殊性を強調し，その特殊性を理念化したものとして神道を捉えている。それゆえ，その神道思想はともに政治的，道徳的意味を強く持つことになる。この二人の思想を通して，神道がようやく「道」としての内実を持つに至ったのであり，その神道思想史上の意義はきわめて大きいものがある。

吉田神社太元宮（京都市）

吉田神道　　室町時代後期に吉田兼俱（かねとも）（1435～1511）が現れ，吉田神道を唱えて神祇界に君臨した。吉田家は，古代の卜部氏が平野・吉田の両流に分かれた，その一流である。卜部氏は，元来，亀卜（きぼく）を司って朝廷の祭祀に仕える氏族であったが，平安後期以降，神祇官の次官である神祇大副を代々世襲するようになり，『日本書紀』を中心とする古典や故実を家学とするようになった。鎌倉時代には平野家に兼頼（かねより）・兼文（かねぶみ）・兼方（かねかた）が出て古典の家としての地位を確立し，「日本紀（にほんぎ）の家」と称されるようになった。その家学の一端は，兼方の『釈日本紀（しゃくにほんぎ）』として結晶している。室町時代に入ると，平野家に代わって吉田家が台頭する。とくに吉田兼熈（かねひろ）（1348～1402）は，「神道の元老」として足利義満の信任が厚く，吉田氏として初めて公卿に列し，神祇や故実の諮問にあずかるかたわら，二条良基・一条経嗣などの公家に『日本書紀』を伝授するなど，朝廷における吉田家の地位を揺るぎないものとした。この二代後に現れたのが吉田兼俱である。彼は『唯一神道名法要集（ゆいつしんとうみょうぼうようしゅう）』や『神道大意（しんとうたいい）』を著して教理体系を整えるとともに，仏教や道教の儀礼を巧みに取り込んで独自の祭祀儀礼を作りあげた。その上で，吉田家こそ君臣すべてにわたる神道の師範であると主張して「神祇管領長上（じんぎかんれいちょうじょう）」なる称号を名乗り，「神道裁許状（しんとうさいきょじょう）」や「宗源宣旨（そうげんせんじ）」などの免許状や宣旨類を独自に発布して，全国の神社や神職を吉田家のもとに統合しようとした。

　吉田神道の教説は，家学である『日本書紀』や『中臣祓』を柱としつつ，伊勢神道や儒教，道教，仏教を援用することによって作りあげられている。それによれば，神道の根源神である大元尊神は宇宙の本体であり，永遠なる天地の霊性そのものである。この神は万物に内在し，人にあっては心がそれにあたるとされ，心を媒介として宇宙の霊性と一体化するところに神道的な悟りの境地が求められる。その一方で，神道こそあらゆる教えの源であり，仏教も儒教も神道から分化したものにすぎない，仏・菩薩も実は宇

第9章　神道思想の形成　113

宙の本体たる神の垂迹である（反本地垂迹説）などと説いて，神道の普遍化をはかろうとした。このような吉田神道の思想は，伊勢神道に端を発した中世の社家神道の到達点を示すものといえよう。

吉田神道の形成過程で逸することのできない人物に一条兼良（かねよし）（1402～1481）がいる。彼は関白一条経嗣の子で自らも関白に至った公卿であるが，古典や和歌，有職をはじめ神儒仏に通じた碩学であった。その著『日本書紀纂疏（にほんしょきさんそ）』は，神儒仏三教一致の立場に立って儒教や仏教の典籍を博引旁証し，神代巻に注釈をほどこしたものである。本書で注目されるのは宋学の影響が顕著なことである。吉田神道では安土桃山時代に清原宣賢（きよはらのぶかた）（1475～1550）が現れて宋学との結びつきを強め，近世における儒家神道成立への媒介となるが，本書はこのような神道思想の近世化に大きな役割を果たした。

（高橋美由紀）

▶コラム10　神国思想

　神国思想とは，日本を神々の擁護する神聖なる国とする観念であり，しばしば天皇を神の子孫として神聖視する観念とセットになっている。この思想は，古代以来，日本の歴史の底を流れ続け，対外的な危機に見舞われるたびに浮上して歴史の表面に顔を出し，大きな影響を与えてきた。たとえば，鎌倉時代の蒙古襲来の際には主要な神仏に戦勝祈願がなされたが，そこには，「蒙古片州の貪人，みだりにこの神国に敵対し，云々」のごとき激しい言葉が見られる。異国の侵略という危機的状況が，精神的なよりどころとしての強い自国優越意識を呼び起こした様子が見てとれる。同様の神国思想の昂揚は，西欧世界との初めての本格的な出会いとなった豊臣秀吉の時代，列強の侵略の危機にさらされた幕末維新期，そして昭和の軍国主義の時代などにも顕著に認められる。

　神国の語の初見は，『日本書紀』神功皇后摂政前紀の新羅（しらぎ）征討記事にある。その内容は，神々の教えを受けてかの国に押し寄せた日本の軍勢をみた新羅の王が，「われ聞く，東に神国あり。日本といふ。また聖王あり。天皇といふ。必ずその国の神兵ならん。あに兵を挙げてふせぐべけんや」と言って戦わずして服属した，というものである。対外的な危機の際に，神国思想とともにこの神功皇后とその子応神（おうじん）天皇の「神話」が想起され，八幡信仰が昂揚するのはこのためである。というのも，奈良時代以降，八幡神は応神天皇と観念されてきたからである。

　ところで，神国思想が高まるのは，このような対外的な危機の場合に限らない。院政期以後の政治的社会的変動の時代にも「神国」たることが盛んに喧伝された。この時期の神国思想には二つの側面がある。一つは，天皇を中心とする古代国家体制の動揺と変質に対して，「神国」を根拠として伝統的な体制の保持や回復を唱えるものである。たとえば，1183年（寿永2）北陸道から都を窺う木曾義仲の軍勢に対してこれを討つべく官軍が派遣された折の伊勢神宮への祈願文には，「それ本朝は神国なれば，いづれの神か王法を守りたまはらざらん」とあり，王法，すなわち天皇を中心とする現体制を守護することが神国思想によって正当化されている。もう一つは，末法思想の高まりに対応

して神国思想が鼓吹される場合である。この時期の末法思想は「粟散辺土」観と組み合わされることによって人々の心に深刻な影響を与え、激しい救済願望を植え付けた。専修念仏による往生の信仰が急速に広まりをみせるのはこのためである。その一方で、伝統的な神々に往生を願うという信仰が登場するのもこの時期である。院政期以降、神々は本地垂迹思想によって仏の化身と見なされ、仏教的世界観のなかに組み込まれることによって、末法の世の救済者としての役割を担うに至った。たとえば、『沙石集』に収める「出離を神明に祈る事」の段で、三井寺の公顕僧正は、辺土に住む我々はまともな修行によって悟りに至ることはかなわない。日本は神国であり、神々は辺土に住む我々を救済しようとの慈悲の心から仏がその姿を変えて現れたものである。しかも、われわれは神々の子孫である。だから、神々によって救われることこそ末法辺土に生きるわれわれにかなった道である、と説いている。末法辺土観の広がりが、神国思想の覚醒を促した様子を見ることができる。

　神国思想は、それが政治的軍事的な契機によるものであれ文化的契機によるものであれ、巨大文明圏の辺境に位置するこの国の地政学的な状況と深く関わっていた。常に大文明の圧力にさらされる中で、自らのアイデンティティを保持し続けなければならなかったこの国の置かれていた歴史的文化的状況の所産なのである。その意味において、神国思想はまさに「日本的」な思想の一つということができよう。　　　　　（高橋美由紀）

第10章

文芸と芸能の思想

1 無常感の浸透

発心集・方丈記・平家物語　中世の文芸や芸能の底流にあるのは強い無常感である。平安期末から鎌倉期にかけて戦乱や天災が続き，人々は死を身近なものとして認識した。生命あるものは必ず死ぬ。しかも死はいつ訪れるかわからない——このような死の予感は世の無常や人生の無常を痛切に感じさせた。人々はそのような思いを仏教の無常の理に重ねて真理として捉えるようになっていった。ままならない人生，刻々と移りゆく時の流れ。眼前の憂き世に対する悲嘆の心情を表明した文芸作品は数えきれない。そしてその悲嘆の情は，仏教的世界観の浸透とあいまって，無常感を基調とする文学を生み出し，中世的展開を遂げていったのである。

12世紀には，無常感は単なる厭世感にとどまらず，無常な世の中を捨てて遁世し仏道に励むための契機として捉えられるものとなる。

　　　もの思ふ心や身にも先だちて憂き世を出でむしるしなるべき　　　　藤原公光
　　　（思い悩む心は，身にも他の何ものにも先立って，憂き世を出離する道しるべとなるのだろう。）

『千載和歌集』におさめられたこの歌のように，「憂く辛き」心や世に対する省察は，現世と対照的な仏の真理世界を指向する機縁と考えられた。13世紀初めに『方丈記』の作者として有名な鴨長明（1153〜1216）が，『発心集』を著して遁世者を列挙し，遁世の出家者の奇特な言行を綴ったねらいも，そこにあった。長明は，高僧と讃えられながらもなお世俗の社会とのつながりを断つことが出来ない，大寺に所属する僧侶に対して嘆きの目を向ける。そして俗を離れた孤独な世界へと去って行く遁世者に対し，真の修行者と賛辞をおくり評価する。そこには，当時の僧侶たちのありように対する疑問視があった。『発心集』には大寺に所属する僧侶たちが俗縁と密接な生活を送っていたようすが描かれている。縁故や出自による優遇や栄達が当然になっている出家社会は，純粋にさとりを求める聖なる空間とはいえない。長明は，真に浄土を求め修行に励むためには，在俗を問わず遁世すべきだと考えたのだろう。中世の代表的な随筆に数えられる『方丈記』も，同じように無常感と厭世感の交錯の上に執筆された自照性の強い作品である。

長明に限らず，浄土における将来の成仏を期待する心は，個々の人間存在を含め世間

の事象は不確かなものであるという認識のもとに，現世での言行をふりかえらせる尺度として働いた。そして善因は善果につながり悪因は悪果につながるという因果の理が，前世と現世，現世と来世にまたがる法則として強く意識された。この因果の理を底辺ににじませながら人の世の無常を描いた作品に，『発心集』と同じ頃に成立した『平家物語』がある。仏教的な因果律と無常観を基調として，平家一門の栄華と没落を描いたこの一大叙事詩は，「平曲」として琵琶法師によって語られ普及した。何人もこの世の無常から逃れることはできない。『平家物語』の享受者たちは感慨深くそのことを受け入れなければならなかった。

**仏教信仰の表出
──釈教歌と説話** この頃になると，経文や教説を歌に詠むことが仏行の一環と考えられて釈教歌が多く詠まれるようになる。日常生活をふりかえってみれば，仏行と善行に明け暮れて死

琵琶法師 「職人尽歌合」
（東京国立博物館蔵）より

を迎えることができる者はごく少ない。人々に残された道は後生善処を願うことであった。死者に対する追善供養の目的で多くの法華経和歌が詠まれた。また自己の死について考え，思いを述べあらわした和歌も多く見られる。それらの中には観世音菩薩普門品や普賢菩薩勧発品の文言が少なからず詠みこまれている。当時の人々の間で，法華経に説かれている観音菩薩や普賢菩薩の威力が，極楽への道を支えてくれる存在として強く認識されていたことの証左であろう。

また中世説話には薬師や観音，普賢，地蔵などの仏・菩薩に対する信仰的行為によって窮地を救われる話や，仏・菩薩の加護によって幸福を得る話が数多く見られる。出家在家を問わず，折にふれて釈教歌が詠まれ，仏・菩薩の加護が讃えられたことと考え合わせると，仏・菩薩による現当二世（現世と将来の世）の加護がいかに重要と考えられていたかがわかる。このような世界観は，現世における仏行や善因善行を個人に対して求める因果律を基準としていた。出家には出家相応の，在家には在家なりの仏行や善行が望まれたのであり，文芸の世界はそれに即した反省や願望の表出の場でもあった。

徒然草の登場 憂き世を厭い，遁世によって俗世を離れて仏道修行に励み，来世の極楽往生を願うというパターンは，13世紀にはもはや常識的なものになっていた。遁世して自己の往生を目指す行道に生きることが，出家在家を問わず理想と考えられた。しかし，それもままならないのではないかという諦観がつきまとう。歌人としての懊悩と達成が現代においても知られている藤原定家（1162〜1241）は，春の桜をテーマに次のような歌を詠んだ。

　　いづくにて風をも世をも恨みまし　吉野の奥も花は散るなり

第10章　文芸と芸能の思想

（一体どこで花を散らす風も俗世も恨んだらよいのだろう。世を遁れて隠れ住むはずの吉野の奥でも花は散ることだよ。）

結局どこへ行こうと，無常の理に支配されたこの世の延長でしかない。風の全く吹かない春などあるはずもなく，散らない桜などこの世のどこにも存在しないのである。無常は厳然とした常理として認識されなければならない。

　吉田兼好（けんこう）（1283～1350）の『徒然草（つれづれぐさ）』は，そのような世にあって淡々と生きることを説く随筆文学である。「花はさかりに，月は隈（くま）無きをのみ，見るものかは」という有名な一文は，王朝風の華麗美の追求を批判した新しい認識と言われる。ここには，美しいものを美しい姿で鑑賞するのをよしとする最盛美中心の美意識を超えて，咲いているときにも散りしおれたときにも，月が照り映えている夜にも雨の降る夜にも花月を思い慕う，風流心中心の美意識がある。つまり，対象を見えるままに享受する直接的鑑賞から，対象に対する自己の認識自体を楽しむ観照へと，美意識が変化したのであった。

　季節ごとの美しい景物を愛する心情には古来変わりがない。だが，固定的な美の志向は，無常の理と対立する。したがって，時の流れや季節の移ろいに伴う美の移ろいは嘆きのもとでしかない。たとえば平安前・中期には次のような歌が詠まれた。

　　桜色に衣は深く染めて着む　花の散りなむ後の形見に　　　　　　　紀有友
　　（桜色に衣は深く染めて着よう，桜の花が散ってしまった後の形見として。）
　　咲けど散る花は甲斐なし　桜色に衣染め着て春は過ぐさむ　　　　　和泉式部
　　（咲いても散ってしまう桜の花はつまらない。桜色に衣を染めて着て春は過ごそう。）

これらの歌に示されている自然愛は，推移する折々の景物を半永続化した人工的なかたちで享受するという，自然への作為的な対応である。無常を嘆くあまりに無常と対立する美へと傾斜していった具体的な表れの例ということができる。

　それに対して，無常感が浸透した時代にあっては，無常という仏教の原理に即して，無常な世界の一員であることを自覚した美の享受の仕方が生まれ育まれたのであった。兼好は『徒然草』第19段に，次のように記している。

　　折節の移り変はるこそ，ものごとにあはれなれ。

推移する姿こそが存在本来のあり方である。その本来性に目を向ける態度が，世界や自己を正しく捉えるとの観点が示されている。こうして美しい世界の享受が自己の認識や自身の心のありようの問題に置き換えられたとき，無常の世間は単なる住処から仏教的な認識すなわち無常観の対象となったのである。

2　無常観と芸道

連歌の隆盛　時の流れや季節の移り変わりを嘆き悲しむ哀惜的態度から，見つめ味わう観照的態度へと，美的追求の方法が変化するのと時期を同じくして，新しい文芸運動が起こった。連歌（れんが）の普及である。連歌はそれ以前から，和歌の余技とし

て貴族層の間で娯楽的に嗜まれていた。その連歌が，社交的な遊びとして，さらには和歌に準ずる，より開放的な文芸形式として人々の間に広まっていった。二条良基(1320～88)のように連歌の式目を定め，連歌論を著して，文芸としての格を高め，連歌界を主導する人物が上級貴族層から現れたことは，連歌の興隆に大きく寄与するものであった。自ら著した連歌論『筑波問答』に，良基はこう述べている。

> 連歌は前念後念をつがず。又盛衰憂喜，境をならべて移りもて行くさま，浮世の有様に異ならず。昨日と思へば今日に過ぎ，春と思へば秋になり，花と思へば紅葉に移ろふさまなどは，飛花落葉の観念もなからんや。

連歌は複数の参会者が5・7・5，7・7，5・7・5，7・7と句を続けてゆく。50句（五十韻）また100句（百韻）で一巻とされることが多い。第1句と第2句，第2句と第3句はそれぞれ一組としての内容を持っていなければならない。その際に，第1句と第3句が同じ内容や情趣を有することは許されない。自分ひとりの作品ではないから，一巻全体の展開の方向を前もって予測することも不可能である。このような連歌のルールを，良基は「前念後念をつがず」と仏教の無常の理に比定した。盛衰の調，憂喜の情，季節や天候といった現象は時々刻々と変化する。変化の世界である浮世を模したかのような連歌の形式・内容は，無常の理を体現するものと考えられたのである。ここに言われている「飛花落葉の観念」というのは，仏教とくに密教において重視された修行方法の一つである。仏教では三乗を説くが，そのうちの縁覚乗の修行者が無常の理を悟るための契機として，飛花落葉を観想するとされる。密教はこの観想修行を大乗の修行の一部に位置づけ奨励した。良基はそれを承けて，無常観に則った営為として連歌を捉えたのである。

心敬と世阿弥　無常の世の中を見据える態度が文芸の底辺を流れ，芸道思想にも影響を及ぼして行ったのが，12～15世紀であった。この時代の代表的芸能論である連歌論や能楽論には，無常観の反映が様々なかたちで看取される。特に無常観を高度な芸道論として深めたものとしては，心敬(1406～75)の連歌論と世阿弥(1363～1443)の能楽論があげられる。

心敬の連歌論は『さゝめごと』『ひとりごと』などによって知られる。心敬は無常述懐こそが歌道の本来の目的であるという。無常について述べ表す方法として歌，特に連歌を位置づけるのである。したがって連歌の会席などで長寿を言祝ぎあうのは意味がないとする。比叡山で学んだ心敬は，仏道修行によって清浄な境地に到り，その心に映りゆく世界の諸相を詠み表そうとした。個々の存在が有限であることはもちろんだが，それだけでなく世界が常に変化し続けてやまないことを表現しようとしたのである。それに最もふさわしい手段と考えられたのが，一句では成立しない連歌であった。

> 植ゑおきし草はこのごろ花咲きて　（植えてあった草に最近花が咲いた。）
> 人の形見のさくら散るかげ　（それは死んだあのひとの形見の桜が散りかかる部分。）

第10章　文芸と芸能の思想

うき身に今日も暮らすはかなさ　（あてもなく今日もさまよい過ごす頼りなさよ。）
世の中を思へば鐘の響きにて　（無常の世の中は考えてみると鐘の響きのようだ。）
　心敬は無常を観じ、無常を芸術的に表現し続けることこそが人間の営みの理想であるとの認識を持っていた。無常観に基づいて無常観を実践した人物といえるだろう。
　世阿弥の能楽論は『風姿花伝』『至花道』『花鏡』『拾玉得花』などによって知られる。世阿弥は理想の姿を「花」ということばで言い表したが、その花とは決して固定的なものではなかった。世阿弥は演能者が子どもから大人になりやがて老いてゆく肉体的変化を必然とすることを強く認識していた。そしてその変化に即した折々の花を求めるべきであると考えた。また、演能者と観客の相互関係の中で花が成立するとも考えていた。さらに、競演の際には、強弱の時機に合わせて演じるようにと説いている。つまり、変化し続ける時間の流れの中で、時宜を的確につかみ、まことに時宜にかなった演技をすることを求めたということができるだろう。享受者と対峙した演能者による演技とその享受には、決して同じ繰り返しはない。そのことを世阿弥は明確に認識し、芸の深化や理想の姿を考える際にも軽視することがなかった。どの花も散る、そして散るゆえに咲く時機もあるとして、花の「珍しさ」に注目した世阿弥の「能も住するところなきを、まづ花と知るべし」（『風姿花伝』）の言に彼の芸道論の原点としての無常観を見ることができよう。
　心敬と世阿弥が変化し続ける世界を観察し、時の流れそのものと向かい合いながら芸術に携わり、時間の推移に即した美の姿を求め、それを体現しようとしてそれぞれの道のあり方を求めたことは偶然ではない。無常を意識した時代に時間芸術である連歌や能といった特徴的な芸術が隆盛をきわめた。その連歌や能において、存在としての人間や自然を凝視し時間性をつきつめたところに、初めて核心的な芸道論が成立したのである。

③　無常観の変化と本覚論・尚古意識

本覚論の影響　しかし15世紀末～16世紀にかけて無常観は新たな展開を迫られる。連歌が文学としての地位を確立してゆく過程でそれは起こった。無常な現象を省察の対象とし、観照的に捉える態度から脱却して、現象をそのままに享受するところに意義を見出す連歌師たちが登場したのである。その代表的な一人は連歌文芸の大成者と言われる宗祇（1421～1502）であった。彼らの特徴は本覚論の受容と尚古意識にある。
　宗祇は僧籍を持ちながら、仏道修行を離れて連歌と古典学に専念した人生を送った。彼は自らを省みつつ、「よしや世の中」と反省を全面的に放棄して、あらためて文学に専念する決意を記している（『老のすさみ』）。その背後には煩悩即菩提の考えを受容した本覚論があった（『吾妻問答』）。すべてを肯定する徹底した本覚論（当体全是の本覚論）は、現象世界をそのままながらに真実世界と見る。俗事に携わる者も、本来の覚体

そのものの姿だとする絶対不二論である。歌道に従事する者もそのままながらに本来の覚体とされる。その論理によれば、もはや歌道と別に仏道を修行する必要もなく、歌道を仏道の一端もしくは助業として位置づけたりする必要もない。このような歌道観を持つことによって、文学的追求は平安時代以来の仏道との対立（狂言綺語観）から解放されたということができるだろう。もはや、仏教思想を反映することは文芸の目的とはされない。仏道との対立も問題にされない。無常観の枷（かせ）から離れて眼前の美しい景観をそのままながらに鑑賞することが当然の営みになったのである。

　宗祇が二度古今集講釈を受け、古今伝授をも受けた東常縁（とうつねより）（1401～94）や、宗牧（そうぼく）（1488～1545）には、無常の現象世界が実はそのまま常住の悟りの世界であるとする、当体全是の本覚論の影響が明らかに見える。

　　生死共に常住なれば、花はさくさく常住、紅葉はちりちり常住、是法住法位世間相
　　常住と観ずべしとや。　　　　　　　　　　　　　　　（東常縁『古今集抄』）
　　飛花落葉によそへて生死無常の理を弁ふべし。しかれども、天台には、花は開々常
　　住、散々常住と観ずる也。この道理を以て常住不滅の悟りを得、作意を廻らし道に
　　入るべし。　　　　　　　　　　　　　　　　　　　　（宗牧『四道九品』）

　無常と常住は対立する概念である。現象世界であるこの世と真理世界である法界を対照的に言い表してきたはずのこの両極の二概念がイコールで捉えられたとき、現世の営みは全面的に肯定されることとなり、文芸も芸能も新たな画期を迎えることになる。

尚古意識と古今伝授　一方、尚古意識は自照性との対比において見やすい。中世文芸を鳥瞰すると、自照性と尚古意識という二つの異なる特徴が存在している。この二つは必ずしも二項対立的な存在ではないが、自照性に富むものは尚古意識が弱く、尚古意識の強いものは自照性に乏しいという傾向がある。

　自照性が求められた理由は、人生を省みて、その根本に存在する心というものを問い直そうとした中世の人々の眼差しの強さにあるだろう。無常感の浸透や徹底した無常観が見られたことも、そうした方向と軌を一にしている。文芸や芸道において、自己を含めた対象に対する認識をつきつめてゆくことから生まれる自照の態度そのものに価値が見出され、世界認識の基軸が明確な哲理として自己のうちに確立されるとき、他のあらゆるもの、喜怒哀楽の情に結びついていくようなものが、すべて価値を失う。あるいは全く相対化される。無常観はその際の基軸として機能したといえる。このように、中世は院政期から鎌倉期を経て室町後期に至るまで、心のありようが強く問われた時代であった。

　ところが、室町後期も応仁の乱後になると状況が一変する。無常観に代わって、現前の現象世界がそのままに実在の真理の姿であるとする本覚論的世界観を帯して、固定的な美を重んじた往昔の時代への新たな見直しが始まる。そして自照性は影をひそめてゆく。和歌・連歌の世界では『古今和歌集』の尊重が盛んになり、歌学の学閥の権威づけのために古今伝授が行われた。伝授を受けたことが重視され、古典に関する知識の授受の際の拠り所とされた。王朝物語への憧憬は擬古物語群を生み、古典尊重の傾向を拡大

した。そこには，美の範型を念頭において定型美を求めようとする美的追求の姿勢がある。歌枕を旅する詩的漂泊や古典籍に対する造詣の深さが崇敬される風潮が生まれて，宗祇がもてはやされた。宗祇は有心連歌の大成者といわれる。宗祇は姿や詞の優美性を重んじた「幽玄」を有心連歌の理想として掲げ，優美な詞を用いた美的世界の追求をはかった。その際の拠り所が王朝風の定型美に求められたのである。

　幽玄は，歌人の藤原俊成（1114～1204）が和歌の理想として以来，中世美意識の中心理念となった。俊成は余情と深く結びついた「あはれ」を重んじ，修辞論から脱却した内面的で自覚的な世界を和歌に求めた。俊成の幽玄は優艶と静寂を内包するしみじみとした美的概念であった。その静寂をおびた情調は，鴨長明の『無名抄』に縹渺とした情趣として継承され，後の今川了俊の歌論や心敬の連歌論へとつながってゆく。その展開過程で，幽玄美は自照性を増し，心敬によって仏教的内省と結びついて高度な認識論へとつきつめられた。心敬は観照による深さと奥行きをもった幽玄を尊重し，冷え寂びた句を生み出す冷え寂びた境地を求めたが，その境地というのは自心を研ぎ澄ました末に初めて獲得されるものであった。その延長線上には，村田珠光・武野紹鷗の茶道論における冷え枯れた境地が開かれた。

　俊成の子の定家は，俊成の幽玄が持っていた優美の側面を強調して妖艶味を加え，「有心」として展開した。技巧性に富み，詞のあやによって艶美を表現した定家の有心の影響は，禅僧であり冷泉派のすぐれた歌人でもあった清巌正徹の歌論や世阿弥の能楽論に見られる。彼らは優美で典雅な女性美に象徴される幽玄を指向した。その美の理想には，たとえば「物思い」に託されるような一種の思念性が関わっていた。正徹は物思いに耽る宮廷女性の姿に象徴されるしっとりとした情趣を含み持つ優艶美によって，幽玄のイメージを視覚的に説明している（『正徹物語』）。世阿弥の幽玄も概してこのような傾向にある。宗祇はこの幽玄の流れを継承し，連歌の詞や姿に優艶美を主調とする幽玄を求めたのであった。

　中世を通じて『源氏物語』や『伊勢物語』『古今和歌集』などの古典への造詣は文学活動には不可欠と考えられていたから，歌人や有心連歌作者たちは常に尊重していた。しかし，自照性の強い無常観に代わる新たな拠り所が必要になったとき，それ以前にもまして優雅さが求められ，その典拠としてこれらの古典籍に対する関心，つまり尚古意識が高まったと考えられる。宗祇は古典の内容や詞を伝統的な優雅美と捉えて継承しようとした。宗祇の場合，古今伝授を受けた後，さらに尚古の傾向が強まっている。伝統美を踏襲した優雅な言語芸術文化の可能性を室町時代のかたちとしての連歌の中で追究したといえよう。

　宗祇は古今伝授を重んじて，平安期の古典の権威を連歌界に浸透させた。また連歌論を執筆し，中世を通じて一般であった仏教思想の関与を仏教思想の一端である本覚論によって払拭した。その結果，定型美の全面的肯定が理論的に可能になった。文芸に携わる者が立つ座標軸としての無常観も必要ではなくなった。宗祇は肖柏・宗長らととも

に『水無瀬三吟百韻』を巻いている。連歌史上最も完成度が高いといわれる作品である。その評価の理由は連歌一巻としてのバランスのとれた変化美にある。そこでは無常さえもがもはや美の範型の一つであった。やがて有心連歌が全く定型化して停滞したものになり生命力を失うと、実感を重んじ身近な日常の素材をより身近な言葉を用いて表現する俳諧連歌がもてはやされるようになる。しかし、連歌という形式は無常観とともに徐々に縁の薄いものになってゆく。5・7・5の発句のみが作られることが多くなり、後の俳句（俳諧連歌の発句の略）へと展開してゆく基盤を形成する。

　以上見てきたように、中世の文芸と芸道の基調としての無常感、また無常観は決して一定したものではない。しかし年代や個人による振幅を超えて、人々は自心をみつめ続けた。そこには仏教思想の影響が関与していた。俊成や定家は、自心と対象をみつめてその一致したところを歌境として求める方法論を天台止観の影響のもとに見出し、詠者の内面を叙景の内に反映させる新しい文学の方向を生み出した。また高度な芸術の到達段階を求める芸道論には、無限の内在空間への憧憬が共通して認められる。天台教学や禅の思想の影響のもとに、抑制のきいた外界把捉が心の中に作り出す空間が探求されたのであった。

（菅　基久子）

▶コラム11　補陀落渡海

　観音の浄土である補陀落と観念された海中あるいは海中の島に詣でるために海中に出て行ったことをいう。

　仏教では、悟りを開いて如来（仏）になっている、あるいはそれが確実とされている菩薩は、それぞれの浄土（仏国土）を主宰しているという。そのうち最もよく知られているのが阿弥陀如来の「極楽浄土」であろう。浄土といえば阿弥陀如来の浄土、といってよいほどこれは人口に膾炙している。この浄土はいうまでもなく宗教的な観念上の所産である。阿弥陀の極楽浄土の他には、たとえば薬師如来の浄瑠璃浄土、観世音（観音）菩薩の補陀落浄土などが知られている。

　さて、平安時代後期頃から、観音や不動明王、地蔵菩薩など現世利益をもたらしてくれると信じられた仏・菩薩に対する信仰がさかんになったが、とりわけ観音は変化身をもつこともあってその信仰が『日本霊異記』を見ても古く奈良時代から篤かったことがわかる。実際に信仰、参詣の対象になった寺院としてはたとえば清水寺や長谷寺などが著名である。そして基本的にはそうした観音信仰の一環として、観世音菩薩の補陀落浄土に詣でようとする動きがしばしばあった。「補陀落」とはサンスクリットのPotalakaによっている。南海中にあると信じられた補陀落浄土は歴史的にはインドや中国などの霊場が想定、あるいは比定されたりしたが、とにかくそこへ詣でることは日本ではすなわち太平洋岸から海に出ることを意味したのである。

　補陀落浄土への往詣が行われたのは、熊野や四国の足摺岬、室戸岬などで、平安時代初め頃から、16世紀のピークを経て江戸時代に至るまでみられた。とりわけ熊野では、

補陀落渡海図 「那智参詣曼荼羅」（正覚寺蔵）より

　千手観音を本尊とする補陀落山寺の僧侶たちが観音の浄土である補陀落へ向かって，冬の北風を背にして渡海した少なくない例が知られている。南海中にあるという補陀落世界へ往詣するということは，熊野から太平洋へ漕ぎ出すということであった。江戸時代後半以後の渡海は事実上，病気などで死んだ僧侶の水葬として機能したようであるが，それまでの補陀落渡海は実際に僧たちの死を前提とした補陀落への渡航，つまり入水であった。

　古来，記紀神話では海の向こうに常世(とこよ)という他界があるとか，沖縄の伝承でやはり海のかなたにニライカナイという別世界があり，その地とのあいだで往来があるといった伝承がある。常世なりニライカナイなりというところは，現実には死者の赴く場として観念されているのだから，（江戸時代以前の）補陀落渡海という現象はこのような遙か海のかなたの他界あるいは別世界に行くという伝承に沿った現象の一環としての浄土を目指した積極的な死への旅立ち行としても位置づけられるだろう。

　鎌倉時代の歴史書『吾妻鏡』は，かつて源頼朝の従者で弓の名手であったという下河辺行秀(しもこうべゆきひで)が補陀落渡海を遂げた話を載せている。行秀は那須野で頼朝の命によって鹿を討ったが仕留め損なったので，小山朝政(おやまともまさ)という武士が代わって仕留めたという。行秀はその場で出家したあと，逐電し行方がわからなくなっていた。のち智定房(ちじょうぼう)と名乗った行秀は熊野に住んで日々法華経を読誦していたが，ある日30日分ほどの食料と灯油とをもって那智浦から補陀落山に向かって船出したというのであった（天福元年6月27日条）。行秀の乗った船は屋形船で彼が乗り込んだあと外から釘を打ちつけてあったというから，その渡海は入水そのものであった。ただし，出家，そしてのちの渡海に至る動機が彼自らが鹿を仕留められなかったものの，結局のところ鹿が殺されるのを目のあたりにしたことで彼をよぎった無常の思いに発した，深い宗教的感覚によるものなのかどうかは記されてはいない。

（市川浩史）

第11章

民衆文化の開花

1 中国文化の受容と変容

唐物数寄の世界　14世紀の日本は，鎌倉幕府が滅び南北朝の争乱の中で室町幕府の創始を見るという，混乱の時代を迎えた。それは政治史の上でいくつかの画期を生み出すとともに，文化の面でも新たな潮流を生じ，後世に大きな影響を与えた。たとえば，武家政権の中心が鎌倉から京都に移り，地方武士たちがしきりに上洛し集住するようになった結果，彼らの間で招き招かれての宴会が盛んになった。当時の華美な風俗や闘茶の流行は，文化の中心地京都における，人々の活発な交流を抜きに語ることはできないであろう。南北朝時代を境に連歌が流行していったことも，そうした状況の産物と考えられる。また，上級の武士たちは財力に物を言わせて，舶来の高価な器物（唐物）で部屋を飾りたて，客人に誇った。武家文化の蓄積自体は鎌倉後期から見られたが，それがきらびやかな装飾と賑やかな集会に結実した。当時の婆娑羅と呼ばれた風潮は，こうした寄合の盛行を背景に成立したのであった。

　さらに会合専用の建物（会所）が造られるようになると，唐物の装飾をより効果的に行うための工夫が進められた（床の間など）。やがて，寝殿造に見られた従来の板敷の部屋に代わり，畳を敷きつめることが普及し，より自由な動作が可能となった。二つの流行が一体化したところに生まれたのが書院造で，そこに座敷という，従来無かった生活空間が誕生した。唐物趣味と書院造の登場は，年中行事を盛んに行う幕府の動向とあいまって，新たな武家文化を形成していった。その中核を担ったのが，同朋衆と呼ばれる人々（文芸や芸能を業とする僧侶）であった。

　僧侶が武将に近侍すること自体は，すでに鎌倉時代の末から見られた。当初は従軍して念仏を授け，戦死者の遺体を始末する役割であった。だが，彼らは合戦の合間に，和歌や連歌など種々の芸能で戦陣の無聊を慰めるようになり，しだいに文化の面で武将に奉仕し，やがて殿中の生活文化全般を担当するようになった。

　同朋衆は当初は時衆の徒が多く，そこから阿弥号（信者の「○阿弥陀仏」の呼称に由来）を名乗るのが常であったが，後には日蓮宗や禅宗の信者も珍しくなくなった。著名な同朋衆としては，六代将軍足利義教に仕え，立て花（後の生け花）の名人として知ら

125

連歌会席図　「猿の草子」（大英博物館蔵）より
人を猿に置きかえ戯画化したもの。

れた立阿弥や，七代将軍足利義政のもと，茶の湯や香に携わった千阿弥，唐物奉行として著名な能阿弥・芸阿弥・相阿弥の三代，作庭に長けた善阿弥などが知られている。一方，田楽能の増阿弥，猿楽能を大成した観阿弥・世阿弥なども阿弥号を持つ。これは，時衆と無関係であっても，芸能者が同朋衆（死体処理を行う）と同様に賤視されていたことによるという。同朋衆の美意識は，舶来の中国文化に対する憧れを基調としていたが，その中にも牧谿（南宋～元初の画家）などを中国と異なり高く評価している例が見られ（相阿弥本『君台観左右帳記』），当時の日本における好みの特化が窺える。

禅と芸能　中国文化尊重の傾向は，新たに渡来した宗派である禅宗においてより顕著であった。悟りの心境を漢詩文で表現することは，中国禅宗からの伝統であったが，日本ではそれが五山文学として，一山一寧の影響下にある人々の間で確立・展開した。主要な人物としては，一寧門下の虎関師錬・夢窓疎石たちや，少し下った世代の中巌円月，義堂周信，絶海中津などがあげられる。「五山」とは，幕命により官寺に止住する禅僧たちの総称であり，多くの派から成り，室町幕府の保護下に栄えた。彼らの間では詩文の才が重視され，特に絶海以降は四六文に代表される本格的な文章が磨かれ，漢詩文の本家である中国でも高い評価をうけるようになった。また，禅宗寺院で作成された水墨画も，当初は中国の風潮に従い，禅僧の肖像画である頂相や，儒仏道の三教の一致を説く道釈画が中心であった。

その後，時代が進み15世紀以降になると，五山の学芸には高度な専門化や分化の傾向があらわれ，難解な辞句の多用や博覧強記を誇る風潮が強まった。そのため各種の典籍の研究が盛んに行われ，それらの注釈を筆録した抄物（あるいは聞書）が多く作成された。道元の公案批判に反し，室町時代の曹洞宗では公案が盛んに用いられ，さらに臨済宗でも公案を多用する看話禅が発達し，師弟の問答が記録され参究の対象ともされた。この動きは一面では禅の形骸化であるが，一方で日常語の会話体で示される，禅の日本化とも把握できる。

また茶の湯や連歌など各種芸能の分野では，理論化が図られ口伝が形成される中で，一般的な理論でなく個人の聞書が重視されるようになった。これも，禅の「教外別伝」の教えに見られるような，書物よりも体験を志向する傾向に基づくといわれている。芸能表現の微細な点への注目は，個別具体的な〈型〉を重視する伝統を作り出し，天台や

禅,さらに歌道や諸芸に広がる口伝主義や秘密相伝の風潮と合流して,後に家元制度を支える理念を形成していった。

　そうした中で,室町前期の中国文化志向にも変化が見られたことは興味深い。室町時代初期に物まねから歌舞を中心とする芸能に移行した猿楽能では,幽玄を基調とする価値観や自然志向の傾向,日本の神祇への関心が見られる。能の詞章には,定型化した「草木国土悉皆成仏」の語が用いられたが,これは日本で作成された句と考えられている。「この道の一大事は,和漢のさかいをまぎらかすこと」（村田珠光『心の文』）,「（立花は）をのづから森羅万像,諸法実相,四季てんへんをあらはしたつる也」（『道閑花伝書』）など,各種の芸能においても,先行する宗教理論や中世歌論に通じる日本志向,自然順応の主張がなされているのである。なお,水墨画における花鳥・山水への中心画題の変化や,茶器における唐物（青磁,天目など）一辺倒から和物（信楽焼,備前焼など）評価への流れ,五山に対する反感の中での林下禅の発達,一休宗純（1394～1481）の『狂雲集』が著され風狂が主張されたこと,文化の地方伝播が盛んになったことなども,室町前期と異なる傾向として留意しておきたい。

　このように室町時代は,中国文化の刺激をうけて新たに武家の文化が形成され,その展開や変化の中で,現代まで続く美意識と生活文化が根づいていったのであった。

2　都市・農村・山野河海

惣村と町　鎌倉時代後期から室町時代初期にかけて,畿内近国の村落において〈惣〉と呼ばれる共同体が形成された。同じ頃,京都でも〈町〉と呼ばれる共同体が成立している。

　〈惣〉（惣村）は,個別荘園領主の領域を超えて,生活と秩序を守るため住民が結合した新たな生活共同体である。そこでは,結束強化のための寄合が持たれ,成員間利害を調整する掟が作成された。惣の組織は,特定の仏への信仰を共有する人々が共同で本尊を祀った講衆（結衆）をモデルとしたといわれ,村の集会場となった村落寺院（惣堂）の存在とあわせ,惣村が仏教の信仰と密接な関係を持っていたことを示している。

　寄合は,全会一致を原則とした。人々は,自分の意見が却下されることを大きな不名誉としたため,物事の決定には少数の長老が主導権を握りつつ,成員全体の意見を生かす道が探られた。しかしながら,紛争や軍事など迅速な決定が必要な場合,別の方法が必要となる。そのため,特に中世後期の国人一揆の場では,上位権力を十分意識し,理非を考慮しつつ,多数決によって決定を行う方法が採用された。また,籤などで神意を伺うことも多く行われた。これらは村落社会に限らず国政の場にまで及ぶ,中世社会に広く見られた談合の方式であった。寄合の場はまた,村の由緒を伝え,確認する場でもあった。既得権を守り正当化するために,村の歴史が再生産され,時に貴種流離譚で彩られ,村の内外に示されていったことが知られている。

村の掟の実効性を保証したのは鎮守社の仏神である。惣村の鎮守社は通常，氏子の主要な人々が祭祀組織を形成し（近畿地方や西国の一部では宮座と称す），神事や祭礼の中心となった。神事に際しては各種の神楽が上演され，民間の芸能者や宗教者の活動する場となった。祝祭芸能として始まった翁の舞や三番叟などは，能楽という形で貴族社会に取り入れられた。一方で，中央の寺院において開催された法会の延年が広まる中で，在地社会に浸透し民俗を形成し，都市においても受容されていった。
　荘園領主に要求を出す際などには，鎮守社において連署起請文をしたため一味神水の儀式（各自が署名した起請文を焼き，灰を神水で溶かし，全員が回し飲むことで団結を仏神に誓う）が執り行われた。そこで作成された起請文には，自らが頼るべき神仏の名が記され，彼らのコスモロジーを知ることができる。また，しばしば百姓王孫の意識が示され，荘園領主や貴族化した武士勢力に対抗して自らを自由民とする中世的な概念が見られた。一方で，自己の自由のよりどころとして〈王〉を求める動向は，在地に流通した物語や縁起類に影を落とした。村落の身分表示としての官途名乗りも，天皇を頂点とする律令的秩序を志向した，当時の人々の意識を示すものと考えられている。
　惣村の形成と前後して京都で成立した〈町〉は，秩序の維持と防衛に責任を持つ町人から形成され強い自立性を備えている点などで，それ以前の住民組織と区別される。やがて同様の生活共同体が，和泉国堺，摂津国平野，近江国堅田などにも形成され，都市文化の担い手となった。16世紀に入り武野紹鷗は，「市中の山居」に拠って在俗の数寄を楽しむ下京茶湯を発展させ，それをうけて千利休は，美意識に求道性を復活させ「わび」「さび」の境地を作り出した。その基盤は〈町〉にあったといわれる。また，中世後期に主要な物語が作成された『御伽草子』の中でも，特に「一寸法師」「文正草子」など庶民が主人公となる出世・致富譚には，庶民の下剋上的な感情や，町衆の価値観が反映しているといわれている。中世末から近世にかけて製作された「奈良絵本」にも，そうした傾向を見てとることができる。中世において〈有徳人〉とは富裕者の謂であり，その背後には，金満者は徳を備えている，または備えていなければならないとする観念が，支配層と被支配層を問わず存在した。中世の徳政一揆は，復古（あるべきところに戻す）と有徳の二つの概念に基盤があったといわれている。

境界を越える人々

　一方，中世を通じて天災・戦乱・重税・規律強化などにより，都市共同体から弾き出された人々が存在した。彼らは被差別民として非人と呼ばれ，生産性の低い居住地にちなみ河原者と称される者もいた。人々の嫌う屠殺・清掃や運輸・警備・作庭などに従事した彼らは，しばしば芸能を生業とし，近世には河原巻物という独特の物語類を作成した。
　それと重なりつつ，山野河海をすみかとする人々も，都市や村落の住人から時に賤視されながら独自の文化を形成していた。特に交通・運輸などに携わる人々は，広範囲に移動するために個々の荘園領主や地頭などの支配を脱し，より広域を支配する国司や幕府，あるいは天皇家に直接属し，各地の関所の自由通行などの特権を得ようとする志向

が強かった。また木地師や狩猟民たちも，全国各地を移動し木材の伐採や鳥獣の捕獲などを行う中で，そのための特権を天皇家などから得たとする物語を製作していった。山の尾根や河川といった，平地に定住する者にとっての辺境が彼らの生活空間であり，彼らの視点は定住民とは異なる独特の仏神観・世界観に立つものであった。

修験者たちはこうした，所属する共同体外部に積極的に進出し異なる世界を往来する人々の典型と考えられる。彼らは山中を他界とする観念と密教の教義にもとづき，鎌倉時代後期以降，母体となる仏教教団と関係を保ちながらも独自化を強めた。室町期には教団の形成（本山派，当山派の前身など）と並行

修験者

して，伝智光・蓮覚等編『修験三十三通記』，即伝編『修験修要秘決集』などが編纂され，修験独特の教義が形成された。また，彼らと連携して活動した熊野御師や熊野比丘尼は，「熊野牛王」を手に各地を廻国し教えを広めるとともに，地方の武士たちに熊野への参詣を勧めた。羽黒，日光，木曾御岳，石鎚，彦山など，各地方の霊山で修験が発達したのも室町時代の特徴である。

一方で，大峰，白山，立山などを舞台に語られた老女化石譚（結界を破った女性が石になる）からも知られるように，霊山の女人禁制が定着していったのもこの頃といわれる。霊山に限らず，中世は女性を穢れた存在として，聖域から排除し神事や芸能の場への関与を忌避する現象が生じた。「女人は地獄の使い」という言説（『宝物集』などに見られる）も，中世初期から広まったものである。

中世は，身分や住居が権力によって固定されていなかったため，地域間・身分間の交流が盛んに行われた。賤民の子が芸能を習得し将軍に近侍し，下層身分の稚児が寺院社会の実力者となることも起こった。廻国を旨とする高野聖や念仏聖，六十六部の行者たちは，自らの活動を通して奉ずる教えや霊験譚を語り広めた。座頭（琵琶法師）や瞽女の語る平家や曾我の物語が人々の心をとらえた。一方で村落社会の人々も，各地の寺社や霊場に参詣し，縁起を聞き，祖師の事跡や様々な教えを示す絵画等の絵解きに耳を傾けた。

民衆の文化が貴族社会の世界に入りこみ，貴族社会の文化が民衆世界に広がった。都市の文化が地方に広がり，地方の文化が都市に集った。室町文化は，こうしたダイナミックな交流の中で形成されたのである。

3 室町・戦国期の思想動向

究極原理の追求　ここで、国内から東アジア世界に目を転じてみよう。14世紀末の明帝国の成立、前後する朝鮮の李王朝成立や日本の室町政権の確立は、この地域に新たな秩序をもたらした。中国主導の国際協調（冊封体制）の中で、環東シナ海地域の倭寇に代表される周辺民族などの動きが統制され、封じ込められた。だが安定した時代は長くは続かず、日本の応仁の乱などを契機として15世紀末以降にこの協調体制の動揺が始まり、豊臣秀吉の朝鮮侵略を経て満州族の清朝樹立に至る混乱と秩序再編の時代が到来する。恒常的な国際交流は一国の枠を越えた東アジア的な思想動向を活性化させ、その後の混乱のなかで各地域の思想の独自化が進行していったと考えられる。

　日本では13世紀後半から約100年間の〈渡来僧の時代〉を経て、東アジア地域内の活発な交流が継続し、頻繁な人と物の移動の中で外来文化が流入した。前述の唐物数寄や禅宗の盛行は、こうした状況を背景としていた。その中で、仏教・儒教・道教などの相違は表面的な部分にとどまり、その根幹は一致すると説く言説が、宋代の新儒学形成と連動して流行し、日本にもたらされた。その最大の特徴は、多神教的・融合論的でありながら、それらを貫く究極の原理を志向するところにあった。禅宗においては太初や霊覚といった言葉で究極原理が示され、その影響をうけた新儒学（朱子学など）でも太極や理という概念が思想体系構築の核となった。それはさらに、至高の存在が人の心に宿るという形で受容され、真宗における唯心弥陀・即心即仏などの思想に結実していく。

　とりわけ、その影響下に思想的な転回を遂げたのが神道である。すでに鎌倉時代までに成立していた『中臣祓訓解』などには、〈伊勢＝最高神〉や〈心＝神〉の観念が見られていた。その後、15世紀に吉田兼倶は、万物の根源としての〈神〉、始原としての〈道〉という理論構成のもとに、最高神が万物に内在するという主張を論理化した（＝吉田神道）。それはさらに、究極の教えである神道が儒学や仏教に優越するとの理由で日本の中国・インドに対する優越を説く根本枝葉花実説を生み出した。また、すべての存在に神が内在するということから、死後に人が神になる霊社の観念が創造された。

　14世紀以降の東アジア世界に流行した、最究極原理を追求する思想動向は、日本に伝わって密教や天台本覚思想が形成してきた潮流に加わり、それを加速させた。そこに、この世を統合する究極原理の概念が生まれ、自覚された。万物を支配し人間に内在する原理が意識されたことは、宗教世界にとどまらず、文学、芸能、政治思想などの面にも大きな影響を与えることになった。

宗教世界の広がり　中世後期は、宗教文献の編纂が盛んになった時代でもあった。五山など寺院における出版活動が行われた一方で、それまで秘事として口決で、あるいは要点を記した切紙の形で相伝されてきた教えが集積され、「〇〇鈔」「〇〇私記」などの名称で整理・記録されるようになったことも注目される。背景

として，国内外の人々や典籍の盛んな交流に加えて，学問の拠点となる寺院ネットワークの形成が指摘できる。そのことを典型的に示すのが，談義所と呼ばれる寺院群の活動である。

談義所寺院とは，上方(かみがた)の本寺に対する地方の学問寺院を指し，主に14世紀以降に，天台・真言・浄土・日蓮などの宗派に見られたという。主要街道筋や国分寺付近など交通の要地に設けられ，特に関東地方に多く存在し，学僧教育が中心であったが他宗との交流も行われ，近郷の民衆が教えを受容する機会もあったことが知られている。宗派の根幹となる教学が本格的に学習される一方，古代以来の唱導(しょうどう)・説法（身分の高い貴族や富裕な人々を対象とする経典の解説等）の影響をうけ，説話や和歌を比喩・因縁として多く用いる教授法が行われた。師匠から弟子に教えが受け継がれる中で，しばしば『一乗拾玉抄(いちじょうしゅうぎょくしょう)』『法華経鷲林拾葉鈔(ほけきょうじゅりんしゅうようしょう)』『法華経直談鈔(ほけきょうじきだんしょう)』などの大部の抄物が編纂され，当時の学僧の一般的な教養や，民間との接点を知る手がかりを残している。

この時代に広まった教えの中でも，特に目立つのは善光寺信仰と太子信仰である。独特の阿弥陀三尊（善光寺式と称す）を本尊とする信濃国善光寺は，近世以降は大勧進（天台宗）と大本願（浄土宗）によって寺務が統括されたが，中世までは宗派を問わない浄土信仰の中心として栄えていた。中世に流布した『善光寺縁起』には，三国伝来の本尊が，蘇我(そが)・物部(もののべ)の争いを経て本田善光(ほんだぜんこう)の手で勧請された経緯が記され，生身(しょうじん)の阿弥陀仏の救済を説いた。その結果，浄土宗・真宗・時宗などの，特に東国を中心とする信者に広く受容された。後年，武田信玄(たけだしんげん)や織田信長(おだのぶなが)，豊臣秀吉(とよとみひでよし)が本尊の遷座を繰り返したのも，その民衆からの支持の大きさに由来する。

一方，浄土信仰を持つ者の間では，しばしば強い聖徳太子信仰が見られた。太子は観音の垂迹(すいじゃく)とされることから，阿弥陀仏信仰と結びつきやすい。また，両者の信仰を媒介した存在として，善光寺勧進聖(ぜんこうじかんじんひじり)が存在した。さらに，初期の真宗は金堀り，杣工(そまこう)，塗師，革多(かわた)などの非農業民や被差別民に広く受容されていたことから，鉱山採掘や運輸に従事していた人々の山岳信仰色の強い王子(おうじ)信仰が，聖徳太子信仰と結びついた原始真宗教団に大きな基盤を提供したとも言われている。こうした各種信仰の並存という信仰形態は，近世に入ると存続することが困難となり，変容していった。

戦国仏教 　中世後期には，村落などで家業と家産を持つ近世的〈家〉が次第に形成されたことにより，従来の地縁・血縁集団に基づく信仰が変質し，家の宗教が求められてきた。その動向に応じて目覚しい躍進を遂げた教団が，浄土真宗・日蓮宗・曹洞宗の中から現れた。

真宗では，蓮如(れんにょ)（1415〜99）が本願寺教団第8代宗主を継承した頃，仏光寺教団が隆盛を示していた。彼らは信徒に対し，名帳に名を記すことで極楽往生が約束されると説き，名帳を管理する地方の僧侶の肖像を系図のように書き連ねた絵系図を発明した。また，信心の不足も僧侶への施物で補えるとする〈物取り信心〉を広め，各地の信徒を獲得していった。蓮如は仏光寺教団と対抗し，後にそれを吸収していく中で，その現世利

「なべかむり日親」「開山日親上人徳行図」(本法寺蔵)
真っ赤に焼けた鍋を頭から被せられる場面。

益的性格に影響をうけ,家の信仰を組織していく方策を編み出した。また,無学な庶民でも教えが理解できるよう,仮名まじりの平易な「御文」を作成し,信徒の教化を行った。こうした活動は,宗祖親鸞の教えに反する側面を持つが,当時の人々の求める方向に合致し,急速に信者を獲得した。本願寺教団はやがて真宗諸派のほとんどを吸収するとともに,一向一揆と呼ばれた強力な念仏信者集団に擁立され,戦国期の有力な世俗勢力となっていった。

　一方,日蓮の死後に久遠寺・大石寺・中山法華経寺などを中心とする門流に分裂し,各々が正統を主張していた日蓮宗各派は,地方の領主層を主な信者とし,各寺院は氏寺的性格を強めていた。その後南北朝内乱の混乱に乗じて,各派は次々と京都に進出した。京の日蓮宗は,妙顕寺や本国寺が勅願所となったことを足がかりに,現世利益の祈禱などで町衆の心をつかみ,応仁の乱の頃には本山21カ寺を数え,その勢いに脅威を感じた既成教団からの圧力が強まった。そうした中で日親(1407〜88)は,1427年(応永34)から京で辻説法を開始し,不受不施(信者以外からは施しを受けず自ら施しもしない)の立場から教えを広めたが,室町将軍への強引な布教を試みるなどしたため度重なる拷問にさらされた。しかしながら,信者となった町衆の支援と強力な布教によって,京では日蓮宗寺院が力を伸ばし,15世紀末には土一揆の乱入に対抗するため,町を基盤とする日蓮宗信者の自衛組織を形成した(法華一揆)。1536年(天文5)の天台宗延暦寺と近江国守護六角氏による日蓮宗寺院弾圧事件(天文法華の乱)の後も勢力は衰えず,織田信長の上洛を迎えることになる。

　曹洞宗教団は,公益事業や祈禱的要素の強調による現世利益を通じて,中世後期に広がりを見せた。特に,本来修行僧を対象としていた葬送儀礼が,室町期に地方展開を行

う中で各地に浸透し，日本の葬送儀礼の主流となったことで支持を得た。また，禅僧が神祇に戒を授け弟子とした等の説話が語られ，各地の伝統的・慣習的観念を教義に取り込むことで，広範に受け入れられていった。

　現在の日本で多くの信者を獲得している上記各教団は，いずれも宗祖の段階では弱小で民衆への浸透も限られていたのに対し，室町・戦国期の社会環境と教団改革の中で飛躍的に発展した。そこから，従来各教団を性格づけてきた〈鎌倉新仏教〉という呼称は，むしろ〈戦国仏教〉に改められるべきといわれる。そして見てきたように，その〈発展〉は，必ずしも宗祖本来の教義により果たされたわけではないことに注意が必要である。

　また，神祇不拝を説く真宗は，実際は聖徳太子信仰を強固に保持し，雑修的性格を強く宿していた。日蓮宗は宗祖以来護法善神の観念を持ち，やがて三十番神信仰を主張した。曹洞宗も布教を進める中で，本地垂迹説を積極的に受容し，土俗的な仏事法要に対応した教義や儀軌を構築した。いずれも神仏習合的側面を持ち，そこで民間との接点を保ちつつ教団形成を行ったといえる。後に，教団として神国思想と本質的に敵対しえず，統一政権に屈服していく原因の一つは，そこに見ることができるかもしれない。

（曽根原　理）

▶コラム12　こよみ
　時間を分節し管理する権限は王権に帰属する。日本中世は，家職として暦博士を世襲する賀茂家が一貫して暦を作成したが，それは天皇の権限を委任されていたと解釈される。しかしながら実際の暦の内容（暦法）は，これも一貫して中国唐代の宣明暦に依拠していたことから，実際の〈王〉は中国皇帝であったとも解釈できそうである。
　中世の暦を形態で分ければ，漢字のみで書かれ暦注が詳しく記された具注暦と，独特の仮名で書かれ簡潔な注をもつ仮名暦に分かれる。正式かつ本来的な前者が基本的に写本であったのに対し，流布形態である後者は，室町時代以降，京都・奈良・伊勢・会津・薩摩など地方での版行が盛んになった。いずれも暦法は同一なので，暦日事項として記される内容は原則として同じである。
　地方暦の一つとして，伊豆国三島（現在の静岡県三島市）で発行された三島暦があった。鎌倉時代に，同国一ノ宮である三島大社の社家河合家（賀茂家の末裔と称した）から発行されるようになったといい，先駆的な版暦として，後に仮名版暦の代名詞にもなった。三島大社は源頼朝と因縁浅からず，両者の関係から三島暦は，鎌倉幕府が京都の貴族文化に対抗し〈関東の暦〉として発行したものともいわれている。関東の新たな〈王〉として，暦に携わったというのであろう。
　関東はまた，私年号の多い地域として知られている。1461年は，中央では寛正2年に当たる。しかし，下野国日光山では同年を「延徳」元年とした事例が知られている。また，1490年も，中央で延徳2年とするのに対し，同地では「福徳」に改元している。この背景に，当時日光に勢力を及ぼしていた古河公方（足利成氏）の存在を指摘する説もある。成氏は，まだ鎌倉を拠点としていた時代の年号「宝徳」「享徳」に執着があり，

第11章　民衆文化の開花　*133*

鎌倉を追われた後も享徳を使い続けたからである。

　また1540年は，中央で天文9年とするのに対し，『王代記』（現山梨市の窪八幡社別当に伝来した資料）に「命禄と伊豆暦にする也」の記事が見られる。実際，関東で「命禄」の元号を使用した例もあり，三島暦によって私年号が流通した事例として確認できる。こうした例から考えて，鎌倉公方と深く関係を持つ三島社で，独自の年号を使用していた可能性がある。それは，中央に対する関東の〈王〉の行為であったかもしれない。

　もっとも，関東各地において，完全に三島暦使用が貫徹されていたわけではない。『北条五代記』（寛永18年版）において，伊豆国三島と武蔵国大宮の間で，作成された暦の相違（12月を大の月とするか否か）が発覚し，最終的に三島暦に従ったという話が記されているように，地域による細かなズレは日常的にあった。その類の話として，1582年（天正10）に閏月をめぐる京暦と地方暦の違いが発覚し，織田信長が関与した事例がある。吉田兼見や勧修寺晴豊らの記録によれば，同年2月に濃尾の暦者（三島暦準拠か）に依拠して，信長から禁中に12月を閏月とするよう申し入れがあったらしい。京暦では閏月は翌年1月とされており，公家ではその立場から信長の申し出を拒否した。信長は6月1日にも蒸し返し，翌日の本能寺の変が無かったらどのような結果となったか，想像に難くない。この事件を信長の王権侵犯と把握できるかは，興味深い検討課題である。

　古代ローマでは第5月（Quintilis），第6月（Sextilis）を，皇帝の呼称をとって各々ユリウス・カエサル月（Julius→英July），アウグストゥス・オクタヴィアヌス月（Augustus→英August）に改めた。「後醍醐月」「秀吉月」等が作られなかったことは，日本の暦にとってなお幸いだったかもしれない。

　　　　　　　　　　　　　　　　　　　　　　　　　　　　　　（曽根原　理）

III

近世の思想

心学の講釈『前訓』(東北大学附属図書館蔵)より

Ⅲ 近世の思想：概説

1 近世社会の特質

　独創的な東洋史家である内藤湖南（1866～1934）は，かつて，今日の日本を理解するためには応仁の乱より以後の歴史を学べば十分だという意味のことを述べたことがあった。内藤の発言の真意や適否はともかく，たしかに中世の後期から近世にかけての社会の変化にはきわめて大きなものがある。巨視的に見てそれは，高度経済成長期の社会変化に匹敵するものかもしれない。政治や経済，体制や制度といった次元だけではなく，あらゆる人々の生活や価値観の根底が，ゆっくりと，しかし確実に変化したのである。
　中世までの人々は，恐ろしい物の怪やおどろおどろしい怪異の力，人知を超えた神仏の霊異の中に生きていた。合理的な思考や人生の冷徹な観察も，そういう怪異・霊異の世界の中で，それを前提にして獲得されていた。しかし中世の後期から近世にかけての巨大な社会変化は，世俗生活の意味を決定的に大きくし，怪異や霊異の力を，あるいは呑み込み，あるいは周辺に追いやっていくことになった。ここで言う世俗生活とは，職業を持って継続的に家族生活を営み，子や孫の成長を楽しみとし，近親の者の死を見取り，ほどほどの娯楽を味わい，自分たちの生活の安定や向上を何よりの価値として生きることである。そういう俗塵の中の暮らしは，迷いや執着として否定されることなく，人間らしい積極的な意義を持つ生き方として力強く肯定された。宗教をはじめ政治や経済など，人間の活動のあらゆる領域が，この世俗生活の側から価値づけられるようになる。世俗生活の円滑な持続のためには，社会に安定した秩序が保たれなければならない。その秩序は，超越的な宗教的世界から説明されるのではなく，世俗生活にとってそれがどのような意味を持っているのかという点から説明されるようになる。
　近世に始まって今日に至るこのような傾向を，世俗的な秩序化と名付けることにしよう。近世の思想を理解するには，まず世俗的な秩序化の構造を知る必要がある。

◨　世俗的な秩序化——宗教

　世俗的な秩序化の進む社会で，宗教は消えていくのではない。宗教が，世俗生活によって意義づけられるのである。
　宗教には，地上の権力や権威を相対化させる契機が備わっているが，日本史上それが最も激しい政治闘争として現れたのが，中世末期の一向一揆や法華一揆であり，近世初頭のキリシタン一揆（島原の乱）であった。近世の統一権力は，これを徹底して壊滅させることで確立するのである。信長・秀吉・家康らは，そもそも宗教の自律性を心の底から憎み，それどころか自らの神格化のために，宗教を効果的に懐柔し利用しようとした。かつて激しく地上の権力と衝突した宗教的エネルギーはこうして後退させられ，

III 近世の思想：概説

徳川幕府の定めた寺請制・檀家制をはじめとする巧妙な統制政策によって、かつてのエネルギーは完全に摘み取られてしまった。

キリシタンと少数の異端（日蓮宗の不受不施派など）は徹底して弾圧されたが、それ以外の宗教活動は、幕府の定めた秩序の枠から出ないかぎり比較的に自由であった。人々は、特定の寺院の檀家として、葬祭・祖先祭祀を中心とするイエの宗教的秩序の管理を寺院に期待する。寺院もまた、地域の習俗に沿った葬祭・祖先祭祀の型を檀家や地域の人々に提供していく。後に民俗や風習といわれるものも、おそらくはこのような動きの中から形成されてきたのである。霊的な呪力に満ちていたおどろおどろしい加持祈禱も、イエの平安のためのものに変わり、各地の寺社への参詣は、人々の信心の確認であるとともに、娯楽を兼ねた物見遊山の旅にもなっていく。かつて親鸞は、「父母の孝養のためとて、一辺にても念仏まうしたること、いまださふらはず」と語った（『歎異抄』）というが、世俗的な秩序化は、現世の道徳（孝養）から隔絶した親鸞のような宗教意識をはるかに遠いものとして、イエを単位とする宗教を日本社会にもたらした。

◎　世俗的な秩序化──イエ

一般の人々が安定的なイエを営むようになるのは、いつからであろうか。畿内の先進地域では中世の後期からであり、後進地域でも近世の中頃にはイエが確立したとされている。士農工商という身分の相違にかかわらず、人々の生活は同じようにイエを単位に営まれ、芸能の世界でも擬制的なイエ制度（家元制）が確立していった。そこでのイエは、中国や朝鮮の「家」が男系の血縁集団であるのとは異なり、家職・家業や家産・家名などの維持と発展を目的とする経営体としてのイエである。経営体としてのイエの特質を示すものは独特の養子制と隠居制であって、イエの維持と発展のために、優れた後継者を養子として迎える一方、活力の衰えた家長は、同じ目的のために隠居として退くのである。

こうしたイエの構造は、近世の思想、特に身分ごとに展開する思想の根底を規定している。たとえば中世以来の武士には、同輩に後れをとらない覚悟、同輩から軽蔑されない強みを持つという精神的な伝統があったが、近世の武士の前にあったものは、そういう伝統的な価値観と、自らの軽挙妄動によってイエを滅ぼしてはならないという要請との葛藤であった。町人や百姓も、それぞれの世俗生活に即した独自の思想を作っていくが、根本にあるのは、代々の暖簾を守るとか、先祖伝来の田畑を守るというような職業倫理としてのイエの観念である。

◎　世俗的な秩序化──商品・市場・民族意識

近世の思想は、様々な書物の流通によって支えられた。木版印刷の技術の向上によっ

Ⅲ　近世の思想：概説

て，まず京都や大坂で，ついで江戸で書物をめぐる市場が成立し，知識が商品として流通する時代に入るのである。これは，あらゆるものが商品化されて市場に乗せられていくという，まさに近世らしい趨勢の一つの現れでもあるが，この趨勢は，学問や思想の社会的な形態を一変させることになった。それまでの口伝や家伝，師から弟子への秘伝というような閉鎖性が打破されて，知識の公開性・公共性が高まったのである。書物を通じての知識の獲得は，一部の上流階級や僧侶をはじめとする知識人の特権ではなくなった。それをうけて，実用的な学問への需要も急速に高まっていくのである。

　全国的な市場の確立は，安全な交通秩序の維持と一体のものである。参勤交代をはじめ人々の移動も活発になって，人・物・情報のネットワークが飛躍的に発展した。そうした中で，地方の豪農や医師などの知識人の文化的な実力は，想像以上のものに高まっていく。中国や朝鮮の思想史の担い手が，科挙官僚という読書人に限られるのに対して，近世の日本の場合には，担い手が各身分に分散して多様であることに特色がある。読書をもっぱらにする者，古典の詩文を自在にあやつる者が，それゆえに人間として優れているという科挙社会の価値観は，そこには生まれない。本居宣長が，木綿問屋の生まれで，名古屋を介して東海道の情報のネットワークにしっかりと組み込まれた地方都市の医師として生計を立てていたことは，示唆的な事実である。

　全国市場の確立は，人々の間に民族意識の形成を促した。身分の秩序はたしかに厳しかったが，同時に，士農工商はそれぞれの仕方で互いに社会を支えるのだという社会観も共有され，近世後期になると，教育の普及と識字率の高まりもあって，「日本人」というアイデンティティは，いよいよ深く人々の中に根づいていく。〈朝鮮や琉球は歴史的に見ても日本に従うべきものであり，野蛮なアイヌはさらにその外にあるべきものだ〉という意識が，それに伴う。かつてあった中国へのコンプレックスは，〈満州族の支配に甘んじる文弱の中国〉という印象に取って替わられる。「日本人」という確たるアイデンティティと自分たちの民族を中心としたこのような秩序意識は，近代の国民国家の構築を，他のアジア諸国の場合よりもスムーズなものにさせたことは間違いない。

　この他にも，いろいろ述べるべきことは多い。男女が交わることが，秩序の根底に据えられるとすれば，同性愛（男色）は闇の世界に追いやられていく。かつて遊女がもっていた，神に捧げられた性としての聖なる側面は消えて，単なる売買春になっていく。このような性の問題も，実は，近世の思想（武士の主従意識や人倫の捉え方）を理解するには見逃せないものであって，それもまた，世俗的な秩序化の一環なのである。

Ⅲ 近世の思想：概説

2 近世思想の骨格

◇ 近世思想のキーワード——「理(り)」

さて、世俗的な秩序化があらゆる領域で急速に進んだのが近世だったとすれば、それを主導した思想的なキーワードは、何だったのだろうか。主導とは、それが一貫してもっぱら思想史をリードしていったということではなく、ある時にはそれが思想世界をリードし、ある時にはそれへの反発が新しい思想を生み、またその反発を受け止めることでそれが再生していくような、そういう思想のダイナミズムの主軸というほどの意味である。それを、ここでは「理」という観念で捉えてみよう。

近世の日本は、中国では明から清の王朝時代に、朝鮮では李氏の王朝時代にあたり、それらの社会では、いずれも朱子学が体制の根幹を支えていた。朱子学の掲げる「理」は、究極根源の一理として天地宇宙を統べるものであるとともに、人間・社会・自然の万事万物に普(あまね)く内在するあるべき道理・理法とされる。近世の日本でも、朱子学は、修身（自己の完成）と治国（政治の安定）を、あるべきように統一的に実現させる新しい思想として歓迎された。朱子学は、東アジア世界が生んだ最も体系的で雄大なスケールをもつ世界観であるが、近世の日本では、その形而上的な思弁よりも、人間としての生き方に直接に響いてくるような思索が好まれた。人倫と呼ばれる倫理的な規範としての「理」が、特に重んじられたのである。近世の日本が世俗的な秩序化を進める時、そのあるべき秩序、たとえば君臣の理（あるべきありよう）や父子の理などの模索において、朱子学の「理」が大きな指針となった。しかしそれは、中国や朝鮮の朱子学のような特権的な位置、体制のイデオロギーとしての性格を日本の朱子学が持っていたということではない。幕府の与えた秩序の枠の中では、いろいろな宗派の宗教活動が比較的に自由だったように、朱子学をはじめ、多様な思想や学問が互いに自己主張しあっていたのである。朝鮮ではほとんど支持者をもたなかった陽明学も、日本ではよく学ばれていた。伊藤仁斎(いとうじんさい)や荻生徂徠(おぎゅうそらい)の登場によって、朱子学の「理」の硬直性・観念性に対する批判は本格化するし、本居宣長にいたれば、儒学そのものの「理」の過剰が公然と批判されるようになる。

にもかかわらず「理」の思想は、近世の思想を主導していく。それは、限定的に朱子学の「理」というよりは、朱子学がそれを最も体系化することに成功したという意味では朱子学に負うところが大きいにせよ、もうすこし緩やかな、物事のあるべき法則や筋道を人間の知的な営みによって明らかにしていく感覚と言うべきものである。そういう「理」は、近世に入って驚くべき発展を見せた諸領域の学問、具体的には、和漢にわた

Ⅲ 近世の思想：概説

る実証的・考証的な学問，病理や薬理を明らかにする蘭方・漢方それぞれの医学，博物学や和算・農学というような実学，経世済民のための様々な実学を根底で支えている。他方で，外れてはならない人としての道，武士ならば武士としてのあるべきありようがあるはずだという人間観の根底にあるのも，実にまたこの「理」なのである。「理」は，物の理の探求という面で近世の学問・思想の発達を支え，心の理の探求という意味で人々の自己形成を促した。

　人間観の側面について，やや立ち入って述べておこう。近世の前期までは，禅を中心とした仏教が，人間の自己中心性の克服という課題に最も深いところで切り結んでいた。しかし禅仏教は，その課題をあまりに唯心論的に追い込み，世俗生活（人倫）の意義づけや，世俗社会の秩序をどう正していくべきかというような問題と人間の心の問題とを結合し，そこに統一的な解決をもたらすことができなかった。近世前期の「理」の思想は，世俗生活（人倫の中での生）を正しく意義づけることが自己中心性（私欲）の克服への道だとして，禅仏教を乗り越えるのである。近世中期になると，禅仏教との対抗という要素は後退し，職業を中心に，より具体的な世俗生活の場面に即した人としてのあり方が探求されるようになる。人倫としての「理」が，一般論ではなく，自分にとってどうなのかという問い詰め方をされるのである。近世後期は，教育の爆発的な普及によって，庶民の間にも「理」に支えられた自己形成への要求が強まっていった。あるべき自己（規範）と現在の自己との距離を埋めようとする努力が，いろいろの形をとりながら一般化されるのである。それはまさしく自己自身の秩序化である。生真面目ともいえるこういう要求なしには，幕末維新期の民間での政治的な動向や，黒住教・天理教・金光教をはじめとするさまざまな民衆宗教の成立，その教勢の拡大は理解できないだろう。

◙ 西欧文明との出会い

　こうして「理」の観念が，近世の思想を主導したのであったが，その歴史的な意味が根底から問われたのは，西欧文明との出会いであった。西欧は，ポルトガルとスペインが覇権を競った16世紀に，まず鉄砲とキリスト教をもった南蛮人として登場した。キリスト教の伝来は，思想史的には重要な事件であったが，17世紀以降の徹底した禁教政策によって歴史の表面からは姿を消してしまう。その後の日本は，政治批判やキリスト教と結びつかない蘭学という回路によって西欧文明の一部を受容していく。再び西欧世界が現れた時，世界史は植民地分割の時代に入っていたから，それは，何よりもまず軍事的な脅威として出現した。かつてこの列島に暮らす人々は，朝鮮半島を通じて中国文明と出会い，文字を学び，物事を概念化することを体得した。高度な制度としての国家を形成する技術も，すべてここから受容したのである。さらに中国文明を通じて，インド

|||||||||||||||||||||||||||||||||||||　Ⅲ　近世の思想：概説　|||||||||||||||||||||||||||||||||||||

亜大陸に生まれた仏教を学び，現世を超越する価値の存在を知るようになった。これらの出会いは，海を隔てた穏やかなものであったが，西欧の軍事的な脅威は，海ゆえに深刻なものになった。海原の広がる限り，彼らはどこまででも乗り込んでくる。しかも西欧文明は，単に軍事力としてあるだけではない。地球の裏側に軍艦を派遣させるには，どれほどの自然科学的な知識や技術力が必要か，未知の世界に臆することなく出向く彼らを支える強靱な精神力は，何に由来するのか。日本ははじめて，理解を絶するおそるべき他者と向かい合ったのである。

　西欧文明に対して，「理」の思想からの対応は，大きく三つに分かれた。第一は，「理」の基本は倫理道徳としての「理」であって，西欧は，君臣・父子のモラルを欠いた人倫外の功利的な社会だとする。西欧との交渉などは全く必要ないし，場合によっては打ち払うべきだとするのである。第二は，自然科学や技術といった物の「理」に対する探求という次元では，日本は西欧から積極的に学ばなければならないが，心の「理」については，彼らから学ぶ必要はないとするものである。第三は，政治経済の学問や社会制度についても，彼らの探求した「理」の成果から大胆に学ぶ必要があると考え，さらに進んで倫理道徳，心の「理」についても，学ぶべきものがあるとする立場であった。結果的には，第二の方向が主導権を得ることになったが，自分たちの精神的な伝統と西欧文明の出会いの中から，より高いもの，より普遍的なものをどのように生み出していくのかという根源的な問題は，こうして近代に持ち越されていく。

　軍事力を伴いながら強烈に自己主張してやまない西欧文明による植民地化の危機を前にして，どのように自分たちの政治的・文化的アイデンティティを守るのかという課題は，東アジア世界に共通に突きつけられた課題だった。結果的に日本は，西欧の植民地となることを免れただけでなく，いち早く琉球王国を近代日本に組み込み，朝鮮半島へ，さらに東北アジアへと利権を狙っていくことになる。そうした進展は，複雑に錯綜した事柄の連鎖によるものであるが，近世の日本に，その要因のいくつかを求めることは可能だろう。まず西欧の軍事的な脅威に敏感に反応したのは，中国や朝鮮の科挙官僚（読書人）とは異質な性格を日本の指導者層が持っていたからである。東アジアの中で，なぜ日本にだけ，長期の軍事政権（幕府）が存続したのかという大きな問題に，それはつながる。「武」に対する「文」の支配という東アジア文明の原則は，こと日本にはあてはまらなかった。しかし日本の武士階級は，単に武人だったわけではなく，武人らしい剛毅をもって，しかも「理」の思想の蓄積の中で自己確立する訓練を経て，修身と治国を自己の責任で果たすべきだという理念を疑わなかった。それは，西欧文明との出会いを，ある意味で成功裡に乗りきった一つの要因である。しかしその反面，近世を通じて

Ⅲ　近世の思想：概説

形而上的な「理」の探求が弱かったことに加えて，幕末以来，「理」が自然科学や軍事技術の面に傾斜して捉えられがちで，心の「理」の探求という次元で，西欧文明と自分たちの思想的な伝統との対決が先送りされたことは否定できない。中国や朝鮮が，西欧文明と自らの精神的な伝統との正面からの衝突に苦悶するのに対して，日本の場合，そうした葛藤を巧みに回避しながら，近世の中に育てられた民族意識の延長上に近代の国民国家を構築したのである。

（田尻祐一郎）

第12章

世俗と宗教の葛藤

1　近世的公儀理念の形成

公権力と天の思想　中世国家を主宰したのは「治天」（天皇家の家長）であったが、足利義満以降、公家の権能の多くを武家が吸収し、「室町殿」（足利将軍家の家長）を中心に公家と武家が緩やかに連合する政権が国家支配の中核となった。その後下剋上の進行に伴い、従来の支配の枠組みの有効性が低下した結果、各地の戦国大名は領国支配を正当化するための新たな根拠を模索した。血統の高貴さ、由緒や相伝の正しさ、為政者の能力など多様な理由づけに加え、特に自らを〈公〉の存在とすることに工夫が凝らされた。

戦国大名の中でも西日本では、大名の地位は〈家中の第一人者〉としての性格が強かった。それに対し東日本の大名では、家臣と隔絶した権力を志向する傾向が顕著であった。戦国大名の権力強化の様相は、たとえば発給文書の変化によって把握することができる。一般に、印判状（署名を印判で代行）は判物（署名を手書）に比べ薄礼・尊大で、大名が家臣等に発給する場合は、より隔絶した権威を示すものである。早くから印判状を多用した関東の北条氏は、その点からも戦国大名の代表的存在であることが分かる。ところで、その北条氏当主は16世紀後半に、自らの支配を正当化するため、自称として「大途」を用いるようになった。

そもそも公権力には、それを行使する人格としてとらえられる側面と、機能・構造としてとらえられる非人格的側面の両面が想定できる。中世に公権力を指す時は「公儀」「公方」の語が通用され、近世には前者が非人格性、後者が人格性を示す傾向があった。「大途」はそれらと内容が重なるものの、本来は人格性の薄い語であった。だが1569年（永禄12）の越相同盟を境に、足利将軍家の支族である古河公方の配下を実質上離脱した時点で、貴種でない北条氏は「公方」に成りえず、「公方」の伝統的な権威に対抗する中で、人格性を強めた「大途」の概念を独自に編み出したと考えられている。このような、自らが上位権力で公共性を持つことの主張が中世末期の各地で見られ、戦国大名たちが制定した分国法の中にも喧嘩両成敗法などの形で盛り込まれた。

東国の戦国大名の中でも、特に強力に家臣団支配を行ったのが織田信長（1534～82）

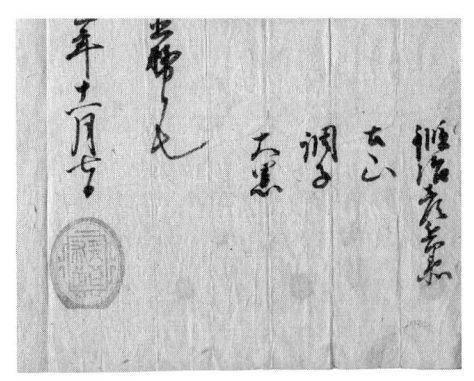

織田信長「天下布武印判」
「深草内配当分目録」（東北大学附属図書館蔵）

である。信長は，1567年（永禄10）に美濃国を攻略した後，中国古代王朝（周）が「岐山（きざん）」に始まる故事に倣い，新たに拠点とした城下町を「岐阜」と名づけ，「天下布武」の印判を使用したと伝えられる（『政秀寺古記』）。そもそも〈天下〉とは古代中国で，至上の人格神〈天〉の支配を前提に成立した概念であり，①国土と人民は天に所属する，②王は撫民仁政を条件に天命をうけて民を支配する，③仁政の実現を達成できない王は天命を失い革命に倒れる，という図式である。さらに日本では，〈天〉は中世後期以降しばしば〈天道〉で代替され，人間の行為の善悪に応じた応報を与える存在として，信仰の対象ともなった（＝天道思想）。信長は効果的に室町将軍や天皇の権威を利用したが，一方でこうした天の思想により自己の支配を正当化し，その結果天下人となった。自ら奉じて将軍に就けた足利義昭（よしあき）と，やがて対立するに至った信長は，「天下」に立脚することで「公儀」（義昭）を非難し，ついには追放した。

〈天下〉〈天道〉の主張は，既存の諸権威を相対化し克服するためには有効であるが，その牙は自らにも向けられる両刃の剣であり（実際，信長は天下統一途上に，部下の下剋上に斃れた），安定した政権づくりのための理念創出が，後継者たちに託されることになった。

武威の創出　信長の天下統一事業の前に立ちはだかったのが，一向一揆などの宗教勢力であった。戦国期に急成長を遂げた日蓮宗各派や本願寺教団では，この世は仏の支配すべき地であり，そのもとで人々は仏の子として平等な関係を結ぶ，という観念が形成された。加えて信長と同時代の本願寺では，生身仏と崇められた宗主のもとでの組織化が進み，（蓮如の「王法為本」の教えに反し）教団のため世俗権力と戦い死傷することは宗祖親鸞と仏法に対する忠節とされ，戦いに際し「進まば往生極楽，退かば無間地獄」というスローガンが登場したという。一方，日蓮宗でも宗祖以来の〈世俗に対する仏法優位〉の観念の中で，不受不施の思想が強く意識され，後に日奥（にちおう）（1565～1630）が1616年（元和2）に著した『宗義制法論（しゅうぎせいほうろん）』で鮮明に主張された。古くからの伝統を誇る比叡山延暦寺なども，中世以来の王法仏法相依論（おうぼうぶっぽうそうえろん）を掲げ，世俗権力に対する自らの優越を強調した。これらの主張は立場の相違を超えて，現世を究極的に支配する仏教原理の存在を前提に，治国には仏教教団の意向を重視すべきと説く点で一致する。いわば，俗権に対する聖なるものの優位を説く論理に支えられていた。

こうした相手と争うには単なる武力でなく，イデオロギー的に優越することが必要と

なる。信長は，〈天〉と自己を同一視することで，自己に敵対する勢力の正当性を粉砕しようとした。たとえば叡山を焼き討ちした理由は，僧侶たちが「天道の恐れも顧みず」堕落しているからであると説き（『信長公記』），北陸の一向一揆の数万人を「なで切り」にしたことを「天下に対しその禍を為」したからと正当化している（1575年〈天正3〉10月25日付伊達政宗宛書状）。加えて，武士階級を糾合する「武者道」の概念創出も注目される。信長が1575年（天正3）に発した「越前国掟」の中には，信長の命令に絶対服従することで「侍の冥加」を得て長く地位を保てるとする主張が見える（『信長公記』）。さらに1580年（天正8）の佐久間父子折檻状の中では，武士身分の者のあるべき姿として，命がけで主君に奉仕する「武者道」「武篇道」が示され，「長袖」（ここでは出家者＝一向一揆の徒）の立場と対比されている（同）。

家臣団を統率し，武士身分の階級的結集を図るため編み出された倫理は，やがて公家や百姓集団と区別される武士集団全体の権威として，武力を〈公〉の最大の要件とする，日本独自の「武威」の概念を生み出した。さらに個々の武士の倫理としては，武士道を形成していった。そうした中で，遅くとも秀吉の段階までに，以前は足利義昭を指し，その後「天下」に取って代わられていた「公儀」が，今度は天下人を指す語として使われるようになり，武威を備えた公儀の概念が確立した。

信長はさらに，自己神格化を図ったともいわれる。1582年（天正10）にポルトガル人宣教師ルイス・フロイス（Luis Frois, 1532〜97）が記録したところでは，信長は「神でもあるかのように諸人から崇められることを望ん」で，居城安土城の中に総見寺という寺院を建立し，自身が神体であり生きる神仏である，それを拝む者は現世利益を得る，と語ったという（「1582年度日本年報追信」）。死後の世界まで保証する本願寺等の宗教勢力に対抗するために，自ら神と称したというのである。ただしこれについては，外国人の記録のためキリスト教的観念の影響が無視できないこと，日本側の史料に全く見られないことなどの問題があり，事実確認に難がある。信長は，早い時期から地元の尾張国津島牛頭天王社と関係を持ち，晩年には伊勢神宮の式年遷宮復興や善光寺如来の美濃への勧請などを行い，実は伝統的宗教と親和的な政策を行った一面を持つ。こうした信長の多面性にも注意が必要である。

2　神国日本

南蛮文化の衝撃　16世紀の中頃から日本に渡来した西洋人のうち，主にポルトガル・スペインという旧教（カトリック）の国から来た者を南蛮人と称し，後に新教（プロテスタント）の国から来た紅毛人（オランダ・イギリス人）と区別した。南蛮人がもたらした文物は，日本史を大きく変えた鉄砲はいうまでもないが，美術工芸，衣食風俗など多くの面でも日本文化に影響を与え，時計からタバコ，カルタ，ローマ字などまでが新奇な舶来品としてもてはやされた。さらに，宣教師たちが伝えた一夫一妻，

第12章　世俗と宗教の葛藤

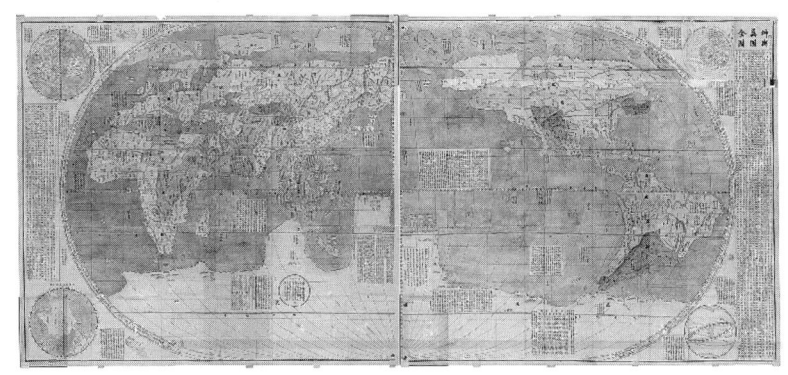

「坤輿万国全図」（東北大学附属図書館蔵）

堕胎禁止などのキリスト教倫理や外科医学，セミナリヨ（Seminario，中等レベルの神学校）など教育施設を通じて広められた哲学や科学，音楽等の南蛮文化が，未知の世界の衝撃を日本人に与えた。とりわけ，南蛮屏風に描かれた世界図は，それまでの日本で知られていたインド・中国・日本から成る三国世界観に改変を迫り，やがて日本付近を中心とする世界図が広まった。また，宣教師たちが持ち込んだ印刷機では，キリシタン版と呼ばれる辞書，教義書などが活字印刷され，朝鮮からもたらされた活字とともに，日本印刷史上に活版の時代を招来した。

　西日本では多くの大名がキリスト教に改宗した。神のもとでの上下秩序維持を説くことが，戦国武将の政治理念に合致したことや，宣教師たちが布教にあたり，日本の支配機構と風習を尊重したことの成果でもあった。だが，改宗の主要な動機はやはり貿易の利益追求であり，20名あまりの〈キリシタン大名〉の中で，後の迫害の時代に最後まで信仰を貫いたのは，高山右近など少数に限られた。教育機関などでキリスト教精神を学んだ庶民層において，根強い信仰が見られ多くの殉教者を生んだのとは対照的である。

　当初，キリスト教の神は新たな蕃神として受け止められ，教義も仏教の用語を用いたため混乱を生じた。たとえばデウス（Deus 神）は，「大日（如来）」「天主」「天道」などと翻訳され，唯一絶対神でなく諸神の一つであるかのように誤解されたため，宣教師たちは後に訳語を避け原語で呼称した。そうした混乱は布教活動を通じて収まったが，一方で，神や霊魂，来世などについて仏僧との論争が盛んに行われ，時に彼らの反発を招いた。

　西国大名たちに続いて，織田信長も積極的に南蛮文化を摂りいれた。京都では，竹内季治など親日蓮宗・反キリスト教の公家たちが画策した結果，1565年（永禄8）に正親町天皇の綸旨が出され，松永久秀の権力によって宣教師たちは追放されていた。信長は入京後，綸旨を黙殺し，1569年（永禄12）に宣教師に布教保護を約束した。自らも南蛮風俗を好み，また宣教師たちの道徳性を評価し，反体制的仏教教団の牽制を図ったため

とも伝えられる。

　その後、1579年（天正7）の日蓮宗と浄土宗の論争（安土宗論）では、信長の内意をうけ一方的に浄土宗側が勝利を宣言し、日蓮宗側は詫び証文と罰金を課せられる屈辱をうけた。これは1571年（元亀2）の比叡山焼き討ち、1580年（天正8）の本願寺の石山退去と並ぶ、世俗権力による宗教勢力の弾圧と超克を示す事件であった。そしてついに、1587年（天正15）に秀吉が〈伴天連追放令〉を出し、統一政権がキリスト教禁止の方向に踏み出した。神国思想に基盤を置いた天下人にとって、日本の神々に由来する秩序と本質的に相容れないキリスト教は、反体制的仏教以上に治国の障害と考えられたためであろう。

神国意識の肥大化　信長の後継者となって天下統一を果たした豊臣秀吉（1536〜98）は、出自が低く、織田家武将の時期に格上や同輩だった大名も多く、したがって権力正当化のため様々な工夫が必要であった。早い時期は、自らの急激な官位昇進、官位と家格による大名統制、本姓「豊臣」と名字「羽柴」の下賜、関白の立場から出された惣無事令など、天皇を頂点とする律令的法体系への依拠が目立つ。しかしながら、これらは政治的・軍事的実力を基盤とした、秀吉側からの一方的な天皇等の利用であった。前代と異なる統一政権の独自性は、やがて明確な形で国内外に示されることになる。

　すでに天下統一以前から断片的に漏らされた秀吉独自の政権構想が、全体として示されたのは1592年（文禄元）のことである（5月18日付豊臣秀次宛秀吉朱印状）。そこで秀吉は、現天皇を明（北京）に移し中国の天皇とし、皇子を日本の天皇とし、各々に関白として秀吉一族をつけ、秀吉自身は寧波に居所を置き、インドを含めた東アジアの一大帝国の主となると述べる（三国国割構想）。ここには、天皇という〈王〉の存続を認めると同時に、それを超えた新たな〈王〉として自らを位置づける構想が窺える。この時期の秀吉は能に熱中し、しばしば中国宮廷を舞台とした「皇帝」という演目を舞ったという。1594年（文禄3）に自らの事跡を題材とした〈豊公能〉（「明智討」など）を作成させ、自ら舞い自らを賛美した秀吉のことである。本気で中国皇帝の座を考えていたと解釈してもあながち的外れではないだろう。中国や朝鮮から見れば従来の冊封体制の破壊であり、秀吉から見れば新たな東アジア秩序の形成である。なお、中国を征服し一族で分割支配する考えは、すでに織田信長に先蹤が見られたという。

　さて、東アジアを支配しようという新たな〈王〉の権威は、どのように正当化されたのだろうか。天下統一の見通しがついた1585年（天正13）、秀吉は八条宮智仁親王を猶子とする。その年に側近の大村由己が著した『関白任官記』には、秀吉が天皇の落胤であるという記述が登場する。また、この頃の僧侶の日記には、秀吉が新王になるとの噂があったと記されている。これらは、天皇との関係強化で自らの権威上昇を狙う動向である。

　より画期的な動きとして、1590年（天正18）以降の外交書簡のみに見える、自らの誕

第12章　世俗と宗教の葛藤　*147*

生にあたり母が日輪の懐中に入る夢を見たという記述が挙げられる。秀吉は太陽すなわち天の申し子であり，日本だけでなく世界を統一する天命のもとに生まれたというのである。一見荒唐無稽に見えるが，実はこの種の感生帝説は東アジア各地の王朝始祖について語られたもので，特に中国歴代王朝の創始者には必ずといっていいほど見られるという。秀吉の外交文書は，室町時代以来その任にあたってきた，西笑承兌ら五山禅僧によって作成された。彼らが禅林で習得した文筆能力には，東アジア世界で通用していた種々の知識の含まれていたことがここに反映している。

一方，秀吉の外交文書には，「日本は神国」の主張が多く見える。それは同時に，吉田神道の根本枝葉果実説に基づく日本（の支配者である自己）の優越性を含んでいる。さらに加えて，こうした外交文書には「日本弓箭きびしき国」を統一した秀吉にとって，「大明之長袖国」を攻め滅ぼすのは容易なことであるという記述も見える。臨終の際に秀吉は，死後の神格化と「新八幡」の神号を望んだと伝えられる。八幡は対外戦で活躍する武神の側面を持つことから，死後「霊社」として人を神に祭る吉田神道の影響に加え，武威を正面に据えた彼の神国思想を読み取ることができるだろう。ただし，八幡が伊勢と並ぶ天皇家宗廟であったためか，秀吉の願いは叶わず，彼は死後「豊国大明神」として，吉田神道で祀られることになった。

安土桃山時代は，武家が公家に対し圧倒的優位にたち，日本の王権の転換点となった。〈中国皇帝のもとでの国王〉から，〈中国から自立した国王〉への転換，その結果生まれた日本独自の王権を特徴づける概念が「武威」と「神国」であった。

3　合戦の文化と思想

兵学の展開　戦国時代の武士たちにとって，最も切実な問題の一つは，いかに合戦を勝ち抜くかであった。蒙古合戦の例を出すまでもなく，中世の合戦は〈神々の戦い〉でもあり，単なる武力だけでなく宗教や呪術が総動員された。そうした中で，軍事に関する〈知〉が集成されていった。

現在でも，勝負事にジンクスは付き物である。戦国武将たちやその配下にとっても，精神安定のため厄除けの知識が必要であった。いざ合戦になれば「鳥が自陣から敵方に飛んでいけば吉」「行軍の時，犬が右から左に横切れば吉」などが語られた（『兵将陣訓要略鈔』）。平常時でも，毛利元就は，11歳から75歳で逝去するまで毎朝朝日を拝み念仏を唱え，子息にもそうするよう訓戒している。また，山中鹿之介の三日月に祈った話もよく知られている。そうしたマジナイは，個人的な思いつきではなく，基本的には天文学や暦学，それに携わった陰陽道の影響をうけ成立していた。

陰陽道の五行説や天人相関説，それを受容した密教，修験道などによって，合戦の陣立て，出陣の日時，軍装の配色などが左右されることは決して珍しいことではなかった。そうした〈知〉を身につけたプロの技術者として，戦国時代には「軍配者」が活動して

いた。彼らの間では，軍事に関する秘伝書が伝えられ，『易経』『孫子』『六韜』などに由来する知識が幅をきかせた。学問に通じた僧侶たちが，軍配者のような働きをすることもあった。彼らが大名に教授する場合もあり，兵書の講義を行う師ということから「軍師」の称が生まれたようである。

　軍師（軍配者）の活動を支えた近世以前の軍書は，兵学以外の雑多な内容が含まれていた。弓術・剣術・馬術など様々な軍書が作成され相伝される中で，流派が生まれ由緒が語られた。たとえば足利将軍家の弓馬師範であった小笠原家の弓術書には，神功皇后伝承に基づき犬追物の起源が論じられる。また，義経伝説で知られる『張良一巻書』では，神功皇后が漢の張良の兵学書を入手したと伝える。朝鮮を武力征圧したという神功皇后伝承が，武家の間に広がりを見せていたことは，秀吉の朝鮮侵略の思想的基盤としても興味深いものがある。また軍書においては，武具を武士に対する三種神器と見なす，胎児の形状を弓で表すなど，神道説と関わりつつ多様な言説が生み出された。そうした雑多な言説が実用のため混ざり合うさまは，当時の知の形態の一つの典型ではなかっただろうか。

　近世以前の儒学も，実は兵学と隣接していた側面を持つ。明経博士を家職とした清原家では，16世紀前期には新儒学を受容し，越前など北陸地方での講釈を盛んに行った。西国では，15世紀に桂庵玄樹が鹿児島に至り薩南学派の祖となり，16世紀には土佐に南村梅軒が現れ海南学派を開くなど，禅僧たちによる新儒学の伝播が見られた。しかし，そこで実際に求められたものは，儒学の思想というよりは中国文化，なかんずく易学にあった。そのことは，関東における最大の学問所であった足利学校において，より顕著である。15世紀前半に関東管領上杉憲実の力で隆盛となった足利学校は，禅僧が漢籍を学ぶ場であり，新儒学も受容された。しかし実際は，経学のうちの易学が，占筮の基礎として最も重視され，卒業生の一部は易筮によって諸国の武士に仕えた。後年，庠主（学校長）三要元佶が関ヶ原合戦に従軍し日の吉凶を占ったというのは，この伝統に基づくものである。漢籍の学力を身につけることで得られる業の一つとして儒学があり，それは文学，医学，兵学，算学などと同列の学であった。田代三喜や曲直瀬道三などの名医も，足利学校の出身であった。

　合戦はまた，『信長公記』『太閤記』などの軍記文学，『甲陽軍鑑』などの兵学書を生み出した。それらに盛り込まれた運命や歴史，個人と組織などに関わる思想は，近世社会に多くの読者を獲得する中で人々に伝えられていった。

鉄砲と城郭　戦国時代の合戦に画期を生んだのは鉄砲である。この南蛮渡来の新兵器は，しかしながら現在の銃とは性能が異なり，有効射程が短く射撃の間隔が長いなど，用いるのに工夫が必要であった。最も効果的な使用法は，遮蔽物の陰で防御に専念することであり，1575年（天正3）の長篠合戦における織田信長の用兵は，その見本とされる。その結果，中世風の山城が廃れ，平野に壮大な平城を造ることが流行した。防御に徹して援軍を待つには，交通の要所に石垣のある巨大な城郭を築くこと

「安土城図」（大阪城天守閣蔵）

が有効だったからである。やがて，大河川下流域の平野に城下町が出来，集住する武士と，彼らが担った政治権力のまわりに近世都市が出来上がる。江戸をはじめ名古屋，広島，福岡，仙台など，現在の大都市の起源が近世初期に集中しているのは偶然ではない。

長篠合戦の翌年正月，織田信長は安土城建設に着手した。翌1577年（天正5）には天守の建築が始まり，1579年（天正7）5月に全体が完成している。安土城の全体構造は，丘陵の最高所に天守や御殿を擁する本丸を置き，その下に二の丸，三の丸を連ね，各所に石垣や枡形など防御設備が設けられていた。また，天守から尾根を伝わった一画には，信長の神格化に関わったといわれる総見寺が建立されていた。

今は失われた天守内部の様子は，『信長公記』の記述からたどることができる。それによると，天守は地上6階，地下1階から成り，内部は金箔の襖絵で埋め尽くされ，花鳥や巨樹に混ざって龍虎や鷹，馬など武家好みの画題が描かれたという。城郭の装飾といえば，通常は客殿に限られ，天守内部を絵画で埋め尽くすことは類例をみない。さらに，最上階には三皇五帝や竹林七賢など儒教の画題が選ばれ，下層に登場する釈迦説法図（5階）仙人・西王母（2階）といった画題とあわせれば，儒仏道の三教が集められていると読み解けるかもしれない。いずれにしても，襖絵に登場する人物や故事については，中国の古典文化が基盤となっている。ただし直接的には，信長も好んだ謡曲や幸若舞，さらには禅僧から戦国武将まで人気を博したという『太平記』などの影響も考えられる。

襖絵の作成にあたったのは，狩野永徳（1543〜90）を中心とする絵師集団である。水墨画に親しんだ父祖の時代と異なり，天下人たちが要求したのは黄金の空間を彩ることであった。永徳の曾孫である狩野永納がまとめた『本朝画史』（1693年〈元禄6〉刊）には，荒々しくスピード感のある「大画」作成の伝説が記され，当時の時代性を伝えている。また，描かれた絵画によって殿中の空間の格差を表現する方法が示された。永徳以前から狩野一族は，公武の権力者たちの仕事を請け負い，彼らの空間意識を伝承してい

った。それが，近世の御用絵師としての地位を築いていく上での財産となった。
　安土城は，その天守が支配体制のシンボルとして継承されていったことから知られるように，桃山文化を代表する建築であった。本来軍事施設であったものが，政治的儀礼の場として同時代文化の中心になったことには，信長個人を超えた当時の社会の志向が感じられる。他方，秀吉以降発達する大広間が見られないことは，なお中世の会所(かいしょ)空間の後継にとどまるとも位置づけられる。やがて徳川将軍の時代，支配者とそれを支える者を描いた「帝鑑図(ていかんず)」「二十四孝図(にじゅうしこうず)」という組み合わせで大広間を飾り，権力の正統性を演出する手法が確立した。一方で，安土城を最後に仏教図像のシンボルは姿を消していった。
　このように，室町時代の会所や禅寺の方丈から安土城に至った，権力をイメージさせる室内装飾のあり方は，秀吉の手になる大坂城や聚楽第(じゅらくてい)を経て，〈御威光〉を視覚化する儀礼装置としての城内空間を形成していったと考えられている。

(曽根原　理)

▶コラム13　太平記読み
　太平記読みと聞いても，常識的な日本史を学んで来られた皆さん方にはピンと来ないであろう。中世の軍記物である『太平記』を，近世のコラムに取り上げるのはどうしてだろうかといぶかしく思う人がほとんどであろう。あるいは寄席好きの通人は，講談(こうだん)が近世の太平記読みから始まるということを聞いたことがあるとして，17世紀末の『人倫(じんりん)訓蒙図彙(きんもうずい)』に描かれた，破れ服にひげ面の大道芸人太平記読みを思い起こされるかもしれない。それは誤りではないが，ここで取り上げたいのは，そのような大道芸人太平記読みが登場する以前に一世を風靡した，『太平記』を題材にした講釈である。
　熊沢蕃山(くまざわばんざん)から話を始めよう。「理想とする歴史上の人物は誰か」，という問いかけは今日でもよく行われているが，蕃山にこの問いをぶつけると何と答えるのだろうか。実は，蕃山が歴史上の人物として最も高く評価しているのは，楠(楠木)正成である。正成とは，いうまでもなく『太平記』中の最大のヒーローであり，『太平記』には奇策・謀略をめぐらし敵を翻弄する謀将，後醍醐帝に最期まで忠義を尽くした稀代の忠臣として描かれている。ところが蕃山が抱く正成像はそれに収まりきらない。蕃山は言う。もし後醍醐帝が正成を宰相に任じて政治を行わせたなら，天下の人心は堅く集まり，後醍醐の天下は続いたであろう。それを人情事変に疎い公家に政治を執行させたがゆえに，時にかなわず人心が離れていってしまったのだ，と。このように蕃山は，『太平記』には見えない，理想的為政者としての正成像を説いている。
　この正成像がどこから来たかというと，それは近世の初め，遅くとも1610年（慶長15）頃に世に出た『太平記評判秘伝理尽鈔』（『理尽鈔』）の講釈に由来する。私はこの『理尽鈔』講釈および講釈者を，大道芸人としての太平記読みと区別して，「」を付けて「太平記読み」と呼んでいるが，「太平記読み」とは『太平記』そのものを読むのではなく，『太平記』の人物・事件等を論評・批判して政治と軍事のあり方を教えるものであ

第12章　世俗と宗教の葛藤　*151*

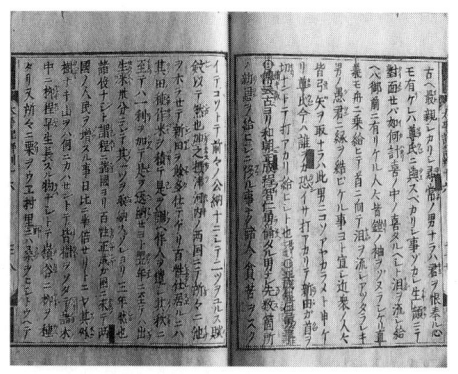

『太平記評判秘伝理尽鈔』（金沢大学附属図書館蔵）

った。最初の「太平記読み」である大運院陽翁が，唐津藩主寺沢広高，金沢藩主前田利常らを相手にして講釈を行ったことからも明らかなように，それは元来，武士のなかでも上層の領主層を対象にしたものだった。このなかで，政治・軍事を教諭する役割を担っていたのが正成であり，正成は『太平記』の忠義・知謀の武将から「諸人ノ貧苦ヲスク」う仁政を旗頭にしたきめ細かい農政を行う理想的治者＝明君へと転身していたのである。

「太平記読み」は，初めは講釈に同席しえた限られた人々のみが受容できるものであったが，17世紀の半ばに，この時代に日本史上に初めて登場した出版業者の手にそのテキストが渡り出版されると，この書物は「都鄙貴賤此の書を信じ，世挙て好み用る」と評されたように，広い層の読者を獲得して大流行した。『理尽鈔』もの，『太平記』ものの出版があいつぎ，17世紀末には，民衆を対象にした大道芸能者太平記読みまで登場し，辻講釈の盛行を迎え，歌舞伎・浄瑠璃に影響を与え，さらには『太平記』以外の「軍書」出版，「軍書」講釈の盛行をもたらしたのである。

『理尽鈔』は出版メディアを介して，領主層だけでなく広く民衆の上層に享受されることとなった。そして「太平記読み」が提起するあるべき領主＝明君像や政治のあり方は，正成像というわかりやすい形で，領主から民衆までの広範な人々に共有され（蕃山や山鹿素行といった一流の知識人も巻きこみながら），政治に関する社会の共通認識，政治常識を形成していったと，推定されるのである。

（若尾政希）

第13章

泰平の到来

1 「武威」の近世国家

文と武の支配　徳川家康は1600年（慶長5），関ヶ原の戦いに勝利し，さらに大坂の陣で豊臣秀頼を滅ぼし，国内の敵対者を完全に鎮圧した。大坂落城直後の1615年（元和元），家康は最初の武家諸法度を出した。それは，反逆・殺害人の追放，居城修理の申告，国主の人選などの大名統制のための基本法であったが，幕府の支配原理を含んでいた。その第一条は「文武弓馬の道，専ら相嗜むべき事」から始まっている。この場合，文武兼備といっても，「文」に対して「武」が優先していた。その意味で，近世の国家は「武威」の国家であった。「武威」の原理は，武家諸法度のなかでは，「法を以て理を破り，理を以て法を破らざれ」の一節に端的に示されていた。この一句は，後の武家諸法度からは削られたが，徳川成憲百箇条のなかに「法は理を敗ること有り，理は法を敗ること無」（第百条）とあるように，基本的な原則として生き続けていった。こうした「武威」あるいは「御威光」は法度のみならず，具体的なモノとして人々に誇示された。城下町の中心に威風堂々と高くそびえる天守閣は，まさに「武威」の象徴的なモノであった。また，三代将軍家光のときに制度化された参勤交代の行列もそうした意味で，「武威」を人々に見せつける役割を果した。威儀を整え，粛々として，江戸につながる街道を進む大名行列は，「武威」を見せつける格好のデモンストレーションであった。こうした人々を畏服させる「武威」の国家に対して，荻生徂徠とも親しかった朱子学者堀景山は，「我朝の武家は武威を護する為に，治世になってもやはり一向に軍中の心を以て政をしたるもの也。少でも武威が落つれば，人に天下をつい取られ，うかと安い心もなく，平生に気をくばり用心したるもの也」（『不尽言』）と非難したのである。

　もちろん，いかなる権力も剥き出しの暴力のままでは，永続性を保ちえない。そこには，人々の同意を調達するためのイデオロギーが必要である。武家諸法度のなかで，「武」とともに「文」が求められた所以である。江戸幕府が編纂し，1843年（天保14）に完成した徳川将軍家の正史である『徳川実記』には，家康が林羅山を幕府に登用したことをもって，朱子学が「文」の中心におかれたことを示唆している。しかし，この逸

話は、『徳川実記』編纂当時の林家の創った神話であって、これをそのままに幕府成立当初の事実と見なすことはできない。朱子学が、いわゆる「官学」として広く認められるようになったのは、松平定信の寛政異学の禁以降のことであって、この神話は「官学」正当化のためのものにすぎない。

そもそも、幕府は官吏の登用試験制度である科挙制を採用しなかったし、儒学による仏教排斥を政策的に実行したこともなかった。後に述べるように、岡山藩や水戸藩で仏教寺院の破却・整理が行われたが、全国レベルでひとつの思想原理をもって実行されたわけではない。むしろ、近世国家は、儒学はもちろんのこと、仏教や天道思想といった、中世以来の様々な宗教的・思想的な有効資材を支配のために利用した。石田一良はこれをイデオロギー連合と呼んでいる。

日光東照宮陽明門（栃木県日光市）

「東照大権現」と朝廷 幕府成立当初のイデオロギー連合の一翼として注目すべきは、家康の神格化である。すでに織田信長が自己神格化を図り、自らを神と称したといわれているし、また豊臣秀吉も死後、豊国大明神として祭られていた。1616年（元和2）に駿府で死去した家康もまた、神になることを遺言した。死後、どのような神号を与えるかで、吉田神道の神竜院梵舜らと山王一実神道の天海との間で論争があったが、最終的には、明神号が秀吉の先例があって、不吉であるという天海の主張が通って、「東照大権現」の神号があたえられた。この「東照大権現」の権威を高めようとしたのは、三代将軍の家光である。「東照大権現」の生まれ変わりであると信じていた家光は、日光の東照宮を大造替し、さらに天海に命じて『東照大権現縁起』を作らせた。そこには、安定期にはいった将軍の権威をよりたしかなものにしようとする意図があった。ただ、各地に東照宮が建てられたが、近世前期に幕府が積極的に一般民衆の間に東照宮神話を広めていったわけではなかった。また『東照大権現縁起』は将軍と天皇との関係を問題にするが、幕府は「武威」の支配のなかに朝廷を組み込んだといってよいだろう。幕府は、武家諸法度とともに、禁中並公家諸法度を出して、公家と武家の官職体系を別個なものとする一方で、第一条に、「天子御芸能の事、第一御学問也」と規定し、朝廷を学問や和歌の文化的な権威として位置づけ、「武威」の国家を支える権威的な部分として利用したのである。

寺檀制度の確立 では、近世国家のイデオロギー連合の一翼を担っていた仏教はどうであろうか。徳川家康は自己神格化に限らず、信長・秀吉の宗教政策を基本的には継承していた。全国統一を目指した信長にとって最大の敵は、本願寺派

の一向一揆であったが，若い頃，三河の地でその制圧に苦労した家康も，宗教権威と勢力を徹底的に圧服することにおいて，変わりなかった。先の武家諸法度の「法を以て理を破り，理を以て法を破らざれ」の一節は，その端的な表現であった。江戸幕府の宗教弾圧の槍玉に挙がったのはキリシタンと日蓮宗の不受不施派であった。この二つは「邪宗」として，江戸幕府崩壊まで，高札に掲げられ禁圧された。

　幕府はキリシタン禁圧のため，武士を含む，すべての人々に仏教信仰を強制して，特定の寺院＝檀那寺に所属させ，檀那寺にキシリタンでないことを証明させた。朱子学者新井白石にいわせれば，夷狄を制するためにもう一つの夷狄を利用したのである。寺請証文を発行する寺院は，これによって経済的な安定をえたが，鈴木正三や鉄眼などの傑出した僧侶も現れたが，教学面の活動は停滞し，後に葬式仏教と酷評されることになった。しかし，葬式仏教の積極面もある。幕府は成立当初から検地などを通して，権力基盤となる本百姓の育成に努めたが，その結果，一組の夫婦を核とする単婚小家族の「イエ」が広範に成立した。こうした「イエ」のなかで，すべての人々が個人として死後に仏式の供養を受け，死後が保証されるようになったのである。死者の霊魂は毎年の夏のお盆にもとの「イエ」に帰ってきて，子孫や僧侶による供養を受ける。毎年繰り返される，この宗教的な行事のなかで，死後，「イエ」を守る祖霊として神となることは近世の人々の強い願望であった。

２　朱子学と兵学

「中華」文明圏と朱子学　近世国家は「武威」の国家であった点で，大きく東アジアの中国や朝鮮と異なっている。中国では，17世紀前半に明清交替があった。清朝は異民族の王朝であったがゆえに，より強く朱子学の正統主義をとった。また朝鮮では「壬辰倭乱」（＝秀吉の出兵）ののち，清の侵略があった。朝鮮は清朝の冊封体制のなかに組み込まれ，その屈辱のなかで，朱子学一尊主義が高まり，明朝を敬慕する小中華としての意識を強めていった。こうした朝鮮の人から見るとき，近世日本の「武威」の国家は異様なものとして映じた。徳川吉宗の将軍職襲位を賀す通信使の一員として来日した申維翰は，日本では士農工商というが，日本に「士」はいないと言っている。たしかに日本の「士」は読書人官僚ではなく，二本差しの「侍」であった。また，整然とした上下の厳格な秩序はあるが，それは「軍法」によって維持されているのであって，儒教的な礼教ではないと批判していた（『海游録』）。

　では，征夷大将軍の支配する「武威」の近世国家のなかで，朱子学はどのような役割を果たしたのだろうか。先にのべたように，幕府の成立当初から，朱子学は「官学」になったわけではない。事実問題としても，また思想内容においても，朱子学は近世国家と不適合な側面をもっていた。「法を以て理を破り，理を以て法を破らざれ」とする「武威」の国家は，「理」の思想である朱子学とは原理的には相容れなかったのである。

もともと中国宋代の士大夫＝読書人官僚の学問として成立した朱子学は、朱子の先駆者の一人、張横渠の「天下のために心を立て、生民のために命を立て、往聖のために絶学を継ぎ、万世のために太平を開く」ということばに示されているような、規模雄大な精神に溢れたものであった。修己と治人、人格的修養と政治的有効性とを一体のものととらえる朱子学の基本的な考えには、天下国家を自己が担っていくのだという士大夫の気概と責任感があったのである。ここには、天地、天下国家、人間の万事万物を貫く、普遍的な「理」への確信、さらに「理」そのものである自己の「性」への絶対的な自信があった。山崎闇斎の弟子の一人、佐藤直方は、江戸時代のなかで最も先鋭な朱子学の原理主義者であったが、彼が、「学者ハ自己ノ理ヲ信ズルデナケレバ本ノコトデナイ。……人々有㆓尊㆑於己㆒者㆖、天理也、其尊無㆑対、我心ヨリ外ニ頼ミ力ニスルコトハナイ」（『韞蔵録』巻3）と述べて、「理」に基づく「我心」を説いているのは、こうした朱子学の主体性を表現したものであった。こうした主体性の立場は、君臣関係の改変、革命を認める、一種の理想主義の側面をもっていた。朱子学については、第14章で再説する。

藤原惺窩と林羅山　朱子学は鎌倉時代から禅僧のなかで学ばれていたが、藤原惺窩（1561〜1619）は日本朱子学の開祖といわれる。19世紀に書かれ、江戸時代中期までの代表的な儒者の事跡を記す『先哲叢談』が、冒頭に惺窩を挙げているように、近世日本の儒者たちにとって惺窩は始発の人物であった。というのも、惺窩は仏教から儒教への転換を象徴していたからである。惺窩は藤原定家を受け継ぐ歌学の名門冷泉家に生まれ、若くして相国寺に入り、座禅修行の首位である首座にまで登ったが、後に儒学に転身して、仏教と手を切った。弟子の林羅山は、この転換は「釈氏はすでに仁種を絶ち、また義理を滅ぼす」（「惺窩先生行状」）という理由からであったと説いている。惺窩は、秀吉の朝鮮出兵の際、捕虜となって京都に幽閉されていた姜沆（カンハン）（1567〜1618）から朱子学を学び、朱子学と陸王学との折衷的な独自の思想を形成し、「異域の我が国におけるは、風俗言語異なりといへども、その天賦の理は、未だ嘗て同じからずんばあらず」（「舟中規約」）とあるような、普遍主義的な「理」を主張した。彼はまた出処進退を重んじ、権力との間にも軽々しく妥協しない孤高の態度をとった。このことが、「洒落自得」を旨とする文人趣味という傾向とあいまって、近世日本の儒者たちの崇敬の的になったのである。

　これに対して、林羅山（1583〜1657）は世間と妥協しながら、「俗世界において、俗の心になるのではない、外は俗習に従いながら内には儒の心を保つ」ような「従俗の論

林羅山（個人蔵）

理」(石田一良)を身につけていった。羅山は剃髪して幕府に仕えたが,「理」を貫きえない屈折した感情をもっていた。彼はそのために公私の使い分けをしながら,仮名書きの『春鑑抄』『三徳抄』などの朱子学の啓蒙書を著し,また孔子を祭る釈奠を行って,朱子学の普及と儀礼の移植を図ろうとした。こうした羅山の生き方は理想主義的な朱子学の挫折を意味するとともに,科挙制度なき武家国家のなかでの儒者という社会的な位置に起因するものであった。羅山は朱子学ばかりか,神道(『神道伝授』),徒然草(『野槌』),怪異(『怪談全書』)といった,様々な領域への知的関心をもち,多くの著作を残し,その影響力は大きかった。羅山に続く,第二世代の中江藤樹,山崎闇斎,山鹿素行にとって,こうした羅山の百科全書的な関心が,自己の主体的な修身をないがしろにしているものとして,反面教師的な役割を果たしていたことは注目すべきである。

兵学の統治論　では,「理」を破る「法」の立場はどのような思想として結実していたのだろうか。ここでは,兵学に注目しておこう。近世の社会には,儒者とともに兵学者という存在がいた。前章で見たように,戦国時代の「軍師」は陰陽五行説などに基づいて,出陣の日時などを占う軍配を司っていた。ところが,こうした呪術的な要素を脱却したところに,近世の兵学が成立する。『甲陽軍鑑』の作者とされる小幡景憲から兵学を学び,三代将軍家光の兵法師範になった北条氏長は,「兵法は国家護持の作法,天下の大道なり」(『士鑑用法』,正保3年序)と述べ,兵学が「国家護持の作法」として,天下国家を治める統治論であることを宣言した。

　近世の兵学者の想定する戦争は,騎馬武者の一騎討ちが勝敗の決め手であった中世とは異なり,戦国時代の末期の機構としての軍隊の徹底的な組織戦であった。機構としての近世の軍隊は,独立した軍団である「備」によって構成されていて,騎馬の武士を戦闘力の中心としながらも,足軽だけでなく,非戦闘員である農民や職人をも補助的な要員として編成していた。この「備」が非武装の成員を含んでいることで,「備」の統制法の原理は,武士のみならず,農民や町人を含んだ平時の国家にまで拡大されることになったのである。「備」の拡大としての「国家」の典型的な表現が,江戸時代,「東照宮」神君家康の名のもとに広範に読まれた『東照宮御遺訓』という書物の中にある。そこでは,「国家」は一羽の鳥に譬えられ,「鳥の志」は「大将」,「羽ぶし足」は「侍大将」,「風切七つ羽尾の羽」は「羽武者」とされ,さらにその「外の羽」が「百姓職人町人惣而一切の国民」であるとみなされ,「士農工商」はそれぞれの「役」を担い,「志を一つ」にして,「千万の敵」に立ち向かっていくのだと説かれている。尾藤正英は,近世の人々は職業や社会的地位に応じ,何らかの「役」もしくは「職分」を負い,それを忠実に果たしてゆくことが正しい生き方とされていたと指摘して,これを「役の体系」と呼んでいるが,こうした近世の職分論の前提となる「役の体系」は兵学者の統治原理であったのである。

　さらに,機構としての軍隊を維持する最終的な決め手となったのが,「軍法」であった。ここでは,武士の名誉感情の発露でもあった「喧嘩」は両成敗法として禁止され,

「軍法」，すなわち大将の命令への絶対服従が求められた。近世の兵学者は，この戦時の「軍法」をそのまま平時の「国家」支配にまで拡張できることを説いたのである。先に見た朝鮮の朱子学者申維翰が，日本の近世国家が「軍法」によって支配されていて，儒教的な礼教はないと記し，朱子学者堀景山が，「我朝の武家は武威を護する為に，治世になつてもやはり一向に軍中の心を以て政をしたるもの也」と批判していたことは，よくその本質を看破していたといえよう。

こうした兵学者の統治論は，武家諸法度の第一条に「治に乱を忘れず」とあるように，非常事態をいつも想定していた「武威」の武家国家にふさわしいものであり，それゆえに，甲州流とか，北条流といった兵学諸流派に限らずに，『太平記評判秘伝理尽鈔』をはじめとする，様々な軍書を通じて，武士から百姓や町人までに広範に普及していったのである。

3 「御家」と武士道論

明君の政治課題　17世紀中頃，明君といわれる大名が出現した。会津藩の保科正之，岡山藩の池田光政，水戸藩の徳川光圀がその代表である。保科正之は朱子学者の山崎闇斎，池田光政は熊沢蕃山，光圀は亡命朱子学者朱舜水をそれぞれ学問上の師とした。とくに水戸光圀の『大日本史』の編纂事業の着手は近世の歴史思想・尊王思想を考える上で，大きな思想史的な意義をもっている。

彼らの学問愛好は，この時代の幕藩領主としての政治課題と深い関わりをもっていた。彼らは給人＝在地支配人の力を弱め，藩主権力の強化をすすめ，「御家」の藩体制を確立する事業に成功した大名たちであった。こうした改革的な政策を推し進めていく際，彼らは「撫民」を実現する「仁政」や「将軍からの預かりもの」といった論理によって正当化していた。在地の給人の恣意的な農民支配を否定して，法制に基づく画一的な支配を目指したのである。たしかに，農民を保護するという「仁政」のスローガンは一定のイデオロギー的な役割を果たすことができた。

一方で，強引に藩主が政策を推し進めようとするとき，家臣や百姓からの様々な抵抗があった。たとえば，明君たちが行った宗教政策である。1660年代，幕府がキリシタン禁圧を名目にして，各藩に宗門関係の役人を置くことを命じたのに応じる形で，仏教政策の見直しがなされた。この時期，排仏論者熊沢蕃山が「此吉利支丹請にて不義無道の出家漫り，仏法の実は亡びたる」（『大学或問』）と批判したように，キリシタン禁圧のために制度化された寺請制度のもとで，仏教寺院が経済的に大きな力をもち，藩の年貢徴収と競合するようになっていたのである。こうした時代状況のなかで，保科正之の会津藩，池田光政の岡山藩，光圀の水戸藩の各藩は一様に，寺院整理を強行した。たしかに，仏教に対抗するイデオロギーとして，儒学が利用されたという側面はあった。明君の儒学への関心も，ここに由来していたのであるが，だからといって，儒学が近世社会

のなかに根付いたという意味ではない。先に見たように，科挙制もなく，習俗としては仏教の厚い壁に阻まれていたからである。池田光政の神道請けの強制も，仏教を信仰する百姓の反対をうけて，結局は光政の死後，廃止されたことは，その何よりの証左であった。

士道と武士道　ところで，泰平の時代の武士にふさわしい生き方とは，どのようなものであったのだろうか。倫理思想の立場から，二つの類型が提出されている。ひとつは，武士を人倫の指導者としてとらえ，道の自覚を根底とする士道と，もうひとつは死の覚悟を根底にし，主従一体の情誼的な結合を追求する武士道であって，前者の代表が山鹿素行，後者が「武士道といふは死ぬ事と見付たり」(『葉隠』聞書1)と言い切った山本常朝の『葉隠』だとされる。この類型は近世武士の生き方をよく示しているが，ここでは「御家」という立場から考えてみよう。

　近世の大名は「御家」を維持させていくことを何より優先した。先に見た軍団の「備」を原型とする「御家」の組織は，政治的な責務を帯びた機構であって，この機構の中では藩主でさえ，ひとつの機関であった。ここでは，藩主権力を強化して，明君と賞賛される場合がある一方で，藩主が家老たちの合議によって強制的に隠居させられる「押込隠居」の慣行さえあった。藩主個人よりも「御家」全体の利益を図ることが求められたのである。

　これに対して，「御家」の中で家臣の側は，いかなる生き方が求められたのであろうか。こうした観点から，山鹿素行の士道論はどのようにとらえることができるだろうか。そもそも，山鹿素行は，1660年代，寛文年間に，朱子学が「世間」と合わないと考え，宋明儒者たちのテキストによるのではなく，直接，「周公・孔子の書」に回帰することによって，「聖学」をうちたてた。彼は『聖教要録』や『山鹿語類』を著して，朱子学の「本然の性」や「無極而太極」の「理」に対する考えが，仏教的な偏向を持っていると批判した。この朱子学批判は，武士のあり方を求める士道論と深い関わりをもっていた。

　素行は，農工商のような生産・流通活動に従事していない武士の存在理由はどこにあるのかと自問する。素行によれば，武士も無為に暮らせば，役立たずの「遊民」に過ぎないとして，農工商の上に立つ武士に為政者としての自覚を促がす。これは，広くいえば泰平の時代にふさわしい武士像を提出するものであったといえるが，より歴史的に限定するならば，先に見た明君の時代，藩政の確立期に「御家」組織を担う吏僚的な武士の主体形成を目指したものであった。事実，素行の弟子は津軽藩や平戸藩に数多く登用され，藩主権力の強化をはかる藩主取り立ての有能な家臣として，藩政の確立の一翼を担ったのである。

　素行が求めていた武士とは，「御家」のために自己の主観的な判断や行動を抑制し，自己統御できる卓爾とした主体であった。素行にとって，『大学』の八条目のひとつ，「格物致知」は，「無極而太極」のような形而上学的な「理」を究めることではなく，も

っと卑近な日常の「条理」を認識することを意味していた。素行は「条理」を認識し、それを自らの日常の行動によってと実践する道義的な武士を求めたのである。具体的には「条理」とは、武士の生きる「御家」の中で、「御家」全体の維持・発展をはかるためのものであった。

格物致知の「知」を優先した素行の士道論に対して、そうした知を「立ち上りたる理屈」であると批判したのが、『葉隠』の武士道であった。先に述べたように、『葉隠』は、「武士道といふは死ぬ事と見付たり」（『葉隠』聞書１）と説く。そこでは、「忠の不忠の、義の不義の、当介(あてがい)の不当介など、理非邪正の当りに心の付(つく)がいや也」（『葉隠』聞書１）とあるような、無二無三の「死狂」を理想とした。『葉隠』は、鎌倉武士以来の主君への献身、あるいは死の覚悟を追求してきた武士の伝統を受け継いだものとされるが、「理屈」にはしる同時代の武士のあり方を「上方風の打ち上りたる武道」として、蛇蝎の如く嫌ったのである。

1716年（享保元）に成立したといわれる『葉隠』は、佐賀藩鍋島藩士、山本常朝(じょうちょう)が田代陣基(つらもと)に、武士としての心構えや武家社会の習俗などについて語ったものを、陣基が書きとめ、整理したものである。常朝は殉死を望んだが、果たせず出家した。というのは、四代将軍家綱のとき、1663年（寛文３）の武家諸法度の公布にあたって、殉死は禁止されていたからである。そのために『葉隠』には、自己の思いを遂げられなかったことによる屈折した心情が流れていた。

素行の士道論が新参者を含めた官僚的な武士のあり方を提示したものであったのに対し、『葉隠』は藩主に代々仕える「譜代」の武士、『三河物語』の作者である徳川譜代の武士大久保彦左衛門忠教(おおくぼひこざえもんただたか)のいう「御家の犬」の立場から、「御家」への「奉公」のあり方を提示したといえる。その意味では、単純に戦国時代の武士をそのまま理想化したのではなく、泰平の時代、元禄期の武士の「奉公」のひとつの極限的なあり方を示すものであった。そこでは、「釈迦も、孔子も、楠も、信玄も、終(つい)に竜造寺・鍋嶋に被官被レ懸候儀無レ之(これなく)えば、当家の風儀に叶ひ不レ申事に候(もうさざる)。」（『葉隠』聞書１）とあるような、「御家」を至上のものととらえ、主君との間の没我的な情誼的結合が説かれた。それは、「恋の至極は忍恋と見立て申候。逢てからは恋のたけがひくし。一生忍びて思ひ死すること恋の本意なれ」（聞書２）という、自己の心情を死ぬまで吐露することなく、「思ひ死」する「忍恋」になぞらえられるものであった。こうした主君への心情の純粋性は、「御家を一人して荷ひ申す志」をもった「我は日本一と大高慢」な「非合理的主体性とでもいうべきエートス」（丸山眞男）によって、貫かれていたのである。

（前田　勉）

▶コラム14　日本型華夷意識

　攘夷論が吹き荒れていた幕末，福澤諭吉は開国論を説いて，「己惚の病」を批判した（『唐人往来』）。これは，直接にはアヘン戦争・アロー号事件の敗北にもかかわらず，なお西欧の進んだ科学技術を摂取しようとしない中国の独善的な態度を批判したものだが，間接的には（というよりは主要には），幕末日本の人々に向けられていた。この「己惚の病」，すなわち自国・自民族の優越性を誇るエスノセントリズムが，江戸時代のいわゆる「鎖国」体制のもとで醸成されていたからである。

　福澤によって批判された，中国の華夷観念によれば，全世界（「天下」）を支配する者は，「天」の媒介者としての「天子」（皇帝）である。天子は儒教の徳を具備した聖人であり，王道の体現者であって，理念的にいえば，全世界は天子の「王土」である。しかし現実には，全世界は儒教の礼教文化の中心である「中華」と，徳化のいまだ及んでいない周辺の野蛮な人々の住む「夷狄」（東夷・西戎・南蛮・北狄）に二分されることになる。ただし，この「中華」と「夷狄」の境界は固定的なものではなく，「夷狄」も自ら儒教の礼教文化を身につけたときには，「中華」のなかに組み込まれる。その意味で，境界は流動的であって，一面では開放的であったともいえる。こうした華夷観念の現実的な基盤となったのが，中国を中心に形成された東アジアの華夷秩序である。それは，「天子」（皇帝）が周辺の諸国家の君主・首長に国王号を与える，朝貢と回賜の冊封関係によって結ばれた地域システムであった。

　これに対して，江戸幕府は日本中心の華夷秩序，すなわち日本型華夷秩序を作った。幕府は中国と冊封関係を結ぶことなく，私的な海外渡航を禁止しつつ，朝鮮・琉球・オランダ・アイヌとの間に，日本を中心とする位階的な華夷秩序を形成したのである。朝鮮通信使や，オランダ商館長の江戸参府は，こうした秩序を人々に見せつける政治的な

「朝鮮人来朝図」（神戸市立博物館蔵）

第13章　泰平の到来　*161*

パフォーマンスの場として機能した。幕府は，朝鮮通信使の一行を日光の東照宮に参拝させることによって，神君家康の，ひいては幕府の武威に彼らが畏服しているかのような幻想をふりまき，対等な関係国である朝鮮さえも，あたかも日本の「武威」「御威光」に服属しているかのような虚構のイメージを作り上げていった。

　この日本型華夷秩序を支えた意識が，日本型華夷意識である。それは，中国の華夷観念が礼教文化を基準としていたのに対して，「武威」と皇統の一系性を根拠にしていた。後者が中世の『神皇正統記』などの「神国」論との連続性をもつのに対して，前者は「武国」として，近世日本のなかで強調されたイメージである。豊臣秀吉は「大明之長袖国」に対する「日本弓箭きびしき国」であることを説いていたが，この武力の優れた国であるという「武国」意識は，国生みの「天瓊矛(あめのぬぼこ)」や神功皇后の「三韓征伐」のような神話的な伝説によって潤色されながら，儒者・国学の学派的な違いを超えて，近世人に広まっていた。とりわけ対外的な危機が迫った幕末には，「武を以て国を建」てた「天朝」（会沢正志斎(あいざわせいしさい)『新論』）の「武威」を汚してはならないというスローガンが強調され，「武威」の精神である「大和魂(やまとだましい)」が説かれた。たしかにこうした「武国」幻想は，福澤が指摘していたように，西欧列強の軍事力・科学技術力を斟酌しない「己惚の病」であったが，幕末日本の人々が西欧列強に対抗する内面的な拠点となったことも看過してはならないだろう。

　　　　　　　　　　　　　　　　　　　　　　　　　　　　　　　（前田　勉）

第14章

儒学と仏教

1　儒学と仏教

儒学者の排仏論と仏教側の対応　寺請制度が行われた徳川社会にあっては，形のうえであれ，圧倒的多数を占めていたのは仏教徒たちであり，儒学者は実は少数派であった。そのような状況下で儒学者によって排仏論がなされているが，これは儒学者が自己の存在意義を確かなものにしようとする意図があったものと考えられる。その内容は，仏教は人倫を否定するものであるとして批判し，儒学こそが社会道徳の形成に有用であることを強調しようとするものが多いが，そのほか仏教の地獄極楽説や輪廻転生説を批判するものもある。また政治経済的な観点からの排仏論も登場してくる。たとえば熊沢蕃山は，仏教の堂塔の増加により山林の荒廃が進行することを懸念している（『集義外書』巻14）。

このような儒学側からの批判に対し，仏教側からなされた護法論は自己保全に努めるものがほとんどであったが，しかし儒学と真っ向から対決しようとした仏教者もいた。武士の子として生まれた臨済宗の僧，沢庵宗彭（1573〜1645）は，1629年（寛永6）の紫衣事件に関わり流罪となったが，のちに許されて将軍家光に重用されたことで知られている。

沢庵は，朱子学の用語を用いながら仏教の世界を解釈し，本質的世界（空）と現象界とを，世界については「理」と「気」，人間については「性」と「心」との関係で説明する（『理気差別論』）。さらに朱子学で説く「心」が持つ主宰の働きを否定したところに，とらわれない「無心」の境地，そして物事に自由に対応できる「無作」の業が実現すること

沢庵宗彭（祥雲寺蔵）

を説く(『安心法門（あんじんほうもん）』)など，朱子学を超えたところに仏教を位置づけようとする。

また仏教の立場から社会のあり方を考えようとした仏教者もいた。鈴木正三（しょうさん）(1579～1655)は三河武士として生まれ，徳川家康と秀忠（ひでただ）に仕えたが，1620年（元和（げんな）6）に出家した。曹洞宗に属するとされているが，しかし彼は特定の宗派にこだわることはなく，ときには人々に座禅のみでなく念仏も勧めている。正三は心のあり方を問題とし，家業に即して仏教修行を行うべきことをいう。「士農工商」などがそれぞれの家業に励むなかで，「勇猛堅固の心（ゆうみょうけんごのこころ）」をもって我が身のことのみを思う心を責め滅ぼし，社会全体のなかでの自らの家業の役割を自覚すべきことを説く（『万民徳用（ばんみんとくよう）』)。

霊魂観をめぐって いわゆる葬式仏教の確立により，死者の葬送や法要は仏式で行うことが普通であった江戸時代において，儒学者や神道家にとっては，儒喪祭（じゅそうさい）や神葬祭（しんそうさい）をどのように行いうるのかということが問題であった。とくに儒学者にとって親を火葬にすることは，孝に反する許しがたい行為である。しかしいざ儒式で行おうとすると，仏教徒である親族からの反対に遭うこともあり，また世間からも奇異に見られることもあった。

習俗面も考慮に入れたとき，江戸時代の思想史に関して重要なのは，死者の霊魂の滅不滅をめぐる問題である。1655年（明暦（めいれき）元）に如儡子（にょらいし）が著し，1664年（寛文（かんぶん）4）に刊行された仮名草子『百八町記（ひゃくはっちょうき）』は仏教的な色合いが濃いものだが，そのなかでは人間などの形体は前世から現世，そして来世と滅び変わっても，霊魂は滅亡しないことが説かれている。民俗学の立場からも，日本化された仏教思想の特徴について，不滅の霊魂が輪廻の主体と考えられた点が指摘されている（竹田聴洲（ちょうしゅう）『祖先崇拝—民俗と歴史』）。

これに対し朱子学において死とは，人間の身体を形成していた気が離散し，人間の諸活動を分担して司っていた魂（こん）と魄（はく）とが分離することと解釈する。このうち魂は天に上昇して神と呼ばれるようになり，魄は地に沈んで鬼と呼ばれるようになる。これらはしだいに拡散していくが，それにつれて性格は希薄化し，最終的には消散するものとされた。その一方で朱熹（しゅき）は祖先祭祀については，子孫が誠敬を尽くして祭ることによって，（拡散・消散したはずの）先祖や亡き親の気（鬼神）は回帰すると説く。

このような朱熹の説は日本の徳川社会においては，霊魂の滅亡を結果するものであるという点が強調され，衝撃的な説として受け取られた。儒学者や神道家のなかには，霊魂の不滅への確信に基づき，朱子学説から逸脱した独特な思想を形成する者が現れた。たとえば垂加神道において，玉木正英（たまきまさひで）(1670～1736)，吉見幸和（よしみゆきかず）(1673～1761)，若林強斎（わかばやしきょうさい）(1679～1732)らが，生前に現人神（あらひとがみ）である天皇への忠誠を尽くすことにより，死後は不滅の神となって日本の天皇や日本の国家を守護することができる，という思想を説いていた点が指摘されている（前田勉『近世神道と国学』）。また熊沢蕃山は，死後の霊魂は天に帰るという朱熹などの説は，人と天との距離を想定しているものであると批判する。そして王陽明（おうようめい）の説を手がかりにしながら，身体の次元を超えて人間の本心について見ると，これは本来は天と一体であって死生を超えたものであると説き（『集義和（しゅうぎわ）

書』巻14），心の内面を拠り所にして死生そのものを相対化しようとする。この思想は佐藤一斎や大塩中斎など，後の陽明学信奉者にも継承されていく。

2 博学と不学・無学

博学と不学・無学　幕府や藩に仕えた儒学者に対して為政者たちは，博識や難文の読解力，文筆能力を利用しようとすることが多かった。幕府に仕えた林羅山の場合，外交文書や諸法度の起草，歴史書の編纂などに携わり，また百科事典代わりとしての役も果たしていた。これは室町幕府が僧侶を用いたのを引き継いだものである。以上のような事情から，博学＝政治的実用の学と理解される向きがあった。幕府に仕えた林家以外でも，林鵞峰に学んだ荻生徂徠も博学を基礎にしているし，時代が下るが江戸後期に盛んになる考証学も心の学を批判し，博学を基礎として成立した。

儒学者からすれば本領発揮の場が与えられていないということにもなろう。しかし，江戸時代を通じて博識が尊ばれたのは，儒学者側にも原因があった。これは日本には科挙制度がなかったこととも関係しようが，日本の儒学者を取り囲んでいたのは，中国の士大夫（読書人）層なのではなく，武士やあるいは百姓・町人という「不学」「無学」な者たちであった。近世日本の儒学者にとっては，仏教徒だけではなく「不学」「無学」にどのように対していくかも問題であった。彼らに朱子学で説かれる窮理の工夫を求めることは難しい。文字の読み書きができない者たちも多い。このような社会においては，非「不学」＝博学であることが，儒学者が自らの存在意義を確認する意識となる傾向があった。この意識は，「不学」な武士や庶民層への軽蔑意識と博識への誇りとを含むことがあった。

日本の近世社会において「心」を大切にする学問は，たとえば物質的なものに対する精神的なものの重視として登場するというよりも，以上のような博識を求め「文字」を大切にする学問に対抗するものとして登場することが多い。石門心学の祖である石田梅岩（1685〜1744）は，「文学（文字に頼る学問）他ニ勝レバ，此ヲ徳ト思ヒ，我ヲ伐ル者多シ」と博学を問題にし，「只心ヲ尽テ五倫ノ道ヲ能スレバ，一字不学トイフ共是ヲ実ノ学者ト云」（『都鄙問答』）と説いている。石門心学に限らず心の学のなかには，「不学」層のための実践道徳を説くものが見られる。

三輪執斎（1669〜1744）は山崎闇斎門下の佐藤直方に師事して朱子学を学んでいたが，のち陽明学へと転向した。執斎にとっては朱子学の修養のとっかかりである格物窮理のところがつまずきのもとであった。執斎は，朱子学の格物窮理は「物しり」（博識）を求めるもので，「士農工商」ともにそんな暇はなく，朱子学が唱える，誰でもが聖人に至れるような普遍的な方法ではないと述べ（『四言教講義』），「無学」層でも行える学問を求める。もともと陽明学は朱子学につきまとう定理意識を打破し，現場で活動する心が既定の価値観にとらわれずに，理を創造していこうとするものであった（心即理）。

執斎の"陽明学"は「内省」を重んじるところに特徴があるが，それは出発点が定理打破というよりも，むしろ博識批判にあったためであろう。

朱子学の位置　ここで日本近世における朱子学について，朱子学は徳川家康の代から幕府に採用されてきた（官学であった）という認識について触れておきたい。これに関して問題になるのは，1790年（寛政2）に発令されたいわゆる寛政異学の禁の冒頭の語「朱学之儀は慶長以来御代々御信用之御事」である。この認識は何に基づいているのだろうか。家康をめぐる事跡のなかには見出しがたい。これに関わると考えられるのは，林羅山の子たちが1659年（万治2）に書いた父の伝記，鵞峰の「年譜」と読耕斎の「羅山林先生行状」である。これらによると1603年（慶長8），羅山が勅許を得ることなく朱熹の『論語集註』の講義をしたのに対し，公家の舟橋秀賢はそれを非難し朝廷に上奏した。これについて諮問を受けた家康は笑いながら，秀賢の狭量をたしなめたということである。これらの伝記で秀賢が羅山を非難した理由は，これまでの伝統を無視して勅許なく講義をしたということであり，家康も，講義した書物の内容が何であったかを問題にしているわけではない。ところがいわゆる寛政異学の禁が発令されたときの林大学頭関係の史料（「林大学頭信敬申上書」1791年）では，羅山が朱熹の注に基づいて講義をしたことを秀賢が咎めたのに対し，家康は許容した，という内容に変えられている。

遡って，羅山が朱熹の注に基づいて講義をしたことが家康に認可されたという記述は，室鳩巣の文章（「書安積老牛子筆記神祖遺事後」1733年）のなかに見ることができる。鳩巣は「神祖（家康）は初政を修明し，首めに正学の路を開きて烈宗相継ぐ」と明言している。羅山の事跡は時代によって変化しており，いわゆる異学の禁の文面をそのまま信用することはできない。儒学のなかでとくに朱子学だけが，当初から幕府に認められていたわけではない。この認識は仁斎学や徂徠学の登場を受けて，朱子学信奉者の側でそれらに対抗するなかで強調されていた点に注意しておかねばならない。

ところで朱子学や陽明学などの外来思想の摂取のあり方については，様々な可能性がある。たとえば現実の政治や社会などに適応させ，意義を持ちうるべく外来思想を変容させるという営みがある。また，外来思想を拠り所にして，日本の現実の政治や社会についての認識を形成したり，現実を相対化する視座を獲得したり，あるいは自らの理想に基づき，現実を改革するための理念を確立するという営みもある。これら以外にも種々の思想的営為の可能性があろう。次節ではこのような点にも留意しながら，個々の思想家における政治と儒学の関係について見ていこう。

③　政治と儒学

蕃山・素行・仁斎　これから取り上げる3人はほぼ同世代であるが，蕃山と素行は積極的に政治に関わっていこうとするなかで思想を形成したのに対

し，仁斎は政治の場に身を置くことをしなかった思想家である。

熊沢蕃山（1619〜91）は浪人の子として京都に生まれた。岡山藩主池田光政に仕え藩政に関与し，致仕後は京都にて公家らと交遊した。晩年，具体的な政策を述べた『大学或問』が幕府の忌諱にふれ禁錮に処せられた。

蕃山は朱子学と陽明学とを滋養源とし，また師である中江藤樹から学んだ時処位論を発展させた。彼は超越的・普遍的な実在としての道を掲げながら，現実世界の礼法については，「時処位」や「人情ать（時）変」に制約されるものと見る。蕃山は，儒学的な理想を保持しつつも，現実世界の礼法については相対的に捉える視座を獲得した。

山鹿素行（1622〜85）は江戸時代においては兵学者として知られていた。彼も浪人の子として会津に生まれ，江戸に出て儒学，兵学などを学んだ。1662年（寛文２）頃，朱子学を批判して聖学（聖教）を確立する。これは朱子学が持っている形而上的な面を排除し，武士の日用に役立つことを求めて築かれた学問である。彼はまた1669年（寛文９）に『中朝事実』を著し，日本（中朝）は政教文物については中国（外朝）と同等のレベルにあること，軍事面（夷狄防衛）と皇統の連続という点では中国に優越していることを主張している。

素行は1665年（寛文５）に『聖教要録』を刊行したことで，翌年赤穂に流されたが，これは朱子学が官学であったことを示すものではなく，当時の将軍家綱を補佐していた保科正之が熱心な朱子学信奉者であったことに由来していると考えられる。

京都の商家に生まれた伊藤仁斎（1627〜1705）は，仕官の誘いを断り，市井の儒学者として一生を送った。仁斎は『論語』を「最上至極宇宙第一の書」として尊重し『孟子』をその解説と位置づけ，孔子の教えのもともとの意味（古義）を明らかにしようとした。彼は世界は動態的なもの（「活物」）であるという立場から，朱子学の理について，これは変化してやまない世界（「天地生々化々の妙」）を形容できない「死字」であり，「事物の条理」にすぎないとして限定的に捉える（『語孟字義』理）。人間も動態的なものでありその性質も多様であるが，生まれながらに「惻隠の心」などの「四端の心」が働いている点では共通しているという。そして「四端の心」を拡充していく――忠信などの実践（「修為」）をとおして他者への誠実さを尽くしていく――ことにより仁義の徳を達成することができると説く。仁斎は人間を関係的な存在と捉え，人倫日用の学を唱えた。

白石と鳩巣　次に登場してきた白石，鳩巣，徂徠の３人は，いずれも幕政と関わりを持つことになった。

新井白石（1657〜1725）は木下順庵に学び，将軍家宣と家継の代に旗本として幕政に関与した。いわゆる正徳の治（1709〜1716）である。

白石は「世の中の事，なに事にもあれ，見聞かむほどの事，たゞにはうち過べからず。よくよく其事の由を詳にすべき事也。これまた古にいわゆる格物の一事なるべし」（『折たく柴の記』中）という朱子学から学んだ合理的・実証的精神と，将軍家宣を堯・

舜のような君にするという政治的信念のもと、仁厚の政の実現を目指し、また開幕から100年という時代に相応した、新たな礼楽・制度を制定しようとした。

実際の白石の施策としては武家諸法度の改訂が注目される。法度第1条は1683年（天和3）に、それまでの「文武弓馬の道、専ら相嗜むべき事」から「文武忠孝を励し、礼儀を正すべき事」に改められたが、1710年（宝永7）、白石はさらにこれを「文武の道を修め、人倫を明かにし、風俗を正しくすべき事」と改め、新たに第2条に「国郡家中の政務、各其心力を尽し、士民の怨苦を致すべからざる事」を加えて、大名の職務を儒学的に説明した。そのほか白石は、対朝鮮外交の刷新をはかって将軍の称号を王者にふさわしい「日本国王」とするなど諸施策に関わった。

室鳩巣
「肖像集」（国立国会図書館蔵）より

しかしその政治面での活躍は、将軍の個人的な信頼を背景にしていたため、家継の没後、その政治的影響力は消滅していかざるをえなかった。武家諸法度は天和期のものに戻され、将軍の称号も「大君」に戻された。

同じく順庵門下の室鳩巣（1658〜1734）は、1672年（寛文12）より加賀藩に仕え、1711年（正徳元）以降は幕府儒者となった。

朱子学では誰もが生まれつき優れた道徳的本性を持っていることをいうが、これを摂取した鳩巣は、儒学者による武士や庶民など「不学」への軽蔑意識を、社会道徳実現の障害になっているとして克服し、むしろ「不学」層を評価しようとする。鳩巣は当時の儒学者たちについて、博学を誇り義理の空論に明け暮れていると批判するが、これに対し、武士が覚悟を決して即座に実行に移す敏速さを評価する。それを実際に示したのが赤穂浪士たちであった（『赤穂義人録』）。彼らの言動は、「理」に照らしてみたときに問題がないわけではないが、その点は目をつぶり、節義を重んじる気概を評価する。「不学」層に目を向けた鳩巣の"朱子学"は理への明晰さのところは脇に置いて、気概という実践に向かう気のあり方を重視するものとなった。

鳩巣は享保の改革において、人材登用策と庶民教化策（『六諭衍義大意』の作成刊行など）の中心的な役割を果たした。将軍吉宗は1722年（享保7）、旗本物領などの役職任用に際して選考制を導入し、文武兼備の人物を登用しようとして、鳩巣に中国の科挙制度についての調査と意見の提出とを求めた。鳩巣は日本の世襲制に対しては批判的であったが、科挙制度についても、文章や詩に長じている者を増やすだけであるとその導入には反対し、文武の才能に加えて行状についても優れた者を、組頭などの上司が推薦するという人材推薦策を答申する（『献可録』）。吉宗が提示した学問・武術だけではな

く行状を重視したこの献策は，当時の学問界の現状を悲観し，何よりも徳行ある人物を評価しようとした鳩巣の"朱子学"に基づいている。これらの献策は，1723年（享保8）の足高の制，および1724年（享保9）の番入り（役職任用）選考制として結実する。この選考制は，後の寛政改革の，いわゆる異学の禁や学問吟味などの人材教育・登用政策の基盤となったものであり，儒学者の政治への関与を見ていくうえで看過できないものである。

徂徠　荻生徂徠（1666〜1728）は医師の子として江戸に生まれた。朱子学を講じていたが，1717〜20年頃著した『弁道』『弁名』『論語徴』により，いわゆる徂徠学が成立する。1727年（享保12）には『政談』を将軍吉宗に提出している。

かつて林鵞峰に学んだことのある徂徠は，「見聞広く事実に行わた」る（『徂徠先生答問書』上）ことをよしとして，「天下武家ノ手ニ渡ル。……何モ不学」「世間不学」（『政談』巻2・4）と「不学」な者たちを批判する。このような博学を尊ぶ立場から見たとき，朱子学の「道」は，心を拠り所にした危ういものと捉えられ，「道」は具体的に六経（詩・書・礼・楽・易・春秋）に存していることが説かれる。そのうえで中国古代の先王の治を理想として，礼楽を重んじる政治論を展開する。

荻生徂徠（致道博物館蔵）

徂徠によれば道とは「天地自然の道」ではなく，中国の先王・聖人たちが制作・作為したもの，つまり我々人間の外にあるものである。この道は天下を安んずるためのものであり，礼楽刑政や制度という為政者のための政治技術から，孝弟忠信・五倫・中庸という万人のための道徳規範まで多彩な内容を含んでいる。普遍的で万世の規準となるものであるが，また後代の各王朝ごとに更定されるものである。その道を正しく把握するためには，中国の古文に習熟することが必要とされる（古文辞学）。以上のような道に人が関わっていく拠り所として考えられていたのが，以下のような徂徠の人間理解である。

道は先王・聖人が制作・作為したもの，つまり外なるものである以上，朱子学のように人々は内なる「性の自然」に従うのではなく，この道を得ることをとおして善に「移る」ことが求められる。これに関して徂徠が注目していたのは人間が持っている「運用営為の才」である。これは外在の道から養いを得ることによって「成す」ことを実現する能力である。ただし人間が生まれつき持っている気質は人それぞれに異なっている。統治者の場合はそれぞれに異なる気質を生かしながらそれぞれの徳や材を形成し，被治者の場合は良俗を形成する。このように何を成就するかの違いはあるが，「運用営為の才」は徂徠によれば，人が共通に持っている，人間を天地自然から区別する特徴である

第14章　儒学と仏教

という。
　また徂徠の場合，朱子学のように一人が修己(しゅうこ)から治人(ちじん)（平天下）までのすべてを担うとは考えない。「士農工商」のそれぞれが家業に励み，互いに助けあうことによって社会全体が成り立っていると見る。これに関係して徂徠は，人間は生まれつき「相親しみ相愛し相生じ相成し相輔(たす)け相養ひ相匡(ただ)し相救ふ」（『弁道』）という相互の協調性を持っていることを説く。徂徠は朱子学の窮理について，一般の人間には不可能であることをいうが，これは窮理によって自己への過信（「天上天下唯我独尊(てんじょうてんげゆいがどくそん)」『弁道』）が生まれ，それによって人間が孤立していく危険性を感じとっていたためと考えられる。
　徂徠学が後の時代に与えた影響ははなはだ大きいものがあった。徂徠は道の内容として礼楽刑政を重要視したが，その結果，中国古代の礼楽制度を日本において実現することが可能なのかという議論を引き起こすことになった。そのなかから礼楽制度を相対化する思想が広がり，日本独自の制度に対する関心が高まっていく。また徂徠は道の統治機能を重要視したが，徂徠以後それを受けて中国の現実とのギャップが問題になってくる。明清交替(みんしん)（1644年）の記憶もあずかって，中国で戦乱が多く夷狄支配が行われたのは道が統治機能を果たしてこなかったためだと捉えられ，そこから中国の制度（道）は日本よりも劣っているという認識が広がってくる。逆説的ではあるが，徂徠学が中国の文物制度劣等視の理論的根拠を与えることになった。そのほか徂徠学の影響は多岐にわたるが，江戸後期思想史における天皇や皇統，皇国の浮上に深く関わっているものが見られる点は注目される。

（中村安宏）

▶コラム15　赤穂事件

　忠臣蔵で名高い赤穂事件は二つの事件からなる。一つは松の廊下刃傷事件である。これは1701年（元禄14）3月14日，江戸城中の松の廊下で，赤穂藩主浅野内匠頭長矩が高家筆頭吉良上野介義央に斬りかかり傷を負わせ，長矩が即日切腹させられ赤穂藩が改易になった事件である。もう一つは吉良邸討ち入り事件である。これは1702年（元禄15）12月15日未明に，大石内蔵助良雄ら赤穂の旧藩士（赤穂浪士）四十七名が，江戸の吉良邸に討ち入り義央の首級を挙げて泉岳寺の亡君の墓前に捧げ，四十六人（一名は途中で脱走）が幕府の処断によって切腹させられた事件である。

　松の廊下事件の原因については，勅使饗応役を務める浅野内匠頭とそれを指導する立場であった吉良との確執や，内匠頭の乱心説など諸説が存在するが，史料的には限界があり真相は明らかではない。松の廊下事件の処罰については，喧嘩の当事者双方を処分する戦国時代以来の喧嘩両成敗法適用の是非が問題となるが，吉良は一方的に斬りつけられたため，喧嘩の状態にはなかったと幕府は判断し，浅野一人を即日切腹させたのであった。この幕府の処断は「片落ち」と評され，吉良邸討ち入り事件を導くことになったのである。

　吉良邸討ち入り事件の処罰について，討ち入りから一カ月半後の1703年（元禄16）2月4日に幕府は結論を出している。浪士達に「切腹」を申し渡したこの処断には，武士としての体面を保持させつつ，法治主義を貫徹する幕府の姿勢が現れている。

　この一連の事件に対する，とりわけ大石らの討ち入りの是非をめぐって，江戸時代の儒学者を中心に議論された。これが赤穂義士論と呼ばれるものである。また後にこの赤穂事件を題材にして，1748年（寛延元）に竹田出雲が『仮名手本忠臣蔵』を著すに及んで圧倒的人気を誇る芝居となった。

（高橋禎雄）

第15章

町人の思想・農民の思想

1 職分論とイエの思想

町人の思想・農民の思想へのアプローチ　町人・農民の思想（以下，庶民思想）を具体的に取り上げることができるほどに社会が成熟したことは近世の歴史的特質の一つである。ただし庶民思想を考える場合，何をもって庶民思想とするか限定しておく必要があろう。ここでは次の3点から庶民思想を考えておきたい。第一に，思想家の出自が庶民であること。第二に，その思想内容が庶民の思想的自覚を直接反映しており，生業に従事する庶民の社会的存在を積極的に肯定すること。したがってそこには程度の差こそあれ，生業に従事しない武士批判が認められる。第三に，思想の表現形態は庶民に理解される通俗性を持っており，当時の文化状況を反映して神・儒・仏の融合的形態をとる。ただし，儒教が多くの一般的な学問言語を提供していることを反映して，儒教的用語が言説の基軸となる場合が多い。近世中期以降，庶民の文化的・思想的成長に伴い，いくつかの学問領域で専門的な発言をする〈町人学者〉と言ってよい人々が登場してくる。このように，思想家の出自，思想の内容，思想の表現形態から庶民思想のカテゴリーを定めることができるが，ここでは第二の条件を中心に考えてみよう。

職分論の登場　戦国の内乱的状況にピリオドが打たれ〈泰平の御代〉が到来すると，戦国の直接的当事者であった武士の社会的存在意義の再定義とともに，生業に従事し社会体制を支える庶民の社会的存在意義を明確にすることが重要な思想的課題となった。このような課題に応えるものが職分論である。それは支配身分となった武士を単なる戦闘者ではなく，統治を担当する唯一の身分とし特権化するとともに，生業に従事する庶民を社会体制の円滑な存続に不可欠な存在として位置づけるものであった。職分論が登場するのはほぼ寛永年間（1624～44）あたりからであるが，そのためには次の二つの意識が前提となっていた。第一に，庶民が平安のうちに生業に従事しうる状態，すなわち泰平の御代の到来を感謝し謳歌する意識であり，第二に，非人倫的な戦国的状況への批判を内包する厳しい人倫的意識である。武士から仏教者へと転身した鈴木正三（1579～1655）の『盲安杖』（1619成る）では次のように指摘されている。「国

王の恩といふは，乱世にして人民身の置所なし，盗賊狼藉の悪党，国にみちて近里の通路自由ならず，昼夜心の油断なく，たゝかふ心許（ばかり）にて，さながら鬼畜にことならず，（然るに）国王国をたいらげ給ひ，政道正しき御代となり，仁義五常もをこなはれ，諸民の心正路にて，不学して道に近し。身の置所広（ひろく）して，渡世のいとなみ品々自由なり。此の恩徳しらざらんや」。

職分論の性格　職分論を構成するものは，第一に人間的平等の論理である（後述する庶民的立場の〈下からの職分論〉の場合特に顕著である）。第二に四民の職業の公共的機能および職業的実践の道徳性の指摘であり，この両者の結合が職分論の特徴であった。儒教的職分論の嚆矢と言ってよい中江藤樹（1608～48。伊予大洲藩を脱藩した後，市井の儒者となった）にあっては，「ばんみんはことごとく天地の子なれば，われも人も人間のかたちあるほどのものはみな兄弟なり」と述べられ，また「天子・諸侯・卿大夫・士・庶人のしよさが，すなはち真儒のすぎはひ」と指摘される（『翁問答』）。

鈴木正三の『万民徳用』においては，四民の所作がただちに「仏行」であるとされ，「農業則仏行」が次のように論じられる。「農人と生を受（うくる）受事は，天より授（さずけ）給る世界養育の役人」となることであり，「此身を一筋に天道に任（まかせ）奉り，かりにも身のためをもはずして，正（まさしく）天道の奉公に農業をなし，五穀を作出して，仏陀神明を祭，万民の命をたすけ，虫類等に至迄（ほどこす）施べしと大誓願をなして，一鍬一鍬に南無阿弥陀仏なむあみだ仏と唱，一鎌一鎌に住して，他念なく農業をなさんには，田畑も清浄の地となり，五穀も清浄食と成（なり）て，食する人，煩悩を消滅の薬なるべし」。彼の『驢鞍橋（ろあんきょう）』には1652年（慶安4）8月，武州鳩谷の宝勝禅寺において「近里の百姓数十人」に「農業便（すなわち）仏行」の旨を説いたことが載っているから，「農業則仏行」論が農民との交流の上に成立していることがわかる。こうして彼は「何の事業も皆仏行なり。人々の所作の上におひて，成仏したまふべし。仏行の外（ほかなる）成作業有べからず。一切の所作，皆以（もって）世界のためとなる事を以（もって）しるべし。……鍛冶番匠をはじめて，諸職人なくしては，世界の用所，調（ととのう）べからず。武士なくしては世治（おさまる）べからず。農人なくしては世界の食物あるべからず。商人なくしては世界の自由成（なる）べからず。此外所有（あらゆる）事業，出来て，世のためとなる」と述べ，四民の所作の公共的機能とそれがただちに仏行であることを指摘するのである。

職分論と家業　近世初頭の語彙を収録した『日葡辞書』（1603成る）にはCaxocu（カショク）が載っており「家の職業。家業。なりわい」という意味を与えているから，当時すでにイエ意識に結びついた「家業」「家職」の観念が広く存在していたことがわかる。1663年（寛文3）の「諸士法度」には従来のものにはない「家業無油断可相勤事」という「家業」の精勤規定が現れるが，これは武士層におけるイエ秩序の確立を背景とするものであろう。鈴木正三は先に見た「四民の所作」則「仏行」論を「家職を以て入仏道の理」（『反古集』）とも指摘していた。1667年（寛文7）に刊行された仮名草子『子孫鑑』では，「それ人は先（まず），其家々の職第一に勤べし。是則（すなわち）庶人

の忠なり。天の道と心得べし」と指摘され，長崎の町人学者西川如見（1648～1724）の『町人嚢』巻1，5（1693成る）には「家業職分」なる語が登場する。近世的なイエ秩序が確立し，庶民層にもイエ意識が浸透していく17世紀後半に職分論が社会的に成立したと言ってよいであろう。享保年間に成った，豪商三井家の当主であった三井高房（1684～1748）の『町人考見録』では，「天下の四民士農工商とわかれ，各其職分をつとめ，子孫業を継で其家を

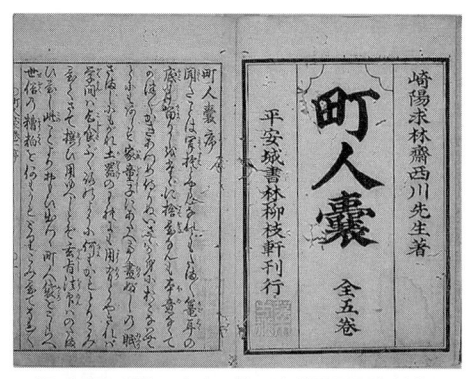

『町人嚢』（「住田文庫」神戸大学附属図書館蔵）

とゝのふ」と明確に述べられている。

上からの職分論と下からの職分論　職分論を考える場合，武士的立場の〈上からの職分論〉と庶民的立場の〈下からの職分論〉を区別することによって，その思想的意義がより明瞭となる。〈上からの職分論〉のイデオロギー的性格を最も露骨に示すものは山鹿素行（1622～85）の所説である。彼は相補的な君・民の関係を，「衣食家宅用具」を生産する「民」と，それらの適切なあり方と使用方法とを民に教示する「君」と捉え，さらに自然的分業によって民が農・工・商の三民に分かれることを述べる。しかし三民は私欲を抑え道徳的に自己形成することができないから，士による教化が不可欠であるとする（『山鹿語類』巻5）。彼が軍学上の師である北条氏長の『士鑑用法』における「士は賊を防ぎ，邪なるを伐つ。これ士の職なり」を批判し，「士は師なり」とする（「掇話（寅卯辰）」）所以である。こうして彼は為政者たる武士の存在意義を愚民観を前提に生産と政治＝教化の2領域における庶民の師表として把握したのである。荻生徂徠の場合はより洗練された形で，自然的分業による三民の社会的役割を指摘した後，「士は是を治めて乱れぬやうにいたし候。各其自の役をのみいたし候へ共，相互に助けあひて，一色かけ候ても国土は立不申候。されば人はもろすぎなる物にて，はなればなれに別なる物にては無之候へば，満世界ことごとく人君の民の父母となり給ふを助け候役人に候」（『徂徠先生答問書』）と述べられる。共同的存在として把握された人間を為政者の下に統合していくのが彼の論理の特徴であるが，彼の場合，「武家と百姓とは田地より外の渡世は無て，常住の者なれば，唯武家と百姓の常住に宜き様にするを治の根本とすべし。商人は不定なる渡世をする者故，……商人の潰るゝ事をば，嘗て構ふまじき也」（『政談』）というように貴穀賤商的立場が顕著であった。

〈下からの職分論〉を典型的に示すものは石田梅岩（1685～1744。農家に生まれ，商家奉公の後，講席を開く）の所説である。『都鄙問答』（1739刊）では，「士農工商は天下の治る相となる。四民かけては助け無かるべし。四民を治め玉ふは君の職なり。君を相る

は四民の職分なり。「士」は元来位ある臣なり。農人は草莽の臣なり。商工は市井の臣なり」と述べられるが、この論理は上述の徂徠の所説とほぼ同様であり、「銘々は世を互にし、救ひ助くる役人なり」（『石田先生語録』）という指摘も見られる。しかし四民を同じく臣と捉え、士と農工商三民との別を「位」の有無によってのみ説明する点を看過してはならない。梅岩には、武士層を中心に根強く存在する商業とそれに従事する商人を卑しむ考え（賤商観）はもはや微塵もない。庶民的立場の〈下からの職分論〉は、泰平の御代において社会的・文化的に成長してきた都市町人を主とする庶民層の自己主張にほかならなかった。

石田梅岩（明倫舎蔵）

2 生活と思想

「正直」と「倹約」　〈下からの職分論〉を形成していく際に大きな障害となったものは、武士と農民の間に根強く存在する賤商観の存在であった。「商人と屛風とは直にては立たず」という当時の成句は、1647年（正保4）に刊行された仮名草子『悔草』では「商ふみちは、偽らではなりがたし」という理解を象徴するものとして引用されている。こうした中で商業の公共的機能と売買行為の倫理性が明らかにされねばならなかった。商業の公共的機能を指摘していた鈴木正三の『万民徳用』では、「売買をせん人は、先得利を益べき心づかひを修行すべし。其心遣と云は他の事にあらず。身命を天道に拋て、一筋に正直の道を学べし」とされ、「正直」が商人道徳として捉えられていた。また西川如見の『町人嚢』では「吝は私欲より出。倹約は天理より出」と指摘され、「一粒の米、一枚の紙も無用に費し失ふは、則天下の用物を費し失ふ道理なれば、天地造化の功をそこなふの咎あり。此こゝろを守りつゝしむ人は、君子の倹約にかなふべし」とされていた。

　このような理解の延長上に石田梅岩の所説が登場する。彼の言う「倹約」は確かに「分限」に応じた財の消費あるいは節約という当時の一般的意味を含んでいるけれども、従来の「始末」や「用捨」とは異なる豊かな内容を持っており、町人のみにとどまらない「大道」としての「倹約」が次のように説明される。異なる「職分」を貫く「一理」の具体的内容の一つは「大道」たる「倹約」である。「万民はことごとく天の子」であり「一箇の小天地」であるから、本来「私欲」はない。それゆえ「生まれながらの正直」とも述べられる（したがって「私欲」のないことが「正直」である）。こうして「私欲よりなす倹約」が「吝」（吝嗇）として批判され、「正直よりなす倹約」が主張される

第15章　町人の思想・農民の思想　175

(『倹約斉家論』1744刊)。また「倹約」は端的に「侈を退け法に従ふこと」(『都鄙問答』) とされるが,「約と云は倹約のみにあらず。法式に依て行ふ所なり。法は聖人より立て本天より出る所なり」(『石田先生語録』) という指摘から明らかなように,「法」は「礼」と同義である。すなわち梅岩における「倹約」は狭義の倹約の意を含みながら,「礼」に適った実践（実定法的な社会秩序の遵守から道徳的実践に至るまで）を意味しているのである。

「商人の道」 石田梅岩は商業行為をその公共的機能といういわばマクロの側面から捉え, 商人の「売利」を武士の「禄」, 百姓の「作間」(年貢以外の百姓取り分), 職人の「作料」と同じく「天下御免しの禄」と積極的に肯定した。この場合, 人為的に定まる武士の俸禄とは異なり,「売利」が定まる「相場」の自律性(「天のなす所」であり「公」とされる) が捉えられていることが注目される。また商業行為は, 対面的な売買行為といういわばミクロの側面からも捉えられ,「一銭を惜む心」と「代物の能」を求める心の相互浸透による「実の商人は先も立, 我も立つことを思ふ」という商人道徳が指摘される。このような主張が, 商人は「かげひなたなく真実を第一として, 売にも人の相応の利得あるやうに, また買にもねぎりころして人の難儀をこのむべからず」という『商人夜話草』(1727刊。手島堵庵の父である手島宗義の著作) の所説の延長上にあることは明瞭であろう。

石門心学 『商人夜話草』では,「身をおさめ家をとゝのへ, なす事の理にたがはぬやうにとするが学問の根本」であり, 貝原益軒の『家道訓』『大和俗訓』, 西川如見の『町人嚢』等から「能事を取りて家を治る助」とするのが「町人の学問」とされている。このような主張の背景に,「凡て世の有様を見来るに, 町家ほど衰へ安きものはなし」(『倹約斉家論』) という現実認識があることに注意しなければならない。このような社会的背景の下に梅岩を学祖とする石門心学は手島堵庵において「天下の御政道に背かぬ」「民の心学」(「欲と無欲との弁」) として確立され, 道話という心学普及の方法を洗練させ, 庶民の内面的主体性の確立を眼目として, 三都の心学舎を拠点に社会的に浸透していったのである。

農書の意義 農業技術や農家経営の心得等をまとめた農書の嚆矢は, その一部が16世紀後半になったと推定される『清良記』であるが, 各地の地域的特性を反映した農書が現れるようになるのは元禄期(1688～1704) 前後である。農書を著したのは必ずしも農民ではないが, そこには『農政全書』等の中国文献からの知見とともに, 明らかに農民の間に蓄積された経験的知識が反映している。福岡藩を致仕したのち農事に従事した宮崎安貞(1623～97) の『農業全書』は最初の刊本農書(1698刊) であるが, そこに記された先進的な畿内を中心とする具体的な農業技術とともに, 農事には「才覚機転」を用い, 耕地規模は家内労働力より控えめとし「深く耕し, 委くこなし, 厚く培ふ」べきとするいわば集約的農業の基本を示した主張は広く受け止められていった。郡奉行を勤め対馬藩の農政分野で活躍した陶山訥庵(1657～1732) は, 『農業全書』の

ダイジェスト版である『農業全書約言』や，対馬各地の老農の経験を整理しまとめた『老農類語』を郷村に配布し，自給自足を可能にする集約的な対馬農業の確立を図った。

また琉球王国の統治に活躍した具志頭親方文若(ぐしちゃんうえかたぶんじゃく)（唐名：蔡温(さいおん)，1682〜1761）は，農業の振興を治国の基本とし，1734年（享保19）に『農務帳』を公布したが，そこでは琉球農政の基本が「地面格護」（土地の保全管理）「農事手入」「耕作致(いたし)様」「貯(たくわえ)」「上木仕立(うわきしたて)」（有用植物の栽培法）「耕作当勤方(こうさくあたりきんかた)」（耕作当は村役人）の6ヶ条にまとめられ，琉球の自然の特色を踏まえた集約的農業の確立が図られている。老農が自らの体験を農書の素材として提供し，あるいは村役人等の上層農民によって農書が著されるようになったが，それは農民の文化的成長を反映するものであった。

農民は「直耕の転子」 安藤昌益（？〜1762）は，列島の人々の生活を根底から支える稲作農耕，それに従事する農民，そして彼らの住む農村を自らの思想的営為の基軸に据えた。彼自身は医師であり農民ではなかったがその思想には明らかに農民の心情と意識が反映している。彼は「不耕貪食」の支配者が「直耕の転子」（農耕に勤しむ天子）である農民を支配する階級社会の政治的・イデオロギー的抑圧を激越に批判する。彼は誰もが稲作農耕に従事する無差別平等の社会を「自然の世」，階級社会を「法の世」と捉え，「自然の世」の回復を構想するとともに，文字および儒・仏・神をはじめ既成の学問・思想すべてが（医術も例外ではない）階級支配を隠蔽するイデオロギーにすぎないことを指弾する。それは通用の天・地の文字に換え，同音でその自然的意味を表す転・定の文字を用いるまでに徹底している。転・定・人は類似の構造を持っており，根源的食糧である米を生産する稲作農耕こそ人々が従事すべき生業とされ，それゆえに農民は「直耕の転子」と捉えられたのである（『自然真営道』『統道真伝』）。先にふれた「ばんみんはことごとく天地の子」（中江藤樹『翁問答』），「万民はことごとく天の子」（石田梅岩『倹約斉家論』）という張載の「西銘」の所説の基軸となり宋明学において通有の理解となった主張は，近世における人間的平等の意識を支える論理の一つとなり，必ずしも目新しいものではない。しかし，それを「直耕の転子」として農民のみに限定するのは昌益独自のものである。それは農民の間に存在する，社会を根底から支えていることに対する自負と自尊の表現であった。

3 庶民思想の豊かな世界

庶民芸能の意義 近世の文化は町人文化と呼称されるように，都市町人を中心とする庶民の創造と享受に特色がある。西川如見が「天下静謐の御代なる故，儒者・医者・歌道者・茶湯風流の諸芸者，多くは町人の中から出来ることになりぬ」と自負するとおりであり，「人間は根本の所に尊卑有べき理なし」（『町人嚢』）という人間的平等の意識は一部の知識人に限られたものではなく，近世の文化の通奏低音といってよい。書物文化に比べより大衆的である人形浄瑠璃では，「武士の道」と町人の

第15章 町人の思想・農民の思想 *177*

「商売の道」とが同じく「道」として捉えられており（たとえば近松門左衛門〈1653～1724〉『山崎与次兵衛寿の門松』、1718初演）、そのような意識を前提として庶民生活における人間的葛藤（「義理」と「人情」の相克）が描かれる。そのような主体的自覚と通奏低音のゆえに、仏法と「外道」の争いを天皇家の相続争いに絡ませた『用明天王職人鑑』（1705年初演）や鄭成功（劇中の名は「和藤内」、和でも唐でもないに懸ける）の明国回復の戦いに基づく『国姓爺合戦』（1715年初演）のような〈史劇〉も自由に構想しえたのであり、人々はそれらを好評をもって迎えたのである。

常盤潭北

〈田舎俳壇〉をめぐる思想状況　芭蕉（1644～94）によって芸術的洗練の度を加えた俳諧は都市にとどまらず農村にも普及していったが、田舎俳壇（そのメンバーは郷村の指導層である）をめぐる思想的状況は、関東北・東部の田舎俳壇を遊歴する中で著作を著した常盤潭北（1677～1744）の著作から窺うことができる。彼は下野烏山の町家に生まれ、医を業とし、榎本其角に入門して俳諧を学び、「江戸当時宗匠」（『綾錦』1732年刊）の一人であった。彼は、「天より与へられたる職分」を尽くすことが「道」であり、「道」を実践することにおいては身分差はなく人は平等であるとする（『百姓分量記』1726刊）。『野総茗話』（1733年刊）では農工商の「天下の養用を達する恩」を論じたのち、「然ども上に政有て天下を治め給ふにあらずんば、今日かやうなる安楽あらんや。君の心を苦しめ給ふ事は万民のためなり。是天に代りて憫み給ふ道理也。是莫大の御恩徳なりと深く貴み、家業を勢出し、道を努めて御恩を報じ奉るべし。君も赤民に養はるゝ事をしろしめして深く憫み給ふべき也」と述べ、泰平の御代をもたらした公儀への報恩として庶民の職分の実践が捉えられるとともに、「民に養はるゝ」君の安民義務が指摘される。

こうして「天下は上一人より下万民迄、一つ欠ても天下たるべからず」（同上）と強調され、各職分の実践によって全体社会が調和的に構成されることが述べられる。それゆえに、「天子の貴き御身にても百姓の恩を感じ思召て、民は天也と貴び給ふこと説苑と申す書に見えたり。若其民を憫み給はざる時は、天のせめを蒙り国を失ひ給ふ」（『民家童蒙解』1737刊）と述べられ、〈革命〉を背景に為政者の安民義務を指摘するのである。このような主張が庶民の間で論じられていることは、庶民の政治的成長をものがたるものといってよい。

〈町人学者〉　冒頭に指摘したように，近世中期以降，庶民の文化的・思想的成長に伴
の思想世界　い，町人学者といってよい人々が登場してくる。彼らの存在こそ近世の
文化が町人文化であることを端的に証している。京都の上層町衆の子として生まれ市井
において古学を提唱した伊藤仁斎（1627～1705）。既述の西川如見は『増補華夷通商考』
（1708刊）や『天文義論』（1712刊）等により天文・地理に関する啓蒙的知見を近世社会
に提供したことでも知られている。大坂の上層町人の子として生まれ懐徳堂（1724，大
坂町人の援助により設立された）で学び特有の思想史研究方法を提唱した富永仲基（1715
～46）。代表的な後期経世論者である海保青陵によりその商才を高く評価された升屋小
右衛門は，百科全書的な『夢の代』（1820成る）の著者山片蟠桃（1748～1821。彼もまた
懐徳堂で学んだ）である。同書では，蘭学の知識を踏まえ，「太陽即恒星」とされ，夜
空に輝く恒星が太陽のように周囲に惑星をめぐらしていると考え，「明界（恒星系）中
の陰星（惑星）は，すべて地となりて，人民あるなり」と述べられ，蟠桃の関心は宇宙
にまで及んでいる。国東半島に生まれ医を業とし，徹底した思索に基づく独創的な自然
哲学を展開した『玄語』（起筆以来20数年の歳月，23回の改稿を経て完成した）の著者，
三浦梅園（1723～89）や松坂の商家に生まれ，同じく医を業とした国学の大成者本居宣
長（1730～1801）等もここにあげることができよう。彼らはいずれも支配身分たる武士
の出ではなく，生涯を市井で過ごしたが，彼らの著作は時代を超え今なお学ぶべき思想
的遺産として私たちの前に存在している。

体制の動揺　特有の土地所有に基づき生産力を掌握する石高制，兵農分離を基軸とす
と庶民思想　る世襲的身分制，列島外との交流を統制する鎖国―禁教制の上に，統一
権力たる将軍と地域権力たる大名によって近世社会は支配されてきたが，18世紀後半以
降，このような支配体制は矛盾と動揺を深めつつあった。時代は大きく転換しようとし
ていたのである。こうした中で庶民にとって自らの生活と経営を守ることこそ第一義で
あったが，ここでは荒廃する農村の復興に取り組んだ二宮尊徳（1787～1856）と大原幽
学（1797～1858）を例に見てみよう。

刻苦勉励の少年期を送り20歳の時に没落した生家を復興した尊徳は，〈報徳仕法〉と呼
ばれる計画的な農村復興策の実践者として知られている。彼は「自然」に対する「作為
の道」である「人道」こそ人の務めるべきものとし，農業労働の根本的意義を理論づけ
た（福住正兄『二宮翁夜話』1884刊）。彼の理論的主著と言ってよい『三才報徳金毛録』
（1834成る）では，「もし田圃なければ，人倫をしてつひに人倫たらざらしむるを得ん
か」，「田徳あるが故に衣食住あり。……衣食住あるが故に人界たり。人界に処する者は
田圃より貴きはなし」と述べられる。

下総の農村で農民指導者として活躍し，世界最初の協同組合と称される「先祖株組
合」の結成で知られている幽学は，「天地の和則性，性則和」として自然の調和的あり
方によって人間を把握し，「人は天地の和の別神霊（神道用語。分霊ないし分身）の長た
る者故，天地の和の万物に多く及ぼす如くの養道を行ふこそ人の人たる道とす」と述べ，

第15章　町人の思想・農民の思想　*179*

「分相応・器量相応」の生活を主張する（『微味幽玄考』）。彼は自らの出自である武士を理想視し、「分相応」に見られるように、実定法的な社会秩序の遵守を主張したが、彼の指導した村落経営（たとえば活動の中心地であった長部村には門人達の修練のための教導所「改心楼」が彼の設計により建造された）が幕府より異端視され、自殺するという悲劇の人であった。

（佐久間　正）

▶コラム16　義理と人情

　対句となって現在の我々にも親しい表現であるが、元来は、義理・人情ともに中国に由来する言葉である。『史記』等では義理は「物事の正しいすじみち」としての意味で用いられている。中国の宋代では、人としての道を追究する学問として、義理学とも称される新興の儒学（宋学）が興った。この義理という言葉が日本社会に広範に普及したのは、江戸時代に入ってからである。まず林羅山や中江藤樹ら儒学者達の活動によって義理の観念が定着させられ、日本人は義理を意識化し現実を捉えることが可能となった。

　しかしながら、江戸時代の日本では、儒学の文脈での義理の本来の意味は短期間のうちに失われ、習俗として新しい意味を獲得していく。これが日本的義理と称されるものである。こうした世間体への考慮や、対人関係のしがらみの場面で使われる日本的義理の観念が成立する過程は、江戸時代の文学作品の中に見ることができる。

　江戸時代前期で井原西鶴は『武家義理物語』で武士の義理のみを描き、他人の信頼に応えるという形の義理を取り上げる。ここでは人情は義理に包摂された形をとる。江戸時代中期の近松門左衛門の段階では、義理は武士だけの世界ではなく町人の世界にも移されて、人間の内面での義理と人情の熾烈な葛藤が描かれる。近松以後の浄瑠璃では、義理の悲劇として武士を取り上げ、上下間での義理を題材とする。そこでは主君への義理が優位を占め、不本意ながらの義理に押し潰される人情の有様が悲劇として描かれる。義理と人情の観念が言葉として明確な対句表現に至るまでには、江戸時代を通じて以上のような変遷があった。

　なお、人情は他に対する思いやりや共感の念から成り立つが、近松門左衛門の場合、観念としては人情を指すものの、言葉としては「情け」の語が使用されている。「義理と人情」が、対句表現として作品上に明示されるのは江戸時代では意外と遅く、人情本や滝沢馬琴の時代、すなわち幕末間近になってからのことである。

（高橋禎雄）

第16章

国学と神道

1 二組の往復書簡——地方国学者からの手紙から見えてくること

東北の国学者小沼幸彦の手紙　日本の語学・文学・思想の領域を統一的に理解することを目指した「国学」における学問的な指導が添削の形で行われたことを如実に示す書簡が二通ある。ともに江戸時代後半に陸奥国安達郡本宮宿（現在の福島県本宮町）で生きた菓子商にして学者の小沼幸彦（1746～1822）に関わるものであり、それらは小沼が発した質問文とその上の朱筆による指導の文章（添削文）そして短い返信文からなる。一通は本居宣長（1730～1801）が1801年（享和元）8月にしたため、もう一通は宣長の養嗣子本居大平（1756～1833）が1803年（享和3）8月に記した。

　先行する一通を小沼が宣長に発したのは、1801年正月25日。京都堂上での講義や公卿門弟の獲得を目的とした京都旅行のために遅れてしまったという返信を宣長がしたためたのが、8月5日。宣長の返信が東北の小沼のもとに届いたのは、9月29日のことであった。そしてまさにその日、伊勢松坂の鈴屋において宣長は亡くなった。

　師の手紙の到着と死没が同日であったことを後に知った小沼は、師を失った悲しみと因縁浅からぬ思いとを書簡の裏面に記し、また翌年2月に訪れた山室山の宣長墓所の様子と和歌山の大平のもとを訪ねた様子とをあわせて記している。

国学の盛況　さて、その第一の書簡の宣長の書き入れにみなぎるのは最晩年の学問的な自負である。それを良く示すのが「古学」（国学）が全国的な広がりを見せていることをめぐる次の記述である。よく引かれる部分であるから掲げておこう。

　　古学之儀当時大体天下に行渡り広まり申候。西は長崎肥後などにも大分御座候。東は南部にも彼是御座候。松前家中にも下国武と申仁、執心に而入門致し申候。其外諸国共広まり申候。随分御出精し被し成候。

（福島県本宮町，小沼貞夫氏蔵）

　書中で小沼は東北地方における鈴屋門の拡張活動に執筆途上の自著（本書簡での宣長の指示によって『神代系図』と名付けられる）を用いたいと申し出た。宣長はその企画に讚辞を与えつつ、鈴屋門が九州から北日本まで拡大しているという現状を説明し、その上で最晩年の弟子となる下国武を小沼に紹介し、同じ門人として学問にいっそう精進す

181

べきことを求めた。二カ月後の死など全く予期させない文面である。

『神代系図』の出版

ところで，この小沼と宣長のやりとりの主要な論点は，『古事記伝』に基づいて小沼が作成した神々の系譜書『神代系図』の内容とその出版とに関わる。小沼は，『神代系図』で掲げるべき「神名」のなかの不詳な神についての見解を宣長に求め，さらには出版に不可欠であると考える師宣長の「誓わり書」(がき)（神名決定の基準をめぐる解説）の執筆を丁重に依頼した。

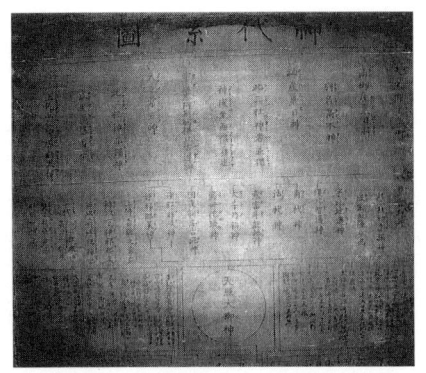

『神代系図』（福島県郡山市・安藤智重氏蔵）

これに対し宣長は，執筆依頼それ自体については門人が増加しその指導のために忙しいこと，この種の依頼は原則的に受け付けないことを理由に，やんわりと断った。しかし，『神代系図』の中で，『古事記伝』を参考にして『神代系図』を作成したこと，すなわち神をめぐる『神代系図』の立場が『古事記』中心主義であることを明記する際の説明文の書き方については丁寧に指示した。

小沼が発したもう一通の書簡，本居大平宛の書簡は，先の宣長の返書の内容を承けるものである。本書簡で小沼は，宣長の添削による指導を経て完成させた『神代系図』を出版へとこぎつけるための出版の許可を求め，あわせて最終的な調整（たとえば出版の際に中心になる本屋である「版元」の決定）を大平との間で行おうとした。

その申し出に対して大平は，『神代系図』の出版をめぐる小沼と父宣長とのいきさつは了解している，また，小沼が抱く本書出版をめぐる「心配」は無用であり，小沼の意のままに出版せよ，と答えた。

二通の書簡の意義

さて，国学と神道の関係を論じる本章が上述の二通の書簡に着目するのは次のような理由からである。

小沼は『神代系図』を出版するには本居家の了解と許可が必要であり，宣長が出版を認めたことを著作中に掲げなければ出版はできないと考えた。もしそれがなければ，出版後に起こると予想される「問題」を回避できない，と考えたのである。

しかし，この小沼の書簡がなければ，そうした「問題」を秘めているらしい『神代系図』も，今日のわれわれの目には単なる神様たちの親子関係を示した巨大な一枚刷の印刷物としてしか映らない。この書の出版に支障があったとは想像できないのである。

ところが，小沼が杞憂とも思える「心配」を抱かざるを得なかった事態そのものの内に，実は宣長の学問（国学）が同時代の思想の歴史の中で持った意義，さらには後の時代への影響力を読み取ることができる。言い換えると，小沼が両書簡中で触れたのは，「神ながら」と表現し神の意のままに生きることを当然とした宣長以後の国学とそれを

取り巻く同時代の人々の神々をめぐる思惟が複雑に重なり合うところ，すなわち国学と神道とが思想的にぶつかりあうその場所が，神々の世界なのであった。

　その問題状況をより深く理解するためには，やはりもう少し丁寧に小沼の書簡を読む必要がある。

② 『古事記伝』——神々の世界の再構築

予想される『神代系図』刊行の影響　大平宛書簡のなかで小沼は『神代系図』を刊行することの影響に言及して，「出版致候義，神職家などより差支有之間敷や之旨など，江戸よりも申参候」と記す。つまり『神代系図』を出版すれば「神職家」などが差し障りがあると申し出るのではないかと江戸の知り合いが言ってきた，というのである。

　ここに危惧された「差し支え」。それこそが，宣長の考えた神についての見解が江戸時代の思想の中で持つ独特の意義に関わり，同時代の人々が示した反応に関わる事柄なのである。以下，それらを小沼が理解したその仕方に沿って示すことにしよう。

『古事記伝』の神々　『神代系図』を作成するにあたって依拠した『古事記伝』が指し示す神々の世界の体系と，それまで流布してきた『日本書紀』を軸にした神々の世界の体系との間には差違がある。『古事記』を全面に出すと，旧来の『日本書紀』の神々の体系に依拠してきた「神職家」はその思想的な存在基盤を失いかねない。宣長が主張する『古事記』中心主義は，そうした事態を招くような問題を抱えている。このように小沼は考えるのである。

　実際に，『古事記』と『日本書紀』の神々についての叙述の仕方には，たとえば神々の構成や秩序づけさらには個別の神の意義づけに差異があり，そのこと自体，議論の余地が大きい。そのため，宣長が『古事記伝』において論じた事柄も多岐にわたっている。

　そうした問題をすべて紹介するわけにはいかないので，ここでは『神代系図』が冒頭に掲げた神である「天之御中主神」に焦点をあてて論じることにする。

『古事記』の初発神　アメノミナカヌシ　『古事記』は「天地初発之時，於高天原成神名，天之御中主神」と，まず「天之御中主神」（世界の中心を意味する観念的な神格，以下アメノミナカヌシと表記）が天地の生成とともに現れ，以下の「天之常立神」にいたる「別天神」が現れ，その後に「国之常立神」（国土の土台が出現したことを象徴する神，以下クニトコタチと表記）などの「神世七代」の神が出現する，と論じる。

『日本書紀』の初発神　クニトコタチ　ところが『日本書紀』では，本文や第一，第四，第五の一書など，ほとんどの所伝が，天地が分かれた後の混沌の中から「国之常立尊」（クニトコタチ）がまず現れた，と記す。つまり，天地の初発神は『古事記』中心主義では「アメノミナカヌシ」となり，『日本書紀』中心主義では「クニトコタチ」になるのである。

この違いの意義を近世神道の諸潮流との関係で考えてみよう。

吉田神道　江戸幕府を後盾にして威勢を誇ったのが吉田神道である。その教学にあっては，大成者吉田兼倶（1435〜1511）が中心神「大元尊神」をクニトコタチと断じて（『唯一神道名法要集』）以後，クニトコタチを中心とした論理構成がなされている。そのため，その道統を相続し幕府の神道方に就いた吉川惟足（1616〜94）も，やはり伝統に従ってクニトコタチを重視し，一方では朱子学の「太極」や「陰陽」の考え方を応用して理論的な補強をなした。たとえば，『神道大意講談』には，次のようにある。

　　此国常立尊と申は，常の神には非らざる也，天地に先立て天地を定め，陰陽に
　　起て，陰陽になる全体を，かりに名付て神と云，其神の御名をあらはさば，国常
　　立尊と申すなり，

儒家神道　これに対して，「理当心地神道」を唱えた儒学者林羅山（1583〜1657）の場合には，「国常立尊ハ一切諸神ノ根本也。一而無形有霊，一切ノ人ニモ此神ノ気ヲ不受云事ナシ。万物ノ始，悉皆此神ニモトヅク。」（『神道伝授』三十三「国常立同体異名事」）と，人を含む天地のすべてのものにクニトコタチの「気」が宿っているとして，「神道」と「人道」は一貫した「理」の支配下にあるという儒家神道の理論を構築した。ここでもクニトコタチの始原性が神道理論を支えたのである。

度会神道　近世神道界のもう一つの雄である伊勢神道，なかでも外宮を中心に形成された度会神道もクニトコタチを重視する点で前記の諸派と差異はない。度会延佳（1615〜90）は『陽復記』において，次のように言う。

　　抑我国のおこりを尋るに，太虚の中に一つものあり，形ち葦芽の萌出たるごと
　　し。則化して神となる。国常立尊と申奉る。又天御中主尊とも名付奉る。

外宮の祭神「豊受大神」と同一の神と解されるクニトコタチを，混沌の「太虚」から発現する初発神として最重視したのである。ただし，図書の収集と校訂に努めた延佳であるから，『日本書紀』と『古事記』の初発神の文献上の差異を自覚し，それを折衷するクニトコタチ・アメノミナカヌシ同体説を意識的に明示していることに着目したい。

　以上のように，『日本書紀』に依拠し，クニトコタチを中心に据えるのが既存神道の一般的な潮流であった。これに対して宣長は，『古事記』中心の，しかも文献に最大限の信頼を置く学問方法（文献学）を提起したのである。すると，どうなるか。

　アメノミナカヌシ中心主義を唱えざるをえなくなるというのが，自然なながれである。そして，その『古事記』中心の新たな学問方法の提起は，神道界の秩序への挑戦となってゆくのである。

宣長の既存神道批判　宣長は，『古事記伝』三之巻の「国之常立神」の注釈の中で，主として度会神道の神観念を意識し，その教学が説くクニトコタチ・アメノミナカヌシ同体説を激しい口調で批判する。

　　さて又此の神を，天之御中主の神と一つ神なりなど云ひなすなどは，例の牽強なる

中にも，殊に甚しきものぞ。其餘此神の御事は，例の漢意以てさまざま言痛きことどもをいひあへる，みな論ふにも足らずなむ。

また，『玉勝間』の両部神道・唯一神道を論じた箇所（巻之四）でも，

かくて神道は，ただ書紀の神代ノ巻の，天地のはじまりの所の，潤色の漢文と，国常立などの神の御名を，をりをり出せるばかりにこそあれ，其道の意とては，露ばかりも見えず，いかでかこれを神道と名づくることをえむ，

と，漢文で潤色された『日本書紀』とクニトコタチを全面に出す旧態然たる「唯一神道」（吉田神道）を「漢意」（中国流）で「神道」の名に値しない，とすら論じるのである。『古事記伝』とは，そうした「神道」世界の旧構造への変革宣言の書でもあった。

3　思想のはたらく場面──「神職」のなりわいと思想

「諸社禰宜神主法度」　ところで，江戸時代の神社の「神職」たちも今日と同様に，おのれの神社の祭神を奉じつつ独特の装束をまとい，神事に精を出していた。そうした「神職」の日常を規定する法制的な根拠が，1665年（寛文5）に発せられた「諸社禰宜神主法度」である。神祇の尊崇と学問の奨励を行うのが第一条，神職の位階の獲得を規定するのが第二条。そして，第三条は，「装束」をはじめとした祭祀の諸般の規制を掲げる。

無位之社人，可レ着二白張一，其外之装束者，以二吉田之許状一可レ着レ之，

（位を持たない神社関係者は白張を着るべきである。それ以外の神職の装束は吉田家からの裁許状をもらってから着るべきである。）

古代的な律令官制を拡大解釈するなかで，神社界に君臨した吉田家の立場を象徴するのが「神祇管領長上」という職階であり，その吉田家が神道界の秩序維持の任を独占する根拠となっていたのが，この「諸社禰宜神主法度」であった。

神職の法度違反　しかし，実際には位を得ないものが質素な衣服「白張」ではなく独特の神道装束をまとったりして法度に反する神事や祭礼を自在に営んでいたとみえて，1782年（天明2）10月には法令の遵守が神職達に求められた。ちょうど宣長の活躍が顕著になった時期のことである。

右之通，寛文五年被レ仰レ出候処，近来於二諸国一古来之社例を乱し，御条目之御趣意不二相弁一輩有レ之，吉田家之許状を不レ受，社例など称し，呼名装束等着，其上神職に無レ之村持之社，或者村長宮座諸座など称し，神事祭礼営候族も有レ之由に候，向後御条目之趣急度相守，忘却不レ致様可二相心得一候，

（「諸社禰宜神主装束並吉田之許状等之儀ニ付御書付」）

無許可の者が「社例」などと唱え「呼名」や「装束」を改めたり，神職以外のものが「祭礼」を営んだりする，という。幕府はこうした状況を打開するために百年以上前の寛文の時期の発せられた「諸社禰宜神主法度」の遵守を徹底しようとした。

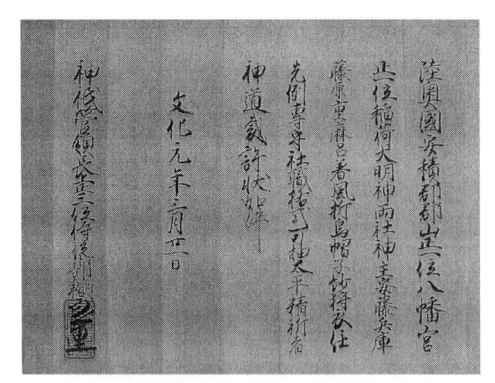

「神道裁許状」(安藤智重氏蔵)

(神道裁許状)
陸奥国安積郡郡山正一位八幡宮
正一位稲荷大明神両社神主安藤兵庫
藤原重麻呂着風折烏帽子紗狩衣任
先例専守社職括式可抽太平精祈者
神道裁許状如件
文化元年三月廿一日
神祇管領長上従三位侍従卜部朝臣良連

|「神道裁許状」| 信仰に関わる儀礼諸般を法令が拘束したり、信仰の発露である祭りを政治的な秩序内に押しとどめようとすることには元来無理がある。また、上記の法令の要求する事柄が神社秩序の維持なのか、それとも民衆中心の自主的な神道祭礼が拡大することを抑えようとすることなのかはっきりしないが、ともあれ、吉田家を頂点とした神社界の秩序に幕府はこだわった。そして、地方の「神職」は職業的な認可状である「神道裁許状（しんどうさいきょじょう）」を取得するために京都の吉田社に赴かざるをえなくなった。

写真は、二本松藩領郡山宿（福島県郡山市）の郡山八幡宮（こおりやまはちまんぐう）（現在の安積国造神社（あさかくにつこじんじゃ））の神職安藤重満（あんどうしげまろ）（1782〜1845）に対する時の「神祇管領長上」卜部（うらべ）（吉田）良連（よしつら）からの「神道裁許状」である。重満の家は古代の安積国造の末裔として安積（後に安藤）を名乗り、神職を世襲した。学問に努めた家で、重満の父親重は天明年間に本居宣長に入門し「好学博渉=今古=、読必以=故紙=鈔写、盈=二数筐=」（学問を好んで古今のものを広く学び読めば必ず紙の裏に書き留めその数は何箱にもなった——墓碑銘）というように着実な学問生活を送った人で『積達古事談（せきたつこじだん）』など多数の著書がある。次男で神職を嗣いだ重満も、文化元（1804）年に本居大平に入門した歌作に秀でた国学者であった（なお、三男は昌平黌（しょうへいこう）の儒者安積艮斎（あさかごんさい）である）。その重満の墓碑銘は鈴屋入門の様子を次のように記す。

　　文化元年入京師叙爵、是時伊勢有=本居大平者=以=国学=著ㇾ名、君住受業半年、歌道大進

まさに文化元年に吉田家から上掲の「神道裁許状」を受けるために赴いた京都路の帰路に、伊勢の大平のもとで学問に努め、その期間は半年に及んだ、そして和歌の才能を伸ばしたというのである。

『二本松藩史』のなかには、粗野な性行の重満がかえって大平から温かく迎えられたことが紹介されているが、安藤家には大平が重満のために記した「安藤主六月八日松坂

をたちて国にかへり給ふをおくる歌」という文章や郡山に帰ってから後の師弟のやりとりを示す書簡が存在し，帰国前後の学問的な交流の実際が知られる。

神職の鈴屋入門　さて，遠路はるばる京都吉田神社に赴いた東国の神職のなかには，重満同様に吉田家から「神道裁許状」を得る一方で，伊勢神宮に立ち寄り松坂の鈴屋を訪れる者が少なくなかった。父親重がそうであり，先に紹介した大平宛書簡に「治部」として登場し宣長の交流記録「来訪諸子姓名住国 並 聞名諸子」に「奥州アタヽラ社司鈴木治部大夫広視」（寛政6年2月）と記される安達太良明神の神職鈴木広視の場合にも，吉田家からの裁許と鈴屋入門とを連続的になしていたのである。

「鈴屋門人録」が記す約500人の宣長の弟子のうち，地元松坂の町人層を除くと，神職の占める割合は相当に高い。のみならず，「来訪諸子姓名住国」には「門人録」に現れないおびただしい数の，しかも遠隔地の神職の名を見出すことができる。地方に拡大する鈴屋門にあって職業構成の上位を占めたのは神職であった。

その神職の日常を支配したのがクニトコタチを奉じる吉田家であった。かたや入門を果たした師宣長の神への思考は吉田家のものとは根底が異なっていた。われわれは彼ら神職たちの鈴屋入門後の（内に矛盾を抱えた）思想生活の展開に興味を感じざるをえない。

4 「神職」・「国学者」の「歴史」主義——地域に根ざす学問

神社界を支配する吉田家への批判　ここで，吉田家支配のもとの神社のあり方について，少し違った角度から論じた人物が小沼周辺にいたので，その人物の言い分も聞いてみよう。

その人物とは，小沼の住む本宮宿の北にある福島の商人内池永年（1762〜1848）である。1812年（文化9）に本居大平に入門し「みちのく社中」という国学サークルを主宰した永年は文献考証に秀で，特に歴史研究を得意とした。その永年が1830年（文政13）にまとめた「陸奥国信夫伊達神社記」には次のようにある。

> 式内の社の定りに知れ玉はぬを，古の明証もなきに，吉田家にまひなひして，某の社にますと願へば，其郡中に吉田家配下の社人のうちに，故障だになければ，他の社を糺すにもあらず，式内社の免許の書を出され侍る，此三四十年このかた，あらぬ社の式内になり玉ふ国々おほし，誠の式社の伝へもあれども，当時衰微し玉ひ，産子少く，禰宜神主もしかとなく，式社のすたれ玉ふは，なげかはしき事なり，猶また吉田の支配の社のみ式社なるべきにあらず，今は寺山伏の仕まつる社のおほきに，吉田のみだりごといはんすべもなし，

『延喜式』神名帳に載る神社いわゆる「式内社」から所在不明の神社を探し出し，それを自社であると偽り吉田家に献金し公認されようとする者が後を絶たない。また，吉田家側も，配下の神職に問題がなければ，これといった詮議をせずに「免許の書」を与える。その一方で，由緒ある「式内社」であっても氏子が少なく神職がいない神社は

廃れていっている。こうした混乱状況が各地で三四十年来続いている。そして「惣社と申社にても，当国の習として，郡村うちよりて信仰する事にもあらず」と，地域の中心の神社「惣社」でも信仰する人は少ないという。神道の信仰の力の零落ぶりはすでに目を覆うほどであった。

だから永年は言った。吉田家の支配を受けた神社だけが「式内社」ではないし，今では寺僧・山伏が主体の神社も多い。吉田家の乱行は言いようがない，と。仏教との混淆が神社の普通のありようなのであった。

神社界の秩序再生への希求　さて，永年は神社界のトップに君臨する吉田家を名指しで非難し神社界の腐敗を公言した。それは永年が穿鑿好きで神社界に打撃を与えたかったからではなく，かえって神道に共感を示し，一地方人の立場から神社界の秩序の再生に関わろうとしたからである。では，その神社界の秩序再生へ向けた永年の主張はどのようなものであったか。

永年の言うところは明確である。「『延喜式』に基づいて神社を位置づけるべし」すなわち神社の「歴史性」を重視するのである。吉田家は『延喜式』を中心に神社を格付けしている。しかし，その「歴史」は歪曲されたものである。吉田家を頂点とする神々の秩序は金銭によって歪められた。それを苦々しく感じた永年は，自分が住む信夫郡と近隣の伊達郡の神社の歴史考証を行うことによって，そうした状況に一矢を報いようとした。学問すなわち国学による神道の再生を提起したのである。

国学の課題　われわれはこの内池永年の言及と先の小沼幸彦の論及とを得た。それらをあわせ考えると，国学が課題としたことが明確化する。つまり，『古事記』あるいは『延喜式』によって神々に「歴史性」を与え秩序化する。その地平に国学は立ったのである。

言うまでもなく，こうした立場は宣長がすでに提起していた立場である。『玉勝間』七の巻「おのが仕奉る神を尊き神になさまほしくする事」で宣長は，神の何たるかに鈍感な既存神道と神道文献を正当に扱わない同時代の宗教施設たる神社に痛烈な批判を向けていたのである。

中昔よりして，神主祝部のともがら，己が仕奉る社の神を，あるが中にも尊き神にせまほしくおもひては，古き伝へのある御名をば隠して，あるは国常立尊をまつれり，天照大神を祭れり，神武天皇をまつれりなどいひて，例の神秘のむねありげに，似つかはしく作りなして偽るたぐひ，世に多し，おのれ尊き神につかふる者にならむとて，その仕奉る神を，わたくしに心にまかせて，いつはり奉るは，いともかしこき，みだりごとならずや，

宣長が「漢意」に毒されているという評価のもとに『日本書紀』を排撃したことはよく知られている。また，宣長が理想的な古代世界を『古事記』によって構築したこともよく知られている。しかし，その『古事記』中心主義は単なる学問方法・理念の提示にとどまることなく，いちいちの神の意義づけにまで透徹するものであった。しかも，

それは同時に既存神道を排撃する端緒となり、「神職家」などの存立基盤に関わる問題を引き起こすような事柄でもあった。

国学者の職業構成 先に触れたように、鈴屋門弟の職業構成は、目を全国に転じると、神職の多さが顕著である。冒頭の小沼宛書簡で宣長は「出雲国大社に而も右体に致候人御座候」と幸彦と同様の学問的関心を持つ人物として出雲国造千家俊信（1764〜1831）を紹介しているが、地方門人のなかに古代の「国造」に始祖をたどりうるような由緒ある神社の関係者が存在する。まさに、安積八幡宮・二本松八幡宮を領した安藤親重・重満父子は古代「安積国造」の末裔であった。

かれら神職が信仰を深め学問を行うことは、「諸社禰宜神主法度」の指示に左右されない、いわば「職分」である。神職が神代の学習を行うことは職業的な軌範に属するのである。しかし、その軌範を実現する方法は不明瞭であった。一方、自己の存在基盤を証明する方法を渇望する神職が全国にいた。その彼らの前に『古事記』『延喜式』『風土記』『祝詞』『宣命』を用いて神の「歴史性」を説く学問「古学」（「国学」）が現れたのである。

国学者の著作と神道との関係 こうした目で国学者の著作を眺めてみると、『延喜式』や『風土記』の研究書しかも地域の歴史に密着した研究書の多さには目を見はるものがある。

宣長の『出雲国造神寿後釈』は『延喜式』に収められた出雲国造の祝詞についての研究書で、賀茂真淵『祝詞考』に再注釈をほどこしたものである。『後釈』には千家俊秀の序文が掲げられるが、それは門人千家俊信（俊秀弟）を通じた宣長の懇請を経て得られたものである。その俊信には『訂正出雲風土記』をはじめとした著作がある。

伴信友（1773〜1846）は宣長の没後門人として有名で、国学の古典考証研究をリードした人物であるが、彼には『出雲国風土記』に関する著書が多く、『神名帳私考』をはじめとした『延喜式』神名帳の研究書は今日でも生き続ける神社研究の名著である。

1815年（文化12）、屋代弘賢（1758〜1841）の呼びかけに応じて日本全国各地の風土・物産についての全国調査がなされた。先の福島の内池永年は『陸奥国信夫郡伊達郡風俗記』を、伊勢白子に住む同門で知友の沖安海（1783〜1857）は『伊勢国白子領風俗問状答』という報告書を提出した。日本の総合的風俗調査の萌芽である。全国に広がる国学者のネットワークはこうした企図に即応する学問的な用意を持ち合わせていた。

しかし、著名でかつ膨大な著作を持つ伴信友にあってすら出版された著作はわずかであり、その他の地方国学者の著作に至っては埋もれてしまい、同時代さらには後代に与えた学問的な影響については不明な点が多い。しかし、彼らが個別神社研究あるいは特定地域研究という形で着実な「歴史」研究をなしていたのは紛れもない事実であり、地域に残存する諸種文献の考証や実地踏査を経た彼らの研究には今日でも色褪せないものが多い。国学という学問の全体像はそうした彼らの動静の集大成として描かれなければならない。

5 その後の「アメノミナカヌシ」——明治維新と「神々」・国学者

神道国教化への道 明治国家は「祭政一致」「神仏分離」「切支丹邪宗門禁制」という宗教的立場を打ち出し神道国教化への道を模索するが，その手始めとして発せられたのは，1868年（明治元）3月13日の「祭政一致」をめぐる通達である。その通達の中に次の文言がある。

諸家執奏配下之儀ハ被⟂止、普ク天下之諸神社神主禰宜 祝 神部ニ至迄、向後右神祇官附属ニ被⟂仰渡⟂候間、官位ヲ初諸事万端同官ヘ願立候様可⟂相心得⟂候事

「諸家執奏配下之儀」とは、少数の名門神社が神職たちの位階や官職の叙任を申請する際の取次（取次者を「伝奏」、奏上行為を「執奏」という）やそれ以外の大半の神社への許認可事務（先の「神道裁許状」など）を指す。それら全てを「神祇官」の取り扱いにするというのが通達の趣旨。吉田家が徳川幕府から認められていた神職への事実上の支配権・利権が接収されたわけである。

「神仏分離」 政府はこの通達に続けて，「諸国神社の別当・社僧復飾の令」（3月17日），「神仏分離の令」（3月28日），「神祇菩薩号廃止」（4月24日），「別当・社僧還俗の上は神主・社人と称せしむる件」（閏4月4日）と，矢継ぎ早に仏教との習合を解消する方向で神道を体制内に収めていったが，こうした神道一元化の方向性は初源神をめぐる議論にあっても貫かれる。『古事記』の初源神アメノミナカヌシの浮上である。

アメノミナカヌシの再浮上 宣長学の継承をうたう「没後門人」平田篤胤（1776〜1843）は，上述の神々をめぐる宣長説を十二分に念頭に置きつつ，アメノミナカヌシを論じた。その核となる考え方は，アメノミナカヌシを宇宙の中心である「北辰」の位置に鎮座し「宇宙の万物を悉く主宰」（『古史伝』）存在と見なす，というものである。そして，篤胤は彼が重要視する「産霊大神」との関係についても「世界の大主宰めす天之御中主大神の御神徳を持分けて天地を溶造」（『神道玄妙論』）した，と論じる。ムスビノカミはアメノミナカヌシの「神徳」を分け与えられた神として論じられるのである。このアメノミナカヌシの「神徳」の分有ないしは貫徹を主張する姿勢は，他の神々にあっても同様である。

平田鉄胤（1799〜1880），玉松操（1810〜72），矢野玄道（1823〜87）ら平田門国学者はこうした篤胤の神々についての説を継承し神道を国家の教学へと押し上げようとした。そして，明治政府の神祇官（のちに神祇省、教部省へ再編），宣教使，皇学所などに結集した学者たちも同様の神についての思想を共有した。

皇学所とアメノミナカヌシ 「皇学所」は，国学に根差した教育制度の採用を目指した矢野らが企図した教育機関で，天保年間以来の公卿の教育機関であり漢学者が拠って立った学習院の延長である「漢学所」と併置する形で1868年（明治元）9月に設

置された。この京都に置かれた皇学所は，翌年9月，国学・漢学・洋学を併せ持つ東京の「大学」へと再編され，教育機関としての歴史は短命に終わったが，この皇学所で展開した事柄の内に，明治初期の国学者が教育の場に持ち込もうとしたものを見て取ることができる。

　というのも，その皇学所には神殿が造営され，神々が祀られた。その祭神を明示する「皇学所規則」の条項によると，中央にアメノミナカヌシが据えられ，その左右に高皇産霊神・神産霊神，伊弉諾神・伊弉冉神，天照大神・須佐之男神，など諸神が配された，という。教育の場に宣長以来の『古事記』中心の神観念が導入されたのである。

国家的な教え　一方，教部省は神祇省を改組して1872年（明治5）3月に設置され，社寺の監督やキリスト教対策などの宗教統制を目的とした教学機関である。その教部省も当然ながら神々の問題に踏み込んだ。その形跡を如実に示すのが，1870年（明治3）正月の「大教宣布の詔」に続く大教宣布の運動を支えた宣教使の教導職たちの言葉である。角田忠行（1834～1918）は，島崎藤村が『夜明け前』で行動派国学者であり足利三代木像梟首事件の首謀者であるとして描く，暮田正香のモデルとなった人物である。その角田が教導職権少教正を務めた時期の著作『神代物語百首』（1873年刊）は，

　　天御中主大御神ハ，世の始め，天日，万星，地球，月球もなかりし時より，高天原，支那に所謂，北極紫微宮に坐まして，世を始め給へる，年は甲寅，日は甲子の日なり，さて元年より一万八千歳の間，此大御神の御世なるが，その御神徳によりて，
　　大空に一物を成し給へり，これ後に天地万星となれる物なり，

とアメノミナカヌシを初発神として重視する。この立場は1862年（文久2）に著した『古史略』においても貫かれており，それは本書に序文を寄せた矢野玄道の『献芹簷語』と類似した叙述である。こうしたことから，国家の教学に関わろうとした宣教使が目指したのがアメノミナカヌシ中心主義であるとして差し支えないであろう。

　たしかに，国学者の多くは次第に明治政府の中枢から離脱していき，当時の政治や教育への国学思想の影響力には疑問がある。しかし，彼らが企図したことは，まさに宣長が端緒を拓き篤胤が確立していった神観念に基づく国家の宗教であり，教育なのであった。

歴史教科書のなかの　さて，アメノミナカヌシの問題の広がりを明治初期の歴史教科
アメノミナカヌシ　書の中で確認してみよう。

　近代の歴史教科書の歴史の冒頭に位置するのは，1872年（明治5）に文部省が刊行した『史略』である。その冒頭の「神代」の記述は，

　　天御中主神　此神天地に先だちて生りしかして天の正中に在て万物を主宰す

とはじまる。同様に伊地知貞馨（1826～87）が中心となり著した『小学日本史略』（1879年）の場合も，

　　天之御中主神　天地剖判ノ初，高天原ニ成レル神ナリ

が冒頭の記述である。この『小学日本史略』は，校閲者が国学者福羽美静（1831～

第16章　国学と神道　*191*

1907）と漢学者重野安繹（1827〜1910）であり，国学・漢学を横断する教科書であったが，ここでも「神代」はアメノミナカヌシとともに始まるとされているのである。

最後に明治期の言語学の分野を代表する学者である大槻文彦（1847〜1928）が関わった『校正日本小史』（1882）の「神代」の記述を引いておこう。

天地開闢ノ初ニ当リテ，天ノ真中ニ神アリ，天ノ御中主ノ神トイフ，

注目されるのは，これらの明治初期の歴史教科書に見られる「神代」と，江戸時代にあって同じく童蒙の基礎教育に用いられた諸種の「節用集」の「神代」との間に明白な差違があることである。中世以来の伝統のある通俗的な辞書であるその「節用集」は，次第に百科事典的要素を付加するに至るのであるが，その神代の記述すなわち「本朝年代記」「天神七代」「地神五代」における記述は類型的なものとなっている。それらはおおむね，天神「第一」としてクニトコタチを掲げるのであるが，逆にアメノミナカヌシの名は登場しないのである。教科書における近世と近代の「神々」の記述には断絶が明瞭に存在したのである。

このような教育の場の基礎となる教科書の叙述のうちにも本居宣長が提起し小沼幸彦が注意を喚起した初発神の問題の帰結を読み取ることができるのである。

（本章の引用資料は容易に参照できないものがあるため，できるだけ原文を掲げることにつとめたが，読みの難解さを避けるため一部表記を改めた。）

（高橋章則）

▶コラム17　現人神

　折口信夫は敗戦後の天皇の「人間宣言」をうけて，1947年（昭和22）に『天子非即神論』を著した。このなかで，折口は，それまで「天子即神論」の根拠にされてきた「あら人神」，宣命の「あきつみ神」，あるいは『万葉集』の柿本人麻呂の「大君は神にしませば」といった表現を検討して，古代人に天皇を神そのものとする信仰はなく，そうした天皇即神とする考えは，維新前後の国学者の主張だと論じた。この「天子非即神論」は，「天皇ハ神聖ニシテ侵スヘカラス」とされた大日本帝国憲法のもと，昭和の大嘗祭の際，「天皇霊」が容器としての天皇の肉体のなかに入ることによって，天皇の資格を獲得するのだと説いていた『大嘗祭の本義』説と，どのような関係があるのか，折口理解として興味ある問題だが，ここでは，天皇は人の姿になってこの世に現れた神であるという天皇即神論が，維新前後の国学者の特異な説とみなされていることに注意したい。

　折口のいう維新前後の国学者の天皇論は，近世の神道説との連続と非連続のなかで成立していた。天皇即神論，現人神観についても同様である。天皇に限らず，「人を神に祀る」信仰は，江戸時代の神道説のなかにあったのである。もともと古代以来の御霊信仰が怨霊の祟りに対する鎮魂の意味をもっていたのに対して，織田信長・豊臣秀吉・徳川家康の自己神格化によって，江戸時代には，必ずしも祟り神とはいえない神がうまれた。このような特権的な権力者ではなく，市井の人々が神になることを説いたのが，朱

子学者山崎闇斎が創始した，18世紀初頭の垂加(すいか)神道である。自らの霊魂を祀りあげて，垂加霊社として生きながら神になった闇斎を受け継いだ垂加神道家たちは，太陽＝天照大神＝天皇を守護することによって，「八百万の神の下座」（若林強斎『神道大意』）に列なることができると，秘伝のなかで伝え，公家・神官たちを中心に教線を広げた。また幕末の民衆宗教の教祖のなかにも生き神信仰があった。如来教の一尊如来きのは，1802年（享和2），神がかりして以後，彼女の身体には金比羅大権現が天降った。黒住教の黒住宗忠は，1814年（文化11）に，太陽＝天照大神と合一するという神秘的体験をもち，天理教の中山みきは，1838年（天保9）に神がかりした。彼らは「生き神」として抑圧された民衆の救済を実践した。

　このような神道説と民間信仰のうえに，国学者の天皇論が登場する。その大成者本居宣長は『古事記伝』の総論である『直毘霊(なおびのみたま)』のなかで，天皇は，今現に頭上に輝いている太陽である「天照大御神の御子」であると説いた。神と人との安易な一体観を否定する宣長にとって，神は「尋常ならずすぐれたる徳」のある「可畏(かしこ)き物」（『古事記伝』）であって，神と人との間には絶対的な隔絶がある。天皇は，その意味で，われわれ「凡人」とは異なる，畏(かしこ)き神そのものであって，たんに神格的な性格をもっているというような比喩や修飾ではなかった。注意しなくてならないことは，こうした現人神としての天皇観は，「禍津日神(まがつびのかみ)」に基づく宣長の「安心」論＝救済論と深いつながりをもっていたことである。この点をさらに発展させたのが，宣長の没後の門人平田篤胤である。篤胤は，死後の「霊の行方の安定」（『霊の真柱』）を求めて，独自の幽冥論を展開したが，その「安定」は「万国の大君」である現人神としての天皇に対する絶対的な信仰によって裏付けられていた。そして，この信仰は，幕末の篤胤門人の行動のエネルギーとなったのである。折口が指摘するように「天子即神論」は，幕末の国学者たちにとって切羽詰まった救済論の根拠となっていた点で，「維新前後の国学者」の特異な産物であったといえよう。

　　　　　　　　　　　　　　　　　　　　　　　　　　　　　　　（前田　勉）

第17章

蘭学の成立と内憂外患

1 蘭学とその影響

洋学と蘭学　ポルトガル船が初めて日本に来航した1543年（天文12）以来、ヨーロッパの文物は、様々なかたちでもたらされてきた。これらの文物を通して成立した、自然科学をはじめとする学問体系は、洋学と総称される。その意味では18世紀後半に成立した蘭学もまた、この洋学の一形態であるが、その成立は同時に日本思想史上においても重要な事件であった。

そもそも洋学といっても、その学問的展開は時代によって異なっており、大別して以下の4期に分けることが出来る。

第1期　南蛮学時代（16世紀中葉～）…イエズス会士らによって西洋学術が直接もたらされた時代

第2期　漢訳洋書時代（17世紀中葉～）…イエズス会士らが中国で漢訳した洋書を受容した時代

第3期　蘭学時代（18世紀後半～）…オランダ語の原書を日本人が翻訳するようになった時代

第4期　洋学時代（19世紀中葉～）…オランダにとどまらずヨーロッパ各国の原書を翻訳する時代

第2期までのイエズス会系の洋学がもたらした天動地球説をはじめとした新知識は、それまでの日本・中国・インドを中心とした三国的世界観の変更を日本人にうながすものであった。しかしそれがイエズス会士による「漢訳」を中心としているものである限りにおいて、いまだ漢文を中心とした伝統的な学術知のうちに包摂されていたといえる。すなわちそれは、必ずしも洋学それ自身の体系的な学術知をもたらすことはなく、そののちも漢訳洋書は久しく日本人の海外知識の源となったのである。

これに対し第3期の蘭学時代は、日本人が原書を翻訳することで主体的・直接的にヨーロッパの学術を受容することができるようになった時代であり、第4期の洋学時代を準備するものであった。まさにこの意味で『解体新書』（1774年刊）の訳出とは医学史のみならず思想史上においても大きな功績であったといえよう。

蘭学の成立　享保の改革を行った将軍徳川吉宗による実学奨励の結果，キリシタン書以外の実学系漢訳洋書の輸入が増加し，野呂元丈（1693～1761）や青木昆陽（1698～1769）らは吉宗の命により江戸参府のオランダ人との交流などを通し，その語学や学術を吸収した。この時の彼らが修得したオランダ語能力は必ずしも高いものではなかったが，昆陽の知識はのちに前野良沢（1723～1803）に受け継がれ，『解体新書』の訳述となって結実したこと

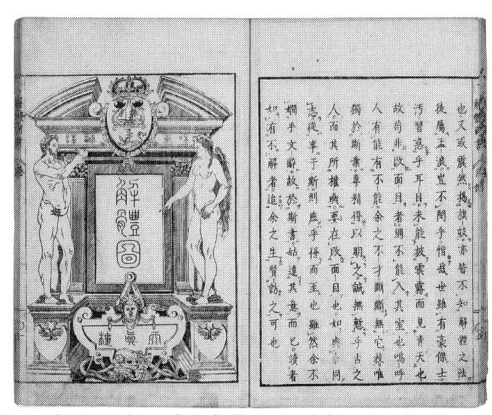

『解体新書』（東北大学附属図書館医学分館蔵）

を考えれば，蘭学草創期に彼らの果たした役割は決して小さいものではない。
　『解体新書』は，前野良沢や杉田玄白（1733～1817）らが，1771年（明和8）に千住小塚原の刑場で行われた解剖を実見した際，手持ちのオランダ解剖書の図説と全く一致していたことに衝撃を受けたことから始まった。この解剖書が今日『ターヘル・アナトミア』と呼ばれる，ドイツ人クルムス（Johann Adam Kulmus, 1689～1745）が著した"Anatomische Tabellen"（解体図譜）のオランダ語版（1734刊）である。かたわらに一冊の辞書もない状況で始まった訳述作業を，のちに玄白は「艫舵なき船の大海に乗り出だせしが如く，茫洋として寄るべきかたなく，たゞあきれにあきれて居たるまでなり」（『蘭学事始』1815）と回顧している。
　このような未知の言語との足かけ4年にわたる格闘の末，『解体新書』は刊行された。これ以降，彼らは自らの学問を「蘭学」と呼ぶことで，既存のものとは異なった新たな学問体系の創出を宣言し，医学にとどまらず天文・暦学や地理学，兵学などのヨーロッパの学術を「窮理」の学として積極的に移入するに至ったのである。このようなオランダ語という新たな言語を中心とした学問の勃興は，それまでの漢文を中心とした既存の学術知を相対化させるものとなり，さらには「地なるものは一大球……何れの国か中土となさん。支那もまた東海一隅の小国なり」（杉田玄白『狂医の言』1775）というような，国学とはまた別の儒学批判の地平を切り拓くこととなったのである。

『解体新書』の背景と意義　『解体新書』を訳出した人々の多くは，もともと古医方と呼ばれる漢方医であった。古医方とは，金・元代に成立した宋学の陰陽五行説に基づく観念的な医学（金元医学）を批判し，それ以前の晋・唐代の経験と実証的精神に基づいた医学である。そのため良沢・玄白らに先行する古医方派の中には，山脇東洋（1705～62）のように，自ら実見したところをもとに，解剖図（『蔵志』1759）を著すものもいた。小塚原における良沢・玄白らの解剖実見は，まさにこのような古医方の伝統

第17章　蘭学の成立と内憂外患　*195*

（親試実験）に系譜するものであった。

蘭学の成立は，解剖に象徴される実験・分析そして理論という近代的な科学的認識に基づく新たな学術知が現れたことを意味する。そしてそれは，陰陽五行説に依拠する朱子学的形而上学に対する強い対決意識をもたらしたのであり，このことは，彼らが自らこそが実学であると自負していたことからも理解することができるのである。

蘭学の影響と世界観の拡大　蘭学というあらたな学問体系の成立は，蘭学者以外の人々にも大きな影響を与えるものであった。例えば，豊後の三浦梅園（1723～89）や大坂の町人学者である山片蟠桃（1748～1821）などが挙げられる。

両者とも，懐徳堂の学主であった中井竹山（1730～1804）や弟の履軒（1732～1817）さらには天文学者麻田剛立（1734～99）に師事交流し，蘭学の関心を深めており，ヨーロッパ科学における実証性を高く評価していた。蟠桃の主著である『夢の代』（1820成稿）は，儒学的合理主義を徹底させ，地動説を支持し，記紀神話・仏教を批判，さらに無神論や独自の経済論を展開するなど，自らの思想的基盤としての儒学と新思想としての蘭学との上に新たな思想を構築することを目指すものであった。

しかし一方で蘭学の成立は，ヨーロッパにおけるような科学的思考を全的に展開させるものではなかった。杉田玄白『形影夜話』（1810）が，「真の医理」は「遠西阿蘭」にあると断じたように，そこには，ヨーロッパを理想化する傾向をも生んだのである。そのような傾向は，18世紀末の経世家（次節参照）に始まり，幕末・近代へと継承されるヨーロッパ観の一つとなった。それは「聖賢の国」であった中国に代わって，ヨーロッパが「窮理の国」として一つの権威になったということもできよう。

また，世界地理書をはじめとしたヨーロッパの学術の流入は，必ずしも日本人の意識を世界へと向けるものでもなかった。のちに蛮社の獄（1839）により投獄された高野長英（1804～50）は，『戊戌夢物語』（1838）において，幕府の異国船打払令を批判する一方で，鎖国政策は是認していたのであった。むろん彼の後援者でもあった渡辺崋山（1793～1841）の『慎機論』（1838）ように，鎖国政策それ自体を批判し，世界に向けて自らを開くべきことを説く主張もあったが，このような動きが一般化するに至るには，アヘン戦争（1840～42）を経て，ヨーロッパ列強の脅威が現実のものとして認識されるのをまたなければならなかった。

2　経世家の登場と文化的ネットワークの形成

経世家と幕藩体制の動揺　蘭学や国学，あるいは懐徳堂などに見られる新たな学術知を探求しようとする動きは，たんなる学問的関心からもたらされたのではない。

享保の改革（1716～45）以後の商品経済の発展に伴い，近世的自然経済の原則が動揺した結果，幕府・諸藩の財政難や一般武士・農民の困窮が深まり，その一方で都市を中

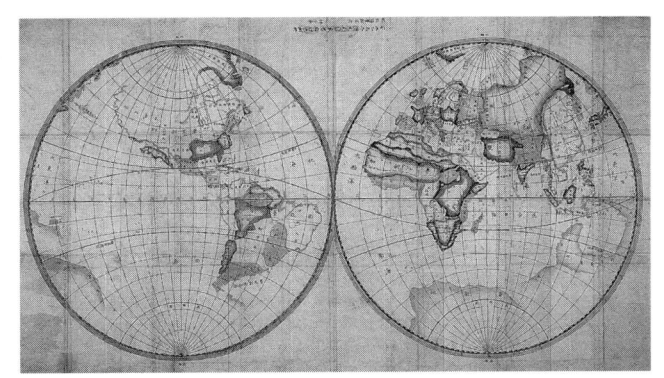

林子平旧蔵「世界ノ図」（仙台市博物館蔵）

心に商人が躍進するに至ったことで，幕藩体制における政治的・社会的制度疲労はいっそう顕在化していった。この時期における新たな学問の成立には，このような現状を認識し，既存の秩序を批判的にとらえ新たな秩序を模索しようとする知識人たちの知的関心があった。このようななかから，経世済民を論ずる在野の知識人（経世家）が現れたのである。

経世済民論（経世論）とは，早くは太宰春台（1680〜1747）が「凡天下国家を治るを経済と云。世を経して民を済ふと云義也」（『経済録』1729序）と定義しているように，政治・経済・社会のありようを論じ，ときにその実践を主張する論説である。このような経世論の展開は軍事・商業・農業の三つの分野に大別される。

軍事的経世論　18世紀中葉以降，ベーリング（V. J. Bering, 1681〜1741）に北太平洋探検を命じ，また漂流民を講師とした日本語学校を設立したロシア皇帝ピョートル1世（Pyotr I, 1672〜1725）にはじまるロシアの東方経営の情報は，日本にもしだいに伝わり，蝦夷地を中心とした北方に対する関心が高まった。仙台の林子平（1738〜93）は，そのような現状を軍事面で説いた経世家であった。

江戸・長崎を遊学し，桂川甫周（1751/1754〜1809，編著に大黒屋光太夫のロシア漂流記である『北槎聞略』1794）などの蘭学者や知識人と交流し，海外事情に注目するようになった彼は，日本を取り巻く蝦夷・琉球・朝鮮の三国と小笠原諸島を国防的観点から地理・風俗について解説した『三国通覧図説』（1786刊）を著した。とくに，『海国兵談』（1787〜91）では，「細かに思へば江戸の日本橋より唐，阿蘭陀迄境なしの水路也」と指摘し，日本全体を「海国」ととらえた統一的な海防に関する世論の喚起に努めた。

しかし彼の所説は，幕府の忌諱に触れるところとなり，1792年（寛政4）に在所蟄居を命ぜられ，板木・版本はともに没収されて不遇のうちに翌年病死した。在野の知識人である経世家にとって，政治的発言には常にこのような危険が伴っていたのである。それゆえ多くの経世論書は，ほとんど公刊されることはなく，写本や秘密出版で広まって

第17章　蘭学の成立と内憂外患　*197*

いったのであり，そこには経世論をめぐる知のネットワークの存在を見ることができる。

　子平の軍事的経世論は，あくまで国防の次元にとどまっていた。しかし，やがて「全世界 悉 (ことごと) く郡県と為すべく，万国の君長皆臣僕と為すべし」(『混同秘策』1823)と主張する佐藤信淵 (のぶひろ) (1769～1850)のように，国学などに由来する自民族中心主義(エスノセントリズム)を軍事的経世論に結びつけた経世家が現れるようになり，これが幕末における海防論・攘夷論へと展開していったのである。

商業的経世論　このような軍事的経世論と同時に，蘭学などの新しい知識から影響を受け，交易による富の蓄積を主張する人々も現れた。工藤平助 (くどうへいすけ) (1734～1800)は，林子平と同じ仙台藩の藩医であり，『赤蝦夷風説考』(あかえぞふうせつこう) (1783成稿，赤蝦夷とはロシアのこと)を著して，ロシアの南下を警告し，開港交易と蝦夷地経営を説いた。彼の主張は，当時の政権担当者であった田沼意次 (たぬまおきつぐ) (1719～88)に影響を与え，北方探検隊の派遣や蝦夷地の開発計画などがなされたが，田沼の失脚により頓挫してしまった。

　この工藤平助と同様に，北方への関心から蝦夷・カラフトの開発を唱えた人物に，算学者の本多利明 (ほんだとしあき) (1743～1820)がいる。彼は『経世秘策』(1798)で，「日を追ひ月を追ひて増殖する四民の勢ひを折かぬ様にと 慮 (おもんぱか) らずんばあらず」と説き，算学的思考に基づく人口増大論の立場から，植民開発や万国交易論を主張するなど重商主義の先駆者であった。彼の主張は，その弟子で幕府の北方探検に参加した最上徳内 (もがみとくない) (1754～1836)に承け継がれ，その後の蝦夷地開発の緒をつけることとなる。

　これらの経世論家の特徴は，国家の理想像をそれまでの中国からヨーロッパ列強へ置き換え，またそれまで藩を意味していた「国家」ということばを，「日本」という全体に読み替え，統一的な施策を主張する，その視野の広さにあった。その一方，活動の基盤を藩に置き，現実的な経済政策を説く海保青陵 (かいほせいりょう) (1755～1817)のような経世家もいた。

　彼は封建社会における諸矛盾を，商業社会の発展によって解消すべきことを説いた。その著『稽古談』(1813)は，「古へより君臣は市道なりといふなり……君は臣をかい，臣は君へうりて，うりかいなり」という君臣市道論，商業利益の肯定論や藩による専売制などの経済政策を展開した。彼の主張は藩単位の重商主義であり，それは近世社会が，農本的な「米遣い」の経済から大きく転換していたことを背景にするものであった。そしてこのような急速な商品経済への転換に対応できぬ農村の救済を目的として現れたのが，農業的経世論である。

農業的経世論　二宮尊徳 (にのみやそんとく) (1787～1856)は，二宮金次郎 (きんじろう) の名で，今日でも親しまれている農政家であり，600有余の荒廃した農村を復興した。彼は報徳仕法と呼ばれる独自の農法・農村改良策を確立し，倹約や合理化を説く一方で，「報徳」や「分度・推譲」(ぶんどすいじょう) といった通俗道徳や神・儒・仏三教を融合した徳目を掲げ，農民を教化することを通して，農村復興に対する主体的な関与へと農民を導いたのである。彼の思想は，弟子によって1843年(天保14)に結成された報徳社に承け継がれ，幕末・明治を通じた農村救済活動へと展開するに至った。

大原幽学（1797～1858，主著『微味幽玄考』1846）もまた，荒廃した農村復興に尽力した人物である。彼は房総の疲弊には心を痛め，下総香取郡長部村に定着し，農業協同組合運動の先駆ともいうべき先祖株組合を結成した。彼の「性学」と呼ばれる思想と運動は一応の成功を見せたが，弟子や支持者の急激な増大が幕府の介入を招き処罰され，のちに幽学自身も自刃し運動は終焉を迎えた。

　農本社会であった封建制における矛盾は，農村において最も激しく表現されるものであり，その復興運動は不可避的なものであったが，それが封建制を越える運動に展開することは体制的にも容認される所ではなく，あくまでその域内での改革にとどまらざるをえなかったのである。

経世論の特徴　近世後期に現れた経世論は，いずれも封建制における現前の矛盾を解決することを目的とするものであり，その多くは蘭学に影響を受けるものであったが，必ずしも特定の学派にとらわれることなく，儒学をはじめとした既存の学問や，ときには仏教などの宗教をも取り込むことで，現実に即応する「経世済民」の学をうち立てた点に特徴があった。それは，18世紀後半に始まる，より実践的な学問（実学）を模索しようとする学派横断的運動，さらには広域的な文化的ネットワークの形成を象徴するものであったといえよう。その意味で，松平定信による寛政異学の禁（1790〈寛政2〉）による朱子学の官学化は，このような諸学の流動性を統制するものであった。しかし，封建制の矛盾はもはや国内だけにとどまるものではなく，北方ロシアをはじめとした対外的な問題として現れてきていた。「内憂外患」ということばがしだいに現実味をもって語られるようになるのもまた，18～19世紀の世紀転換期のことであった。

③　鎖国意識と後期水戸学の成立

北方の脅威　1792年（寛政4）のロシア遣日使節ラクスマン（Adam Kirilovich Laksman, 1766～？）による根室来航は，18世紀に存在していた事実上の「鎖国」体制に対し，少なからぬ動揺をあたえるものであった。たとえば，「外寇は天下〔日本全国〕のあだにして，一国〔一藩〕限りの寇にあらず」と警鐘を鳴らした大原小金吾『北地危言』（1797）は，きわめて鋭敏に，この水平線の彼方からやってくる他者に対する意識を表明するものであったといえる。すなわちここには，封建的分邦である諸藩のレベルではなく，より高いレベルの統一的な存在としての「日本」という意識の形成を見ることができる。その意味で，「鎖国」ということばがこの時期に初めて生まれ，急速に広まっていったという事実は，この「日本」意識の広範な展開を象徴的に表現しているのである。

『鎖国論』　そもそも「鎖国」の語は，長崎通詞で著名な蘭学者でもあった志筑忠雄（1760～1806）が1801年（享和元）に訳出した著作に『鎖国論』と題した

ことに始まる。この『鎖国論』は，17世紀末にオランダ船船医として長崎出島に渡来したドイツ人外科医・博物学者のケンペル（Engelbert Kaempfer, 1651〜1716）が著した『日本誌』（英訳本1727・独原著1777）の一章を翻訳したものであり，鎖国政策の妥当性を指摘したものであった。『鎖国論』は「同じく一地球といへども，必しも万国皆相通ずべきの理にあらず，通行せざるを以て，無道なりとすべからず」とケンペルの見解を肯定し，鎖国体制の維持を主張したのである。

この『鎖国論』が公刊されるのは1850年（嘉永3）に国学者黒沢翁満（くろさわおきなまろ）（1795〜1859）が，鎖国賛美のために『異人恐怖伝』と題したものが初めてであるが，それ以前にも，写本の形で広範に流布し，その影響も少なくなかった。化政文化を代表する狂歌師・戯作者であった大田南畝（おおたなんぽ）（1749〜1823）は長崎で，『鎖国論』に接し，「読鎖国論」という一文を残している。今日残る写本には，この南畝の序文を付したものが少なくない。また，平田篤胤（ひらたあつたね）（1776〜1843）は『古道大意』（1824刊）において，『鎖国論』に言及し，「天地の間に，御国［日本］ほど結構（構）なる国は無い」というケンペルの評価を紹介することで，「皇国」の卓絶性を賛美している。

志筑自身は，万有引力の法則やケプラーの法則を紹介した『暦象新書』（1802完成，John Keill, *In leidinge tot dewaare Natuuren Sterrekunde*, 1741.の蘭訳版）を訳出するなど，決して偏狭な国粋主義者ではなく，交易それ自体を否定するものではなかったが，彼の『鎖国論』はむしろ彼の意図とは異なった形で流布した。また，日本の対外政策を「鎖国」ということばで表現したことは，自らが「閉ざされた存在」であるという意識をもたらすものであった。この鎖国意識ともいうべきものが，19世紀初頭という鎖国体制それ自体の動揺の時期に成立したことは，鎖国体制を自明のものとしていた18世紀的な対外認識と訣別した新たな時代の訪れを意味するものであった。

対外的緊張の高まり 19世紀に入ると，ヨーロッパ諸国における照明用燃料としての鯨油需要に応じて，北太平洋のみならず日本近海にも欧米の捕鯨船が出没するようになり，このため日本に補給基地としての開港が期待されるに至った。

レザノフ（Nikolai Petrovich Rezanov, 1764〜1807）は，当時ロシア領であったアラスカ経営の発展のためには日本との交易が必要であると考え，1804年（文化元）にロシア皇帝アレクサンドル1世（Aleksandr I, 1777〜1825）の親書を携え，遣日全権として長崎に入港した。しかし通商交渉は日本側の全面的な拒絶に終わり，そのため彼は武力による日本の開国を企図した。この計画は1806年（文化3）から翌年にかけて彼の部下によって実行に移され，カラフト・エトロフ島の日本人部落や会所を襲撃するなど，いわゆる「文化の露寇」をもたらした。この紛争の結果，1811年（文化8）にロシア海軍士官ゴロウニンを捕虜とする事件がおきるなど，日露両国間には北方で数年にわたって緊張状態に陥ったのである。

この間，1808年（文化5）には，ヨーロッパにおけるナポレオン戦争のために，オランダと敵対関係となったイギリスの軍艦フェートン号が長崎港に侵入し，糧食を強請し

たのち退帆する事件が起こった。日本側はこれに全く応戦できず長崎奉行松平康英が切腹するなど，その影響はきわめて大きく，幕府は江戸湾防備に着手し，ロシアのみならずイギリスに対する警戒心を強めることとなり，やがて外国船を発見次第「二念無く打払ひを心掛け」るべきことを命ずる異国船打払令（1825〈文政8〉）を発するに至ったのである。

水戸学の登場　このような対外的緊張を国内体制の動揺との関係のうちにおいて体系的に把握しようとする学派があらわれた。それが水戸学である。

そもそも水戸学は，水戸藩主徳川光圀（1628〜1700）の『大日本史』（1906完成）編纂に由来するものであるが，特色ある一箇の学派として成立するようになるのは，藤田幽谷（1774〜1826）が，「正名論」（1791）を著し，「幕府，皇室を尊べば，すなわち諸侯，幕府を崇び，諸侯，幕府を崇べば，すなわち卿・大夫，諸侯を敬す。それ然る後に上下相保ち，万邦協和す」と尊王敬幕論を唱えたことに始まる。

水戸藩は光圀以来，蝦夷地経営に関心を寄せており，18世紀末の北方ロシアとの接触の情報は，当時の幕藩体制の弛緩に対する認識とあいまって，「内憂外患」と呼ばれる内外への危機意識を生むこととなった。このような中で幽谷は，天皇を頂点とする国家体制の確立と排外主義を唱えることで，この危機を乗り越えようとしたのである。このような主張は尊王攘夷と呼ばれ，国学のエスノセントリズムや蘭学の海外知識に影響を受けつつも，あくまで儒学的論理の内でうち立てられた思想であった。

幽谷によって成立した水戸学は，その後継者である会沢正志斎（1782〜1863）によって理論的に大成された。彼は1824年（文政7），水戸藩領大津浜に二隻のイギリス捕鯨船が来航し，薪水給与を求めるという事件に遭遇し，彼自身も筆談役となり，世界地図をもってその国籍を尋問している。この体験は，彼に海防の急務なることを実感せしめ，翌年の異国船打払令の公布とあいまって，主著『新論』（1825）における，幕府を中心とした統一的な国防体制樹立の主張へと結びついた。

そののち，徳川斉昭（1800〜60）が水戸藩主を襲封し，1841年（天保12），水戸に文武のみならず西洋医学をも取り込んだ藩校弘道館が創設された。この弘道館の建学精神を述べたものとして，斉昭が撰した『弘道館記』（1838）の草稿を制作し，また斉昭の主導する藩政改革を強力に補佐した人物が，幽谷の子で，会沢に学んだ藤田東湖（1806〜55）である。

彼は，理論家であった父や師にくらべ実践的であり，幕府の有司（官僚）や諸藩の有志と親しく交わり，またとくに文筆に優れ，『弘道館記』を『弘道館記述義』（1847）で逐語的に注釈し，そこで尊王攘夷・敬神崇儒・忠孝無二・文武不岐・学問と事業の一致といった水戸学的スローガンを詳説することにより，水戸学の思想を藩外へと普及させたのであった。

水戸学の思想とその影響　水戸学は，万世一系の天皇を戴く忠の道徳を，臣民たる日本人が神代以来子々孫々と承け継ぎ守ってきたこと（忠孝一致）に基づく国家体

弘道館（水戸市）

制を国体と規定し，それが万邦無比の優秀性を持つものとして称揚することで，内憂外患に対応するための人心掌握を目指すものであった。しかしその尊王の主張は，天皇―将軍―藩主―藩士という支配のヒエラルヒーにおいて，各階層が直上の支配者に忠義を尽くすことを求めるものであり，その限りで幕藩体制を越えるものではなかったのである。それは対外的危機意識を昂揚させることを通して，国内的な封建制の諸矛盾を解消しようとする，水戸学の戦略にほかならなかった。

このような水戸学の思想はしだいに受け入れられ，尊王攘夷を自らの行動原理とする有志の士（志士）が現れるようになった。しかしアヘン戦争を経て，1853年（嘉永6）のペリー・プチャーチン米露両艦隊の来航にはじまる開国過程の中で，尊王攘夷思想は，幕府の外交姿勢を批判する思想的基盤を提供し，幕藩体制の維持という水戸学本来の目的から急速に乖離していくこととなるのである。

（桐原健真）

▶コラム18　アイヌ・琉球・朝鮮
「日本」の自己認識　「アイヌ」「琉球」「朝鮮」には固有の歴史がある。また一見してみても，「アイヌ」が民族名なのに対し「琉球・朝鮮」は地名（国名）だし，「アイヌ・琉球」史は日本史の一部と見なされるのに対し「朝鮮」史は外国史である。この三者を並べたタイトルの意味するところは，次のようにまとめられる。これらは①前近代に「日本」の〈異域・異国〉として「特別な関係」を持ち，かつ，②それが近代に「日本」国家の内に包摂された地域の総称であり，③また近代の「日本」が「日本人」として自国の内に抱え込んだ「民族（差別）問題」を意識した表現である。④そしてこの三者を一括して捉える主体は「日本」だから，ここで問題とされているのは「アイヌ・琉球・朝鮮」の歴史それ自体よりも，「日本」がこれらとの関係性によって自らの位置を定めてきた，前近代から近現代に連なる「日本」の自己認識である。

　①の「特別な関係」というのは，江戸時代の「日本」は「鎖国」ではなく，松前藩，薩摩藩，対馬藩，長崎の「四つの口」を通した対外関係を組み込んで幕藩体制が存在したという「日本型華夷秩序」論を念頭に置いているが，この言葉には，当時の「日本」の自己認識の実態という意味（コラム14参照）と，現在の「日本」史研究者による江戸時代の「日本」認識という二重の意味がある。ここでは後者，すなわち上記④における〈我々〉に注目しよう。

前近代　1980年代以降，「日本」の歴史学界では，従来の「鎖国／開国」という江戸時代観に替わって，江戸時代の「日本」を東アジアの歴史変動の中に位置づけ，それを「日本型華夷秩序」という概念で説明することが定着した。それは直接には江戸幕府＝「日本」王権のナショナル・アイデンティティのあり方を検証するものだったが，「四つの口」の研究は，幕藩制国家が経済的にも多様な諸地域の統合として成立していることを浮き彫りにした。そして，このような地方からの視点は当然アイヌからの視点，琉球（沖縄）からの視点へと連なるものであり，文化多元主義的な「日本」観（n個の「日本」）を歴史学の側から実証的に支えるものとなった。

　「日本型華夷秩序」論は〈中心―周縁〉概念（世界システム論）を前提としているが，本来の「華夷秩序」に視野を広げれば，「日本」と「アイヌ・琉球・朝鮮」は，中国の〈周縁〉の東側を形成している。近年の中国史研究では，これを前近代から近代に連なる「東アジア交易圏」として注視し，さらには，環オホーツク海・環日本海・環東シナ海といった「海域」の連鎖でそれが構成されるという，陸から海への視点の転換が提唱されている（次頁の図参照）。そうすると「日本」は各々の域圏に分断されてしまうが，この視点では「日本」は各海域をつなぐ列島という意味を持ってくる。またこの視点は，中世の琉球王国（古琉球）の繁栄を説明するだけでなく，アイヌが本来的に「日本」の辺境民でなくオホーツク海域圏の交易民であることを明示するものだった。

　近年調査の進んだ十三湊を拠点とした津軽安藤氏の例が示すように，「海域」の連鎖という視点は，一見すると近世よりも中世に親和的である。しかし新『岩波講座世界歴史』が示すように，近年の歴史学では，「東アジア交易圏」における16世紀の銀の流通（その産地は日本）が東アジア各地域の社会変動を促進し，その中から生じた新たな権力による「海禁」と秩序の再構築の時代が東アジアの「近世」だとする「近世」の再定

義が進んでいる。すなわち近年の「華夷秩序」=「東アジア交易圏」論は時代区分論にまで及んでいるのだが,「日本型華夷秩序」論はそのような東アジアの「近世」の「日本」地域史として位置づけられる。

近現代 明治期,「日本」は林子平（1738〜93）が先駆的に説いた〈異域・異国〉の「日本」国内化を実際に推進した。その際, 言語学（国語学）・人類学・民族学（民俗学）・歴史学など草創期の近代的学問が, 総力を挙げてその基礎理論を提供した（アイヌ原日本人説・日琉同祖論・日鮮同祖論など）。それは〈異域・異国〉の内国化が西洋（＝文明）と対峙した近代「日本」の自己主張だったから, 西洋的学問によって「日本」が説明される必要があったのだが, このことは,〈我々〉の近代的知が〈異域・異国〉を従えて西洋に対峙するという明治期「日本」の自己主張の学的表現,「日本学」として成立したことを示している。

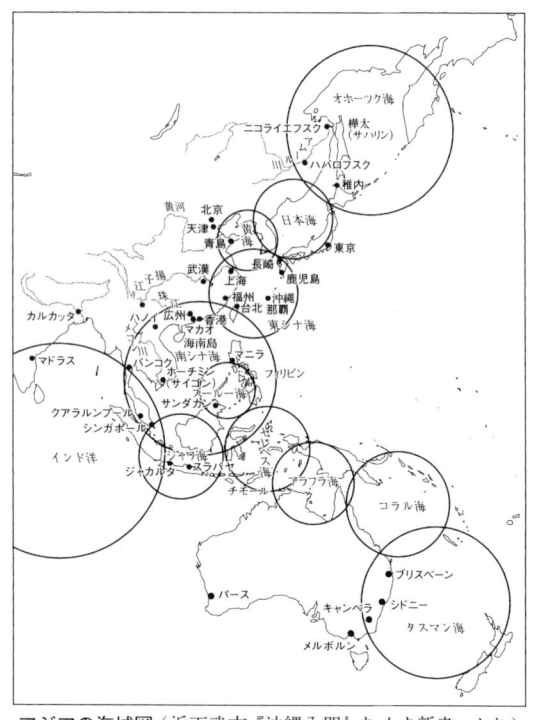

アジアの海域図（浜下武志『沖縄入門』ちくま新書, より）

1990年代後半以降, 日本近代思想史の研究は「日本」の近代知に含まれたナショナリズムを対象化し, 批判的に捉え返すことを主要なテーマとするようになった。それは「日本型華夷秩序」論の近代史への発展的適用だったが, ここに至って思想史の研究は, 自己自身たる日本思想史学が「日本学」として内包してきたナショナリティを再構築するという難問に直面した。ただ, その解決のヒントはすでに問題設定それ自体の内に含まれているのであって, その集中的表現が「アイヌ・琉球・朝鮮」なのである。

近年, 知里真志保・伊波普猷といった「アイヌ・琉球」からの視点としての「アイヌ学」「沖縄学」の先駆者が, 思想史研究に取り上げられるようになってきた。一方「朝鮮」からの視点は, 戦後, 日本の朝鮮史研究が朝鮮史は外国史だとの確認をもとに再出発した反面で, 朝鮮・韓国では植民地時代の「日本」的近代知の払拭を掲げた「朝鮮学」「韓国学」が形成され, いわゆる歴史認識の溝は埋まらない。今日のキーワードは多文化共生だといわれるが, その中で思想史研究は, 政治的に作られた「国境」を越えた学問に成熟しうるかが鋭く試されているのである。　　　　（荻生茂博）

第18章

幕末の群像

1 アヘン戦争の衝撃

　中国がアヘン戦争（1840〜42）でイギリスに敗北したことは〈外患〉（海防問題）を一挙に政治の中軸課題に押し上げた。中国の歴史学ではアヘン戦争を近代史の起点と位置づけているが、天保の改革から日米通商条約の締結（幕末の動乱の開始）に至る幕末政治史の第一章は「アヘン戦争後」（イギリスの対日侵攻）という危機意識を軸として展開した。思想史の観点からこの時代の特徴をとらえた場合、次のような諸点があげられる。

　情報の問題　幕府はモリソン号事件（1837）の後、同船をイギリス商船とした「和蘭風説書」の誤情報（実はアメリカ船）によってイギリスの報復を警戒していた。そのような中でアヘン戦争が起こったのだから、勢いその情報収集に躍起となった。アヘン戦争の情報は戦争の初期段階から長崎に続々ともたらされた。情報には二系統あった。一つは「和蘭風説書」。これは定例のものと、バタビアのオランダ総督が各地の英字新聞を編集して作成した「別段風説書」があったが、西洋の視点に立っている。もう一つは中国商船が入港ごとに提出した「唐船風説書」。これは民間人が現地の風聞を記したものだから訛伝も含むが、中国の庶民サイドのホットな戦争情報だった。

　1842年（天保13）の「和蘭風説書」は、マカオでの伝聞としてイギリスの日本侵攻の情報を伝えたが、すでにその前年、渋川六蔵（幕府天文方）は風説書から推測した同様の危険性を幕府に上書していた。実際にはイギリスにそんな計画はなかったのだが、幕府は風説書に敏感に反応し、それによって現実の幕末政治が作られていったのである。

　風説書は元来、機密資料だったが、すぐに幕府内外の識者間の公然の秘密となった。また、大部の史料集『夷匪犯境禄』（編者不詳、中国では佚失）が伝えられ、写本のほか1857年（安政4）に和刻本も作られて流布した。

　政治史と思想史との合体　**(1)洋学**　高島秋帆（当時、長崎町年寄）は1840年（天保11）風説書の情報をうけて西洋砲術の導入を建議した。老中水野忠邦（1794〜1851）はこれを受け入れて高島を幕臣に登用、高島流砲術が幕府に導入された。また、高島秋帆—江川坦庵・下曽根信之（筒井政憲の二男）—佐久間象山・川路聖謨・筒井政憲という師弟関係が形成されていった。高島—江川は、アヘン

戦争を契機に洋学が軍事技術として幕府内に地位を得たことを示すが，筒井・川路は幕府の中枢で海防・外交や軍制改革を担った官僚である。そのような高官が江川の門下となって洋学（軍事技術）を学んだのである。

(2)**儒学** ふつう水戸学が想起されるが，昌平黌系の儒学の修得者が集団として幕府や藩の政治に関わる地位を得るようになったのが天保改革期の特徴であり，彼らは海防問題に発言，参画した。筒井・川路にしても，筒井は学問吟味の甲科首席者で，後に大学頭に代わって度々将軍に進講した学者でもあり，川路は友野霞舟の門下で，また林述斎，佐藤一斎，安積艮斎について儒学を学んでいる。

1843年（天保14），昌平黌の学生であった斉藤竹堂（のち仙台藩儒）がアヘン戦争の通史『鴉片始末』を著した。同書には，斉藤拙堂（古賀精里門，津藩儒）が「叙事は簡潔ではるかに漢・蘭の風説書に勝る。論は最も適切」と跋文（1845年）で記し，佐久間象山も賛辞を寄せているが，竹堂や拙堂が早い段階から風説書に接することができたのは，昌平黌と幕閣とがきわめて親しい関係にあったからである（象山については後述）。

1847（弘化4）には塩谷宕陰が，多くの中国史料を集めてアヘン戦争を分析した『阿芙蓉彙聞』7巻を著した。同書には唐・蘭の風説書も全文が収録された。塩谷は昌平黌・松崎慊堂に学び，当時は水野の政治顧問であった。彼は後にもしばしば海防を論じ，1862年（文久2）には幕府儒者に登用された。

幕府と昌平黌との関係は，1849年（嘉永2）幕閣の昌平黌への海防策諮問へと発展した。また1854年（安政元），幕府は古賀茶溪（謹一郎，侗庵の嫡男，幕府儒者）を頭取として洋学所を設置した。洋学所は蕃書調所，開成所と改称しながら洋学教育機関として発展し，そこから維新後に明六社を担う人材が輩出した。

中国観の変化 日本は古代から中国を範としてきたが，江戸時代の思想家は清代にはほとんど関心を払わず，江戸時代の儒学は大概にいえば明代文化の内で展開した。1837年（天保8）に乱を起こした大塩中斎（平八郎，1793～1837）は当時の日本を明末の混乱にあてはめ，自らの陽明学を東林党の系譜に位置づけて行動した。洋学者の渡辺崋山（1793～1841）も，モリソン号事件における幕府の対応を批判して蛮社の獄の引き金となった『慎機論』において，明末の享楽的文化が亡国を招いたとして幕府の危機感を喚起している。これが「アヘン戦争前」の「知」の最先端だった。ところがアヘン戦争は，識者の関心を一挙に同時代の清朝に向けさせた。そして（少なくとも政治思想の領域では）当時の日本が参考とすべき中国のモデルが，一挙に「明末モデル」から「清末モデル」へと移ったのである。

それが意味するところは，①中国から日本への情報の時間差の消滅，②日本人の捉える中国の像が，古典の内に描かれた中国から同時代の現実の中国に移ったこと，そして③それまで教師であった中国が決して同じ轍を踏んではならない反面教師，すなわち失敗モデルへ逆転したことである。近代日本の中国学が古典世界に対する過度の憧憬と現実世界に対する過度の蔑視を併せ持ったのは，アヘン戦争の衝撃を境とする二つの中国

像に淵源する。ただ中国蔑視観が発達するのは日本が脱亜入欧路線を確定して以降のことであり、当時にあって中国が失敗モデルに転じたことは、日本が遂に自身の創意で西洋に立ち向かわなければならない政治的＝思想的な岐路に立たされたことを意味した。

古賀侗庵　古賀侗庵（1786〜1847）は、水戸学とは対照的な立場から、以上の三点を先端的に体現した昌平黌の中心的学者だった。古賀精里の跡を継いで1809年（文化6）幕府儒者となった侗庵は、早くから儒者が政治に関われない当時の現状に疎外感を抱きつつ海防に意を払い、ロシアとの緊張が高まった1811（文化8）から十数年の間に、当時日本で著されたロシア関係文献98篇を集めた『俄羅斯紀聞』1〜4集を編纂、自身も『俄羅斯情形憶度』2巻を著した。またアヘン戦争に先立つ1838〜41年には『海防憶測』2巻を著した。

侗庵はアヘン戦争が起こるとすぐに「鴉片醸変記」という一文を著し、蘭・唐の風説書を比較して道義の観点から中国を擁護するとともに、中国の敗因を、直接には西洋に対抗できる船鑑火器を準備しなかった「防御の大闕典」、根本的には独善な中華思想という「支那の病根」と論断した。高島はこの「防御の大闕典」という点でアヘン戦争情報に即応したのだが、儒者である侗庵は、道義的文明論的な深みからアヘン戦争の情報を読み解いていた。

侗庵はアヘン戦争前から中華思想を「唐人の偏見」「井蛙の見」と繰り返し批判し、それを主題とする『殷鑑論』を著していた。中華批判は一面では大槻玄沢ら洋学者との交際から得られた考えだったが、侗庵は西洋の非道な侵略性を強調し、洋学者の西洋崇拝に対して容赦していない。彼の学問を貫くのは、特定の国や思想を特権化して神聖視する思考法の否定であり、あらゆるものに開かれた理性的批判的な知性の尊重だった。

当時、侗庵とともに昌平黌の中心にあった佐藤一斎は、党派心の内面的な克服を心学の課題に掲げていた。侗庵はそれと同質の知性を外に向け、『俄羅斯紀聞』の百科全書的編纂に心血を注いだのである。同時に、それは「殷鑑」（他の失敗を見て我が身の戒めとする）という語が示すように、中国の中華思想をまねて作られた対外関係（日本型華夷意識）の内に蟄居してきた日本の識者当局者の蒙を啓くことを、海防の課題に対する官学の儒者（学者）の任と自覚したからだった。

中国は「中華」（世界の中心）ではないという主張には、山鹿素行から水戸学に至る日本儒学の伝統がある。しかしそれらは、日本こそが世界の中心だと主張するために説かれ、日本型華夷意識の理論となった。それに対し、侗庵は儒学（朱子学）の普遍主義的側面にのっとって華夷意識そのものを批判し、道（道義）のもとに中国も日本も西洋も相対化していた。

竹堂の『鴉片始末』も塩谷の『阿芙蓉彙聞』も、侗庵のアヘン戦争観を継いでいる。また侗庵の海防論もよく読まれたが、それを越えて侗庵の業績は、官学の頂点に立つ知識人・教育者として「アヘン戦争後」の幕府内外の人士に、水戸学的攘夷論とは異なる、外国に対して開かれた知的雰囲気を広げた点で看過しえない。

2 佐久間象山と横井小楠

侗庵のように情報の客観的な編集提供を任として新奇な哲学を高唱しないというのが、昌平黌官学の伝統だった。それに対し、佐久間象山（1811～64）と横井小楠（1809～69）は江戸の知的雰囲気の影響を受けつつも、それとは違う立場から、儒教哲学を基にして西洋文明を包摂する新思想を練り上げるという思想的＝政治的な課題に対して、それぞれに異なる型の答えを出した。

「東洋道徳，西洋芸術」　佐久間象山は1811年（文化8）、松代藩の下級武士の家に生まれた。1833年（天保4）江戸に遊学して佐藤一斎の門下となったが、すでに寛政異学の禁以降の「正学」派朱子学を奉じていた象山は、一斎の心学に徹底的に反発した。また大塩中斎の乱を明末陽明学の弊の現実化ととらえて、異学の禁体制の再構築による封建秩序の回復を藩に要求した。

象山は全く「明末モデル」の「正学」派朱子学に頼って世の中を見ていただけに、アヘン戦争を「礼楽の区」たる中国の敗北として深刻に受け止めた。そして象山は、ただちに新たな活動を開始した。1842年（天保13）6月、主君の真田幸貫（松平定信の二男、老中）は幕府の海防掛に任ぜられ象山を顧問に抜擢したが、象山は同年8月、川路の斡旋で江川の最初の弟子となって高島流砲術を学び、11月、「和蘭風説書」のイギリス侵攻情報によって、西洋に倣った大船を作る等の「海防八策」を藩主に提出した。1844年にはオランダ語を習得し、1850年（嘉永3）には砲術塾を開いて西洋砲術家として名を世に知られるようになった。

朱子学の原理主義者だった象山が西洋軍学の受容に躊躇しなかったのは、儒学は治国平天下に有用な学でなければならないという「正学」派朱子学の学問＝政治観から、アヘン戦争における中国の敗北を清学＝考証学の虚学のゆえとする一方で、「アヘン戦争後」の政治情勢において西洋の軍事が儒学の「術」の不可欠な一部となると考えたからだった。

しかし象山は、自ら砲学軍事学をオランダ語で学び西洋の科学技術の体系性を知るようになるにつれて、洋学を「西洋窮理の科」と認識した。象山はもともと易学を好んだが、易の理は物理と倫理とを問わず宇宙を貫く原理である。象山は、物理に対する実証的な「窮理」では西洋科学が精密だが、道徳倫理に対する「窮理」は儒学（朱子学）の本領であるとした。これをスローガン化したのが1854年（安政元）、弟子の吉田松陰が来航中のペリーの船に密行を企てた事件に連座して幽閉された際に書かれた『省諐録』中の語、「東洋道徳、西洋芸術。精粗不遺、表裏兼該」の語だった。

この語は、東洋の道徳（儒学）と西洋の芸術（科学・技術）の並立、採長補短を説いているのではない。両者は一つの「理」で貫かれるのであり、また「窮理」とは朱子学の基本概念だから、理論的には儒学概念の働く場をグローバル化して西洋の科学を含み

込んだことになる。また，儒学の倫理と軍事的リアリズムとは緊張裡に結ばれて一つの解決が求められ，新たな物理の探求は新たな倫理を生む契機となるはずである。しかし実際，象山は儒学の名分論的秩序観を保ったまま，彼の本領は「西洋芸術」で発揮された。彼個人を越えてみれば，この語は儒教的伝統の中で洋学を倫理に直接に関わらない客観的な学問として学ぶ道を開く呼号となった。

　西洋に開かれた象山の知的関心は侗庵を継承していた。だが象山はもはや儒者というよりも志士だった。元治元年，象山は公武合体運動の渦中の京都で暗殺された。

攘夷から「公共の政」へ　横井小楠は1809年（文化6），熊本藩士の二男として生まれた。経世済民の学問を志して藩学改革運動を起こしたが藩政主流の保守派に阻まれ，1839年（天保10）江戸に遊学，藤田東湖・川路聖謨らと交わった。帰藩後，長岡監物や元田永孚らと勉強会を組織，これが藩内保守派の学校党に対する実学党の源流となった。小楠の思想家としての出発点は，この勉強会における講習討論を通した公論の形成という体験にあった。

　1853年（嘉永6），小楠はロシア使節プチャーチンに対応する川路のために『夷虜応接大意』を著し，「天地公共の実理」を基準として「有道の国は通信を許し，無道の国は拒絶する」と説いた。小楠はここでは鎖国攘夷を結論としたのだが，この考えは，開国後の60年（万延元）『国是三論』において，開国（交易）を「天地間固有の実理」＝「公共の道」とする観点から，鎖国を「日本一国の私」と否定する一方，現在の幕府の開国貿易も「鎖国の旧見」による開国にすぎないから弊害のみ生じていると批判する主張へと展開した。

　ここでいう交易＝「公共の道」とは，利益が偏滞せずに生産が高まり民が豊かになること，「鎖国の見」とは，自らの利益を第一とする幕府による政治の「私営」を指すが，小楠はこれを外国との貿易を越えた政治一般に敷衍し，幕藩体制の本質を「封建にして鎖国」＝「私」と論断した。ここには「公共の道」＝民富という観点から世界を見る，道徳・経済・政治を一貫する「公共」哲学と言うべき小楠の思想が示されている。

　小楠は1864年（元治元）井上毅の質問に答えた『沼山対話』において，「公共の政」の実現を阻む「私」＝「自利」を「大にしては国々の割拠見，小にしては一官一職の割拠見」と呼んだ。「国々の割拠見」とは大国の植民地主義的エゴイズムをさす。小楠はここでは国際社会に対する認識を厳しく改めているが，「割拠見」という言葉で国家間の互恵平和と国内政治の民本主義という近現代に通じる政治理念を示したのである。

三代の学と　小楠の思想は「脩己治人」という儒教原理に依拠した哲人的政治家にお
『海国図志』　ける，克己の工夫（心法）に基づく政治的実学として説かれ，道徳を越えた国家理性の考えに基づく西洋近代の政治思想とは原理を異にする。小楠は，自らの思索によって儒教（朱子学）の諸概念を再構築し，『書経』に記された唐虞三代の治に政治の理想像を見出した。小楠の理解した聖人＝堯・舜は，朱子学におけるような形而上学的理論に支えられた道徳的完成者でも，徂徠学におけるような超人的な礼楽の作為

者でもなく，天帝への畏敬のもとで一途に公共＝民のために奔走する倫理的政治家の生きた模範だった。

小楠の『夷虜応接大意』から『国是三論』への展開＝「公共」哲学の形成には，中国の魏源（ぎげん）が著した『海国図志』が大きく作用した。魏源はアヘン戦争を契機とする中国近代化運動の先駆者と位置づけられる思想家政治家であり，『海国図志』はアヘン戦争の直後に憂国の念をもって編まれた世界地理の書である（序1843，巻1「籌海篇（ちゅうかいへん）」は海防論）。それは海防の危機意識に基づく海外情報の編纂という点で侗庵と志向を一にし，またその先をいっていた。ただ同書は中華意識に支配された清朝政府になかなか受け入れられなかったのに対し，日本では1851年（嘉永4）に幕府の文庫・昌平黌・牧野忠雅（まきのただまさ）（老中）に輸入書が渡ったのに続き1954年，川路の上申により塩谷と蘭学者の箕作阮甫（みつくりげんぽ）が校訂した「籌海篇」部分が和刻出版され，その後23種類もの和刻本が作られ広く読まれた。

象山は同年さっそく同書を読み，同書の海防策と自身の「海防八策」は期せずして一致するとして，魏源を「海外の同志」と呼んだ。象山は『海国図志』の「夷の長技を以て夷を制する」という考えに共感し，「籌海篇」の記述に注意を向けたのである。それに対して小楠は，同書の「アメリカ篇」に自らのイメージする「公共の政」の具体像を見出した。そこで小楠は「有道の国」の具体的内実を得て鎖国から開国に転じ，同時に，幕府の「私営」政治を明確に否定したのである。

小楠は，特にアメリカの「公共の政」の基礎を築いた政治家としてワシントンに注目した。『沼山対話』ではすでに現実のアメリカに幻滅しているが，「割拠見」を抜け出た者は近世ではワシントン一人とまで言う。小楠の唐虞三代の学とは，『海国図志』に発見された理想的政治家ワシントンの像を『書経』の内に読み出したものだった。

小楠は熊本藩では認められなかったが，越前藩に招聘されて殖産興業に成果を上げ，藩主の松平春岳（しゅんがく）が幕府の政治総裁職となると雄藩連合による「公論」樹立に努力した。維新後は新政府に出仕したが，1869年（明治2），攘夷主義者によって暗殺された。

③ 「民衆宗教」の成立

一方，〈内憂〉（一揆）は天保年間以後，体制変革の要求をはらんだ世直し一揆・騒擾となって頻発先鋭化し，〈外憂〉と結合して体制的危機を醸造した。安政地震（1855年）における鯰絵（なまずえ）や1867年（慶応3）の「ええじゃないか」の流行は，いわゆる〈世直し状況〉が政治上の危機にとどまらない全社会的な秩序の崩壊であり，世界の終焉が即ち理想の出現につながるという感覚が広く蔓延していたことを示すが，それを思想史において最も端的に示すのが，いわゆる一連の「民衆宗教」の成立だった。

「民衆宗教」は何れも教祖の神憑（かみがか）りによって開かれた創唱宗教である。神憑りは江戸期，特に幕末維新期には珍しい現象でなかったが，「民衆宗教」の開祖たちが専門の祈

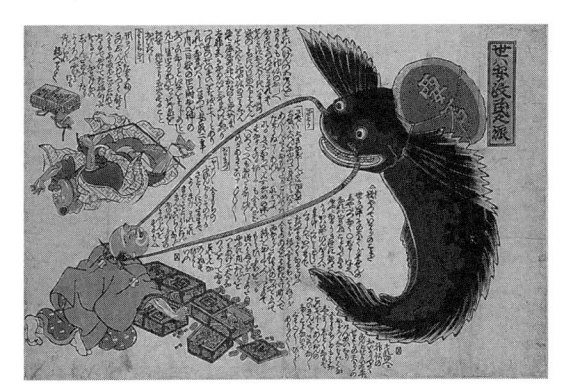

鯰絵　「世ハ安政民之賑」（東京大学史料編纂所蔵）
鯰が悪徳商人を懲らしめている。

禱者でなく，信心深くあっても人一倍律儀な生活者であり，そのような彼ら／彼女らが一転して世界を救う使命を帯びた教祖となり，宇宙論的な教義を備えて現実世界に働きかけ，また村落共同体を越えた信仰集団を形成したところに「民衆宗教」の特徴がある。ただ，では「民衆宗教」とは何かとなると，現在の学界では定論を見ていない。そこで以下，「民衆宗教」と言われる諸宗を概観するが，「民衆宗教」の先駆との評価が高い如来教（1802年〈享和2〉開宗）と，「民衆宗教」の総決算ともいえる大本教（1892〈明治25〉開宗）を挙げなかったのは，本章が幕末を対象としているという事情に従ったからにすぎない。

黒住教　1814年（文化11），備前国（岡山県）の神官であった黒住宗忠（1780〜1850）が太陽＝天照大神と自己の全生命とが一体となる神秘体験をして開かれた。この神人合一の体験により大病を克服した宗忠は，以後，太陽の「陽気」を吹きかけて病気を治す「病気直し」を行って評判を集めるようになった。宗忠はこれらのおかげ（現世利益）は天照大神の神徳によるとしたが，これは，すべての人間は万物の生命の根元である天照大神の「分心」であるという考えに基づいており，そこから心の持ち方を天照大神にゆだねて毎日を陽気に暮らすことや，誠・勤勉・無我・正直などの日常道徳が説かれた。

幕末までに黒住教の信者は岡山藩の武士からその周辺地方の地主や有力町人に広がった。京都の公家にも信者を得て宗忠は大明神号が与えられたが，それに伴って天照大神＝皇祖神という神格が強調されるようになり（教義の変質），京都の宗忠神社は尊皇運動の拠点となった。明治維新後は文明開化のもと「病気直し」への圧迫があったが，明治政府の大教宣布運動を積極的に担って活動し，1876年（明治9）いちはやく教派神道のひとつとして公認された。

天理教 　1838年（天保9）大和国山辺郡（現・奈良県天理市）の農婦であった中山みき(なかやま)（1798〜1887）に「三千世界」をたすけると称する神――後に「てんりんわう(おう)」（天理王命）と名のるようになる――が降りて開かれた。みきは神の声に従って自らを赤貧状態に追い込んだ後，1860年代から安産と「病気直し」によって信者を集めるようになった。

　天理教の教義は，慶応〜明治の初めにほぼ定まったが，「月日親神」による独特な創世神話をもち，人間はみな「神の子」として平等であり，「心のほこり」を払って神の教えに従えば一切の苦難から解放された「陽気ぐらし」の世界が実現する，と説かれた。

　みきは1874年（明治7）奈良県における大教宣布運動の開始とともに布教禁止の圧迫を受けるようになったが，政府の国民教化策に従うことを拒み，度重なる拘留に抗して「谷底」の民衆的立場を貫いた。みきが没した翌1888年（明治21）天理教会は神道本局の傘下として認められ，農民・小市民の間で急激な発展を遂げたが，当局による危険視は続き，教団側も国家神道との妥協も余儀なくされて（「明治教典」の編纂），1907年（明治41），ようやく教派神道のひとつとして認められた。

金光教 　1859年（安政6）備中国（現・岡山県）浅口郡の農民赤沢文治(あかざわぶんじ)（金光大神(こんこうだいじん)，1814〜83）が「金神(こんじん)」から，神の言葉を難儀している人々に「取次(とりつぎ)」救う活動に専念するよう託宣されて開かれた。これよりさき文治は，民俗信仰の中で祟り神として畏れられてきた「金神」が実は人々を救済する神であるとの認識に達していた。金光教はこの「金神」――のちに日月の神（日天四・月天四）と合わせて「天地金乃神(てんちかねのかみ)」と呼ばれるようになる――を「親神」とし，すべての人間は救われるべき「神の氏子」であって，「氏子」の中で文治をはじめ「親神」と直接に交わることができる信仰の段階に至った者は「親神」と「氏子」の間の「取次」をする「生き神」である，とする信仰集団を作っていった。

　文治の「親神」は氏子の身上にかかる様々な現世利益を叶えてくれる神だったが，神は拝んで助けてくれるのではなく，「神信心」＝神との人格的内面的な対話によって神も活きて立ち働くのであり，この神人相互の関係性（「あいかけよ」）によって「おかげ」を受けられるのだとされた。

　文治は民俗的な「金神」におけるような日柄や方位の禁忌による救済を否定した。しかし「病気直し」が宗教活動の中心にあったことは他の「民衆宗教」と変わらなかった。明治になると祈禱や無認可の宗教活動が禁止された中で，文治の信仰は「おかげはわが心（和賀心）にあり」という内面化を進めた。また文治は明治の世を「狂い」と捉え，政府の国民教化策に同調しなかったが，文治が没すると教団の組織化とともに合法化の運動が進んだ。1900年（明治33）に教派神道のひとつとして公認されたが，その過程で教義の開明性と国家神道との合致が強調されるようになった。

丸山教 　1870年（明治3）武蔵国橘樹郡(たちばな)（現・川崎市）の農民で富士講の熱心な信者だった伊藤六郎兵衛（1829〜94）が，行者による妻の「病気直し」を機に

自ら仙元大菩薩——富士信仰の本尊。太陽神でもあり，六郎兵衛の宗教では「月日仙元大菩薩」，また「元の父母」などと呼ばれた——の神言を感得するようになって開かれた。富士講は食行身禄（1671〜1733）以来，勤勉・倹約・家職の励行などの通俗道徳の実践と「みろくの御代」（理想世界）の到来を説く宗教として発展したが，六郎兵衛の教えはそれを押し進めたもので，明治10年代に爆発的に信者を増やし，特に10年代後半から20年代の初めにかけて幻想的な終末観と「お開き」（世直し）の預言によって熱狂的な民衆運動を引き起こした。

その主張は徹底した反文明主義で，西洋的な文物，西洋化した天皇から自由党までが否定された。この呪術性を伴った近代全否定の主張が，松方財政の下で生活を脅かされていた庶民の心を引きつけたのである。一方，その理想とするところは農業を基本とする素朴な勤勉生活にあり，「身は心，神も心，人も心」と教義の心学化も進められた。

初め富士一山講社（教派神道の扶桑教の前身）に属して活動し，1884年（明治17）に分かれて神道事務局の傘下となったが，明治20年代後半には，社会の安定化とともに急速に衰えた。

「民衆宗教」をどう捉えるか　「民衆宗教」の定義が定まらない根本的な理由は，もともと「民衆宗教」という概念が，戦後の歴史研究の中で作られた作業仮説的な用語だったからである。すなわち村上重良は，「近代」を志向する「民衆」の階級的な思想運動という視点で戦前の教派神道のうちのいくつかを成立期に遡って検証し，"封建制の解体から近代への移行期の歴史的条件下における階級闘争において一連の「近代」的要素をもつ宗教運動が展開したが，結局それらは「前進性」を貫徹できずに天皇制権力に屈服し，また大本教は徹底的に弾圧された"という流れを描き，これを「近代民衆宗教」と仮称した（『近代民衆宗教史の研究』1963年）。

これが「民衆宗教」概念の原型なのであるが，宗教学の研究者は，「民衆宗教」という概念自体を，多彩な宗教運動の一部分だけを取り上げて強調するものとして否定し，19世紀以降，近現代の新興宗教を含む諸宗教を「新宗教」という概念で一括している。

大雑把に言って「民衆宗教」の本質をめぐる諸説は，このふたつの見解の間にあって，それぞれの指標に従って論を立てたものといえるが，なかでも安丸良夫における「通俗道徳」と「民衆宗教」との結合は，「民衆宗教」の研究に新機軸をもたらした。

安丸は「民衆」を何よりも生活者，体制内的な通俗道徳をもって忍耐強く自らの主体を培っていく存在ととらえた。同時に，村上が西洋的近代をもって「民衆宗教」の「前進性」の指標とし，民俗的伝統との断絶面を強調したのとちょうど逆に，「民衆宗教」を西洋的近代（江戸時代の儒教を含めていえば支配思想における合理主義）に対抗する民衆的近代（ないし反近代）の思想とし，民俗的伝統との連続面において捉えた。ここから「民衆宗教」と民俗的伝統とがどのように連続非連続するのかの論点が生じたが，小沢浩は「通俗道徳」や民俗宗教から「民衆宗教」への跳躍を重視して，安丸とは異なって，「現人神」（近代天皇制の非合理性たる国家神道）と「生き神」（「民衆宗教」の内面的

近代性)という対抗関係を,日本の宗教史の内在的な展開として描いた。

それぞれの「民衆宗教」論は,「近代」をどう捉えるのかという「民衆宗教」にとって外在的な観点が立論の根拠となっている。それぞれが成立するのは「民衆宗教」の諸宗が各論を成り立たせる程に多端,逆にいえば,ありきたりの歴史的分析を拒否するほどに渾然とした人間の原初的生命力をもっているからだろう。近年は近代の目を通して見た歴史研究への方法論的反省が求められる中で,「文明」化への対応として「民衆宗教」を捉える視点や,必ずしも一枚岩でない「病気直し」を含む信仰共同体のあり方,そこでの教義(テクスト)の理解のされ方,等のへの関心が深まっている。

(荻生茂博)

▶コラム19　お伊勢参り

　天皇の祖先神である天照大御神を祭る伊勢神宮が，現在のように多くの人々によって参詣されるようになったのは，近世に入ってからのことである。古代においては，天皇以外の私的な参詣は禁止されており，一般民衆が参宮することは不可能であった。だが，律令体制が動揺し国家財政も破綻をきたす平安末期以降には，神宮の経営も困難となり，私幣の禁止も緩和されはじめた。鎌倉期になると，将軍源頼朝の神宮への信仰も篤く，東国武士にも伊勢信仰が広まり，二度にわたる蒙古襲来の際には，神宮の異国降伏祈願が神風を起こしたとされ，神宮への信仰を高揚させる直接の契機となった。だが，参宮が地元畿内を中心に拡大していくのは，室町・戦国期を経てからのことである。この時期に御師と呼ばれた神宮の下級神職が，全国をめぐり大麻と呼ばれた神宮の神札を配り伊勢信仰を大きく広め，民衆の間では一生に一度は日本の宗廟としての伊勢神宮に参詣しなければならない，という雰囲気が醸成されるようになっていった。

　社会的に安定した近世になると，参宮の障害であった各街道の関所が消え，全国から参詣する条件も整い，伊勢講と呼ばれる講集団も作られ，参宮は全国的に中下層の者にまで及び，武士から農民・商人の庶民層がその主流となり，その数も数十万人に膨れ上がっていった。そして，この数の背景には神宮への信仰とは異なる要素も存在していた。江戸期の庶民には，基本的に長期間家を留守にすることは許されていなかった。何故なら，武士が民衆を支配するという社会制度の性格上，民衆を一定地域に定着させる必要があったからである。だが，旅のすべてが禁止されているわけではなかった。寺社への参拝や病気見舞いなどは，どこでも大目に見られていた。強い身分制度があり自由な往来が禁じられていた当時，人々は経済的に余裕ができると，上記のことを理由にし，多くの者が他国へと旅立っていった。そして，その大多数の者が，一生に一度は参詣すべしとされていた伊勢神宮に向かったのである。それは，信仰に基づくものというよりも，十返舎一九の『東海道中膝栗毛』に描かれているような物見遊山の色彩のきわめて強いものであった。つまり，近世の「お伊勢参り」は庶民の数少ない娯楽の一つであったと見ることができるのだ。

　だが，経済的身分的などの理由から参宮の困難な人々も，当然数多く存在していた。これらの人々は，主人などからの許可を得ることなく，十分な準備もなく，無断で家出同然にして神宮に詣でる「抜け参り」を行った。そして，この抜け参りが周期的に百万単位の人々によって爆発的に行われたのが「お蔭参り」である。当初，抜け参りは社会制度を乱すものとして禁止されたが，徐々に黙認されるようになっていった。抜け参りが発生定着した理由には，物見遊山などではなく，身分・家制度などによって抑圧された日常から，一時的にでも解放してくれる唯一の機会がそこにあったからである。したがって，抜け参りには抑圧された庶民の社会制度に対する一種の解放要求という側面も認められるのである。やがて，この抜け参り（お蔭参り）は，明治前年に大規模に発生した民衆運動であり，「世直し」の要素をも含んだ「ええじゃないか」に引き継がれていった。そして，明治維新を迎え国家神道の成立とともに，伊勢神宮と民衆との関係も大きく変化していくことになる。

（須佐俊吾）

Ⅳ
近現代の思想

「新橋停車場之図」(『風俗画報』より)

|||||||||||||||||||||||||||||||||||| Ⅳ 近現代の思想：概説 ||||||||||||||||||||||||||||||||||||

1 伝統思想と西洋思想の葛藤

◎ 近世と近代の連続性

　近世において，近代への胎動とでも呼ぶべき，様々な新しい思想の傾向が発生していたことはよく知られている。
　たとえば，荻生徂徠が朱子学の徳治主義を批判し政治と道徳を分離させたことは，近代的な政治意識の発生として評価されている。また，本居宣長が「もののあはれ」という心情的な働きを肯定的に取り上げたことは，封建道徳によってがんじがらめになった人間性を解放したものとして評価されている。さらに，安藤昌益が封建制度を全面的に否定したり，本多利明が藩と藩の交易を提唱するなど，近代的な思想の芽生えとして評価されている。その意味では，近世はすでにその内部において自らを否定する原理を成熟させていたということができる。
　しかし実際には，日本の近代は，近世において芽生えたそうした新しい傾向の延長線上に成立したのではなかった。

◎ 近世と近代の不連続性

　MODERN という言葉は，日本語では「近世」「近代」そして「現代」という三つの言葉に訳し分けられている。これは，ルネッサンス以後の西欧の歴史の展開が MODERN という一つの言葉によってトータルに把握しうるのに対して，日本の場合，そこに大きな断絶が横たわっているということを示している。
　近世（江戸時代）と近代（明治以後）の間には，明らかな断絶が横たわっている。たとえば伝統的な李朱医学（後世方）の思弁性を批判して成立した古医方は「親試実験」をモットーとして経験を重視し，人体解剖なども実施した。華岡青洲は麻酔の実験にも成功していた。しかし，明治の新しい医学は，古医方の延長線上にではなく，ジェンナー，コッホ，パスツールなど西洋医学を受容するところに生まれたのである。
　近世末期に多くの近代的な文化や思想への日本独自の胎動が存在していたことを認めるとしても，そしてその延長線上に日本固有の近代を構想することが決して不可能ではないとしても，日本の近代は，実際には，そのような可能性をなぎ倒すように海外から流入した西洋の思想や文化を受容するところに成立したのである。
　古医方による人体解剖の実施が杉田玄白らを刺激して『解体新書』を生み，蘭学の成立を促したように，近世後半における思想の展開が，西洋を受容する主体的な条件を準備したという側面は否定できない。西周において，西洋の法思想が徂徠学をベースとして受容されたという事情もある。しかし，それにしても，日本の近世思想は西洋思想

IV 近現代の思想：概説

を受け容れるために成熟したというわけでもないし，また，両者の間に横たわる異質性が容易に乗り越えられたというわけでもない。

◎ 明治思想の二重構造

　日本の近代が西洋を受容するところに成立したというそのあり方は，明治思想の全般にわたって看取することができる。まさしく明治の思想は，西洋思想と伝統思想の二重構造をその特質としていたということができる。

　西周，加藤弘之，西村茂樹，中村正直など，明治の初めに西洋思想を日本に紹介した啓蒙思想家たちは，思想形成期において儒教を中心とした近世的教養を身につけ，多くは維新後，明治政府の官僚として近代国家を構築するために必要な政治や法律や教育に関する西洋の知識を翻訳紹介した。彼らは，新知識の体得者であると同時に，その内奥に儒教の素養を血肉化した人たちでもあった。

　また，ルソー（Jean-Jacques Rousseau）の『社会契約論』を翻訳紹介し自由民権運動に多大な影響を与えた中江兆民にしても，その『民約訳解』が荘重な漢文で草されていることはよく知られている。ロンドンに留学して英文学を学んだ夏目漱石がすぐれた漢詩の作り手であったこともまた知られている。さらに「教育勅語」や「帝国憲法」などにもそうした時代の特徴を指摘することができる。

　日本の近代思想を評価する場合，その内容の進歩性とか反動性といったものは，ほとんど評価の基準とはなりえない。たとえどのように進歩的な思想であっても，それが主体の内奥に息づく伝統との対決を経ていなければ，それをすぐれたものと評価することはできない。逆に，どのように反動的な思想であっても，それが西洋との鋭い対決において主体的に選び取られたものであるならば高く評価すべきであろう。

　新島襄，内村鑑三，大西祝など，明治期においてキリスト教は重要な役割を果たした。というのも，キリスト教を受け容れることは，主体にとって，自らの内面に血肉化された伝統的な思想と激しく対決することを強いられることを意味する，つまりキリスト教を信じることはこの時期の思想的な課題を深く身に引き受けることなのである。

2　共同体的倫理の解体

◎ 社会構成と産業構造の変化

　日本の開国とともに受け容れられた，西洋の新しい経済システム，法制度，文化，思想などは，やがて，近世から受け継がれた様々な伝統を解体させていくことになる。とりわけ，近世的な人間関係の基調をなす農村共同体は，しだいに解体を余儀なくされる。

Ⅳ 近現代の思想：概説

徳川幕藩体制は，年貢を確実に収納するために，田畑の売買を禁止して小農（自作農）を保護するとともに，支配の末端に位置する名主（庄屋・肝煎）を中核として共同体の相互扶助と連帯責任を維持しようとした。名主は確実に租税を収めるために，灌漑設備の開発，農機具の改善，商品作物の奨励，文化の向上などに取り組んだ。

これに対して明治の新政府は，近代的な財政を確立するために，地券を発行して土地の売買を解禁した。（地租改正）この後，農村はしばらく名望家（旧名主などの豪農）のもとに共同体的な秩序を維持した。自由民権運動を支えたのはこれらの階層であった。しかし，農村はしだいに大土地を所有する大地主と，土地を失った小作人（水呑百姓）の二極に分解していった。大地主は製糸業などの産業を興し資本家となり，土地を離れて都市に移住する（寄生地主）。土地を失った小作人もまた，大都市の工場労働者として土地を離れプロレタリア化していく。このようにして，近世社会の基調をなした農村的共同体は解体していった。

これとともに共同体的倫理は空洞化し解体していく。西村茂樹は，日本弘道会を興し，儒教に西洋哲学を加味した新しい共同体的な倫理を構想し，これを普及しようと努めたが，その影響はわずかであった。また，井上哲次郎は家族国家論を中核とする国民道徳を提示したが，あくまでも擬似的なものにとどまった。

◈ 孤独な人々

故郷を捨て親を棄て大都市へと集中した人々は，狭い暗い木造アパートの片隅で，孤独と不安のなかで，自分がただ一人の人間であることに気づく。彼らにとって，もはや共同体的な倫理はなんの意味も持たない。

共同体的な秩序においては，ひとは，純然とした個人としては現象しない。そこでは，ひとは親であり子であり，本家であり分家であり，全体の部分である。そこには，相互扶助の精神が働くと同時に支配関係が働いた。しかし，今や，ひとは一切から切り離された個人である。

そのような個人という観念は，一切の仲介物を排除して絶対的な神に直接対面するという宗教改革の理念を根拠とした西欧の自律的な個人という観念とは異なり，事実として農村共同体が解体することによって他律的に生み出されたものであった。しかし，少なくともこの時，日本人は，近代的な個人（主体）というものに出会ったのである。

日本社会の構造的な変化は，まず，詩人の繊細な感受性によって感知される。

萩原朔太郎は，詩集『月に吠える』の冒頭に掲げられた「地面の底の病気の顔」において以下のように歌っている。

　　地面の底に顔があらはれ，／さみしい病人の顔があらはれ。／／地面の底のくらや

IV 近現代の思想：概説

　みに，／うらうら草の茎が萌えそめ，／鼠の巣が萌えそめ，／巣にこんがらかつてゐる，／かずしれぬ髪の毛がふるへ出し，（部分）
　詩人は，すべての庇護，すべての根拠を奪われ，ひとり裸のまま，世界と相対している。詩行の一つ一つは，明確な対象を形作ることなく，またなにものをも象徴することなく，ただ孤独な神経のふるえを，独特のリズムのうちに伝えるだけである。この時，日本人は，個人と個人を結ぶ新しい共同性を構築するという，新しい思想的課題に逢着したのである。
　また朔太郎は，『月に吠える』後半に収録された「さびしい人格」で，以下のように歌っている。
　　さびしい人格が私の友を呼ぶ，／わが見知らぬ友よ，早くきたれ，／ここの古い椅子に腰をかけて，二人でしづかに話してゐよう，／（中略）／母にも父にも兄弟にも遠くはなれて，／母にも父にも知らない孤児心をむすび合はさう，／ありとあらゆる人間の生活の中で，／おまへと私だけの生活について話し合はう，（部分）
　朔太郎は，都会のかたすみの公園のベンチで，孤独な心を懐いた「孤児」たちが，新しい関係性によって結ばれることを痛烈に願っている。既成の秩序から切り離されて，バラバラになった人々が，その孤独を超えて新しい人間関係を構築しようと烈しく求めたのである。

◯　世界水準との接続
　「現代」の始まりは，世界史的にいえば第一次世界大戦を画期とする。ヨーロッパの伝統的な社会秩序は，全面戦争によって破壊され，安定した秩序が失われ，それに代わる新たな秩序が求められた。日本においては，関東大震災が古い社会の崩壊を象徴した。
　1920年代の世界同時性は，伝統的な社会秩序の解体と大衆社会状況の出現という新たな事態によって基礎づけられている。アメリカの狂乱の20年代，革命直後のロシア・アバンギャルド，ドイツのワイマール文化など，いずれもラジオ，映画，レコードなどマスメディアの発達，雑誌，新聞などジャーナリズムの発達，スポーツ，レビュー，大衆文学などの大衆文化によって特徴づけられる。
　三木清，九鬼周造など，日本の知識人たちは，敗戦後のドイツに留学し，ハイデガーなど新しい思想の胎動を直接体験した。この時期以降，日本の思想は，単なる西洋思想の翻訳という域を超えて，世界水準における独自の創造的営為として評価することができるようになった。田辺元のカント研究，三木の解釈学的現象学からするマルクス主義の新しい展開，九鬼の現象学からする日本文化の分析など，日本国内にとどまらず，世界レベルでの評価に堪える独創的な業績が生み出されるようになった。

同じくドイツに留学した福本和夫は，ドイツから最新のマルクス文献を大量に持ち帰り，その該博な知識を武器として，日本のマルクス主義運動に圧倒的な影響を与えた。関東大震災後の混乱の中で解党を余儀なくされた日本共産党の再建は，福本によって領導されることになった。

3　戦中と戦後の間

◎　植民地の問題

近代化の結果として，世界のパワーポリティクスのなかに参入することの結果として，日清，日露の戦役を通して，日本は台湾や朝鮮半島などを領有することになった。植民地支配は，事実としてアジア諸国の人々に多くの惨害を与えたばかりでなく，日本人の倫理意識に多くの濁りと歪みを加えたことを指摘しなければならない。

幕末から明治の前半にかけて，日本人は西洋列強に対して自国の独立を主張し「もとこれ神州清潔の民」と自らの倫理性の高さを誇った。明治維新は西欧列強のアジア侵略に対する抵抗の最初の試みであり，その点においてアジアの他の地域における民族解放の動きに多少なりとも影響を与えることになった。朝鮮独立運動を支援するために大阪事件を引き起こした自由党左派の大井憲太郎から，大アジア主義と呼ばれる運動の源流となった玄洋社の頭山満まで，そのような感情によって動かされていたのである。

しかし，このような心情あるいは論理は，植民地を所有することによって，現実政治の動きと絡み合い，大きく修正を余儀なくされる。これ以後，倫理の正当性は，むしろ，植民地支配を否定し，日本の独善性を批判する側によって担われることになる。内村鑑三は日清戦争後，自らの義戦論を撤回し，朝鮮を植民地化しようとする政府の野望を批判した。石川啄木は日露戦争後の奢り上がった国民を批判した。また石橋湛山は「小国主義」を提起し植民地放棄を主張した。さらにロシア革命成功の熱気のなかで，干渉戦争に反対したマルクス主義の訴えは青年たちを強く捉えた。しかし，彼らはあくまでも少数派にとどまった。

◎　1940年代思想史の必要

高等学校の教科書は，太平洋戦争敗戦の1945年（昭和20）をもって近代と現代を区切っている。しかし，敗戦によって戦前と戦後を時代的に区切ることは，日本の近現代の思想的課題を見失わせることになる。

近年，〈1940年代〉という新しい概念が提起されている。たとえば農地解放，財閥解体など，GHQによって先導された戦後改革が，大衆を戦争に動員するという観点から

Ⅳ 近現代の思想：概説

すでに戦前期において準備されていたこと，また，漢字制限，現代仮名遣いなど，戦後に提起された国字国語問題が，すでに戦前期，植民地での日本語教育などにおいて実施されていたこと，サラリーマンの税金の源泉徴収が，戦前期に戦費を支えるために実施された大衆課税の延長線上にあることなどを最近の研究は明らかにしている。

たしかに敗戦は，日本の政治・経済全般に大きな変化を強いる結果となった。しかし，1920年代において，伝統的な共同体が解体し，都市を中心として大衆社会が成立し，その結果として日本人は，自立した個人がいかにして新しい共同性を確立することができるかという，新たな思想的課題に直面させられた。1920年代における人格主義，1930年代前半におけるマルクス主義，1940年代前半における超国家主義そして1940年代後半の戦後民主主義は，いずれも，そうした思想的課題への応答であったといえる。1940年代を戦前と戦後に截然と区分することによって見えなくなっている思想史的なコンテキストを，1940年代思想史という視座から解明する必要があるのではないだろうか。

戦争が，日本近代の思想的な課題の何かを解決したとはいえない。夫婦や親子関係などの家族の問題，地域社会の問題などにおいて，自立した個人を基礎とした新しい共同性を構築するという課題は，現在においてもまだ十分解決されているとはいえない。

◘ 戦後日本の課題

太平洋戦争（大東亜戦争）に敗北した日本は，すべての植民地を失い，戦争放棄をその第9条に明記した憲法を制定した。アメリカを中心とする連合国による5年間の占領を経て，経済的な繁栄を実現し，平和で豊かな社会を実現してきた。しかし，戦後日本の平和と繁栄は，紛争解決の手段を国際連合に委ねるという理想を掲げながら，米ソの東西冷戦を背景とする国際関係の緊張の中で，現実には，アメリカとの間に日米安全保障条約を締結し，その核の傘の下に入ることによって実現されたものであった。

ここには，理想と現実との乖離がある。憲法の掲げる平和国家としての理想と，国際政治の現実である。

その結果として，欧米および周辺のアジア諸国からは，日本がその経済的な実力に見合うだけの国際貢献をしていないという批判を受けることになった。エコノミックアニマルなどという言葉が日本を象徴する言葉として使用された。

同様の乖離は，国内政治においても現れている。

国民の過半数は，その政策や倫理性に様々な不満を感じながらも，投票行動においては，アメリカとの同盟関係を基調とする自由民主党を支持した。1950年の講和問題，1960年と70年の日米安保条約改定問題，ベトナム戦争など，その時々の重要な選択において，日本社会党などの改革派と一部知識人は「全面講和」「反戦平和」などの理想を

Ⅳ　近現代の思想：概説

高く掲げて強く抗議行動を行ったが，過半数の国民はアメリカなど西側諸国との同盟によって日本の安全と平和を確保すると主張する自由民主党の現実主義を支持したのであった。

　国際関係においても，中華人民共和国との関係改善は，歴史的なつながりから，国民感情として，また理想として，強く求められたが，東西両陣営の対立の中で，友好関係が容易に実現されなかったことは，日本人に深いこころの傷を残した。

　1989年から90年にかけてのベルリンの壁の崩壊からソヴィエト連邦の解体に至る東西冷戦終結の動きは，以上のような理想と現実の乖離を解消せしめた。このような時こそ，日本近現代の本来の思想的課題について検討し，解決をはかっていくことが望まれる。

（渡辺和靖）

第19章

「文明」への旅立ち

1 王政復古とその理念

王政復古の大号令　大政奉還から2カ月後の1867年（慶応3）12月9日，施政の方針を「神武創業の始め」とする王政復古の大号令が発せられた。これは自ら政権を返上した旧幕府への武力討伐の機会を失った討幕派が，新政権の主導権を握るために起こした無血クーデタであった。同日の小御所会議で徳川慶喜に辞官・納地が命ぜられたことにより，この大号令が旧幕府関係者を排除して薩摩・長州出身者を政権の中心とすることを企図していたのが明らかとなった。

　王政復古の大号令は天皇の一人称で語られる「勅」の形ではなく，岩倉具視があらかじめ用意した沙汰書を天皇が追認するという変則的な形式であった。そのため先の大政奉還の勅許こそが有効であるという旧幕臣たちの主張にも一理あった。その勅では徳川慶喜は征夷大将軍の職こそ辞したものの，依然として朝廷の要職である内大臣のままであったから，その地位に基づいて新政府内でも一定の発言力が温存されたはずであった。しかるに大号令の体制では，それまでの職制は一切廃止となったため，旧幕府関係者の居場所はなくなってしまったのである。

　当然にこの決定は旧幕臣を激怒させた。さらに討幕派は策を弄して旧幕府側を挑発したため，1868年（慶応4）1月，業を煮やした慶喜は「討薩表」を朝廷に提出して討幕派への攻撃を開始した。しかし，頼みの旧幕府軍は鳥羽・伏見の戦で敗れてしまい，大坂で指揮を執っていた慶喜は海路江戸に戻った。勢いに乗じた新政府は慶喜追討令を発し，2月には大総督有栖川熾仁親王が率いる薩・長・土・肥以下20余藩の兵からなる東征軍が江戸に進撃した。時ここにいたって敗北を悟った慶喜は恭順の意を示し，同年4月に江戸城は無血開城されたのであった。こうなると「勝てば官軍」である。旧幕臣や東北諸藩の中にはなおも抵抗するものがあったが，彼らは同年9月の明治改元後，翌1869年（明治2）5月までにすべて平定された。ここまでの一連の戦乱を戊辰戦争という。

王政復古の理念　英語圏では明治維新をMeiji Restorationと呼ぶのが慣例となっている。英語でrestorationとは復古という意味である。日本人が明治維新に新しい時代の幕開けの意味を込めているのに，Meiji Restorationのもつ語感

225

は，非正統的な徳川幕府から本来の政府である朝廷が政権を奪い返したという，古い時代への回帰というイメージがある。国内と西欧諸国におけるこの認識のずれが，外国人の研究者が明治天皇と朝廷が果たした役割をより重く見がちであるということの遠因になっているようである。じつのところ明治維新の政治過程に明治天皇自身が関与したことは一切なく，1868年（明治元）に彼が在位していたのは偶然にすぎなかったのである。

戊辰戦争を通じて旧幕府の勢力は完全に排除され，討幕派を中心とした全国政権への展望が開けた。戦争終結に先立つ1868年（慶応4）3月，新政府は天皇が天神地祇に誓うという形式の五箇条の誓文を発した。その内容は，①公議世論の尊重，②財政経済の振興，③個人の自由尊重，④因習の打破，⑤開国進取であった。それらはまさに維新のあり方を示したものであって，「神武創業」との関係性は薄い。

それでは岩倉具視や大久保利通が旧幕臣を封じ込めるために，いわば苦し紛れに言い出した「神武創業」なるモットーがその後の思想を縛らなかったかといえば，そうではない。戊辰戦争の帰趨が明らかとなり，有栖川総裁，三条実美らの議定および岩倉・大久保・西郷隆盛ら参与によって構成されたクーデタ政権が新たに明治政府として認知されたとき，新政府の体制には「神武創業」にふさわしい形式が求められることになったからである。

それが1968年（慶應4）3月の「神仏判然令」であり，さらに引き続き同年閏4月の「政体書」で定められた政府の組織であった。すなわち，そこでは太政官に権限が集中され，そのもとに新たに設けられた8官の中に公の祭祀を司る神祇官が見られる。さらに翌1869年（明治2）7月に神祇官は太政官の上位に置かれることで権限が強化された。こうして具体化された祭政一致の方針こそが，「神武創業」になぞらえられる唯一の復古的改革であったといってよい。

廃仏毀釈運動　「神武創業」を歴史的事実と仮定しても，その時の日本には神道の原型ともいうべきものがあっただけで，いまだ儒教も仏教も入っていなかったであろう。ところが近世を通じて神社は体制に組み込まれていた仏教組織によって統制されていたのである。「神仏判然令」は単に神域内に設置された神宮寺の破却を求めていたにすぎなかったが，国学者の煽動と仏教に反感をもつ一般民衆によってその意向は拡大解釈され，仏教寺院全般への破壊行動へと向かっていった。これを廃仏毀釈というが，この運動はほぼ1871年（明治4）まで続いた。

この運動自体に強固な思想的背景があったわけではない。一般民衆は寺請制によって永らく寺院から束縛を受けており，時代の転換にあたってこれまでの不満を解消したにすぎない。また，それは全国規模での広がりをもっていたものの運動の高まりには地域差があり，とりわけ浄土真宗への帰依者の多い北陸地方での寺院の被害は軽微だった。反廃仏毀釈運動については島地黙雷の活動が注目されるが，それは第3節で扱いたい。

政策的見地からより重要なのは，新政府が，廃仏毀釈の事態の収拾を積極的には図ることをせずに，むしろその運動を放置し，王政復古の内実として重要な祭政一致の政治

体制を確立しようとしたことにある。彼らが実現したかったのは天皇を中心とする新しい民族国家への国民的忠誠心であった。そのためには従来までの仏教の勢力は衰退させておいたほうが好都合だったのである。1869年（明治2）3月，太政官に宗教統制のための部局である教導局が設けられ，7月の官制改革に際して実地に宗教家の統制にあたる宣教使が設けられた。さらに同年9月には宣教長官以下を神祇官の官員が兼務する職制がつくられ，続いて宣教使は神祇官の付属となった。

こうした準備段階を経て1870年（明治3）1月に大教宣布の詔が発布されたのであった。後年一般に国家神道と呼ばれることになる国家の側からの民衆教化はこのようにして開始されたのだが，活動の中心となる神祇官は一枚岩ではなかった。大国隆正の復古神道の流れを汲む福羽美静は，その思想を時代の必要に応じて柔軟に変化させることで国民教化の実を挙げようとした。対する丸山作楽・常世長胤ら平田学派の人々は時代離れした祭政一致を唱えたため結局神祇官から斥けられた。こうした内部抗争は神祇官の弱体化を招き，それは神祇省さらに教部省へと格下げされていった。廃仏毀釈によって仏教は勢力を削がれたが，それにかわる国民教化の手段としての祭祀もまたこの時点では完成することはなかったのである。

2 文明開化と明六社の人々

維新の本質　神祇官主導の国民教化の活動が王政復古の具体的内容を示していたのに対して，洋学を学んだ人々が開始した西欧並みの近代的国家日本を建設しようとする動きが，五箇条の誓文の現実化といってよいだろう。もちろん彼ら明六社の同人は天皇の指示によって西洋文明の日本への移入を図ったのではない。むしろ幕末にはすでに活動を開始していた彼らの考えが，誓文に反映されたといったほうが正確である。

明治維新の興味深いところは，新政府の主な構成員がもと尊王攘夷派で占められていたにもかかわらず，実際に運営が開始されてからの政策は，前節の神祇官による祭政一致の国民教化運動を除いて，ほとんどが文久の幕制改革後に幕府によって採用された開明政策を引き継いでいることである。そのためもあってか福澤諭吉（1835～1901）・加藤弘之（1836～1916）・西周（1829～1897）ら文明開化の推進者たちの多くはもともと幕府寄りの人々なのであった。

そこで本節ではこの時期の代表的思想家である福澤をいわば狂言回しとし，彼の「学者職分論」に対する各人のスタンスを見ることで，明六社の人々が文明をいかに捉えていたかについて説明したい。まずは中心人物である福澤について述べる。

福澤諭吉　福澤は九州豊前国中津藩の下級役人の次男として1835年1月（天保5年12月）に同藩の大坂蔵屋敷で生まれた。1853年（嘉永6）のペリー来航がなければ彼の人生も父親同様のうだつの上がらぬものとなっていたはずであったが，思い

「帝国図書館尋常閲覧室」(『風俗画報』より)

もよらぬ歴史の転換によって道が開かれたのであった。すなわち長崎に赴きそこで蘭学を学ぶことになったのである。

福澤は1854年(安政元)から翌年にかけて長崎でオランダ語の初歩を習得し、1855年(安政2)には大坂の適塾に移ってさらに勉強を進めた。1858年(安政5)には江戸で藩士たちにオランダ語を教えるように命じられた。このとき藩邸内に開設された蘭学塾がのちの慶應義塾である。翌年英学の学習を開始し、さらに1860年(万延元)には志願して咸臨丸に乗り組んで初の訪米を果たした。船中での働きぶりが認められて幕府外国奉行の翻訳方に雇われることになった。そこで外交文書や外国の新聞を訳すかたわら、1862年(文久2)にはヨーロッパへ、また1867年(慶應3)には再びアメリカを視察する機会に恵まれた。生まれは奥平家という譜代大名の下級役人の次男にすぎなかった福澤が幕府崩壊のときには旗本格にまで出世できたのも、外国語の習得があってこそであった。ペリー来航からの一連の出来事は幕閣にとっては「癸丑以来未曾有の国難」であったかもしれないが、その国難はかえって福澤の人生を好転させたのである。

福澤にとって西洋の衝撃は、その高度な物質文明に由来するのではなかった。同時代に欧米を視察した人々の多くは、鉄道や電信、蒸気船またスエズ運河の開削といった科学技術文明に驚愕したのであったが、福澤はむしろ西洋社会を構成する制度の方に文明の本質を見出したのだった。たとえば、選挙に敗れて野に下った政党政治家たちが、新たな政権与党から報復を受けることがないのはなぜなのか、世襲ではなく実力による社会的地位の向上がどうして可能なのか、誰にでも開かれている公共の病院はどのように運営されているのか、というふうに。

福澤が実地の西洋体験から汲み取った文明の政治のエッセンスは次のようなものであった。①個人の自由を尊重して法律は国民を束縛しないようにすること、②信教の自由を保証すること、③科学技術の発展を促進すること、④学校教育を充実させること、⑤適正な法律に基づく安定した政治によって産業を育成すること、⑥国民の福祉向上につ

「女学校の造花教室」(『風俗画報』より)

ねに心がけること，の6つである(『福澤諭吉全集』第1巻290～291頁)。

これらの6条件は1866年(慶應2)の『西洋事情』初編で初めて提示されたのち，1872年(明治5)から76年にかけての『学問のすゝめ』と1875年(明治8)の『文明論之概略』で詳しく論じられている。また，その後の単行本もこれらの条件と全く無関係のものはほとんどなく，多くの場合それぞれの条件をより掘り下げた内容を含んでいる。たとえば，①については『通俗民権論』(1878)や『時事小言』(1881)，以下②『福翁百話』(1897)，③『民情一新』(1879)，④『学問之独立』(1883)，⑤『通俗国権論』(1878)や『実業論』(1893)，⑥『分権論』(1878)といった具合である。

文明とはなにかについての見解に，明六社同人の思想家相互に大きな隔たりはなかったが，文明の政治を実現する方法については，福澤には他の思想家と異なる点があった。そのことは明六社を舞台に闘わされた学者職分論争で明らかとなる。

福澤の「学者職分論」 明六社はその会の名称の通り1873年(明治6)に設立された日本最初の学術団体であった。福澤はそこでなされた演説を文章化し『学問のすゝめ』第4編「学者の職分を論ず」(1874)として発表した。そこで福澤は政府を人間の身体に人民をそれに対する外部からの刺激と捉え，身体(政府)の健全な育成には適切な働きかけ(外刺)が必要だと論ずる。従来の儒学者や国学者ではこの外刺の役割を果たすことはできず，西洋文明を深く理解した洋学者のみによって可能となる。洋学者は独自に人民の方向づけを行い，そのことによって文明の政治を実現する主体としての政府を正しく導いていくべきなのである，と。これが「学者職分論」の内容である。

独立した洋学者という福澤のこの考えは，後に20世紀のいわゆる「知識人」が果たした役割と重なっている。福澤にとって学問とは単に社会の役に立つ技術的知識のことではなく，文明の政治を実現するための知的活動全般を指しており，そのために学者は政府の外にいなければならないのである。

政治学者加藤弘之の反論

加藤は幕末期には福澤と同様に幕臣であった。福澤は『福翁自伝』（1899）の中で，戊辰戦争に際し江戸城中で西郷軍を迎え撃つ覚悟を語る加藤の姿を回想している。ところが幕府倒壊ののちは官に仕えることをしなかった福澤とは異なり，加藤はすぐに新政府の大学（後の文部省）に就職し，1877年（明治10）には東京大学綜理，1890年（明治23）に帝国大学総長となった。彼の特色は，思想的立場には激しい変動が見て取れるのとうらはらに，一貫してその時々の体制に与していることである。明治維新直後の加藤はフランスの平等思想の影響を受けて天賦人権論を唱えていたのに，その後1881年（明治14）には社会進化論の優勝劣敗信奉者となって人権思想否認を主張するにいたる。こうした変化は加藤の内的な動機に由来するのではなく，単に，いかにすれば政権の中央にいられるか，という関心のみによったのであろう。

学者職分論争での加藤の意見は，いかにも彼らしいというべきか，学者は政府の中でこそ役に立つ，というものであった。加藤は福澤の「学者職分論」を民権対国権の図式で捉え，洋学者が在野で活動すると民権が伸長しすぎるのでよくない，と憂慮を表明する。それよりもむしろ政府の内部から人民を指導するほうが効率的だし混乱をきたさないというのである。加藤としてはあくまで国権あっての民権であり，民権の強化がかえって国権の高揚にもつながるという福澤の独立自尊の理想は，そもそも理解の範囲外のことなのであった。

哲学者西周の反論

加藤の反論が統治者側に立っていたのに対して，学術用語として「哲学」という用語を開発した西周の反論は，あくまで福澤の実践志向の早急さを論理的に追究するアカデミックなものであった。西もまた幕臣であり，幕末には将軍徳川慶喜の補佐官でさえあった。そうした西が自身の経験を踏まえて懸念をもったのは，本来学問研究を本旨とする学者が世論のリーダーとなることへの危うさであった。

福澤は学者の範囲を教養ある階層一般にまで広げて理解していたため，彼らが社会全体へ貢献するのは当然と考える。一方の西は学者をあくまで個別の学問領域を極めた専門家と捉えていた。学者たるものは歴史から客観的真理を抽出すべき存在なのであって，自ら歴史の形成者となるために勉強をしているわけではない。学者が人民の活動性を喚起しようとすれば，それは過激な煽動にならざるをえない。このように西は学者の重要性とは現実と一定の距離をとって時勢の勢いを客観的に判断する批評家となることであるとした。英米系の教養を身につけていた福澤の理解では，学問（理論）と実践は一致したものでなければならなかったが，オランダ留学の際に大陸系の学問を修めた西の考える学者とは，あくまで実践とは離れた理論の構築にあったのである。

藩閥官僚森有礼の反論

幕臣として大政奉還を迎えたここまでの3名とは異なり，薩摩出身の森は新政府設立当初から政治の中枢に身を置いていた根っからの藩閥官僚であった。そしてそれゆえに福澤が人民と政府を峻別することに

疑問を呈する。げんに新政府は人民と一体ではないか，というのである。森は政府の内部にいることに何らの疑問ももたないばかりか，むしろその立場から人民を啓蒙して西洋文明を日本へ移植することに使命感を抱いていた。そうすることが国家の独立と繁栄の礎にもなるはずであった。そして人民もこのような彼のあり方に共感するべきだと確信していた。森は，政府と人民を区別する福澤の意見が不可解でならず，むしろその考えの中に反政府的で不穏当な思想を見出したのだった。

明六社の終焉 このようにして開始された明六社における論争であったが，その終焉は意外に早く訪れた。明治政府は高まりつつあった自由民権運動の言論抑圧のため1875年（明治8）に新聞紙条例と讒謗律（ざんぼうりつ）を公布することになるのだが，その不穏な兆候を察した明六社同人は同年11月に『明六雑誌』を廃刊とし，社自体も自然解消となってしまったからである。

③ 自由民権運動と宗教界の動向

自由民権運動から立憲体制へ 1874年（明治7）から7年間は，維新後の政権運営をめぐって明治政府が分裂し，結果として伊藤博文ら長州出身者の指導力が確立するまでの過渡期であった。その最初のきっかけは1873年（明治6）のいわゆる征韓論だが，それは，遅々として効果を上げない政府の改革に対する国民の不満を対朝鮮戦争という危機によって逸らそうという考えに基づいていた。この強硬策を採ろうとした板垣退助（土佐）・江藤新平（佐賀）・西郷隆盛（薩摩）らの参議は政争に敗れて下野した。江藤・西郷はそれぞれ佐賀の乱（1874），西南戦争（1877）で反乱を指揮したがいずれも鎮圧された。武装蜂起路線を採らなかった板垣は，1874年（明治7）に「民撰議院設立建白書」を後の元老院にあたる左院（立法諮問機関）に提出し，あくまで合法的な言論の範囲内で議会の設立を求める運動を開始した。これが自由民権運動の始まりである。

征韓論以後の政府を指導していたのは，大久保利通（薩摩）・大隈重信（佐賀）および伊藤であったが，そのうち大久保は西南戦争後の1878年（明治11）に暗殺されてしまう。財政を担当していた大隈は戦費調達のためインフレ政策をとっていたが，この政策は事実上の地租減税を意味していた。しかしそれでは富国強兵のための財源が枯渇してしまうのは明らかであった。そこで伊藤は事態の打開のため「北海道開拓使官有物払い下げ事件」の責任を先の大蔵卿で参議の大隈にとらせる形で彼を政府の外に追い出したのであった。これを「明治14年の政変」という。

大隈は，先に下野していた板垣の自由党がフランス流急進主義をとったのに対して，より穏健な英国流議院内閣制度を目指すために立憲改進党を組織し，自由民権運動に加わった。一方の伊藤もまた明治8年（1875）の「漸次立憲体制の詔」と明治14年政変直後に出された「国会開設を明治23年とする詔」を根拠に政府側からの立憲体制の樹立に向けた活動を開始する。

自由民権運動が展開された明治10年代には，自由主義や天賦人権を主張する著作が相次いで刊行された。中江兆民（1847～1901）はルソー（J. J. Rousseau）の社会契約論を訳した『民約訳解』を発表し，植木枝盛（1857～92）は『民権自由論』や『天賦人権弁』などを著した。イギリスやフランスの思想の影響下にあったこれらの著作は発表時には好評をもって迎えられたが，大日本帝国憲法が制定された明治20年代になると，当時躍進目覚ましかったドイツの思想が紹介されてより重要視されるようになった。

明治20年代までの宗教界の動向　先にも記述したとおり，王政復古の大号令にある「神武創業」への回帰とは具体的には神祇官による国民教化運動を意味していた。とはいえ神祇官がいかに権威ある国家機関として設立されたとしても，神道の国教化を無理押しすることは，キリスト教国との友好関係をも視野に入れた五箇条の誓文とも矛盾をきたすことになる。神道を国家公認の唯一の宗教とすることを目指した平田派の神道学者たちは1872年（明治5）3月の神祇省廃止とともに政府への影響力を失い，かわって一定の制限の下に宗教を自由化する，という方針が採られることになった。キリスト教禁制高札の撤廃は1873年（明治6）2月である。

　一時は成功するかにも見えた神祇官の神道国教化政策をぎりぎりのところでくい止めたのは，浄土真宗の僧侶であった仏教学者の島地黙雷の活動によるところが大きい。1871年（明治4），島地は新政府の反仏教政策に抗して東京で奔走し，さらに翌年には渡欧して，明治政府の宗教政策批判を滞在先のパリを拠点に実行した。すなわち教部省が神職・僧侶が行うべき説教の内容として，①敬神愛国，②天理人道，③皇上奉戴の3点の推奨を定めた1872年（明治5）4月の「三条の教則」は宗教への不当介入であるとして「三条教則批判建白書」を起草し故国に送ったのである。島地の反対運動は功を奏し，神職・僧侶を監督するために教部省内に設けられた大教院は1875年（明治8）に，また教部省自体も1877年（明治10）には廃止された。

　島地の運動が成果を挙げたのは，信仰を守るために真宗門徒が一揆を起こしたという国内的事情によるばかりではなく，明治新政府は非道な宗教弾圧をしている，という国際世論を喚起することに成功したためであった。福澤による文明政治の6条件の②にもあるように，宗教的寛容は文明国と見なされるためには必須のことであったのである。

キリスト教の布教　ともあれ明治10年代には新政府の宗教統制のたがは一旦緩められる。それは自由民権運動の高揚によって警察力の動員がそちらの監督の方に振り向けられたからである。その間に教勢を拡大したのはプロテスタント・キリスト教であった。その理由としては，キリシタンとして1873年（明治6）まで禁制となっていたのはローマ・カトリックであったため，日本人には別物と捉えられたことと，教師・技術者・医師の資格をもったプロテスタントの英米人宣教師たちは日本の政府や県庁に「お雇い外国人」として任用されていて社会からの信頼が厚かったためである。禁制高札が撤去された以上プライベートに聖書の講読を始めた彼らの行動を縛る法的根拠はなかった。

明治20年代後半に「教育勅語」をめぐって帝大哲学科教授井上哲次郎と「教育と宗教の衝突」論争（コラム21参照）を闘わせた海老名弾正・植村正久・内村鑑三・大西祝らはいずれも10年代初めにはキリスト教に入信していた。彼らはいずれも士族の出で，社会の比較的上層の出身であったところに特色があった。
　この論争は双方が言いたいだけ言い合って，結局決着のつかぬまま終息した。1894年（明治27）に日清戦争が勃発したからである。しかもこの戦争にキリスト教徒たちも積極的に荷担し，それが国家主義と対立するなどということが全くの虚妄であることが白日のもとに晒された。この時期を境に体制側からのキリスト教への圧迫は弱まっていくのである。

（平山　洋）

▶コラム20　御真影
　1874年（明治7）から1945年（昭和20）までの間，小学校などが儀式用に保管していた天皇と皇后の肖像写真を「御真影」と呼ぶ慣わしとなっているが，そもそも「御真影」とは，浄土真宗本願寺派本山（西本願寺）が所有する親鸞座像を意味している。当初それらを配布していた文部省による正式な呼称は「御写真」であったから，「御真影」とは国民の側からの通称であると考えられる。
　国王や皇帝など各国の元首の肖像画を公的機関に掲げることは19世紀のヨーロッパですでに慣習化していた。日本では1873年（明治6）撮影の写真が主に軍関係の施設に下付され，さらに立憲体制に移行した1889年（明治22）に作成された，大元帥姿の天皇が背筋を伸ばして椅子に腰掛けているという構図の「御真影」が一部の優秀な高等小学校に下付されることによって，一般の国民に徐々に浸透していった。もっともこの「御真影」は肖像写真ではなく，画家のキヨソネが描いた肖像画を写真撮影したものだった。「御真影」は明治天皇の真実の姿を写し取った写真というよりもむしろ，理想化された天皇のイメージを描いた肖像画だったのである。
　西洋でも元首の肖像画は，その国家が望む自国イメージと重なるように様々な細工が

「小学校元旦勅語奉読並祝歌合唱」（『風俗画報』より）

施されていた。たとえば革命後のフランスを再建し自ら帝位についたナポレオン1世は一般の感覚とは異なり逞しい肉体をもってはいなかった。お抱え画家のダヴィッドにそのように描かせたからイメージとして定着しているだけである。また，英国のビクトリア女王についても，その「すべてを包容する慈母」の印象は，海外に植民地を多数もつ海洋帝国にふさわしいという理由によって創造されたものだった。

ただ，西洋の元首の肖像画（写真）と「御真影」の違いは，前者がより多くの人々の目に触れるように配置されたのに，後者はめったに見ることができなかった，ということである。とりわけ義務教育機関である小学校では「御真影」はあたかも天皇自身の身代わりのように扱われ，紀元節（建国記念日）や天長節（天皇誕生日）など特別の儀式の時だけに式場に掲げられた。その場合出席者たちは小学校令施行規則にもとづいた最敬礼を求められたから，彼らは「御真影」の天皇の姿をちらりとしか見ることができなかったのである。すべての国民がほんのわずか見ることを許された天皇の公式なポートレイトが「御真影」なのであった。それが「御真影」と呼ばれるようになったのも，浄土真宗本願寺派の門徒による「御真影」の同じ様な扱いからの連想によったのかもしれない。

大正天皇への代替わりに伴い，「御真影」も肖像画の写真から肖像写真へと変わったが，1921年（大正10）に長野県で火災から「御真影」を救おうとした小学校の校長が焼死するという事件が起こって，諸学校におけるその扱いの厳格さはかえって強まった。すなわち「御真影」の保管を，常に火災の危険にさらされている校舎内の校長室などから，校庭に設けられた奉安殿へと移すようになったのである。その結果式典の日には，正装した校長が奉安殿から講堂まで「御真影」を運ぶ間，左右に列を作った児童たちが最敬礼を続けるという非公式な儀式が新たに加えられた。

こうした「御真影」に対する儀礼も，1945年（昭和20）の敗戦によって一変する。同年12月に文部省は各地方長官に対し宮内省への「御真影奉還」を命じた。それは天皇の着る軍服が時代に合わなくなったためであった。この時点では平服姿の新たな「御真影」の下付が予定されていたのだが，日本国憲法発布に伴い天皇の地位が元首から象徴へと変更されたため，新「御真影」下付は実施されることはなかった。　　　（平山　洋）

第20章

臣民と国民

1 「臣民」像と「国民」像の模索

　本章では，明治後期（明治20年前後から日露戦争まで）の思想を，「臣民」と「国民」をキー・ワードに考察してみたい。

　この時期の日本は，きわめて概括的にいえば，近代国家の確立期にあたっている。すなわち，政治，行政や裁判，教育などの諸制度が整備され，日清戦争の勝利と産業革命の進行によって，日本は植民地を領有する軍事大国の道を歩み始めるとともに，文学や美術の分野をはじめとしていわゆる「明治文化」が開花する。そのような日本を内側から支える構成員が「臣民」であり，「国民」であった。「臣民」といえば，一般には君主国の国民のことであり，近代日本の場合，天皇に対する概念となる。「国民」とは，主権国家，国民国家としての近代国家の構成員のことであり，とくに他国民との関係において強く意識される。

　したがって，以下本章では，制度的規範と精神的規範の相克を経糸に，為政者の施策と知識人の言説の相違を緯糸にして，「臣民」像と「国民」像を模索していく過程を探ることによって，近代日本の編成原理の一端を思想史学の問題として明らかにしていくことにしたい。それはとりもなおさず，近代思想史のアポリアである「天皇制」と「ナショナリズム」の内実を問いただすことにもなるであろう。

　大日本帝国憲法と教育勅語　はじめに，国家による"上から"の「臣民」編成という側面に注目してみよう。その場合，まず検討を加えなければならないのは，1889年（明治22）に発布された大日本帝国憲法と翌90年の教育勅語だと思われる。

　大日本帝国憲法は，第1章で「天皇」について，第2章で「臣民権利義務」について定めている。このうち第2章では，兵役（第20条），納税（第21条）などの義務と，「法律ノ範囲内」との限定はあるが，居住移転の自由（第22条），所有権（第27条），信教の自由（第28条）などの権利を規定していた。しかしながら，同憲法のいわば公定解釈書である『憲法義解』（国家学会，1889年）には，「蓋上ニ在テハ愛重ノ意ヲ致シ，待ツニ邦国ノ宝ヲ以テシ，下ニ在テハ大君ニ服従シ自ラ視テ以テ幸福ノ臣民トス。是レ我ガ国ノ典故旧俗ニ存スル者ニシテ，本章ニ掲グル所ノ臣民ノ権利義務亦此ノ義ニ源流スルニ

外ナラズ」とあり，要するにここで定められている「臣民権利義務」が，天賦人権説や契約論に基づくものではないことを明言しているのである。

　もっとも，枢密院の憲法制定会議では，議長を務める総理大臣伊藤博文（1841～1909）と文部大臣森有礼（1847～89）との間に，「臣民権利義務」の字義をめぐる深刻な論争があった。制定者たちのなかでも，「臣民」概念は揺れていたのである。ちなみに，『法令全書』イロハ別索引（内閣官報局，1892年）によれば，1867年（慶応3）から1884年（明治17）までに制定されたあらゆる法令の題名のなかに，「臣民」を含むものは0件，「国民」を含むものもわずかに1件であるのに対して，「人民」を含むものは124件に達する。つまり，明治前期は法令上でも「人民」が国家の構成員として一般的だったのであり，本章で考察しようとしている「臣民」像と「国民」像の模索という思想的課題は，明治中期に発生したまさしく時代固有の問題だったことになる。

　憲法の翌1890年（明治23）に発布された教育勅語の前半では，「我ガ臣民克ク忠ニ克ク孝ニ億兆心ヲ一ニシテ世世厥ノ美ヲ濟セルハ此レ我ガ国体ノ精華ニシテ教育ノ淵源亦実ニ此ニ存ス」とされ，後半では「一旦緩急アレバ義勇公ニ奉ジ以テ天壌無窮ノ皇運ヲ扶翼スベシ」とされている。ここで「朕」すなわち天皇が語りかける対象になっている「臣民」は，逐語解釈書である『勅語衍義』（敬業社，1891年）を著した井上哲次郎（1855～1944）によれば，一個の有機体である国家において「心意」もしくは「精神」に喩えられる天皇に対して「四肢」に比定される存在であった。1891年（明治24），そのような内容をもつ教育勅語に対して儀式の際に敬意を払わなかったとして，第一高等中学校講師でキリスト教を奉じる内村鑑三（1861～1930）が非難を受け，辞職を余儀なくされる事件が起こり（内村鑑三不敬事件），それを機に「教育と宗教の衝突論争」が繰り広げられた。井上は内村糾弾の急先鋒であり，『勅語衍義』はそのために書かれたものであった。

「明治ノ青年」
たちの主張
　明治政府とそれを支持するイデオローグによって，「臣民」像の構築が企図されているまさにそのときに，新聞・雑誌を意見表出の場とする一群の青年たちによって，それとは別の「国民」像の模索が進められていた。

　代表的なのは，徳富蘇峰（1863～1957）を中心に雑誌『国民之友』や『国民新聞』に拠って「平民主義」を唱えた民友社のグループ，志賀重昂（1863～1927）や三宅雪嶺（1860～1945）を中心に雑誌『日本人』に拠った政教社のグループ，陸羯南（1857～1907）を中心に新聞『日本』に拠ったグループなどである。彼らの多くは，幕末に生を享け，「明治」の年号とともに成長した世代であり，漢学的な素養の上に新時代の高等教育を受けた知識青年たちである。徳富蘇峰は，このような特質を共有する自分たちの世代を「明治ノ青年」と呼んで，明治維新とその後の近代国家の形成を主導してきた世代である「天保ノ老人」と区別しようとした。彼ら「明治ノ青年」たちは，思想界だけでなく，文学界や美術界にも澎湃として現れ，「明治文化」の担い手となったのである。

　憲法発布から一週間後の1889年（明治22）2月18日付で発行された『日本人』の巻頭

には，無署名の社説「日本国民ハ明治二十二年二月十一日を以て生れたり」が掲載されている。前項で紹介したとおり，実際に憲法で規定されたのは「臣民」であった。しかし，この社説では，「人民」と「国民」と「臣民」の違いを，「人民とは単に風俗，習慣，言語等を同じふする民族を総称するものなり，国民とは国家旨義の上より云ふものにして，政治上固く結びて一体をなしたる人民を云ふなり。(中略)君主独裁制の国家に生息する人民は，之を臣民と称するこそ適当なるべしと雖ども，立憲君主制の国家の住民をば之を国民と呼ばざるべからず」と述べている。要するに，憲法発布によって日本は立憲君主国となったのだから，そのような国家の構成員は「国民」であり，国家的観念をもって参政権を行使する好機が到来したのだと主張しているのである。

「明治ノ青年」たち
三宅雪嶺(上)徳富蘇峰(右)志賀重昂（左）
（『少年世界』第1巻第20号，1895年）

こうした政教社の主張は，引用中にある「国家旨義」，別言すれば「『ナショナル』旨義」あるいは「国粋旨義」と表現されているが，その「益友」とされたのが陸羯南の新聞『日本』であった。陸は，1891年（明治24）に刊行した『近時政論考』のなかで，自らを「国民論派」と呼んで，「泰西風の模倣を以て実益及学理に反することと為し，深く国民の特性を弁護したるもの」と論定し，外に対しては「国民的特立」，内に対しては「国民的統一」を意味する「国民的政治（ナショナルポリチック）」の実現を目指したのである。

彼ら「明治ノ青年」たちの主張に共通するのは，藩閥政府が提示した「臣民」像とは異なった「国民」像をそれに対峙させることによって，新しい時代の担い手としてふさわしい自覚と行動を呼びかけることであった。その結果，制度的には確立されたはずの明治国家は，思想的にはなお対抗する編成原理を内蔵したまま1894〜95年（明治27〜28）の日清戦争を迎えることになったのである。

2 日清戦争と「日本人」意識

「忠君愛国」思想の定着　　日清戦争によって，民衆レベルまで「国民」意識が一気に高揚し国民国家日本が成立したという所説は，1990年代以降の国民国家論（およびその批判）において，ある程度共有されるものであったと思われる。

また，戦勝によって大元帥としての天皇の権威が上昇すると同時に「臣民」意識が定着したという所説も，説得力を有するものであろう。戦争が「臣民」像と「国民」像の相克を解消し，両者が一致融和して新たな「日本人」像を作り上げたと考えることができるのである。
　しかし，「日本人」意識は戦争によってのみ浸透したものなのかどうかを検討しておく必要があろう。その際に，浸透の経路として想定されるのは，前述した新聞・雑誌等のメディアに加えて，第一に学校教育であり，第二に地域社会であると思われる。
　のちに諷刺作家として知られる生方敏郎（1882～1969）は，群馬県沼田で過ごした少年時代を回想して，「忠君愛国の標語が学校で叫ばれたそもそもの初めは，この頃即ち明治二十四，五年頃であったろう。だから，初めそれは学校児童のみの標語だった。それが家庭にまで入り来り，町内のどんな者にまでも行き亘ったのは，日清戦争中のことであり，戦争が人々の心髄にまでこれを打ち込んだのだった」（『明治大正見聞史』1926年）と述べている。これによれば，日清戦争の以前から，学校では「忠君愛国」教育が行われていたのであり，その根拠になったのは，1886年（明治19）に森文相によって制定された諸学校令における「国家主義」教育の方針や，前節で紹介した教育勅語であったと考えられる。
　他方，1891年（明治24）に発生した大津事件に際しては，負傷したロシア皇太子の許に全国から見舞状などが届けられたが，それに対する政府の意向は正規の地方自治機関を通して，末端の村々にまで伝達された。

　　露国皇太子殿下ニ電報又ハ書面ヲ以テ御見舞申上ゲタル町村長並有志者ハ，殿下御満足ニ被思召候旨其筋ヨリ内示有之候故，其旨御伝達有之度，又右ニ関シ御配意ノ段本官ヨリ深謝ス
　　右及申牒候也
　　　明治二十四年五月二十五日
　　　　　　　　　　　　　　　　　　　　　　　　　　筑波郡長水谷亥之輔
　　久賀村長片山惣七郎　殿　　　　　（『伊奈町史』史料編第4巻，2003年）

これは茨城県における事例であるが，1888年（明治21）に制定され，翌年から施行された市制・町村制をはじめとする一連の地方行政制度が，すでに十分に機能していたことを示すものであろう。管見では，維新以来このときまで，対外的な事件が村々の内部にまで刻印を残すことはなかったように思われる。背景には「恐露病」と呼ばれたロシアへの恐怖心が潜んでいたにせよ，国家的な問題が最も身近な地域社会である村レベルにまで下降して，そこで生活する人々の間で認識される素地がすでに形成されていた点に注目する必要がある。

**戦争の論理と　　**日清戦争は，朝鮮における主導権と利益の獲得をめぐる両国の衝突
アジアへの視線　であった。戦時外交の局に当った外務大臣陸奥宗光（1844～97）は，戦後草した『蹇蹇録』（1895年）のなかで，日本を「西欧的文明」の代表，清国を「東亜

的習套」の代表と見なして，両国の対立を「西欧的新文明と東亜的旧文明の衝突」と解釈していた。

こうした戦争観は，多くの知識人にも共有される論理であった。福澤諭吉（1835～1901）が主宰する『時事新報』の社説では，日清戦争を「文野の衝突」とみて，日本を「文明人道の保護者」であると論じていた。福澤は，宣戦布告と同じ1894年（明治27）8月1日に，渋沢栄一らと報国会を結成して拠金活動を開始したが，その「趣意書」には「帝国臣民たるもの，豈其勇武以て軍務に当り，勤倹以て軍資を継ぎ，我大日本帝国の権利を保全せざる可けんや」（石河幹明『福澤諭吉傳』第3巻，1932年）とある。キリスト教界の指導者だった植村正久（1858～1925）も，自らが主宰する『福音新報』に所感を寄せ，「吾人我国民が戦争に対する調子の今一層清深高尚ならんことを望む」として，「日清戦争の真正なる動機は新旧二様の精神的衝突なり。（中略）今回の戦争は大日本帝国が開進的天職を自ら意識し之を全世界に披露するの機会なり」と述べ，戦争そのものを支持する姿勢を示した。いずれの場合も，「文明」の側に立つ日本の「臣民」「国民」としての自覚を促す論調になっていたのである。

徳富蘇峰は同年，『大日本膨脹論』を書いて，そのような「国民」の対外膨脹の必然性と必要性を説いた。このなかで彼は，日清戦争の「最大の戦利品」は「大日本国民の自信力」であると述べ，それを別言すれば「大日本国民は，世界に雄飛す可き，恰当の資格を有することを，国民自から其脳底に印刻したること」だとして，「膨脹的日本」こそ「国民的性格」だと断言する。さらに，日清戦争によって「国民」と「帝室」が接近したとみて，「我が国民は，今日に於て，始めて心よりして，尊王の真意義を解したるなる可し」と考える。蘇峰は，今後日本が「国民的精神を土台として，世界的経営に入る」べきことを同書の結論にしている。

日清戦争には，蘇峰をはじめ多くの新聞・雑誌記者が従軍して，戦地の状況を日本に伝えた。自然主義の文学者として知られる国木田独歩（1871～1908）も国民新聞社から派遣された記者の一人だったが，従軍記である『愛弟通信』によると，中国人のことを「チャン」と言う一方で日本を「東洋一大強国」と記している。このような，中国人や朝鮮人に対する侮蔑観と，「日本人」たることの優越感とは，銃後の人々とも共有され，やがて戦後社会へも持ち込まれることになった。前引の『明治大正見聞史』のなかで生方敏郎は，「私たちはこの戦の始まるその日まで支那人を悪い国民とは思っていなかっ

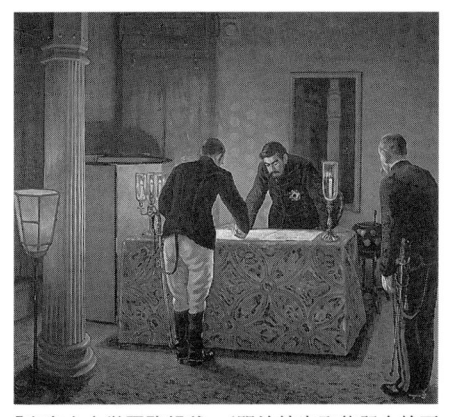

「広島大本営軍務親裁」（明治神宮聖徳記念絵画館蔵）日清戦争によって「大元帥」としての天皇の権威は揺るぎないものとなった。

たし，まして支那に対する憎悪というものを少しも我々の心の中に抱いてはいなかった」と回想している。

これらに対して，清国への軍事的侵略を否定し，各民族の個性の尊重を主張する論者も若干存在した。政教社の出身で，のちに京都帝国大学で「支那学」の泰斗となる内藤湖南（1866～1934）はその一人であり，日本と中国が協力して東洋文化の振興を図って西洋諸国と対抗することを「日本の天職」であると説いた。この内藤をはじめ陸羯南らは，列強による中国分割を目のあたりにしたとき，「支那保全論」を唱える。

3　日清・日露戦間期の思想

「臣民」と「国民」のゆくえ　　初めての対外戦争における勝利と植民地の獲得は，「日本人」としての「国民」意識を高揚させ，「臣民」意識を内面化させることになった。

前述したように教育勅語の解説者であった井上哲次郎は，この時期になると「日本主義」を唱えることになったが，これに賛同したのは帝国大学文科大学で井上の門下生だった高山樗牛（1871～1902）である。高山は，「日本主義」を定義して，「国民的特性に本づける自主独立の精神に拠りて建国当初の抱負を発揮せむことを目的とする所の道徳的原理」であるとした。さらに，「現実界に於ける一切の活動は其国家的たることに於て最も有効なりとす。国家は人生寄托の必然形式にして，又其主上権力なり」（「日本主義を賛す」1897年）というように，高山の立場は国家主義の色彩を強く帯びたものであった。

高山樗牛と前後して帝国大学を卒業した大町桂月（1869～1925）は，日清戦後における文学のあり方を論じて，「国民精神」に立脚する「国民文学」を創出することによって，日本の文学は「世界文学」に貢献できると説いた。彼ら新しい世代の関心は，「国民」像の内実を問いただすことに向けられていたといえよう。1886年（明治19）に制定された帝国大学令によって，「国家ノ須要ニ応ズル学術技芸ヲ教授シ及其蘊奥ヲ攷究スルヲ以テ目的トス」とされた帝国大学は，その設立から約10年を経て，哲学や文学の各専門分野を専攻した人材を輩出するようになり，彼らが時代思想の重要な部分を担う存在になってきたのである。1897年（明治30）には，２番目の帝国大学として京都帝国大学も設置され，日本の近代アカデミズムは，しだいにその姿を整えていく。

帝国大学を思想の策源地と見なした場合，哲学や文学のみが人材の補給を受けたわけではない。文科大学のなかでも，歴史学，社会学，宗教学などが専門研究者を養成し始めたほか，広い意味では法学，政治学，経済学，自然科学などの諸分野でも，ようやくお雇い外国人の影響を脱して，自律的に人材を輩出できるようになり，官僚制の整備や産業革命の進行によって官民にその受け皿が準備されつつあった。

それと関連して注目されるのは，大日本帝国憲法の制定以来なお未確定であった民法

典が1898年（明治31）に施行されたことであろう。民法は，憲法の施行と同じ1890年に公布が予定されながら，人権の規定内容をめぐっていわゆる民法典論争が巻き起こり，施行が延期されたままになっていたのである。この論争では，帝国大学法科大学教授の穂積八束（1860～1912）が延期派の代表であり，フランス民法の天賦人権思想に依拠して準備されていた民法草案に対して「民法出デ、忠孝亡ブ」と論じていた。その後，法典調査会における熟

1905年（明治38）当時の平民社の人々
（荒畑寒村『平民社時代』より）

議を経て，ここにようやく施行された民法は，憲法が定めていた「臣民」の権利義務を具体的に規定する法律であり，とくに第四編親族は戸主権の強い家制度を前提とするものであった。

民法の施行は，1899年（明治32）に予定されていた内地雑居に備えるためのものでもあった。条約改正の実施要件だった内地雑居と合わせて，この年に国籍法も制定されたが，同法は日本「臣民」の国籍の取得および喪失に関する基本法であり，「日本人」としての血統主義を原則とすることになった。

分裂する「日本人」の相貌　「臣民」と「国民」をキー・ワードに明治後期の思想を概観してみると，日清・日露戦間期に至って近代日本の構成員としての「日本人」像が確立していく過程を描きだすことが可能であろう。だが，こうして確立したかに見える近代国家の編成原理は，同時に分裂するいくつかの相貌を見せ始めるように思われる。

第一に，主として新しい高等教育を受けた青年たちの間では，国家と対立・矛盾する「個人」意識の高まり，あるいは自我の発見に伴う煩悶ということが，この時期にしばしば問題とされるようになる。

すでに北村透谷（1868～94）は，詩人のインスピレーションをもって，「恋愛は人世の秘鑰なり」（「厭世詩家と女性」1892年）と喝破し，人間の根本の生命である「内部生命」を重視した明治思想の大革命を標榜していた（「内部生命論」1893年）。それから10年後の1903年（明治36）6月，一高生藤村操が煩悶の末に日光華厳の滝へ投身自殺をしたことは，当時の知識青年たちに大きな衝撃となって広がった。遺書となった「巌頭之感」の一節には，「万有真相は唯だ一言にして悉す。曰く『不可解』。我この恨を懐いて煩悶終に死を決するに至る」とあった。

第二に，産業革命の進展による労働問題をはじめとする様々な社会問題の顕在化とともに，「臣民」や「国民」ではなく，「階級」としての労働者や農民の生活や権利を拡充

することを目的とした社会主義の思想と運動が、一定の支持を得られるようになってきたことである。

国家とは異なる人間集団の概念である社会への関心は、やはり日清戦後になるとにわかに高まったものである。1897年（明治30）には社会問題研究会が、翌98年には社会主義研究会が結成され、1901年（明治34）には安部磯雄、片山潜、幸徳秋水（1871～1911）らによって社会民主党が設立される。また、1903年（明治36）に、幸徳や堺利彦らは平民社を結成し、『週刊平民新聞』を創刊する。幸徳秋水は、同紙に寄せた論説のなかで、「社会主義者の眼中には人種の別なく地域の別なく、国籍の別なし」（「与露国社会党書」1904年）と述べ、帝国主義国家間の戦争である日露戦争下にあっても、両国の労働者と社会主義者は団結すべきであると主張した。

第三に、1899年のボーア戦争に代表されるような西欧列強による帝国主義的な領土拡張競争が熾烈となると、アジアの一員である日本に対して「黄禍論」のような「人種」的な偏見が加えられるようになってきたことである。

1900年（明治33）の北清事変に際しては、日本も8カ国連合軍の一翼を担って北京に進軍したが、この事変に関連して、ドイツ皇帝ヴィルヘルム2世は「黄禍論」を唱え始めた。かつてドイツに留学したことのある森鷗外（1862～1922）は、1903年（明治36）11月28日、早稲田大学で「黄禍論梗概」と題する課外講義を行い、「一般の白人種は我国人と他の黄色人とを一くるめにして、これに対して一種の厭悪若くは猜疑の念をなして居るのでござります」と述べ、翌年3月、日露開戦の直後に刊行した同題の著書の凡例で、「我軍勝たば、黄禍論の勢い愈加はるべし。黄禍論の講究は実に目下の急務なり」（『黄禍論梗概』1905年）と書いている。

三宅雪嶺は明治思想の変遷を回顧して、日清戦争の結果、「自ら列国の形成を打算し、眼界が頗る広くなつた。好事的に世界を語ると違ひ、世界を知り、世界に事を成すの避くべからざるを感じた」と語り、さらに日露戦争の結果、列強の仲間入りを果たし、対外的にも対内的にも「多年の宿題を解決」することになったと指摘している（『明治思想小史』1913年）。本章では、明治後期（明治20年前後から日露戦争まで）の思想史を「臣民」と「国民」をキー・ワードにして概観してきたが、それはまさに世界のなかで「日本人」として自己を確立していくために積み重ねられた制度的、精神的規範を模索する知的営為であり、この時期に至って西洋思想の翻訳のレベルを脱してそれが一つの到達点に達したことを、改めて確認することができた。

しかし同時に、「個人」「階級」「人種」をめぐる解釈など、「臣民」像と「国民」像を内外から揺さぶる新たな思想的課題も視野に入ってきたのである。その結果、雪嶺が『明治思想小史』のなかで、「一国を標準とせず、世界を標準とし、世界に於ける人類として如何にするが最も幸福なるかを考ふる傾向を生じた」と言うように、新時代の思想家には世界人類を標準にした思索が求められることになるのである。

（中野目　徹）

▶コラム21　教育と宗教の衝突

　1890年（明治23）の内村鑑三不敬事件は新たなキリスト教排撃運動のきっかけとなった。すなわち「教育勅語」の解説書である「勅語衍義（えんぎ）」(1891)を著した帝国大学哲学科教授の井上哲次郎は雑誌『教育時論』(1892)に，キリスト教徒の論者の主張がはなはだ非国家的で不穏当である旨の談話を発表した。彼の念頭に内村があったのはいうまでもない。井上はさらに翌年同誌に「教育と宗教の衝突」という題名の論説を掲載してキリスト教は反国家的であると決めつけた。

　その骨子はおおよそ次のようなものであった。勅語の中には「一旦緩急アレハ義勇公ニ奉シ以テ天壌無窮ノ皇運ヲ扶翼スヘシ」とあるので，日本国民は国家が危機に瀕した場合は一身をなげうってその防衛にあたらなければならない。つまり教育勅語は国家主義を理想としている。それに対し博愛を旨とするキリスト教は国家的精神に乏しく，場合によっては反国家的ですらある，と。

　このような決めつけに対してキリスト教側からの反論が多く寄せられることになった。その経過は関皐作（せきこうさく）編の『井上博士と基督教徒』(1893) 3巻でかなり詳しく知ることができる。キリスト教側の反論は，本多庸一・柏木義円・横井時雄・高橋五郎・植村正久・内村鑑三・大西祝らによってなされたが，その主張は主に次の4点にまとめられる。

(1)キリスト教は，地上の国と神の国の二元構造をとっており，現実の政治に関与しない。したがって「国家主義」とは対立しない。

(2)「教育勅語」に関して重要なのはその徳目の実践であって，それに礼拝するかしないかは二の次の問題である。

(3)「教育勅語」を自分なりに解釈した「衍義書」に基づいてキリスト教を批判するのは，勅語の私化であり，却って勅語を冒瀆している。

(4)大日本帝国憲法で信教の自由は認められており，キリスト教弾圧は憲法違反である。

　こうした反論は今日の目から見てやや穏健すぎるかもしれない。たとえば船山信一は『明治哲学史研究』(ミネルヴァ書房，1959年)において，キリスト教徒が積極的に国家主義や「教育勅語」そのものを批判しなかったことに不満を述べている。しかしそれはキリスト教への過大な思い入れである。キリスト教だけではなく，一般に宗教は，国家主義的でも反国家主義的でも非国家主義的でもありうる。井上自身がおそらくは立脚していたであろう儒教でさえ，「易姓革命説」まで立ち戻れば，現状の政府に反対する意味での反国家主義のイデオロギーと解釈することも可能である。

　このようなことを踏まえ，さらに天皇の言葉自体を批判することは当時にあって許されなかった，という制約を考慮すれば，当時としてはキリスト教は国家主義でもありうる，と反論する以外はなかったと思われる。井上の認識とは異なって，イエス（Jesus）と日本（Japan）の二つのJを至高の存在と捉えていた内村は，地上の国としての日本を尊重した国家主義者で

井上哲次郎（『名流漫画』より）

もあったのである。
　なおこの論争で異彩を放っているのは，帝国大学哲学科出身で当時東京専門学校（早稲田大学）の講師であった大西祝による井上批判である。大西は同志社出のキリスト教徒であると同時に井上の弟子筋にもあたっていたが，他のキリスト教徒の論客とはちがって，そもそも個人の信仰心に基づく宗教と，行政の一部である教育が衝突すると考えること自体が不適当であるという考えを述べた。代表的論説「当今の衝突論」（1893）の中で大西は，実際に衝突しているのは進歩主義と保守主義である，という重要な指摘をなした。　　　　　　　　　　　　　　　　　　　　　　　　　　（平山　洋）

第21章

大正デモクラシーの思想

１　時代閉塞の状況

日清戦争から　19世紀後半から欧米諸国はアフリカやアジアの後進地域を自国の植民
日露戦争へ　地とする帝国主義の時代に入っていた。その競争に遅ればせながら日
本も参加することになったのが、日清戦争であった。それは朝鮮半島をめぐって引き起
こされたが、戦前の予想に反して日本の一方的勝利で終わった。日本は朝鮮半島から清
国の勢力を駆逐したばかりではなく、多額の賠償金（２億両〈テール〉）と台湾などの割譲を受
けた。日本にとって日清戦争は「よい戦争」であったのである。
　朝鮮半島から清国の影響を排除して後、20世紀への転換期にあって、日本のとるべき
外交上の方策は次の二通りが考えられた。一つは朝鮮（1897年〈明治30〉以降は大韓帝
国＝韓国）における日本の優位と、清国東北部におけるロシアの優位を相互に認め合う
日露協商論である。この方針が採られれば日露戦争は回避されるはずであった。もう一
つはロシアと対立する英国と日本が結ぶことによって、韓国のみならず清国東北部から
のロシアへの影響を排除することを目指した日英同盟論である。この場合は対ロシア戦
争は不可避となるが、勝利できれば日本の清国東北部への進出は飛躍的に容易となるこ
とが予想された。
　日露協商論を唱えていたのは、伊藤博文や井上馨ら明治維新の第一世代にして日清
戦争で主導的役割を果たした人々であった。彼らは日清戦争の勝利が「運よく」もたら
されたにすぎなかったことをよく承知していた。それゆえロシアとの戦争に敗れてすべ
てを失ってしまうことを恐れたのである。一方、日英同盟論は陸軍出身の山県有朋や
桂太郎および外交官であった青木周蔵・小村寿太郎・加藤高明らが主張していた。
　1901年（明治34）に伊藤内閣から桂内閣へと移ったことは日英同盟論を後押しした。
翌年には日英同盟協約が調印され、日本がロシアと開戦することがあっても英国は中立
を守ることが確約された。

日露戦争と国内世論　日本は日清戦争の賠償金のほとんどを軍事費につぎ込み、増税
をも行って戦争準備に邁進した。1904年（明治37）にロシア軍
が韓国領にまで進出すると、国内ではにわかに主戦論が強まった。すなわちそれまで黒

岩涙香を社長とする『万朝報』が非戦論を唱えていたが、この時点で黒岩まで主戦論に転じたため、彼の下で働いていた内村鑑三・幸徳秋水・堺利彦らは退社して非戦活動を続けることとなった。とりわけ幸徳らが組織した平民社の活動が注目される。

　10年前の日清戦争が国民の団結のもとに遂行されたのに対して、日露戦争は当初から国内に反対勢力を抱え込んだまま戦端を開いたのであった。その理由は単に日本人の死者が出るうえに膨大な経費がかかる、ということだけではなく、帝国主義戦争のからくりが多くの人の目にあからさまに映るようになってきたからである。朝鮮から清国の影響力を排除するための戦争は、そこに住む人々の生活をより向上させるための正義の戦いと捉えることも可能であった。しかし日露戦争は明らかに清国東北部の利権の確保を目指しているにすぎなかった。人助けの側面はいささかもなく、ただ自国の利益のみが目的の戦争だとしたら、それは国家の名において強盗を働くのと変わりがない。そのような考えから国民の一部に厭戦気分が漂ったのも無理からぬことだったのである。

日露戦争の帰結　1904年（明治37）2月8日、日本軍は韓国の仁川と清国遼東半島の旅順に駐留していたロシア軍を奇襲した。戦場は早い段階で清国領に移り、翌年1月に旅順、3月に奉天でそれぞれ勝利を収めた。5月には、ロシア軍の救援のために北ヨーロッパから駆けつけたバルチック艦隊を日本海海戦で撃破して、日本軍は決定的に優位となった。いざ戦争が始まってしまえば、表面に現れる事象が主戦論に塗りつぶされるのは当然である。日本側の犠牲も大きかったため、よりいっそう有利な休戦条約の締結が望まれた。

　戦争期間中国内のマスコミは日本の連戦連勝を伝えていた。しかるに1905年（明治38）9月、アメリカのセオドア・ルーズベルト大統領の周旋でポーツマス講和会議が開催されるに及んで、日本の勝利は絶対的なものではなかったことが露見したのである。ポーツマス条約で確認されたことは、①韓国における日本の優位と、②ロシアの関東州租借地および南満州鉄道の譲渡、さらに、③南樺太の割譲というのがそのほとんど全部であった。流された血と費やされた戦費との比較からいって、それはあまりにわずかな分け前にすぎないように思われた。

　この日露戦争の非戦勝とでもいうべき事態は、後の日本にとって重大な二つの事柄の原点になっている。その一つは、以後日本の為政者は、1931年（昭和6）の満州事変勃発まで大規模な戦争を回避するようになった、ということである。そしてもう一つは、ポーツマス条約締結反対運動が、いわゆる大正デモクラシーの端緒となったということである。

デモクラシー運動のさきがけ　日露戦争はそもそも政党政治に批判的な藩閥政治家桂太郎によって開始された戦争であった。その開始前から民間では密かに非戦論がささやかれてはいたが、1905年（明治38）9月1日に調印されたポーツマス条約で認められた日本の権益が国民の期待に添うほどではないと判明したとき、それは深い失望に変わり、さらにそのことは日比谷焼き打ち事件へと発展したのだった。9月6日には東

京に戒厳令が施行され11月29日まで継続された。桂内閣が東京で反講和運動の火消しにやっきになっている間も、地方での運動は拡大し、さしもの桂も12月21日に内閣総辞職へと追い込まれた。政友会総裁である西園寺公望が組閣するのは、翌1906年（明治39）1月7日のことである。

　当時は衆議院の多数政党の党首が首班となるいわゆる憲政の常道が確立していたわけではなかった。西園寺に組閣を命じたのは明治天皇であり、その「聖断」は明治の元老たちの合議に基づいていた。とはいえ1905年（明治38）秋から冬にかけての事態の進展は、国民運動の拡大が桂内閣の弱体化を招き、とうとう議会の多数を占める立憲政友会の総裁を首相に推挙せざるをえなくなった、ということを意味していた。民衆運動が倒閣を惹起し議会に基盤をおく内閣を成立させたのであるから、これは広い意味でのデモクラシー運動の勝利といってよいであろう。

非戦論への報復としての大逆事件　ポーツマス条約反対運動は、近代日本最初の国民主導の大規模な政治運動といってよかったが、それと同時に日露戦争前から非戦論を展開していた社会主義者たちも、その国民の不満を組織化しようと活動を開始した。平民社は、条約反対運動のさなかの1905年（明治38）10月に解散したが、翌年2月には堺利彦・片山潜らが日本社会党を結成した。この政党は国法の範囲内での社会主義を標榜した最初の合法的社会主義政党であったが、わずか1年で解散させられた。一方、平民社の解散と同時に渡米した幸徳秋水は、無政府主義の影響を受けて直接行動を主張するようになった。1908年（明治41）7月、社会主義者の活動に寛容であった西園寺内閣は、各地の官営軍事工場や鉱山などで発生した争議の責任を問われて総辞職し、ふたたび桂太郎が組閣を命じられた。

　桂としても日露非戦論を唱えていた社会主義者たちには遺恨があった。第2次桂内閣成立後政府はしだいに社会主義運動の取り締まりを厳しくしていたが、1910年（明治43）5月、天皇暗殺を企てたという理由で、幸徳をはじめとする多くの社会主義者が逮捕されるという大逆事件が起こった。この事件はきわめて杜撰な審理の結果24名に死刑判決がくだり、しかもそのうち幸徳を初めとする12名に死刑が執行される、という未曾有の事態となる。これを期に社会主義運動は「冬の時代」に入ったのであった。

　また第2次桂内閣は1909年（明治42）の前韓国統監伊藤博文が韓国の独立運動家安重根によって暗殺されたのをきっかけに、翌1910年、日韓併合を断行したが、財政の悪化を招いたため議会の運営に困難が生じ、1911年（明治44）8月に総辞職した。後を継いだのは議会の支持を得ていた西園寺であった。西園寺は財政を好転させるため経費節減に努めたが、前の桂内閣を支えていた陸軍や官僚はかえって新国土朝鮮に2個師団を増設するよう政府に要求した。そのさなかの1912年（明治45）7月に明治天皇が崩御し、大正天皇が即位した。

「御大葬中の東京市」(『風俗画報』より)

②　大正デモクラシー

大正改元　ある特定の個人が生涯を終えたことによって時代が画されるというのは、奇妙なことである。明治時代の最終日と大正時代の初日は同じ1912年7月30日であって、ある夏の一日が続いていただけであった。とはいえ、当時生きていた人々の心に、明治天皇の死が一つの時代の決定的な終焉を感じさせたことは事実である。夏目漱石の『こころ』の主人公である「先生」は、明治の代が終わったというただそれだけの理由で、あっけなく自殺してしまう。また、軍人でもあった森鷗外は、乃木希典殉死の知らせを聞いて、死を給うほどの職務上の失敗にもかかわらず主君の命により生きながらえさせられた一人の武士の最期を描いた「興津弥五右衛門の遺書」を書いている。

明治天皇が実際に優れた能力を有していたかどうかはこの際問題ではない。重要なのはそのように広く見なされていた、という事実である。かつて桂が超然内閣により政府を運営できたのも、彼が明治天皇の直接の部下であるかのように振る舞えたからであった。とはいえ政党立憲政友会を基盤とする西園寺も、2度組閣をしてそれなりの実績を積んでいたのであるから、政党政治の下準備も整いつつあったともいえよう。さらに政党を支援する資本家たちの勢力も、もはや無視はできない状況であった。

二個師団増設を要求していた上原勇作陸軍大臣が辞職し、陸軍が後任を推挙しないという事態となって、1912年（大正元）12月、とうとう西園寺内閣は倒壊した。後任の人事はもめにもめ、桂が3度目の組閣を命じられたが、時はすでに明治の代ではなかった。病弱で政治的な指導力に不安がもたれていた大正天皇に替わったことは、議会から超然とした内閣は、かえって天皇をも籠絡する君側の奸との批判を浴びることになったのである。

天皇機関説論争と　美濃部達吉と上杉慎吉という東京帝国大学の2人の憲法学者が，
第1次護憲運動　国家における天皇の位置づけをめぐって論争を展開していたのは，
ちょうどその頃のことであった。美濃部は，主権は法人としての国家に存し，天皇はその国家に存する主権を行使する機関であるとした。その場合天皇は国家の意志に従って主権を行使せざるをえなくなる。その国家意志は議会によって示されるのであるから，結局天皇は議会政治を行わなければならない，と美濃部は主張した。この天皇機関説は議会政治の理論的根拠をなしている。もう一方の上杉は絶対主義的天皇主権説をとり，その主権は議会によっては侵害されない，と反論した。それは超然内閣にとって都合のよい学説であった。

　第1次護憲運動は，議院内閣制度を求める運動として，天皇機関説を暗黙の前提としていた。政友会の尾崎行雄や国民党の犬養毅らが先頭に立ち，交詢社に集まる資本家も運動を支持し，さらに多くの国民も立ち上がって議会周辺で連日大規模なデモを行った。そのスローガンは「憲政擁護・閥族打破」というものだった。桂はついに軍隊を動員して鎮圧に乗り出したが，収拾がつかず，1913年（大正2）2月に組閣50日で総辞職した。民衆運動によって桂内閣が潰れたのはこれで2度目であった。

　その後組閣した山本権兵衛は海軍出身で政党政治家ではなかったが，閣僚の多くは与党の政友会から任命された。1914年（大正3）3月に海軍の汚職事件によって山本内閣が総辞職した後，2度目の首相となった大隈重信は，かつての立憲改進党の後身にあたる立憲同志会を与党として政権運営を図った。この政党は三菱財閥の意向を体現しており，三井財閥をスポンサーにしていた政友会と好対照だった。

第1次世界大戦と　大隈内閣成立直後に勃発した第1次世界大戦の主戦場は西ヨー
サラリーマンの登場　ロッパであったから，日本は日英同盟を根拠に対独参戦をしたものの，おおかたは様子見であった。英・仏・独は中国大陸に植民地を有しており，そのうち山東半島に進出していたドイツが日本の主な攻撃対象となった。ドイツはヨーロッパで死闘を繰り広げており，アジアに展開していた兵力はもとより手薄である。日本軍は簡単にドイツの権益を手に入れた。

　このようにして日本は労せずして第1次世界大戦の戦勝国となった。不謹慎な言い方をすればまさに「漁夫の利」であったが，その利の本質はドイツからの賠償金でも山東半島の権益でもなく，大戦期間中にヨーロッパから求められた商船など重工業製品の受注と，物資運搬の仕事を請け負ったことによる利益の増大であった。欧州が戦火にあえいでいる間に，日本は彼らの得意分野に割り込んだのである。

　このことは，日本社会の中に，後にはサラリーマンと呼ばれる階層を生み出すことになった。工業製品の大量生産には開発を担当する高学歴の技術者が必要だし，またデスクワークを任とするホワイトカラーがいなければ商品の流通は円滑とはならない。さらに資本の移動や産業の育成のためには，多くのホワイトカラーが働く民間銀行の発達が不可避である。農業国から工業国への脱皮は，大正中期のこの時期になされたのである。

サラリーマンは頭脳労働者であるから、それに見合う能力が必須である。1918年（大正7）には「大学令」が改正され、単科大学や私立大学が認可された。その結果大学卒業者数は飛躍的に増大した。そのうえサラリーマンの増加に伴って独自の都市文化とでもいうものが開花したのであった。私鉄沿線の一戸建て住宅に住む大卒者の父親が、専業主婦の妻と子どもを家に残して毎朝都心の会社まで通勤する、という風景はこの頃から見られるようになった。

第2次護憲運動と普通選挙法 このように第1次世界大戦のどさくさに紛れて日本の中流階層は近代的ライフスタイル——当時は文化生活と呼ばれた——を手に入れたのであったが、資本主義の発達に伴う企業の規模の拡大は、そこで働く労働者階層の権利意識を高めることになった。我々がいなければ日本経済は動かないのに、参政権がないのはおかしいではないか、ということである。

1912年（大正元）の第1次護憲運動が主に中流階層以上に属する人々による政党政治を求める運動であったのに対して、ほぼ10年後の第2次護憲運動は、政党主導の普通選挙制度導入を目的とする運動であったといってよいであろう。ただそこに至る過程は一筋縄ではいかない複雑なものがあった。大正初期に政党政治の機運が芽生えたものの、半ばあたりに一旦揺れ戻しが起きているのである。その理由は、明治維新から一貫して政治を担当していた山県有朋を中心とする元老たちが、純然たる政党政治の到来に難色を示していたからであった。

しかし、山県が擁立した議会に支持基盤を持たない寺内正毅内閣が、米騒動によって1918年（大正7）9月に総辞職を余儀なくされたとき、さしもの山県も、議会を掌握している政友会総裁の原敬に首相の座を譲るほかはなくなっていた。軍部大臣以外はすべて政友会会員によって占められ、純然たる政党内閣がここに誕生したのであった。

原敬は爵位も士族身分ももたない最初の内閣総理大臣として「平民宰相」と呼ばれたが、普通選挙制度には反対であった。彼の政治的手腕は長年党人政治家として培っていただけに確実ではあったが、裕仁皇太子の結婚を妨げようとした三井財閥の代弁者として右翼の活動家につけ狙われ、とうとう1921年（大正10）11月に暗殺されてしまった。

第2次護憲運動の直接のきっかけは、議会多数派の政友会を与党としていた1923年（大正12）9月成立の第2次山本内閣が、同年12月に摂政宮暗殺未遂事件（虎ノ門事件）で退陣して後、政党とは何らの関係もない山県直系の清浦奎吾が首相の座に着いたせいであった。議会第2党の憲政会（同志会の後身）はもとより第1党の政友会まで無視したこの元老の人選に政党政治家は結束し、政友会総裁高橋是清・憲政会総裁加藤高明・革新倶楽部代表犬養毅が護憲の名の下に提携し、断固超然政権と対決する決意を表明した。これら護憲3派が掲げた目標の一つが普通選挙法の制定であった。

護憲3派の圧力に耐えかねた清浦首相は衆議院を解散し総選挙に打ってでたが敗北、1924年（大正13）6月に憲政会の加藤総裁を首班とする護憲3派内閣が成立し、翌年3月には普通選挙法が治安維持法と抱き合わせで成立することになった。

内国勧業博覧会 「表門内各本館及中門を望む図」(『風俗画報』より)

3 思想の新潮流

文明から文化へ　明治初期が福澤諭吉の『文明論之概略』(1875)に見られるように西洋文明の移入を図ることを時代的課題としていたのに対して，大正時代には「文明」に替わる言葉として「文化」という概念が重要視されるようになった。

　それは文明があまりに広範な概念で，もはや大正時代の個人が目標とするには茫漠としすぎていたせいであった。文明とは一般には西洋の社会制度と鉄道・電信・蒸気船などの技術を含んだものと捉えられていたが，それらが全く存在しなかった明治初期には，文明を近代化の国家目標として掲げることにさほどの違和感はなかった。しかしそれから半世紀を経た大正期の日本には，少なくとも外見的には西欧諸国にあって日本にはないものなどなくなっていたのである。日露戦争後に流行した「一等国」という言い方は，civillized＝すでに文明化された，国という意味が含まれていたのである。

　とはいえその文明たるもの，当の日本人にどのようなものとして受け取られていたか，ということについては，夏目漱石が「明治」の終焉まで後1年を切った1911年(明治44)8月に行った講演「現代日本の開化」に興味深い指摘がある。明治以後の日本が文明開化したといっても，それは所詮弱い側の者(日本)が強い者(西洋)の真似をしたというにすぎないのではないか，というのである。

　　我々の方が強ければあっちにこっちの真似をさせて主客の位置を易えるのは容易の事である。がそう行かないからこっちで先方の真似をする。しかも自然天然に発展

第21章　大正デモクラシーの思想　*251*

して来た風俗を急に変える訳にはいかぬから，ただ器械的に西洋の礼式などを覚えるより外に仕方がない。自然と内に発酵して醸された礼式でないから取ってつけたようで甚だ見苦しい。これは開化じゃない，開化の一端ともいえないほどの些細な事であるが，そういう些細な事に至るまで，我々の遣っている事は内発的でない，外発的である。これを一言にしていえば現代日本の開化は皮相上滑りの開化であるという事に帰着するのである。

ともかくも文明化＝西洋化は実現したが，それは単なる物真似にすぎなかった。そうであるなら，一応の文明化の後に日本人個々の目指すべきものは，皮相に流れない，もっと実際の生活に基礎をもった何ものか，ということになるのは当然のことである。そこで重要視されてきた概念が文化（culture）なのであった。

とはいえ大正時代に入る頃から文化という概念がもてはやされるようになったのには，やはり外発的な契機があったのである。すなわち20世紀初頭の世界的な新カント主義の流行が，日本にも影響を及ぼしたということである。そのことについては，1904年（明治37）がカントの没後100年，1924年（大正13）が生誕200年にあたっていて，この間にカント関係の多くの書籍が日本語で読めるようになったことも大きい。カントの思想は全体として文化哲学と理解され，その真面目でストイックな生活態度は旧制高校に在籍するエリート予備軍の模範ともなった。ドイツは第1次世界大戦の敗戦国ではあったが，再度の大戦争を防ぐために組織された国際連盟の理念は，直接にはカントの『永久平和論』（1795）に由来していた。

全世界を覆う普遍的な文明とは違って，文化とはそれぞれの地域に根づいた精神の規範を意味している。したがって文化が尊重されるといっても，それは日本の教養階層がドイツ人の真似をしたということではなく，伝統的な生活態度が再評価されることを意味していた。1899年（明治32）に米国フィラデルフィアで出版された新渡戸稲造の『武士道』が，日本語に翻訳されて国内でも評判となったのは，1908年（明治41）以降のことである。このような経過のうちに，とりわけ社会の中上流層にとって，世界文明に理解を示しつつ日本の文化を重んじることが，生活習慣上の模範の意味をもつようになったのである。

もちろん，日露戦争と第1次世界大戦で一応の戦勝を得たとはいえ，生活の細部にいたるまで日本が西洋の水準に比肩すると，日本人自らが考えたわけではない。住宅でも包丁でも，西洋人に恥じる必要がないと見なされてはじめて，それらを文化住宅とか文化包丁と呼ぶようになったのである。このような生活上の変化はデモクラシーの風潮ともあいまって，西洋ばかりではなく東洋や日本も学ぶという個人の内なる教養主義を育んだ。

東洋思想と西洋思想の融合

明治時代に科学技術の摂取を終えていたため，大正時代にはそれに基づく独創的な思想や学問が形成されるようになった。哲学の西田幾多郎はその典型例であるが，歴史学の分野では津田左右吉が日

本古代史の基礎を築き，柳田國男は民間の伝承を蒐集することで民俗学という新しい学問分野を開拓した。憲法学者美濃部達吉の天皇機関説についてはすでに触れたが，政治学の分野では同じ東大教授の吉野作造が民本主義を総合雑誌誌上で展開し，大正デモクラシー運動に貢献した。またジャーナリズムの立場から長谷川如是閑は，1919年（大正8）『我等』を創刊して，より民衆に近いところから民主主義を支援した。

　西田幾多郎の『善の研究』は，前に引用した漱石の「現代日本の開化」と同じ1911年（明治44）の1月に公刊されているが，「現代日本の開化」が明治の文明開化を西洋の皮相な物真似と総括しているのに対し，『善の研究』は大正の文化教養主義の先取りの性質を帯びている。

　もとより研究書である『善の研究』を，刊行直後に始まる大正時代の文化生活の内実と無制限に媒介させることは謹まなければならない。とはいえ，研究室の中で生み出された哲学書も，それは同時に時代の産物である。『善の研究』を著した明治末年には一介の高校教師にすぎなかった西田が，引き続く大正時代には京都帝国大学の教授として京都学派を率いることになったのには，やはり彼の思想と時代とに一種の調和性があったためなのである。それは，明治期に移入された西洋思想と，大正になって再び重視されつつあった日本の伝統を融和させるという時代の潮流との一致であった。

　そのことを『善の研究』に即して説明してみよう。そこで西田は，あくまでカントの認識論に立脚しつつ，明治30年代に盛んになったジェームズらの純粋経験説を，ヘーゲルの絶対精神の自己展開説と結びつけようとしている。そして，純粋経験は絶対精神と同一である，と結論づけている。この結論部近くに至るまで，『善の研究』に東洋思想は一切引用されていない。ところが，道具立てのすべてが西洋思想に基づいているにもかかわらず，その構造をより大きな視点から見るとき，『善の研究』は禅仏教における見性（悟りの極意ともいうべきもの）について語っていると解釈することが可能なのである。すなわち，純粋経験とは，仏教における人間に本来そなわる根元的な本性のことで，それは究極には絶対精神すなわち仏性と一致する，というように。

　この著作は当初は純粋経験説の客観的な研究として構想されたのであったが，論が進むにつれて，より神秘主義的また宗教的な色合いを深めていく。西洋思想をしっかり身につけていた西田が，その位置を忘れることなく，結局はより土着的・伝統的な立場に立ち返っているかのようだ。明治時代を振り向いてみるとき，そこには西洋を受け入れるか，拒絶するかのいずれかの立場しかなかった。時が移り，大正へのとば口にさしかかって，西洋思想を充分に身につけていた西田は，それと東洋的・土着的な思想との究極的な一致を見出そうとしている。

　　人間一生の仕事が知と愛との外にないものとすれば，我々は日々に他力信心の上に
　　働いて居るのである。学問も道徳も皆仏陀の光明であり，宗教という者は此作用の
　　極致である。学問や道徳は個々の差別的現象の上に此他力の光明に浴するのである
　　が，宗教は宇宙全体の上に於て絶対無限の仏陀其者に接するのである。

このように西田が『善の研究』の結論部（「知と愛」）で述べたとき，それは西洋思想の対立項ではない東洋思想の新たな場を設定したのであった。すなわち，西田哲学とは，西洋をも包括する東洋の仏教的あり方の表明であった。

(平山　洋)

▶コラム22　津田・村岡・和辻
　丸山眞男は，明治末から大正にかけ，井上哲次郎らの「国民道徳」に基づく思想史記述に代わって，近代的な学としての「日本思想史」が誕生したとし，その担い手として津田左右吉・村岡典嗣・和辻哲郎の三人を挙げている。三人には多くの共通点，相違点を見出すことができるだろうが，ここでは彼らの研究の土台に共通して，19世紀以降の西洋の学問動向，とりわけ文献学（フィロロジー）の方法の吸収があったことを見ておきたい。
　一般に文献学とは，本文校訂や異本の整理を行って成立過程を明らかにする文献批判の作業を重視し，そこに基礎を置く研究の方法を指す。19世紀ドイツで近代的学問方法として発展を遂げたが，ここには古典文献解読を通じての民族精神の解明という，ナショナリズムにつながる側面も存在した。津田・村岡・和辻の研究も，それぞれのかたちで天皇制の解釈をはじめとして「日本」をどう捉えるかという問題に結びついてゆくものでもあった。
　津田左右吉が厳密な史料批判の方法を学んだのは白鳥庫吉を通じてだとされる。ランケ（L. von Ranke）の文献実証主義の流れを汲むリース（L. Riess）に学んだ白鳥は，日本における東洋学の創始者の一人として知られるが，津田の最初の著作である1913年（大正2）の『神代史の新しい研究』は，白鳥の中国古代史研究の方法を日本に適用したものといえる。ここには，津田の古代神話に対する基本的立場，すなわち，神話は事実でなく，また民族的叙事詩といったものでもなく，朝廷に仕える知識人が皇室の起源を示す意図で作った物語であるとする見方がすでに現れていた。こうした主張は以後も一貫していたが，不敬罪に当たるとの弾劾運動を招き，1940年（昭和15）には著書4点が発禁処分を受け，当時勤めていた早大の辞職を余儀なくされた。
　一方，『文学に現はれたる我が国民思想の研究』は，各時代の文学を通じて「国民生活の心的側面」の流れを描き出そうとする試みであった。ここでも津田が文献に基づきながら，一握りの知識人の思想でなく，庶民に広く共有される心性の解明を目指していたことがわかる。
　村岡典嗣は文献学を研究の方法として重視する点では津田と共通していたが，その研究は主として個々の著者の思想を明らかにすることに向けられた。早大で波多野精一に学び，当初西洋哲学に目を向けていた村岡は，やがて日本の思想へと関心対象を移し，1911年（明治44）に『本居宣長』を著す。この中で彼は，ドイツ文献学の代表者としてベック（A. Boeckh）に言及しつつ，文献をもとに「古人の意識したところをそのままに理解すること」，すなわち「認識されたことの認識」が文献学の本質であるとし，宣長の『古事記伝』に代表される国学を日本の文献学とする観点から評価した。村岡にとって宣長は，研究の対象であり，同時に文献学の先駆者として方法上のモデルでもあっ

たのである。

　最後に和辻哲郎であるが，彼はギリシア古典学の成果を紹介した『ホメーロス批判』において，フィロゾフィよりもフィロロジーから学ぶものが大きかったとするケーベル（R. Koeber）の言葉を引きつつ，文学研究を志す学生に文献批判の手法を学んでほしいと述べている。しかし，津田や村岡の場合とは異なり，和辻の日本文化論や独自の倫理学は，文献学というよりそれを彼なりに発展させた文化の解釈学とでも呼ぶべきものであろう。「人間」や「倫理」といった日本語の語彙を俎上にあげ，その語源の考察から出発して現実の事物や問題を分析する和辻の記述方法は，ハイデガー（M. Heidegger）にも似て，多くの独創的な見解を読者に鮮やかに印象づけた。反面，一種の言語的オニリスムの側面は拭えず，戸坂潤はそれをまやかしの「『文献学』的哲学」として批判した。

（畑中健二）

村岡典嗣

第21章　大正デモクラシーの思想

第22章

都市と大衆の思想

1　大衆社会の成立

**商工業の発展と　**近代化の進展は，大都市の形成と，農業から商工業への人口の転化
大都会の成立　傾向として捉えることができる。

　明治維新からほぼ50年を経た1920年（大正9）には，東京は335万，大阪は176万，京都70万，神戸は64万，名古屋は61万，横浜は57万を擁する大都市へと発展していた。
　人口構成について見ると，1887年（明治20）には農業74.5％に対して工業8.9％，商業6.8％，交通業0.8％であったのが，1927年（昭和2）には農業45.1％，工業22.1％，商業13.0％，交通業5.0％となり，ここに農業人口は50％を割り込むに至った。
　このような変化は，資本主義の発展とともに生起したものであり，先進資本主義国に共通して見られる現象であった。それは文化，思想，風俗など，社会の多くの方面に様々な変化を強いるものであった。
　アメリカの1920年代は「狂乱の20年代」と呼ばれている。それは，禁酒法とアル・カポネ，ベーブ・ルースとジャック・デンプシィ，パルプ・マガジン（大衆雑誌）と大衆車T型フォードなどによって象徴されるが，その根源には大衆社会の成立という大きなうねりがあった。
　日本においても，この時期になると大都市においては各家庭に電気・水道・ガスが供給されるようになり，「円タク」と呼ばれるタクシーが登場し，洋服を着て暮らす人も増え，断髪にスカートのモガ（モダン・ガール）が出現する。食生活の面では和洋折衷の食事を摂ることが当たり前になった。全国にネットワークを持つ大新聞が登場したのもこの時期である。

盛り場・浅草　近代都市は都市計画に基づいて合理的に設計される。その基本的な特徴は工場地域と住居地域とを分離するところにある。職住一致が一般的であったそれまでの生活スタイルに対して，近代都市では，住居と学校，職場，商店などが分離する。この職住分離によって，通勤，通学，買い物など，人々がどこにも属さない状態，つまり「大衆」（マス）になる状態が生ずる。
　「大衆」というあり方の特徴は，人々が互いに，①異質であること，②組織されてい

浅草六区のにぎわい

ないこと，③匿名であることの三つを挙げることができる。具体的にラッシュ・アワー時の通勤電車に乗り合わせている人々を観察してみればそれは明白になるであろう。このような人間のあり方は，村落共同体を基本とする社会においては見られなかったものである。

　家族という秩序からも，職場という秩序からも切り離され，個々バラバラな大衆と化した人々は，孤独を慰める空間として繁華街＝盛り場を形成する。江戸時代から浅草寺の門前町として栄えた浅草が，明治になって，新しい娯楽を提供する近代的な盛り場として繁栄することになる。地下鉄銀座線の開通もそれを促進した。

　浅草をこよなく愛した作家江戸川乱歩（1894〜1965）は，エッセイ「浅草趣味」の中で「深夜の浅草情景」について以下のように描写している。

　　やがて活動小屋の電飾が光を減じ，池の鯉のはねる音がハッキリと聞こえる頃になると，馬道から吉原通いの人足もまばらになる。馬道辺では朦朧車夫が跳梁し出す。（中略）夜ごとにベンチを宿とするもの十数人を数える。それが大抵は常習者だ。料理屋なんかの，ごみ溜めあさって，大きな竹の皮に一杯残飯を持って来る奴がある。

　詩人萩原朔太郎（1886〜1942）もまた，浅草を愛した一人であった。「都会と田舎」という作品で，次のように歌い上げている。

　　浅草公園雷門，カフェ，劇場，音楽，理髪師，淫売，家主，学生，大人に子供，／ああ，愉快なるメリイゴーラウンド，回転木馬の上の東京大幻想楽〔ファンタジイ〕。／（中略）／ありとあらゆる近代の思想とその感情と，／およそありとあらゆる『人間的なるもの』のいつさいはこの都会の中心にある。（部分）

　また朔太郎は「田舎居住者から」というエッセイで，「個人が，個人の好きな生活をすることのできる都会！　不愉快なる義理責のない都会。おせつかいのない都会」と，都会の人間関係を礼讃している。

第22章　都市と大衆の思想　257

やがて、乱歩と朔太郎は、浅草で出逢い、ひそかな友情を結ぶことになる。乱歩は「探偵小説十年」のなかでつぎのように語っている。

> 去年（昭和六年）の秋であったか、まことに久方振りで、私はあの懐かしい浅草木馬に乗ったことがある。連れはその頃知合いになった詩人の萩原朔太郎氏で、彼もまた木馬心酔者であったから、私が恥ずかしがるのを無理に誘って、彼は木馬に、私は自動車に、ゴットンゴットンと乗ったのである。

萩原朔太郎

川端康成（1899〜1972）は、新聞連載小説『浅草紅団』において、浅草に生息するオペラ女優やその取り巻き（ペラゴロ）、不良少年少女の生態をリアルタイムで描いた。

一口にいえば、浅草公園は恵まれぬ大衆がここに棄てる、生活の重みと苦しみとがもうもうと渦巻いて、虚無の静けさに淀み、だから、どんな賑かな騒ぎも寂しく聞え、どんな喜びも悲しげに見え、どんな新しさも古ぼけて現われるのだ。

なんといっても、新しい時代の娯楽の王者は映画である。

連続活劇映画　日本において、映画が注目されるようになったのは、日露戦争の進行状況を報道するニュース映画が各地で上映されたことに始まる。さらに明治40年代に至って、浅草を中心として商業映画が流行し始めた。その様子を、荒畑寒村（1887〜1981）がその自伝において劇的なかたちで証言している。

1908年（明治41）6月、寒村は「赤旗事件の前日」浅草に遊んだ。

> 唯一の常設映画館であった電気館に入り、十二階と称した凌雲閣に登って東京の市街を俯瞰し、その下の「びっくりぜんざい」で腹一杯駄汁子を食って帰って来た。それが懐しの東京に対する私の惜別なのであった。

二年後、赤旗事件の刑期を終えて、寒村は再び浅草を訪れる。

> 当分の名残りのつもりで浅草に遊んだ時、電気館一軒よりなかった映画の常設館が今では軒をつらねて、玉乗りだの改良剣舞だのの小屋はもうほとんど見られなかった。そして映画そのものの内容も昔とは一変して、長編のドラマ化された『ジゴマ』などが人気をよんでいた。

連続活劇映画「ジゴマ」については、堀辰雄（1904〜53）が初期の短編「手のつけられない子供」で次のように描写している。

> 「ジゴマごつこ」といふ一種の遊戯が僕らの間に流行しだしたのは、それから間もなくのことでした。／それは、僕らの中のもつとも強いものがジゴマに選ばれ、それから次に強いものがニック・カーター探偵になり、その他のものは三人がジゴマの乾分に廻される外、全部ニック探偵の部下になつて、ジゴマを捕縛するために大活躍をするといふ遊戯でした。

また，萩原朔太郎は，『月に吠える』に収録された「殺人事件」において次のように歌っている。これが浅草で映画「ジゴマ」を見た印象をもとに制作されたという指摘がある。

> とほい空でぴすとるが鳴る。／またぴすとるが鳴る。／ああ私の探偵は玻璃(はり)の衣装をきて，／こひびとの窓からしのびこむ，／床は晶玉，／ゆびとゆびとのあひだから，／まつさおの血がながれてゐる，／かなしい女の屍体のうへで，／つめたいきりぎりすが鳴いてゐる。（第一連）

最先端の東京は，ラジオやレコードという新しく登場したメディアを通じて全国各地に流された流行歌「東京行進曲」にそのほとんどが取り入れられている。

> 昔恋しい，銀座の柳／仇な年増を　誰が知ろ／ジャズでをどつて　リキュルで更けて／あけれや　ダンサァのなみだあめ／／恋の丸ビル　あの窓あたり／泣いて文かく人もある／ラッシュアワーに　拾つたバラを／せめてあの娘の　思ひ出に／／広い東京　恋故せまい／いきな浅草　忍び逢ひ／あなた地下鉄　私はバスよ／恋のストップ　まゝならぬ／／シネマ見ませうか　お茶のみませうか／いつそ小田急で　逃げませうか／変る新宿　あの武蔵野の／月もデパートの　屋根に出る（西条八十作詞，中山晋平作曲，佐藤千夜子唄）

4番の前半部分は，初め「長い髪して　マルクスボーイ／今日も抱える　赤い恋」となっていたのを，レコード会社側の自主規制によって現在のように変えられたという。スタイル自体は七七七五の都々逸(どどいつ)を二つ合わせたような形になっているが，ジャズ，丸ビル，ラッシュアワー，地下鉄，シネマなど，内容はきわめてアップ・トゥー・デートなものであることが分かる。

2 孤独と不安のなかで

〈他者〉の発見　　伝統的な共同体にあっては，人々は，地縁・血縁という事実としての関係性のうちに深く組み込まれ，親子兄弟姉妹・親族・近隣といった全体のなかの部分としてのみ存在し，端的に〈個人〉として現象することはなかった。

しかし，親を棄て故郷を捨てて，大都会へと集まってきたとき，人々は，孤独と不安のなかで，自らがただ一個の人間にすぎないことを実感する。その時，人は〈他者〉の問題を自覚する。

自分が自立した一個の人間であるとすれば，他人とは何か？

どのような回路をたどって人は他者と結びあうことができるのか？

このような問いにいちはやく取り組み，流麗な文体で表現したのが，1921年（大正10）に刊行された倉田百三(くらたひゃくぞう)（1891～1943）の『愛と認識との出発』であった。同書は，同じ問題に悩む当時の青年たちの心を捉え，たちまち一大ベストセラーとなった。

同書は，倉田の模索を反映して思索は屈曲しているが，自立した個人はもう一人の自立した個人すなわち〈他者〉といかにして出会うことができるか，という一つのモチーフによって貫かれている。その第二章「異性の内に自己を見出さんとする心」において倉田は以下のように論じている。

> 実に生命の底に浸徹して「自己」に目ざめたるものにとつては，自己以外のものの生命的存在を発見することは，ゆゆしき驚きであり大事であつたに相違ない。かくて生命と生命との接触の問題が，魂と魂との交渉の意識が，私等の内部生活に頭を擡げて来る。（中略）自己の存在は直ちに内より直観できる。私はこれを疑ふことはできなかつた。併しながら他人の存在が私にとつていかばかり確実であらうか。

　ここには自己の意識が明瞭になればなるほど，それまで自明のように思われていた〈他者〉の存在が，不可解なものへと解体していく過程が，みごとにトレースされている。
　伝統的な共同体においては，他人との関係は，地縁・血縁という事実によってあらかじめ外側から規定されている。しかし，自立した個人にとって，他者とは，主体的な実践によって獲得されるものとなる。いまや世界はコスモス（秩序）ではなくカオス（混沌）へと変貌したのである。

新たな共同性を求めて　やがて倉田は，恋愛の体験をとおして，肉体としての女性のうちに最も具体的な生命の証を認め，さらに倉田は，恋に破れて後，キリスト教的な隣人愛に目覚め，ついには，西田天香（1872～1968）の主宰する宗教グループ「一灯園」に身を投じるに至る。倉田の戯曲作品『出家とその弟子』に登場する親鸞は西田天香をモデルにしていると言われている。
　新しい共同性を求めようとする動きは，ほかにも見られる。『貧乏物語』で名声を博した経済学者河上肇（1879～1946）は突如として，伊藤証信（1876～1963）の主宰する宗教グループ「無我苑」に身を投じた。新宗教と呼ばれる新興宗教が蝟生するのもこの時期である。また，武者小路実篤（1885～1976）は自給自足の理想郷を夢見て九州の山奥に「新しい村」を設立し，有島武郎（1878～1923）は北海道の農場を小作人たちに解放し個人雑誌『泉』を創刊した。
　このほか，この頃，貧困や社会的不平等を是正するための運動も活発化した。鈴木文治（1885～1946）の友愛会は日本労働総同盟へ発展した。平塚らいてう（明子）（1886～1971）は青鞜社を設立し，婦人解放運動を展開した。また，被差別部落の解放を目指す全国水平社も結成された。
　この時期の倉田の書簡を集めた『青春の息の痕』には，倉田の思索がさらにはっきりと記述されている。

> 私の恐怖は私等がどんなイグノランスから自他を傷つけるかも知れないといふことです。（中略）ああ私は自ら知らずして他人を傷つけてゐました。私は宗教がこの現はれたる世界をよしと見ないのに賛成致します。そしてその最大なる欠点は生命が他の生命を犯さないでは存在できないことであると思ひます。

自己と他者との関係が築き上げられない限り，秩序整然とした世界はもはや存在しないことが語られている。

　　周囲が幸福でなくては私も幸福になれません。私は沁々(しみじみ)とミットレーベンといふことを感じ，ゴッホのコラボレーションを思ひます。

自分と他者との関係が明確にならない限り幸福はない。ミットレーベン（共生）すなわち新しい共同性こそが求められている。

　　私は自分を全きものとしようとする努力は，つねに自らと共存者とを調和の中に従属せしめようとするねがひとはなるべからざるものと考へます。

自らの完成は，他者との関係の中にしかない。

　　私は社会の下層階級の人々の持つ感じ方に注意せられます。そして共に労働する者の間に生まれる愛憐と従属との感じなどを思ふとき，古への聖者たちが愛と労働とを結びつけて考へたのは道理のあることと思はれます。

ここに示された多少感傷的な感慨は，同じ頃に若い社会主義者たちを捉えた烈しい感情と，決して別のものではない。

竹内　仁
（『竹内仁遺稿』より）

マルクス主義の衝撃

マルクス主義も，また，新しい共同性をもたらすものとして受け入れられたという側面を持っている。

大逆事件とそれに続く長い「冬の時代」を経て，大正期に至って日本の社会主義が再び活動を始める。とりわけ1917年におけるロシア革命の成功は，日本国内にも大きな熱狂を巻き起こし，マルクス主義への関心を呼び起こした。雑誌『種蒔く人』の創刊，平林初之輔(はつのすけ)（1892〜1931）による「無産階級」のための文学の提唱など，文学への影響が深まった。

竹内　仁(たけうちまさし)（1898〜1922）は，初め仙台の第二高等学校にあって，阿部次郎（1883〜1959）の人格主義に強い影響を受けた。しかし，竹内は，現実の様々な困難に直面し，しだいにマルクス主義に惹きつけられていく。その過程は，彼の遺した「日誌」になまなましく記録されている。

　　「愛」といふものがこれまでの自分のGrundprinzipであつた。自分にとつて，人類の理想は愛によつて人と人とが結ばれる社会の建設であつた。（中略）／今，自分はこの愛の原理の確実性を疑ふ。（中略）愛はRealitätとしてはあまりに空疎な概念ではないか。／今，自分は切にRealitätを追ひ求める。確かさと永遠性とを持つた真実在を追ひ求める。愛がそれに堪え得ないとすれば，それは何処に求むべきであらう。

竹内が求めていたものが，倉田と同じように，新しい共同性であったことがわかる。何れ人は死なねばならぬ。労働者も資本家も，支配者も被支配者も。それを思ふと

第22章　都市と大衆の思想　*261*

人は和げる丈和ぎたいと希はずにゐられない心持になる。それは阿部次郎氏の言ふ通りである。けれども，この心持のために，戦ふべき戦を中止していいものかどうか。（中略）出来得べくんば，「資本家」を亡ぼすことによつて彼の「人」を救ひたい。

1922年（大正11）に至って竹内は阿部次郎を厳しく非難するに至る。

まず竹内は雑誌『我等』に「リップスの人格主義に就いて――阿部次郎氏のそれを批評する前に」を掲載し，阿部の依拠するリップス（Theoder Lipps）は決して経済問題に対して「心的改造論」を提示したわけではないと指摘する。続いて竹内は『新潮』に「阿部次郎氏の人格主義を難ず」を掲げ，さらに阿部の反論を踏まえ，同じく『新潮』に「再び阿部次郎氏に」を掲載した。

愛と公正との精神の必要であることは今あらためて言ふまでもない。現代にとつて特に必要なのは，この精神の高唱ではなくして万人がこれを実行しうるための経済的条件をまづ確保することである。この条件を確保すべき一つの制度を創造することである。

他人が幸せにならなければ自分も幸せになれないという倉田の主張に共感するものにとって，人格価値の実現を求めるものはそれが可能である制度を構築することが義務であるとする竹内の結論は，否定しがたい真実性をもっていたであろう。のち，函館の富裕な家に生まれた亀井勝一郎（1907～66）は，プロレタリアの解放なくして自分の幸福はないと考え，マルクス主義の運動に身を投ずることになる。

人格主義とマルクス主義は，イデオロギーという側面では，全く異なる思想的態度として評価されるが，新しい共同性の根拠の模索という点で共通のモチーフをうちに含んでいることが理解できるだろう。

３ 大衆文化の諸相

ジャーナリズムの発達　日露戦争後に義務教育就学率は95％を越え，また1900年には2.9％だった中等教育就学率は25％に，さらに1925年には32.3％に達している。進学熱の上昇とともに各地で高等学校が増設された。

こうした教育の量的・質的向上は文学読者層の拡大をもたらすとともに，新しい文学の登場を促した。

1914年（大正３）から1923年（大正12）のあいだに創刊された雑誌の数は400点にのぼり，そのうちの３割は文芸雑誌であった。その中心になったのが講談社で，『講談倶楽部』を発行して以来，『少年倶楽部』『面白倶楽部』『現代』『婦人倶楽部』『キング』『幼年倶楽部』などをつぎつぎに発刊し，雑誌王国を築いていった。

このようなジャーナリズムの発達とともに大衆文学が生まれた。

日本の純文学は「自然主義」として成熟した。フランスから帰朝した島村抱月(しまむらほうげつ)（1871

～1917）は1906年（明治39）に『早稲田文学』（第2次）を創刊し，虚構を廃し作家自身の体験を告白せよと主張した。これに応じて翌年，田山花袋（1871～1930）が『蒲団』を発表し大評判を呼んだ。これ以後，自然主義が文壇の主流となり，「赤裸々な描写」がスローガンとなった。島崎藤村（1872～1943），正宗白鳥（1879～1962），徳田秋声（1872～1943），岩野泡鳴（1873～1920）などがこれに続いた。大正期に入って，自然主義は作家自身の日常的な生活を描く私小説，心境小説などへと向かった。その代表として広津和郎（1891～1968），葛西善蔵（1887～1928）などがいる。

　自然主義に対して，人道主義を掲げる武者小路実篤，志賀直哉（1883～1971），有島武郎などの白樺派が活動し，森鷗外の主宰する『スバル』に拠った北原白秋（1885～1942），木下杢太郎（1885～1945），吉井勇（1886～1960）などが耽美主義を展開し，夏目漱石門下の安倍能成（1883～1966），和辻哲郎（1889～1960）などが理想主義の立場から批評活動を展開した。反自然主義の流れは，永井荷風（1879～1959），芥川龍之介（1892～1927），谷崎潤一郎（1886～1965）などの作家を生み出した。

　一方，自然主義全盛の文壇に受け入れられず，小川未明（1882～1961）や鈴木三重吉（1882～1936）のように童話の領域に活路を見出すものもあった。大衆文学も，また，自然主義に同調できない作家たちの逃避場と見ることができる。

大衆文学の盛行　1913年（大正2）から書き継がれていた中里介山（1885～1944）の『大菩薩峠』が，1921年（大正10）に至って春秋社から単行本として刊行され，インテリ階層を含めて多くの読者を獲得した。「それまで面白くもない文壇小説に飽きあきしていた知識階級も，ここに無知識階級の間に伍して此の作品を読み始めた」（中谷博）のである。

　平林初之輔は，大衆文学の成立について次のように指摘している。

　　自然主義者は，文学の本質は，真実をありのまゝに描くことにありと主張し，文学者の頭から，空想や想像を一掃しようとした。（中略）これに対して，意識的に反旗を翻へしたのが大衆文学である。（中略）それは作家が長い間不当にも文学の領土から追ひやられてゐた空想や想像を奪還したといふ点に於いて，文学を狭義の個人的体験の殻の中から開放したといふ点に於いて，たしかに存在理由をもつと言へよう。

　幕末・明治の動乱を背景に盲目の剣士机龍之介が活躍する『大菩薩峠』が象徴するように，日本の大衆文学は〈マゲ物〉すなわち時代小説として成熟した。その代表作を挙げれば，白井喬二（1889～1980）『富士に立つ影』，吉川英治（1892～1962）『剣難女難』『鳴門秘帖』，国枝史朗（1888～1943）『神州纐纈城』，大佛次郎（1897～1973）『照る日くもる日』『赤穂浪士』，土師清二（1893～1977）『砂絵呪縛』，佐々木味津三（1896～1934）『右門捕物帖』『旗本退屈男』，直木三十五（1891～1934）『南国太平記』，子母沢寛（1892～1968）『新撰組物語』『国定忠治』，林不忘（1900～35）『丹下左膳』，長谷川伸（1884～1963）『沓掛時次郎』などがある。

　1920年（大正9）に創刊された『新青年』は積極的に海外の探偵小説を紹介し，やが

て江戸川乱歩を世に出した。

探偵小説は，現代小説そして都市小説としての特徴を持っている。平林初之輔は，英国の作家・批評家チェスタトン（Gilbert Keith Chesterton）の議論を踏まえつつ以下のように論じている。

> 都会は，実を言えば，田舎よりもはるかに詩的なのである。自然は，無意識的な力の混沌とした集まりであるが，都会は，意識的な力が作つた混沌であり，街路の石，壁の煉瓦，一つとして象徴でないものはない。（中略）実際私たちの美の観念はいま急激に変革の過程をたどりつゝある。科学，工業，機械，都市……さういつたものが，私たちにとつて，自然以上の美を，み力をもちはじめつゝある。

日本の探偵小説は，甲賀三郎（1893～1945），海野十三（1879～1949）などの本格派のほかに，夢野久作（1889～1936）や久生十蘭（1902～57）などの変格派＝幻想と怪奇の作家を生んだ。

大衆社会の教養
――円本と岩波文庫

円本とは，改造社が1926年（大正15＝昭和元）に刊行を開始した『現代日本文学全集』全37巻（のち63巻）の予約頒価が一冊一円であること，当時一円料金のタクシーが「円タク」と呼ばれていたことに由来する。企画が発表されると，たちまち35万を越える予約を獲得した。

これに倣って新潮社が1927年（昭和2）に『世界文学全集』全38巻を企画し，58万部の予約を獲得した。以後，春秋社が『世界大思想全集』全54巻を刊行，平凡社が『現代大衆文学全集』全54巻で続いた。その後もぞくぞくと円本の刊行が続き，1930年までに約300種類を越えたという。同時に，円本ブームの過熱は，販売競争を生み，新聞広告などの宣伝戦が派手に展開された。

1927年（昭和2）岩波書店は，円本の全巻予約制を批判して，自由分売で廉価の小型本，岩波文庫を創刊した。これによって日本の古典や世界の名著が手軽に読めるようになった。

こうした出版ブームは，作家に多額の印税をもたらした。作家が印税によって生活できるようになるのもこの頃からである。

また左翼出版も盛況を極めた。『社会問題叢書』（同人社）『社会科学叢書』（金星堂）『マルクス主義叢書』（白楊社）『マルクス＝エンゲルス全集』（改造社）など，社会主義，マルクス主義関係の叢書・全集が出版された。これを締めくくるように，1932年（昭和7）に岩波書店が『日本資本主義発達史講座』を刊行する。

プロレタリア文学も，この時期に至って，小林多喜二（1903～33）『蟹工船』，徳永直（1899～1958）『太陽のない街』などの名作を生み出す。この時期は，川端康成，横光利一（1898～1947）などの新感覚派，プロレタリア文学，自然主義の「三派鼎立」の時代と呼ばれている。

女流作家の活躍も忘れることはできない。とりわけ，改造社の「新鋭文学叢書」の一作として刊行された林芙美子（1903～51）の『放浪記』は36万部の大ベスト・セラー

となった。そこには，女が一人東京の町でカフェの女給などの仕事を探しながら力強く生きている姿が定着されている。宇野千代（1897～1996），平林たい子（1905～72）などもカフェの女給を生活の支えとした時期を持っている。

（渡辺和靖）

▶コラム23　アジア主義

　アジア主義と言うと，昭和前期のアジア侵略戦争につながるイデオロギーと見なされて，特に戦後は評判が芳しくないようだが，ここではもう少し幅広い歴史的概念として捉えてみたい。
　幕末期の日本が西欧列強の東亜進出によって長年の鎖国の酔夢を破られたとき，屈折したナショナリズムの情念は凄まじい攘夷のエネルギーとなって噴出し，それはやがて徳川政権を倒滅する大きな力となったが，同時に日本がアジアとどう向き合うかという深甚な課題を抱え込む契機ともなった。
　この時期吉田松陰や平野国臣らが雄大なアジア経略を唱えているが，それらはいずれも発達した資本主義―帝国主義に裏打ちされない空言，激語の域を出ず，橋本左内の日露同盟論や勝海舟の日韓支合従論等とも相互変換可能な，対外防衛構想の変種にすぎなかった。
　明治初年の征韓論争は，近代日本のアジア観・対アジア政策に大きな影響を与えるものだったと言えるかもしれない。西郷隆盛はおそらく通説の如き朝鮮侵略論者ではなく，むしろ道義の普遍性を素朴に信ずる，東亜連帯の唱道者であっただろう。しかし大久保・伊藤らの近代主義路線に政略で破れ，その永久革命の想念は頓挫を余儀なくされた。それでも西郷が有していた思想的可能性は，後の様々な思念と実践の中に継受されていった。
　不平士族の生き残り達が少なからぬ部分を担った自由民権運動は，民権と国権という二つの命題を内に抱え，左右両翼を生み出す母胎ともなった。対アジア観についても，西欧帝国主義に対抗するための連帯の意識と，他方アジア諸邦を軽悔し侵奪の対象とする発想が微妙に交錯する。
　朝鮮改革に絶望した福澤諭吉が「脱亜論」で朝鮮・清国等アジアの「悪友」との交際の「謝絶」を主張したのと同じ年，大井憲太郎らと朝鮮独立を企図する大阪事件に連座した樽井藤吉は「大東合邦論」を著し，日本と朝鮮が真に対等の立場で合併し，さらに清国やアジア諸国とも連携して，ロシア等列強のアジア支配に立ち向かうことを強説した。樽井は徹底して日韓両国，そしてアジア諸民族の自立と平等性にこだわり続ける。
　平岡浩太郎・頭山満らを領袖とする玄洋社は，民権論から次第に対外硬の国権主義的性向を強め，日本の大陸進攻の先兵化していく。その脈流を継ぐ内田良平らの黒竜会は大アジア主義を標榜，天佑侠の「日韓合邦」運動が帝国主義的「韓国併合」へと変質していく過程を主導する侵略的役回りを果たした。
　これに対し，頭山・内田らと共に中国の革命運動に助勢した宮崎滔天は，一貫して中国を起爆点とするアジア革命，さらには世界革命を想望し続けた。民権左派の流れに位置する滔天はフィリピン独立運動やタイの興隆にも尽力，朝鮮・台湾の解放を強調する

第22章　都市と大衆の思想　265

など，日本の侵略性には常に批判的であった。この滔天と固い親交を結んだ孫文（そんぶん）が死の前年に神戸で講演し，「西洋覇道の番犬となるよりも，東洋王道の干城たれ」と日本の帝国主義を喝破したのは，実に象徴的である。

　竹内好がかつて述べたように，アジア主義は「膨張主義または侵略主義と完全には重ならない……またナショナリズムとも……左翼インターナショナリズムとも重ならない。しかしそれらのどれとも重なり合う部分はある」のである。

　アジア主義と言うと必ず名前の挙がる岡倉天心にしても，「アジアは一つ」という言句（「東洋の理想」）が後に大東亜共栄圏正当化のスローガンとして利用された事実をもって，侵略主義者と烙印されては甚だ不面目であろう。その「大東亜戦争」についても，理不尽極まる侵略の犯罪性は掩いがたいにせよ，アジア諸民族の解放および彼らとの連帯という大義の追求の不幸な帰結という側面も，簡単には否定しえないように思われるのである。

（岡崎正道）

第23章

民族という幻想

1　マルクス主義の展開と挫折

危機の時代　1919年（大正8）から1939年（昭和14）を歴史家 E. H. カーは「危機の二十年」と形容している。日本も「危機」の例外ではなく，テロが相次いで起こり，国際関係でも緊張の高まった時代であったが，「危機（crisis）」はまた新時代への「転換点（crisis）」でもあった。明治以降主流となっていた西洋文明（マルクス主義もその一つである）を学びとろうとする姿勢から，東洋・日本独自の価値を見出そうとする姿勢へと，ある場合には自主的に，ある場合には強制されて，思想が「転換」してゆく時代であったことがまずは指摘できる。

　また，近年の「総力戦体制論」が明らかにしているのは，この時代に，19世紀的な階級社会から，社会成員を均質化させて人や物を効率よく動員する20世紀型システム社会への変換が起き，戦後日本社会のベースが作られたことである。思想の領域においても，自由な言論が封殺され，時局迎合的なナショナリズムの主張が発言力を増したのは確かであるが，一方で社会論や文化論など多方面への新たな芽が生まれ，今日につながる問題に取り組んでいたことにも注意する必要があるだろう。

福本イズム　1924年（大正13）にヨーロッパ留学から帰国し，山川均を批判，「分離・結合の理論」と呼ばれる運動論を展開した福本和夫（1894～1983）は，マルクス主義の新風として注目を集めた。ロシア革命以降，マルクス主義の中心を担ってきたモスクワの「正統」的マルクス主義に対抗して，ヨーロッパではグラムシやルカーチたちが社会変革の担い手としての個々の主体を重視し，その意義の基礎づけを試みていた。後に「人間の顔をしたマルクス主義」と呼ばれるものの萌芽となるような，こうした西欧の新しい空気に福本が触れていたことが知られている。

　しかし，福本への関心は表層的な流行現象としての色彩が濃く，その問題設定を深化させようとする動きは生まれなかった。さらに1927年（昭和2），コミンテルン（ソ連共産党の指導下にある国際共産党組織）が，「日本問題に関する決議」，いわゆる27年テーゼを発表，この中で運動を分裂させるセクト主義として「福本イズム」を批判すると，福本への支持は急速に失われた。

日本資本主義論争　マルクス主義者たちは，歴史発展の一般的な定式に基づいて社会主義革命を必然と捉えていたが，その定式に照らして天皇制を核とする日本の現状をどう把握し，それをいかに変革してゆくかをめぐっては見解の相違があり，論争が生まれていた。

日本資本主義論争と呼ばれるこの論争の一方の担い手は，1932年（昭和7）に刊行の始まった『日本資本主義発達史講座』（岩波書店）の執筆者である野呂栄太郎・山田盛太郎たちであり，講座派と呼ばれた。この『講座』は，当時唯一の体系的な社会科学の方法といってよいマルクス主義の方法を用い，日本社会を総合的に研究した初めての試みであり，戦後に至るまで大きな影響力を及ぼすことになる。彼らの分析によれば，明治維新は革命としては不十分であり，日本はいまだ封建的土地所有制度に基づく絶対主義国家の段階にあるので，まずブルジョア民主革命によってこの絶対主義を打破し，ついで社会主義革命を起こすという二段階にわたる革命が必要だとされた。これは当時の共産党の公式見解でもあった。

一方，山川均ら雑誌『労農』のグループ（労農派）は，日本はすでに近代資本主義国家の段階にあるとし，地主制の近代的特質を主張する。つまり，日本はブルジョア革命として明治維新を経ているのだから，今日一気に社会主義革命を目指す必要があるとした。この論争は日本の社会科学の水準を高めたものとして評価されているが，1930年代中頃には当局による弾圧が強まり，当事者が相次いで検挙されたために論争自体も途絶した。

転向　「転向」は，単なる方向転換ではなく，権力の強制によって自己の思想信条を捨てることを指す。1933年（昭和8），獄中にあった，当時共産党の最高幹部である佐野学と鍋山貞親が，コミンテルンと共産党を批判，天皇制を許容する「共同被告同志に告ぐる書」を発表する（佐野・鍋山の転向声明）。二人の声明は逮捕されても非転向を貫いていたマルクス主義者たちに衝撃を与え，あたかも転向が最高幹部からの指導であるかのように多くの追随者が現れ，共産党は壊滅に追い込まれた。

転向は恥ずべき挫折として考えられ，その経験について転向者は，沈黙するか単に自己の弱さや苦悩として描き出すこと（転向文学）がほとんどであった。そうした中，中野重治は自身が経験した転向という主題を文学として深く掘り下げた数少ない作家・詩人のひとりである。戦後もしばらくは転向が思想史研究の対象となることはなく，ようやく1950年代末になって鶴見俊輔ら『思想の科学』グループや吉本隆明によって取り上げられることになった。

京都における展開　京都では，マルクス主義をベースとしながらも西田哲学との対峙を経るなどして，共産党とは一線を画した独自の思想や文化論がアカデミズムの枠を越えるかたちで生まれていた。戸坂潤，三木清，林達夫，花田清輝，中井正一などである。

三木清（1897～1945）は，西田幾多郎の影響の下，「ネオヒューマニズム」の立場か

転向声明を伝える新聞（『東京朝日新聞』昭和8年6月10日付）

ら歴史論や人間論を発表した。三木は，ルネサンス的な近代ヒューマニズムとそれを基礎づける従来の哲学が，「理解」の立場，歴史や人間を外部から眺める観想的態度にとどまっていること，またロゴス一辺倒であることを批判する。そして，「理解」に対して「創造」や「制作（ポイエーシス）」を置くネオヒューマニズムを唱え，ロゴスとパトスとが相矛盾しながら協働して「形」を作り上げてゆくあり方に着目，形のないものに形を与える人間の能力としての「構想力」の重要性を主張した。

戸坂潤は，1932年（昭和7）に三枝博音らと唯物論研究会を結成する。自ら編集を担当する雑誌『唯物論研究』に発表した論文を核にまとめられた著書『日本イデオロギー論』では，科学的唯物論の立場に立って，同時代の和辻哲郎や西田幾多郎，小林秀雄らの言説に検討を加えた。戸坂によれば和辻は日本主義の代表者であり，また西田哲学や小林の文学的自由主義も容易に日本主義に転化するものとして批判された。なお，戸坂は敗戦六日前に，三木は敗戦直後に獄死している。中井正一は，『土曜日』や『世界文化』の編集のかたわら，「委員会の論理」などコミュニケーション論や映画論，スポーツ論を発表した。

第23章　民族という幻想　269

2　日本への回帰

西洋から日本へ　退場を迫られたマルクス主義に替わって思想の表舞台に登場したのは，日本の文化や伝統とされるものを積極的に評価しようとする言説である。その内容は様々であり，日本主義として一括りにすることはできないが，論者のほとんどに留学経験や書物を介しての西洋体験があることを指摘できる。西洋近代を批判し，西洋中心の普遍主義への反発を表明する彼らは，一方で近代的学問の態度や方法を身に付けており，その論は決して日本的伝統の中で純粋培養されたものではなく，ハイデガーやシラーなどヨーロッパ思想を下敷きに構成されたものであった。

九鬼周造・和辻哲郎・鈴木大拙　九鬼周造（1888～1941）は，ベルグソンやハイデガーに学んだ留学の後，1930年（昭和5）に『「いき」の構造』を書いて，江戸の遊里に発する美意識「いき（粋）」を取り上げ，その分析を通して日本的価値観を明らかにしようとした。「いき」は，「媚態」（異性との緊張関係の中での色っぽさ）・「意気地」（相手に依存しないという張り，武士道の道徳的理想主義に由来する）・「諦め」（執着なき離別，宗教的非現実性）の三契機の結合として成立するとした。

また，1935年（昭和10）の『偶然性の問題』では，西洋の近代的自我や自然法則，神の観念などを「同一性」や「必然性」の論理に基づくものとして批判し，「偶然性」を東洋の伝統思想の本質として措定して，出会いや運命の問題の理論化を目指した。

和辻哲郎（1889～1960）は，東大在学中に第二次『新思潮』に参加，谷崎潤一郎らとも交際があった。やがて，ニーチェ，キルケゴールの研究を経て，西洋哲学を批判し，独自の人間論を展開するようになる。

『人間の学としての倫理学』では，日本語の「人間」という語に「間」という意義が含まれているとし，個人の主観から出発する西洋哲学を批判，間柄が人間にとって本質的なものであることを説き，間柄の学としての倫理学を構想した。また，ドイツ留学の途上での各地の印象をもとに1935（昭和10）年に発表された『風土─人間学的考察』は，西洋的な普遍主義に対抗し，土地の自然・文化の総体としての「風土」を主題とするものであった。ここでは，東アジアの「モンスーン型」，西アジアの「砂漠型」，ヨーロッパの「牧場型」という三類型が提示され，日本は特殊モンスーン型と位置づけられている。

さらに『倫理学』では，間柄的存在としての人間論と風土論とを接続させつつ，「国家」を究極の「人倫態」として結論づけた。また『尊皇思想とその伝統』では，日本国民の全体の表現者として天皇を位置づけ，戦後の象徴天皇制を先取るともいえる主張を行った。

宗教哲学の領域では，鈴木大拙（1870～1966）が西洋的な精神─物質の二元論では捉えられない「霊性」について述べ，それを「即非の論理」（AはAに非ず，即ちAなり）で体得すること（霊性的自覚）が宗教経験の核心であるとした。1944年（昭和19）の

『日本的霊性』は，日本における霊性的自覚の系譜を述べたものである。「即非の論理」は，西田哲学における「矛盾的自己同一」に近いものと考えられ，実際大拙は，生涯にわたって西田幾多郎と親交があった。また，大拙は欧米への仏教思想や禅の普及の点でも大きな役割を果たした。

民俗学・国語学・女性史　南方熊楠らとの交流を通して西洋の民族学・神話学を吸収し，日本民俗学の方法の基礎を作ったとされる柳田國男（1875～1962）は，『遠野物語』など初期の著作においては，山地狩猟民・木地師（きじし）・サンカなど漂泊する職能集団に着目，日本国内の隠れたマイノリティ文化を主たる考察の対象としていた。しかし，1921年（大正10）の沖縄旅行と国際連盟委任統治委員としてのジュネーヴ訪問に前後して，柳田の関心は大きな転換を遂げ，以後は水田稲作農耕民をもっぱら論じるようになる。柳田は彼らを民俗文化の担い手としての「ごく普通の百姓」と位置づけ，「常民（じょうみん）」と呼ぶ。そして，稲作農耕民に見られる田の神信仰と祖霊信仰（先祖が山の神となり，山の神が春に里に下りてきて田の神になる，とする）に着目，宮中での天皇の祭とを結びつけつつ，これを日本人の「固有信仰」と呼んだ。柳田の論調は，多文化混在的な日本像よりも均質な単一民族国家を主張するものに変わり，稲作文化を核とする日本人としてのナショナル・アイデンティティを国民に浸透させようとするものとなった。こうした1920年代以降の柳田の立場は，柳田自身の用語を用いて「一国民俗学」とも呼ばれる。

　国語問題に対しても柳田は関心を持ち，読み方，綴り方とならんで話し方，聞き方を学校教育に取り入れることを主張した。『国語の将来』や，方言の同心円的な広がりに着目した「方言周圏論」で知られる『蝸牛考（かぎゅうこう）』などの著作もある。なお，国語学においては，従来の国語学を西洋言語学の焼き直しに過ぎないとして批判し，日本語の構造に即した「言語過程説」と呼ばれる理論を構想した時枝誠記（ときえだもとき）も注目される。

　柳田はまた日本人南島起源説をとり，祖先たちが稲作文化とともに沖縄を経て日本列島を北上したと想定しており，一方沖縄には日本人の信仰や文化の太古の姿がそのまま残存しているものと考えた。一種のオリエンタリズムに基づく南方への関心は日本の植民地政策とも結びついて当時広く見られたものであるが，柳田に私淑して民俗学研究に入った折口信夫（おりくちしのぶ）（1887～1953）もまた，1920年代に沖縄を旅して自らの『古代研究』の着想を得たとされている。折口は，海の彼方の「常世（とこよ）」から神がやってくるとする沖縄の信仰に着目する。そして，アウトサイダーとしての来訪神（「まれびと」）が古代日本の神の基本的性格であるとし，この外なる神とそれを迎える土地の精霊との関わり合いから，文学・芸能・祭祀が発生したと説明した。

　女性研究の領域では，高群逸枝（たかむれいつえ）が1938年（昭和13）に『大日本女性史』（戦後，『母系制の研究』と改題）を出版した。高群は，本居宣長の国学に拠りながら，同時代の良妻賢母主義的女性観を儒教に由来する人為的制度と捉えて，外来思想の流入以前の「自然」な状態を明らかにしようとし，日本古代における母系制の立証を試みた。

日本浪曼派　文学の領域では、1935年（昭和10）、亀井勝一郎、保田與重郎らが、雑誌『日本浪曼派』を創刊、この時代の文学状況中で一拠点となった。彼らは日本の古典の中に現実世界の汚濁の中で失われた純粋さがあるとして、日本の美的伝統とされるものへの回帰を主張した。日本浪曼派の中でもとりわけ大きな影響力を持ったのは、ドイツロマン派の影響の下、晦渋な文体で「ロマンティッシュ・イロニイ」を説いた保田與重郎である。保田のいう「イロニイ」は、現実を相対化し批判する契機をもちつつも、やがてはその近代批判がもっぱら欧米からのアジアの解放として現実の戦争を美化する主張となって広がった。

3 戦争と知識人

天皇機関説事件と国体明徴　1935年（昭和10）、美濃部達吉が『憲法講話』で主張した「天皇機関説」が貴族院で取り上げられ、攻撃が加えられる。天皇機関説とは、国家は統治権を有する法人であるとし、天皇を統治権行使の最高権力をもつ機関と位置づけるものである。「国体」については社会心理的概念であるとして法の議論から排除する立場をとった。

学界では穂積八束や上杉慎吉の天皇主権論よりも広く支持されていたにもかかわらず、政治問題となったことで、美濃部は著書発禁処分の上に不敬罪で告訴され、貴族院議員を辞職するに至った。一方、国会は同年に天皇主権を明確化する「国体明徴」の決議案を可決、内閣も「国体明徴に関する声明」を発表して、天皇機関説を完全に否定した。さらに政府は、国体明徴運動に沿うかたちで1937年（昭和12）に『国体の本義』を刊行、国家のイデオロギー的指針として全国の学校などに配布した。

国家主義とアジア　1930年代は、「大東亜共栄圏」ほか、石原莞爾の「東亜連盟論」、昭和研究会（近衛内閣の政策研究集団。尾崎秀実や三木清が参加）の「東亜共同体論」、その影響を受けたとされる近衛内閣の「東亜新秩序声明」など、西洋に対抗してのアジアの連帯、およびアジアにおける日本の特権的地位が主張された。

北一輝（1883～1937）は、すでに1906年（明治39）に国体論から社会主義を論じた『国体論及び純正社会主義』を自費出版し、発禁処分を受けていた。1919年（大正8）の『国家改造案原理大綱』（1923年〈大正12〉に『日本改造法案大綱』と改題の上刊行）は、天皇を奉じたクーデターを起こし、既成特権階級の廃絶等を行って一挙に国家改造を達成、あわせて中国、インド、シベリア、オーストラリアを併合することを主張し、皇道派青年将校に大きな影響を与えた。このため、1936年（昭和11）に二・二六事件が発生すると事件への関与を問われて刑死した。

国家主義運動を導き手として、さらに1939年（昭和14）のベストセラー『日本二千六百年史』の著者、大川周明をあげることができる。大川は、西洋への対抗の観点からイスラム世界にも関心を示した。一方、植民政策を研究していた矢内原忠雄は、日本が朝

鮮半島に対して従属・同化の政策をとったことを批判するが，その評論「国家の理想」が反戦思想だとして攻撃を受け，1937年（昭和12）東大教授を辞職した。ただし，植民自体は文明の伝播として肯定する立場であった。

　なお，国家主義の担い手として，田中智学と国柱会の果たした役割は無視できない。田中智学は当初，「日蓮主義」を掲げて在家信仰を重視する側からの日蓮宗の教団改革を目指す運動を進めていたが，しだいに仏教的要素よりも国体護持運動の色彩が強まり，世界を天皇中心の法華経信仰の共同体にしようとする，一種の千年王国思想を展開した。田中の主宰する国柱会は，世界最終戦争を主張した石原莞爾，1932年（昭和7）に政財界の要人が殺された血盟団事件の主導者である井上日召，また宮沢賢治にも影響を与えた。

近代の超克と京都学派　1942年（昭和17）から翌年にかけて，雑誌『中央公論』に「世界史的立場と日本」と題する座談会が掲載された。出席者は，高坂正顕，高山岩男，西谷啓治，鈴木成高という，京都帝大の学者たちである。彼らは，西洋が主導する近代は閉塞に陥っており，今や日本はこれにかわって新たな盟主となり「大東亜共栄圏」を作る必要があるとする「世界史的立場」を表明した。また「モラリッシェ・エネルギー」を強調，「共栄圏」を作るための日本のアジアへの出兵は，ヨーロッパ各国による帝国主義的な植民地化とは別のものであるとして，戦争遂行を道義的に意味づけようとした。

　一方，雑誌『文学界』は，1942年（昭和17）に座談会「近代の超克」を掲載している。亀井勝一郎，小林秀雄ら『文学界』同人のほか，「世界史的立場と日本」の西谷，鈴木も参加したこの座談会でも，西洋近代の限界と日本（アジア）の可能性という図式をもとにした議論が行われた。しかし，討論は収束せず，各人各様の意見表明に終わっているが，それは当時の「近代」をめぐる議論のアクチュアリティを示してもいる。

　また彼らとは別に，西田幾多郎を批判的に継承した人物として田辺元がいる。田辺は，フッサールに学び，日本における科学哲学の先駆者とされるが，1930年代には「種の論理」を展開した。ここでは，社会は「個」（個人），「種」（民族），「類」（人類）の三つの水準からなるものとして考えられ，「個」と「類」とを媒介するものとしての「種」の役割を分析し，その意義を主張したが，結果的にそれは民族国家としての日本に個人が服従することを正当化し，ファシズムを肯定する論理ともなった。

（畑中健二）

▶コラム24　総力戦論争

　総力戦（total war）とは，単に軍事力の衝突のみにとどまらず，国民全体，全物資，そしてイデオロギーまでをも駆使して行う戦争の謂である。

　第一次世界大戦はそれ以前のあらゆる戦争と本質的に異なる，大量動員・大量破壊・大量殺戮・大量消耗を不可避とする戦争であり，そこではまさしく総力戦体制の確立が

求められた。日露戦争に従軍して勲功をあげた海軍大佐水野広徳が欧州の惨状を実見して衝撃を受け、熱烈な反戦論者へと変貌するのも、「現代文明の粋を集め精をきわめ……殺戮破壊をほしいままにしたる」総力戦の「残虐悲惨」(「戦争一家言」)を目の当たりにしたがゆえにほかならない。

　フランスの国家主義者で「アクシオン・フランセーズ」の創刊者レオン・ドーデは、かかる戦争の形態を著書『総力戦』に詳述し、またドイツの軍人ルーデンドルフは『国家総力戦』の中で、近代戦争における国民の物質的・精神的能力を動員する体制の意味と重要性を強説した。カップ一揆やミュンヘン一揆に関係し、やがてヒトラーと結託するこの人物の戦争論から、日本の陸軍は少なからざる影響を受ける。

　総力戦体制完成のための捷径は、軍部による政権の掌握である。日本では陸軍が第一次大戦中からその研究に着手していたが、それが本格化するのは満州事変以後、軍部の政治への干渉が強まっていく過程においてである。大きな転機は、1934年の「陸軍パンフレット問題」であった。

　陸軍省新聞班が発行した『国防の本義と其強化の提唱』というこの冊子は、「戦争は創造の父、文化の母」という表現で軍国主義と戦争を賛美し、個人主義・自由主義を排撃して統制経済の緊要性を力説、国防国家の樹立を強く訴えた。永田鉄山ら陸軍統制派による露骨な政治関与は、議会や政党、財界等の反発を招くが、二・二六事件で皇道派粛清、日中戦争の進行という展開の中で、統制派幕僚層と経済関係省庁の革新官僚(星野直樹・奥村喜和男・岸信介・賀屋興宣ら)は結合を強化する。1937年近衛文麿内閣は企画院を創設して戦時統制の推進を図り、翌年には国家総動員法を制定、経済活動や国民生活に対する極度の制限、戦争への動員態勢が固まっていった。

　総力戦には経済統制に加えて、国民の思想・精神の緊縛も欠かすことができない。治安維持法等により共産党を壊滅させた後、美濃部達吉らの天皇機関説排撃—国体明徴運動、滝川幸辰・矢内原忠雄・河合栄治郎ら自由主義知識人と労農派経済学者への迫害と続き、1940年には内閣情報局が設置されてジャーナリズムへの抑圧が強化される。太平洋戦争開戦後には言論集会結社等臨時取締法が公布され、政府・大本営に不従順な報道は徹底して禁圧されることとなる。

　浜田国松・斎藤隆夫ら議会人、岩波茂雄・馬場恒吾・桐生悠々・清沢洌・石橋湛山ら言論人による反軍国主義の活動もあったが、大勢を変えるには至らず、国民は"欲しがりません勝つまでは"の耐乏生活を強いられた。

　第二次世界大戦は総力戦の徹底せるものであったが、生活万般の戦争への動員は、やがて全生活体系の破壊という高価な代償を国民に与える。日本の主要都市は米軍の空襲で灰燼に帰し、「国体護持」に固執する政府の愚昧さは、人類史上未曾有の核兵器の惨害をもたらした。

　総力戦の無惨な結末から我々が得るべき教訓は、精神的に怠慢で自立心に乏しい国民が国家権力の巧妙な誘導に乗せられて悪逆な国策に随順するとき、そのつけは必ず自らの身の上に降りかかってくると知らねばならないということであろう。　　(岡崎正道)

第24章

戦後民主主義

1　希望としての民主主義

　1945年（昭和20）8月15日，ポツダム宣言の受諾を連合国に通告したことが国民に伝えられた。1941年（昭和16）12月8日の真珠湾奇襲に始まった太平洋戦争は敗北し，1931年（昭和6）9月18日の満州事変勃発からの15年に及ぶアジア制覇のための侵略戦争は，すべて終わったのである。8月15日は，隣国である朝鮮の人々にとっては，1910年からの日本による植民地支配の崩壊した記念すべき日（光復節）であるが，多くの日本人にとって，大日本帝国の植民地支配の崩壊としての8月15日の意味は，正面から見すえられることなく，今もって忘れ去られている。

　焼け跡に立った人々は，食うことで精一杯の毎日だったが，燈火管制の下で空襲に怯えながらの生活をせずにすむことで，虚脱感の中にも解放感を味わっていた。人々の確かな実感として，軍国日本・神国日本が終わり，8月15日をもって新しい時代が始まったのである。それまでの権威や権蔵は，偽善と虚偽に満ちたものとして捨て去られ，後には，空虚と猥雑の中に混沌としたエネルギーがみなぎっていた。

戦後民主主義の誕生　まず活発な言論活動を開始したのは，後にオールド・リベラリストと呼ばれることになる一群の知識人であった。和辻哲郎・安倍能成・小泉信三・津田左右吉といった，大正期のリベラリズムやデモクラシーの中で自己の思想を確立させた人たちである。彼らは，西欧の人文学について深い素養を持ち，戦前に確固とした業績をあげ，戦争中の狂信的な軍国主義とは距離を保ち続けた。いずれも天皇への敬愛の気持ちが深く，軍国主義に利用された天皇の姿は，国家統合の象徴としての本来の穏やかなあり方からの例外的な逸脱だと信じていた。

　マルクス主義の立場に立つ人たちの活動も活発だった。10月10日に治安維持法が廃止され，全国で3000余名の政治犯が釈放された（治安維持法の容疑者としての三木清の獄死は，9月26日である）。彼らが，帝国主義戦争に反対して投獄されながらも転向を拒否し続けたという事実は，それだけで，マルクス主義者の権威を高めることになったし，世界史のダイナミックな展開を法則的に解明して，進歩と革命の実践に寄与しうるものは科学としてのマルクス主義だけであるという主張は，めまぐるしく激動する現実政治の

前に立つ若い世代を引き付けた。
　戦後民主主義は，戦後改革という現実を背景にして，この二つの思想との緊張の中から生まれてくる。連合国軍最高司令官総司令部（GHQ）は，戦前・戦中の国家機構の徹底した改革を進め，婦人の解放・労働組合の助長・教育の自由主義化を推進し，神道の国家からの分離を指令した。なかでも農地改革と財閥解体は，絶対主義的な天皇制の支柱であった寄生地主制と財閥独占体に決定的な打撃を与えた。1946年（昭和21）11月3日に公布され，翌年5月3日に施行された日本国憲法は，国民主権・民主主義・平和主義を掲げ，国権の発動としての武力行使を放棄した。このような占領下の改革には，圧倒的な力によって外から与えられたものだったという面があることは否定できない。戦後民主主義の思想とは，外から与えられた民主主義を，日本の人々の内面に根づいたものに育てていこうとする思想である。

戦後民主主義の思想　戦後民主主義は，戦争に対する深刻な反省の上に立つものであるが，オールド・リベラリストたちとは違って，それを軍国主義の一時的な跳梁と見るのではなく，近代日本の構造がもたらした必然的な帰結として捉えた。その構造こそは徹底的に変革されなければならないものであって，旧体制の近代化・民主化は，たまたま結果として外から与えられたというようなものではなく，自分たち自身の痛切な要求，心底からの希求として受けとめられた。
　近代日本の構造的な問題とは何だろうか。戦後民主主義の思想家は，それを次のように分析した。明治以降の日本は，資本主義の生産力を急速に発展させて，帝国主義国家として膨張していったわけであるが，西欧の資本主義社会が獲得したような社会的・精神的な近代性を十分に持つことができなかった。それどころか，農村では地主・小作人の半封建的な関係がすべてを支配し，工場でも近代的な労使関係以前の人格支配が横行している。何より，家父長的なイエ制度が厳然として存在して，個人の権利は蹂躙されることが普通だった。こういう社会構造の上に，日本に独特の絶対主義的な天皇支配が聳え立っている。戦後民主主義はこのように分析して，それを日本の近代化の「遅れ」「歪み」として性格づけた。このような分析は，当面する革命の性格を規定するためになされた戦前のマルクス主義（講座派と呼ばれる）による分析と重なり合うところが大きい。戦後民主主義は，日本の社会構造の分析において，マルクス主義の見方に共鳴しているのである。
　では思想としての戦後民主主義は，マルクス主義の分析を受け入れただけかといえば，決してそうではない。そこで強調されたものは，民主主義の精神を体得した近代的な人間の主体性・自律性の確立であり，この点でマルクス主義と距離を取ることになる。当時のマルクス主義は，スターリンの個人的な権威の圧倒的に強いもので，すべての問題を階級関係に還元して捉える発想が強烈であったから，近代的な人間の主体性・自律性というような問題の発想は，没階級的なものとして斥けられがちだった。思想としての戦後民主主義は，社会変革の主体のあり方を執拗に問題にしたともいえるし，社会変革

とその担い手の精神的変革の並行を訴えたともいえるだろう。

人間の主体性・自律性という問題は、政治の優位性を主張するプロレタリア文学の伝統に対して、政治に対する文学の自立を掲げた平野謙や荒正人らの「近代文学」グループや、唯物論の中で実践の主体としての人間の問題をどのように考えるべきかを模索した少数のマルクス主義者（梅本克己など）によっても、それぞれの形で深められた。

丸山眞男と大塚久雄　戦後民主主義を代表する思想家として、丸山眞男（1914～96）と大塚久雄（1907～96）という二人の傑出した学者を挙げることができる。

丸山眞男

丸山眞男は、南原繁の下で政治思想史を学び、荻生徂徠や福澤諭吉を論じることで、日本の知的伝統の中から近代的な精神がどのように成長していくのか、その成長を阻むものが何であるのかを問い続けた。そして戦前の天皇制国家の精神構造について、それを、政治的な決断とそれに伴う責任が無限に上位者に遡っていって、結局は悠久の「国体」なるものに還元され、誰も責任を問われない無責任の構造として描き出した（「超国家主義の論理と心理」）。学究としての活躍の一方、啓蒙的な活動にも積極的で

> 民主主義というものは、人民が本来制度の自己目的化——物神化——を不断に警戒し、制度の現実の働き方を絶えず監視し批判する姿勢によって、はじめて生きたものとなり得るのです。それは民主主義という名の制度自体についてなによりあてはまる。……民主主義も、不断の民主化によって辛うじて民主主義でありうるような、そうした性格を本質的にもっています。　　　　（「『である』ことと『する』こと」）

というように、含蓄に富んだ平易な言葉で人々に語りかけていった。民主主義は、出来合いの制度として固定的にあるものではなく、その「働き方」こそが問われるべきものである。丸山によれば、それは近代社会を生きる人間のあり方にも通じるもので、民主主義を支える人間は、身分や家柄によって相手を評価する封建的・閉鎖的な「である」論理に立ってはならず、相手の人物が何を「する」かを評価基準とする近代的・開放的な「する」論理で生きるべきだと論じた。一人ひとりが生活の中で「である」論理を超えることが、新しい制度を自らのものにすることに通じるというのである。

> 日本では私たち国民が自分の生活と実践のなかから制度づくりをしていった経験に乏しい。……それでおのずから、まず先に法律や制度の建て前があってそれが生活のなかに降りてくるという実感が強く根を張っていて、……私たちの生活と経験を通じて一定の法や制度の設立を要求しまたはそれを改めていくという発想は容易にひろがらない。　　　　　　　　　　　　　　　　　　　　　　　　（同前）

戦後改革（旧体制の近代化・民主化）を、与えられた制度改革の問題に終わらせずに、

自分たちの「生活と経験」を通じて、与えられた形式に民主主義の内実を満たしていくことを丸山は訴えたのである。

学生時代に内村鑑三の聖書講義に出席し、熱心なプロテスタントとして生涯を送った大塚は、『プロテスタンティズムの倫理と資本主義の精神』をはじめとするウェーバーの理論を、マルクスの社会理論との緊張のうちに読み込み、日本の近代化のあるべき姿を明らかにしようとした。大塚によれば、近代資本主義の精神は、利己的・投機的な金もうけ主義ではなく、イギリスのヨーマンリーに典型を見い出せるような、隣人愛に裏うちされた禁欲的（自律的）な勤労の精神である。そういう人々が、互いに隣人同士として形成するのが近代社会であって、国家さえ一つのイエになぞらえられたような戦前の家族主義的な日本社会は、その対極にある正反対のものだとされた。

> 現下の最大の問題であるわが国社会の近代的・民主的再建には、わが民衆が、少なくともその決定的な部分が……近代的人間類型に打ち出されつつ民主主義の人間的主体として立ち現われるにいたることが、何はさておいても必要であろう……
>
> （「近代化の人間的基礎」）

大塚は、古い土地制度からの農民の解放と国内市場の健全な育成を主張しながら、こうも述べている。

> わが民衆が近代的・民主的人間類型へと鍛え上げられるところ、独立・自由な勤労民衆とそれによって形づくられる国内市場は、わが国経済再建の物質的基礎たるべき近代「生産力」としてその実力を発揮するにいたるであろう。　　（同前）

ここでも体制の近代化・民主化と、その担い手の形成の問題が並行して、しかも「生産力」の人間的基礎という独自の視角から論じられているのである。

戦後民主主義の思想は、地域・職場や教育の場でも、日本の再生の方向を指し示す希望に満ちたものとして多くの人々の心に届いた。しかし今日あらためて振り返れば、そこに大きな欠落があることにも気づかされる。それは、近代中国文学の研究者であった竹内好（1910～77）などを数少ない例外として、近隣のアジアの人々とどのように歴史を共有すべきかという関心がないことである。8月15日は、日本のアジア支配が崩壊した日でもあって、この事実と向き合うことなしには、日本の再生は欺瞞に満ちたものになりかねなかったが、戦後民主主義の思想家たちの視野は、狭い意味での日本国民の内部に限られて、植民地支配を強いた人々に向かい合うことで日本人としての自己改革（民主化）を深めるという発想はもてなかった。

2　60年安保闘争

安保条約の改定　1949年（昭和24）、毛沢東の率いる中国共産党が内戦に勝利をおさめ、中華人民共和国が成立した。1951年（昭和26）、サンフランシスコ講和条約が締結され、連合国による占領が終わり、沖縄・小笠原を除く日本が独立

安保闘争で銀座を埋めるフランスデモ

を果たした。この時，同時に日米安全保障条約（安保条約と呼ばれた）も締結された。前年には，スターリンの承認の下になされた北朝鮮軍の南への進攻によって朝鮮戦争が勃発し，東西両陣営の対立は緊張の頂点にあった。こうして日本が，西側陣営の一員として国際社会に復帰したが，それはアメリカの極東軍事戦略に組み込まれ，従属的な対米関係を固定化させることを意味した。

　安保条約の改定の年である1960年（昭和35）を前にして，これに賛成・反対の議論が盛んになった。賛成する論者は，共産主義勢力の脅威に対抗するためにはアメリカの傘の下に西側陣営にあることが国益にかなう道で，安保条約を破棄して中立を目指すことは，共産主義勢力を利するだけの甘い理想主義だと論じ，現実主義をもって自らを任じた。保守と革新と呼ばれた二つの勢力が，正面からぶつかり合ったのである。

平和と民主主義　岸内閣は，一方で憲法の改正を準備しながら，安保条約の改定を強行しようとした。1958年（昭和33）に結成された憲法問題研究会に結集した有力な学者たちは，岸内閣の進める憲法改正に対抗し，安保条約の改定に反対の声をあげた。その理論的な中心として活躍したのは丸山眞男などの世代であり，中でも行動的だったのは社会学者の清水幾太郎（1907～88）である。彼らは，日本が日米安保体制から脱して積極的な中立政策を採ることが，東西両陣営の平和共存の可能性を追求することになると主張した。安保条約の改定に反対する運動は，知識人の動きとともに，社会党・共産党という二つの革新政党，労働組合，平和団体，学生団体などの活発な活動によって急速に盛り上がっていった。その中には，日米の支配層の打倒を掲げる急進的なマルクス主義者から民族の自立を願う人々まで，様々な立場や考え方が混在していたが，安保改定に反対するという一点で運動はつながり，その共通のスローガンは「平和と民主主義の擁護」であった。

　1959年（昭和34）11月，安保改定阻止国民会議の統一行動には8万人が集まり，一部の学生は，国会構内に突入した。翌60年1月，岸首相らの渡米を実力で阻止するために，

全学連の学生たちは羽田空港に立てこもり，多くの逮捕者を出した。清水は，議会制度への不信を一方では表明しながらも，「直接民主主義としての請願」を呼びかけ，

> 今こそ国会へ行こう。……北は北海道から，南は九州から，手に一枚の請願書を携えた日本人の群が東京へ集まって，国会議事堂を幾重にも取り巻いたら，また，その行列が尽きることを知らなかったら，そこに，何物にも抗し得ない政治的実力が生れて来る。それは新安保条約の批准を阻止し，日本の議会政治を正道に立ち戻らせるであろう。　　　　　　　　　　　　　　　　　　　（「いまこそ国会へ」）

と訴えた。6月の統一行動には，全国で560万人が何らかの行動に立ち上がり，国会への突入を図った全学連と警察の衝突により，一人の学生が死亡した。6月19日，33万人が国会を包囲する中で，新安保条約は自然成立をした。

戦後思想の分岐点　安保反対の運動は，この後，岸内閣打倒・民主主義擁護の運動となっていくが，安保闘争と呼ばれる一連の政治的な出来事は，「平和と民主主義」を掲げた戦後思想の分岐点であった。この闘争を通じて，戦後民主主義の力量が並々ならぬものであることが示され，日本国憲法を押し付けられたものとして敵視し，これを復古的に改正しようとする勢力の思惑を政治的には封殺してしまった。戦後民主主義の思想は，与えられた民主主義を自らの内在的なものにしていくという意味で，確実な成長を証明したのである。

しかしそれは，戦後民主主義が，それだけで人々の希望でありえた時代が終わったことの証明でもあった。結果的に新安保条約の発効を阻止できなかったことは，運動に参加した人々に挫折感を与え，急進的な学生を中心にして，運動の指導部が幅の広い政治的な統一を重んじたことが，決定的な状況下での戦闘性を失わせたという批判が湧き起こった。批判はさらに進み，社会党や共産党の指導する運動は，大衆のエネルギーを矮小化させるもので，より戦闘的な組織と理論が必要だと主張された。知識人の陣営も，このような批判をうけて分裂していく。吉本隆明（1924～）は，

> 安保闘争は，……あたかも戦中もたたかい，戦後もたたかいつづけてきたかのようにつじつまをあわせてきた戦前派の指導する擬制前衛たちが，十数万の労働者・学生・市民の前で，ついに自らたたかいえないこと，自らたたかいを方向づける能力のないことを，完膚なきまでにあきらかにしたのである。　　　　　（「擬制の終焉」）

と述べて，急進的な行動主義者としての苛立ちを共産党に投げつけ，丸山らの言う民主主義も，共産党をはじめとした権威から「自由に奔放に自立」することのできない「進歩的啓蒙主義」「擬制民主主義」にすぎないと論断した。戦後民主主義は，その内部から厳しい批判にさらされたのである。

安保闘争が戦後思想の分岐点だというのは，これだけの意味にはとどまらない。天下国家を論じた政治やイデオロギーの季節は，安保闘争の終わりとともに潮が引くように後退していった。理想や理念を掲げる知識人の発言が人々の心に届いたのも，この時が最後だったかもしれない。吉本が「進歩的啓蒙主義」として丸山らを揶揄したように，

進歩的知識人という範疇も色褪せたものになっていった。現実主義の立場から進歩的知識人を批判し続けた評論家の福田恆存（1912〜94）は、「私は今度の新安保阻止運動は「国民的エネルギーの結集」とする途方もない嘘を受入れない」（「常識に還れ」）と述べたが、政治的な扇動が一時的に比較的多数の人々に対して功を奏しただけのことで、その人々もそれぞれの暮らし（常識）に戻っていったという意味では、そのような見方にも妥当性があるように思われた。

しかし安保闘争という空前の経験は、より深く長い次元において、日本の民主主義に新しい課題を突き付けることになった。それは、それぞれの日々の暮らしを起点にして政治やイデオロギーの問題を考え検証し、私生活を大事にするからこそ政治やイデオロギーの問題に関わっていくという形での、肩肘はらない民主主義を作るという課題である。進歩的知識人が指し示す民主主義ではなく、暮らしの中の人間関係、自然や労働との関わりにおいて支えられる民主主義をいかに作るのかという課題である。安保闘争を経ることで、そうした課題を自らのものとする段階に、日本の民主主義は到達しえたのである。

③ 試練の中の民主主義

高度経済成長　安保闘争によって退陣した岸内閣を継いだ池田内閣は、「国民所得倍増計画」を発表した。50年代後半から始まっていた経済成長はここから加速し、70年代前半まで、高度経済成長と呼ばれる時代を迎えることになる。高度経済成長は、人々の生活を一変させた巨大な社会変動である。生活は便利で豊かなものになり、勤勉に努力することで右肩上がりの生活向上が約束されるという実感が社会に浸透した。小さな町工場を世界的なトップ企業に飛躍させた経営者の掲げた「PHP（Peace Happiness through Prosperity）」（松下幸之助）というスローガンは、まさにこの時代の雰囲気をよく表わしている。終身雇用・年功序列を柱とする「日本的経営」の成功が内外から称賛されたが、反面、社会に対する大企業の支配力が異常なまでに強まり、悲惨な被害を各地にもたらした「公害」と呼ばれた環境破壊も進み、経済成長に対する深刻な疑問も生まれた。

高度経済成長が「大衆社会」と呼ばれる状況をもたらしたことで、思想のあり方も大きな変化を迫られることになった。進歩的知識人と呼ばれる人々の批判的な理想主義や社会の変革を訴えるマルクス主義は、豊かさを謳歌する現実の前に急速に色褪せ、ビジュアルでカラフルな雑誌が好まれ、「ハウツーもの」と呼ばれた実用的な知識を提供する書物が氾濫した。人文・社会科学の領域でも、まず現実を容認したうえで、その現象を細分化し、それらを情報やデータとして分析する方法が一般化していった。

ベトナム戦争・沖縄返還・大学紛争　1965年（昭和40）、アメリカは北ベトナムに対する爆撃を開始した。北ベトナムと南の民族解放戦線は、国際世論の支持を

背景にこれに徹底的に抗戦し，1975年（昭和50）のサイゴン陥落でアメリカ軍は完全撤退を強いられた。世界最大の軍事大国であるアメリカが唯一敗北した戦争が，このベトナム戦争である。ベトナム戦争において沖縄の米軍基地は，爆撃機の発進基地，海兵隊の訓練基地として大きな役割を演じた。本土の基地も兵站・補給の役割を果たした。アメリカによる北爆の開始を受けて，日本でもこれに反対する世論が盛り上がったが，なかでも1500人のデモ行進から始まった「ベトナムに平和を！市民連合」の運動は，思想的に大きな意義を持つものである。ベ平連と呼ばれたこの運動体には，綱領・規約・会費・役員などがなく，色々な考え方の人々が，ベトナムへのアメリカの軍事介入を非難し，日本政府の加担に反対する個々の行動において連帯するという特色があった。強固な組織の力で反対運動を展開するのではなく，一人ひとりが，あたりまえに生活する人間（市民）として，その生活の一部として政治運動に参加するという従来にない発想が見られ，その後の市民運動の理論と実践に大きな影響を与えた。

　講和条約によって本土から切り離され，アメリカの直接支配の下に置かれていた「基地の島」沖縄の祖国復帰運動が，ベトナム戦争に反対する反基地の平和闘争としても発展し，即時・無条件・全面返還を求める声が高まった。1972年（昭和47）に沖縄は，広大な基地をそのままに抱えながら，日本に返還された。

　1960年代の後半から1970年代初頭は，多くの大学で，学費値上げ反対闘争をはじめとする大学闘争が盛り上がった。直接民主主義・直接行動主義を掲げた「全共闘」と呼ばれる運動スタイルが広がり，急進的な政治運動は先鋭化して警察との衝突が繰り返された。その背景には，既成の学問や価値観への不信，フランスやアメリカの反戦運動や中国の文化大革命への共鳴などの契機があったが，根底には，経済成長がもたらした管理社会の強化に対する人間的な危機感が横たわっていた。そこには，戦後民主主義の思想も既成の権威の一つとして徹底して否定しようとする主張があり，大学や社会を支える従来の人間関係を根本から問い直そうとする志向が，既成のもの一切を一度壊してしまおうという激しい衝動を伴って認められた。しかし学生の運動は，最終的には「内ゲバ」と呼ばれる凄惨な内部テロの横行によって，人々の支持を失った。大学紛争の要因の一つには，大衆化した大学の現実に，学問や大学組織が対応できていないという問題もあったが，その問題もまた未解決のままに残されてしまった。

（田尻祐一郎）

▶コラム25　新宗教・新新宗教

　近代の黎明期にあたる幕末維新期から現代に至るまで，日本では膨大な数の宗教運動が誕生した。今日日本に存在する宗教団体の半ば以上が，この時期に生まれたものといっても過言ではない。そのなかには，信者数100万を超える大教団へと発展したものも少なくない。近代はしばしば世俗化と脱宗教の時代といわれる。しかし，そうした常識とは逆に，新たに成立した教団数とその社会的な影響力の大きさを考えれば，むしろ近代こそは日本の歴史の中で「宗教の時代」とよぶにふさわしい時代なのである。

　この時期の宗教運動は，今日研究者によって第1次から第4次まで，おおよそ4つの時期に分けることが一般化している。すなわち，黒住教・天理教・金光教など幕末維新期の創唱宗教（第1次），大正期から昭和の初期にかけて興隆した大本教・ひとのみち・太霊堂（第2次），戦後の復興期に急速に成長を遂げた立正佼成会・創価学会・生長の家・PL教団（第3次），そして，1970年以降に活発化する阿含宗・世界真光文明教団・幸福の科学など（第4次）である（いずれも教団名はその一例）。

　これらの宗教運動は，戦後しばらくは「新興宗教」と総称されてきた。だが，その「新興」という言葉には，きちんとしたテキストと教義を有する由緒ある普遍宗教とは異なって，一人の教祖によって新たに作り上げられた，どこかいかがわしい存在というイメージがつきまとった。そのため現在では，近代に生まれた宗教運動を称する際に，「新興宗教」に代わって「新宗教」という言葉を使うことが一般化している。

　さて，幕末以来の新宗教を4つに時期区分することについては先に述べたが，近年になって，1970年以降に生まれた新宗教（第4次）を，それ以前と区別して「新新宗教」とよぶべきであるという説も提唱されている。73年（昭和48）のオイルショックは，日本の社会に大きな転換をもたらした。近代と進歩の神話が解体し，ポストモダンが叫ばれるようになる一方，方向性のみえない閉塞感が日本を覆った。

　そうした状況の中で誕生した第4次の信仰運動は，それまでの新宗教の多くが，その信仰の合理性と科学との協調を力説したのに対し，あえて呪術性・非合理性や神秘主義を表に立てるという特色を有していた。またオウム真理教のように，強烈な終末論を掲げるものも目立った。信仰者の入信の動機も，従来の中心だった病気や貧困に代わって，空虚感という精神的な理由をあげるものが増加した。「新新宗教」という名称は，こうした特色をもつ70年代以降の新宗教を，それ以前とは区別すべきという立場に基づいて提唱されたものだった。ただし，ここであげたような「新新宗教」の特性はそれ以前の新宗教にも存在するという見方から，こうした区分の仕方を否定する研究者もいる。

　新宗教については，村上重良や安丸良夫の先駆的研究以来，数多くの研究がなされてきた。しかし，研究対象となる教団のほとんどが現在も活動している状況の中では，客観的・学問的な研究を行うことは容易ではなかった。そのため，個別の教団の教義や信徒組織，布教方法などについては一定の学問的な蓄積がなされているが，安丸らが行った幕末維新期の「民衆宗教」研究を除けば，日本近代史の大きな流れの中に位置づけて，新宗教運動が果たした歴史的な役割を明らかにしていくという作業はまだほとんど手付かずの状態である。新宗教の歴史的・思想史的な意義の解明は，いまだに課題であり続けているのである。

　　　　　　　　　　　　　　　　　　　　　　　　　　　　　　　（佐藤弘夫）

第25章

国民と市民の相克

1 高度経済成長の終焉

大衆運動の挫折 1960年代を通じて盛り上がりをみせた左翼的・大衆的な政治運動は、70年安保を分水嶺として急激に勢いを失った。72年の浅間山荘事件に至る一連のいわゆる「内ゲバ」＝暴力的な内部抗争は、大衆の新左翼に対するシンパシィを最終的に奪い去った。おりしも73年に発生した石油ショックは、人々の目を国際的な政治問題から、日常生活に密着する経済問題へと移行させる役割を果たした。大方の関心の中心は、もはや国家や民族のあり方にはなかった。人々の目は外から内に向けられるようになり、個人の生き方のスタイルが重視される風潮が世を覆っていくのである。

左翼的な政治運動の挫折は、戦後民主主義の理念と活動を支えてきた近代主義やマルクス主義からの人々の離反を招いた。目の前に立ちはだかる様々な歴史的障壁を克服し、最終的には差別と困窮のない輝かしい未来社会の実現を目指すこれらの思想は、成長神話の崩壊と「進歩」に対する疑念がわき起こるなかで、しだいに冷ややかな視線にさらされるようになった。そして、それに代わって思想界では、歴史のもつストーリィ性を否定し、実践とは距離を置きつつ世界を全体性において客観的に分析しようとする、構造主義が影響力をもち始めた。70年代に構造主義人類学の視座から天皇制に独自の分析を加えていった山口昌男（1931～）は、そうした新たな動向の代表者だった。

同様の傾向性は学問分野でも顕著にみられるようになった。歴史学の世界では、戦後一世を風靡した「歴史の法則」や「国家」といった大仰なテーマはしだいに姿を消した。研究者の関心は、そうした従来のテーマから抜け落ちていた周辺地域や心性、生活といった部分に向けられるようになった。希求すべき理想像としての近代が解体され、いかなる進歩の神話をも否定する「ポストモダン」の時代が到来が叫ばれるのである。

石油危機と企業の対応 1973年（昭和48）に実施された円の変動相場制への移行と、引き続いて起こった第4次中東戦争を契機とする石油危機は、朝鮮戦争以後高度成長を続けてきた日本経済のあり方を、根底から問い直す事件となった。この出来事によって、日本企業はいやおうなしに国境を越えた経済と政治の荒波に投げ出された。国

際的競争に勝つことなくしては，もはや企業が存続しえない時代であることを，多くの大企業は身にしみて痛感させられることになったのである。

「省エネ」が国中の合言葉となると同時に，大企業では産業構造の転換が図られ，「減量経営」「合理化」の名のもとに徹底した経営の効率化が進められた。日本型経営の代表となる「かんばん方式」「ジャスト・イン・タイム」が考案されたのもこの時期だった。社員や従業員は終身雇用によってその生活を保証される反面，会社に対する忠誠心を徹底して要求された。「企業戦士」といった言葉も生まれた。

企業の効率化の追求と「企業戦士」の創出は，会社に縛られ支配される雇用者側に多くに悲劇を生み出した。自動車工場の苛酷な日常を一季節工の立場から描いた『自動車絶望工場』(1973)をはじめとする鎌田慧(かまたさとし)(1938〜)の一連のルポルタージュは，そうした被雇用者の実態をリアルに描出している。

石油危機を克服し，国際競争で勝ち抜けるだけの構造転換を成し遂げた日本企業が次に目指したのは，海外への進出だった。また，グローバルな資本主義の時代に対応すべく，多国籍企業への変身を図った。製造部門はもちろん，研究開発やマーケティング部門の海外移転も積極的に推進された。1991年には，日本は対外直接投資額（FDI）世界一に到達している。日本企業の急激な海外進出は，欧米諸国との貿易摩擦を引き起こした。また戦前の侵略を想起させる出来事として，東南アジアを中心に激しい反発の声がわき起こり，反日デモが吹き荒れた。

様々な矛盾を抱えながらも，70年代から80年代にかけて，国際的レベルでの企業活動の発展に伴う日本経済の拡大によって，国民の生活水準は確実に上昇し続けた。70年代末には，どの調査も国民の7割から8割が「中流」意識をもつに到ったことを示すようになる。

物質面での充足を背景として，70年代の後半から，日本ではふたたび保守回帰の動きが顕著となる。80年の総選挙では，自民党が圧倒的な勝利を収めた。だがそうした生活の安定は，多くの人々にとっては「会社人間」となることの代償だっただけに，そこにはつねに情緒的な不安と精神的な抑圧がつきまとった。豊かさとその代償としての閉塞感——この二つの感覚が，日本を広く覆うようになるのである。

日本文化論の盛行　新左翼運動の衰退と国民の保守化という動向のなかで，戦後民主主義をもう一度根底から見直そうという動きが顕著となるのも70年代後半からの特色だった。

軍国主義のシンボルとみなされていた靖国神社をめぐっては，すでに1969年（昭和44）に自由民主党が国営化を目指す靖国神社法案を提出していたが，1975年，三木武夫(みきたけお)が現職の首相として初めて参拝を行った。1978年には，東条英機(とうじょうひでき)らA級戦犯14名がひそかに合祀されている。教科書問題についても，1982年には教科書検定において，「侵略」の文字を削除することが事実上強制された。これらの出来事は，当然のことながら日本の侵略を被った韓国・中国などからの激しい批判を招いた。

また，70年代には，イザヤ・ベンダサン『日本人とユダヤ人』(1970)，土居健郎『「甘え」の構造』(1971)を先駆的な業績として，すでに先進国の仲間入りを果たしたという意識を前提とした，新しいタイプの日本文化論が次々と登場した。戦後第一世代に当たる丸山眞男らの日本論が，ファシズムと海外侵略，そしてその揚げ句の悲惨な結末を招いた日本の後進性を，理念化された欧米と対比しながら反省の念を込めて批判的に検証しようとするものであった。それに対し，70年代，とくにその後半から顕著となる日本文化論は，他のアジア諸国がなしえなかった急速な近代化を，なぜ日本だけが達成できたのかという問題意識から，日本文化や日本人の優秀さを論じるものだった。またこの時期には，『坂の上の雲』(1968〜72)などによって日本近代のナショナリズムを健全かつ肯定的に描いた司馬遼太郎(1923〜96)の作品が，広く読まれるようになった。戦後民主主義批判の声は江藤淳(1933〜98)などの文芸評論家の間からも起こったが，こうした動きに対し，大江健三郎(1935〜)は戦後民主主義者を自任して，人権や核問題などをめぐって積極的な発言を行った。

70年代に広がる閉塞感のなかで，もう一つの顕著な現象は，新しいタイプの新宗教の簇生だった。その日暮らしの生活苦から解放された人々は，物質的な充足では満たされない心の糧を探し求めた。終戦直後から展開する新宗教が，科学と宗教の協調を主張したのに対し，「新々宗教」ともよばれるこの時期の信仰運動には，あえて神秘主義や非合理性を標榜したり，過激な終末論を掲げたりするものが多く見られるようになった。

2　ポストモダンの世界

ウーマンリブからフェミニズムへ　70年代における近代の神話の解体を契機として，人々は視線をそれまで見逃されていたものへと向けるようになった。国家や支配権力の陰に隠されていたもの，差別されたもの，虐げられた存在が次々とクローズアップされた。そうした検証の過程で，近代が人間解放の時代ではなく，むしろ近代化の進展が差別を強化するその負の側面が明らかにされた。その一つが女性に関わる問題だった。

従来の男性中心社会への異議申し立てとしてのウーマンリブ運動が日本で誕生したのは，1970年（昭和45）10月21日の国際反戦デーの「女解放集会」であったとされる。「リブ」が自称されたのは，70年5月の第1回「リブ大会」だった。ウーマンリブの運動は，同じく女性の地位向上を目指すものでありながらも，従来の主婦連合にみられるような，母・主婦・妻といった性差別を前提とする運動を否定し，過激な発言で男性中心の価値観や社会システムを根本的に見直すべきことを提唱した。

70年代の半ばを転換点として，女性解放運動の主軸はリブからフェミニズムへと転換した。フェミニズムは男性中心の社会で抑圧され続けた女性の地位の向上を目指すだけではなかった。近代主義と深く結びついた際限なき生産力の崇拝を批判的に見直し，物

質至上主義から生活の質を重視する価値観への転換を目指した。世界的に広がるフェミニズムの潮流の中で，1979年（昭和54）には国連総会において「女子差別撤廃条約」が採択された。初め及び腰だった日本政府も，世論に推されて1985年（昭和60）にはこの条約を批准した。国内では女性差別批判の意識が高まり，家庭科の男女共修が実現し，男女雇用均等法が制定された。いわゆる「セクハラ」（セクシャル・ハラスメント）についても，しだいに厳しい視線が向けられるようになった。

差別への眼差し　女性をめぐる人権意識の高まりは，かつての女性たちが置かれた凄惨な状況を実証的に掘り起こそうという動きを生みだした。女性史の盛行である。

1969年から72年にかけて刊行された『明治女性史』全4巻は，日本の女性史を考えるうえで重要な業績だった。従来の女性史＝婦人解放史という図式を批判して編纂されたこの書物は，女性史をめぐる激しい論争を巻き起こした。これを転換点として，女性史の研究は以後，特定の時代や地域に焦点を合わせた，個別具体的な事例を取り上げた実証的な研究が盛行するようになった。海外で身を売りながら生活する底辺の女性の実態を描いた，山崎朋子『サンダカン八番娼館』（1972），森崎和枝『からゆきさん』（1976）といった問題提起的な著作が発表されたのもこの時期だった。

女性以外でも，社会の中心から排除された人々，社会的な弱者へと目が向けられ始めた。在日外国人，とりわけ在日韓国人・朝鮮人はその中心であった。1910年（明治43）の日韓併合以後，多くの人々がやむをえない事情や強制連行によって朝鮮半島から日本に移住し，生死の境をさまよう重労働を強いられた。祖国を離れ，故国からも日本からも同一化を拒否される在日韓国人・朝鮮人の歴史は，日本の海外侵略の歴史と表裏をなす現象であり，その全貌の解明なくして日本近代史は決して完結することはなかった。おりしも80年代に入っていわゆる「従軍慰安婦問題」が浮上し，それに従事させられた韓国・朝鮮人女性の告発も始まった。「従軍慰安婦」が国家による強制ではないとする政府見解や歴史教科書への記載の是非をめぐって，韓国や中国をも巻き込んだ議論が戦わされた。この問題については，吉見義明『従軍慰安婦資料集』（1992）が刊行されている。

公害問題についても，その問題性の根源にまで切り込もうとする優れた試みが相次いで発表された。水俣病については，石牟礼道子『苦海浄土』（1969）という先駆的業績があるが，その後も緒方正人らによって水俣病の生々しい実態が報告され告発が進められた。そのほか，いわれなき差別を受ける人々やハンセン病などを口実にした差別についても，研究者やマスコミを通じて，その病根の根深さがしだいに日の光のもとにさらされていった。

新たなる世界認識　中心から周縁への視線の転換は歴史学の分野にも及んだ。70年代に入ると，歴史法則や国家といった大きなテーマが，歴史学の世界ではしだいに省みられなくなることは先に触れた。これに代わって流行をみせるのが，

生活者の目線から生活空間や意識の問題を捉えようとする社会史だった。その開拓者としての役割を担った網野善彦（あみののよしひこ）（1928～2004）は，ややもすれば古代から今日に至るまで，等質化された「日本人」によって構成されてきたと捉えられがちな「日本」の自明性に疑問を提示した。また，それまでの歴史学を支配してきた「稲作中心主義」などの固定観念を執拗に批判し，非農業民や職人など列島に生活する多彩な人々とその文化に光を当てた。その一方，人類学的な視点を大胆に取り入れ，「無縁」をキーワードとして，歴史の展開に関する大胆な仮説を提示した。

　また，この時期「国家」に代わって新たに歴史学のキーワードとして浮上したのが「地域」だった。日本史についていえば，日本を均一の等質な社会として捉えることを前提とするのではなく，列島内に中心―中間―周縁といったいくつかの領域を設定し，それらの領域間におけるモノや情報のダイナミックな交流の相において，歴史像を構築すべきであるという提言がなされた。さらに九州・沖縄・大陸を結ぶ東シナ海交易圏や，十三湊から北海道を経て沿海州に至る北方交易圏など，海を越えて周縁地域同士が結びつくような，重層的で国境を越えた交渉の実態も明らかにされていった。歴史学だけでなく，学問の諸分野において80年代からしばしばみられる「東アジア」と冠した企画は，国家から地域へという研究方法と視点の転換を反映したものだった。

　なお，「日本」という同一性を脱構築しようとする歴史学の新たな動向を後押ししたものに，80年代後半から日本に続々と紹介された欧米，とくにアメリカの日本研究があったことは見逃してはならない。サイードの『オリエンタリズム』（日本語版1986）などの問題提起をうけつつ，ハリー・ハルトゥーニアン，酒井直樹，ヴィクター・コシュマンらは，新たな批評理論をもとに，「日本史」「日本思想史」といった学問の領域区分そのものを掘り崩す先鋭な問題提起を行った。

3　グローバリズムとその反発

国際交流の日常化　80年代後半から，日本はいわゆるバブル経済の時代に突入した。有り余る金融資産を原資とする海外投資が活発化し，欧米の代表的企業や記念碑的な建造物が次々と日本人によって買い占められていった。強くなった円を背景として海外渡航者は年々飛躍的に増大し，海外旅行はもはやだれもが行きうる日常的な出来事と化した。企業の国際化はさらに進展し，下請け企業をも含めた製造業の海外移転もいっそう進んで，日常使用する電化製品の多くが中国・マレーシアなどからの輸入品で占められるようになった。その一方で，マンガやアニメといった日本の大衆文化が，世界中を席巻するという現象が起こった。

　バブル経済が頂点に達した80年代の末には，空前の経済繁栄を背景として，日本型経営の優秀さを高らかに歌い上げる日本論が書店をにぎわした。70年代の日本論が，なぜアジアのなかで日本だけが速やかな近代化に成功したのかといった問題意識に裏打ちさ

れたものだったのに対し、この時期のそれは日本の優越性の称揚がさらにエスカレートし、日本型経営こそが「普遍」であり、世界に冠たるものであることが強調された。エズラ・ヴォーゲルの『ジャパン・アズ・ナンバーワン』（日本語版1979）の出版は、その風潮を象徴する現象だった。

そうした熱狂は90年代初頭に起こったバブル経済の破綻によって、一挙に冷水を浴びせられることになった。地価と株価は暴落し、資産価格の下落によって金融機関や企業は多額の不良債権を抱えるに至った。おりしも1989年（昭和64）1月には昭和天皇が死去している。多くの人々にとって昭和から平成への移行は、バブル経済の崩壊と重なって、新たな未知の時代に足を踏み入れたという意識をもたらした。世紀末へと向かう90年代、人々は宴の終わった荒漠とした光景の中で、自身と国家のとるべき新たな方向性を手探りで模索せざるをえなかったのである。

そういった状況の中で浮上してきたキーワードが「グローバルスタンダード」（世界水準）だった。80年代にあれほど褒めそやされた日本型経営の核心をなす終身雇用・年功序列型賃金体系といった制度は、もはや時代遅れの遺物とされた。代わって、業績に応じて毎年変動する年俸制が導入され始めた。合理化―リストラの名のもとに中高年層を中心とする容赦ない人員整理が行われ、失業率が急上昇した。社会のあらゆる局面において競争が奨励され、その波動は大学にまで及んだ。大学の自治や学問の独立といった基本理念さえもが、産学連携の推進・社会的要請への対応といった掛け声の前に、ややもすれば色褪せてしまう状況が到来するのである。

J回帰の時代　グローバルスタンダードが叫ばれ、「日本」の脱構築が声高に主張される90年代、日本ではそれと対照的にみえるもう一つの現象が進行しつつあった。日本への回帰である。国境なき時代の到来と長期にわたる不況のなかで、寄る辺なき不安にさいなまれた人々は、新たな心のよりどころとして「日本」へと向かい始めた。

1989年（昭和64）の昭和天皇の死を受けて、翌90年（平成2）には新天皇の即位式（即位の礼）と大嘗祭が挙行された。即位に関するこれら一連の行事は、マスコミを通じて逐一詳細に報道されたが、その過程で世界に類をみない皇室の長き伝統と、大嘗祭に代表される日本固有の伝統が繰り返し強調された。1991年には日本プロサッカーリーグ（Jリーグ）が発足し、サッカー熱が一気に盛り上がった。以後4年ごとに行われるワールドカップ本大会出場が国民的な目標となり、国別対抗戦となる予選では日の丸をフェイスペイントした人々がスタジアムを埋め尽くした。その熱狂は1998年（平成10）に実現したフランス大会初出場を経て、2002年（平成14）の同大会の日韓共同開催によって頂点に達する。

こうした草の根レベルでのナショナリズムに対応するかのように、90年代半ばから日本の戦後思想を根底から見直し、「日本人としての自信と責任」を取り戻そうとする動きが強まり始めた。その代表的な運動が、「新しい歴史教科書をつくる会」である。

Jリーグ開幕戦（1993年5月15日，国立競技場）

1997年（平成9）に発足したこの会は，同年の歴史教科書に採用された「従軍慰安婦問題」の削除を求める運動を進めるとともに，近代日本の海外侵略を強調する従来の歴史叙述を「自虐史観」と批判した。その一方で，独自の中学歴史，公民の教科書を編纂し，教育現場での採用を目指している。

浅田彰が「J回帰」とよぶこうした現象は，音楽や芸術などの諸分野でも90年代において顕著にみられたものであった。しかし，その大方の傾向は，第二次世界大戦前のように他国の文化に対する自国の優越を，宗教的ともいえる熱狂をもって熱く語るものではない。むしろ，グローバリズムに基づく文化の多様性を前提として，日本文化の独自性を冷静に論じるタイプが中心を占めている。他国を省みることのないまま，日本の絶対的な優秀性を声高に主張する運動が，必ずしも国民レベルの支持を得られない理由もそのあたりに存在すると考えられるのである。

21世紀へ　第二次世界大戦後56年を経て，私たちは21世紀を迎えた。この半世紀あまりの間に，日本社会は有史以来経験したことのないほどの劇的な変貌を遂げた。都市への人口集中によって伝統的な地縁共同体は解体し，地方では過疎化が進行した。90年代半ばからインターネットが急激に普及し，IT革命（情報技術革命）と呼ばれる現象が起こり，世界中どこにいても瞬時に情報を共有できる状況が生まれつつある。しかしそれは一方では，人間同士の関係性を希薄にし，人々の孤立感を深める結果となった。科学技術文明の発展は快適な生活と世界一の長寿社会を生み出したが，一方では人類の生存を脅かしかねないほどの深刻な環境汚染と自然破壊をもたらした。またクローン人間の創造が現実化してくるなかで，生命倫理の確立が叫ばれるようになった。

そうしたなかで，従来型の巨大土木工事・大量消費生活を見直そうとする草の根の動きが起こりつつある。長良川河口堰や有明海の干拓事業こそ反対の声を押し切って実行されたが，三番瀬埋め立て事業（東京湾）・中海干拓事業（島根県）のように中止に追い込まれた大型プロジェクトも少なくない。ダムなどについても，生活者の目線から本当

に必要なものか否かを問い直す運動が始まっている。また日常生活のレベルでも循環型社会への移行が叫ばれ、「エコロジー」「地球に優しい」といった標語がいたるところに飛び交っている。地球環境と文明との共存が叫ばれるなかで、梅原猛(うめはらたけし)(1925〜)は本覚思想をはじめとする日本の伝統思想に、自然と強調して生きる人間の智恵が隠されていると説いた。

いまひとつ注目される草の根の動向が、ボランティア運動の活発化である。1995年（平成7）の阪神・淡路大震災は神戸市の中心部に壊滅的な打撃を与えた。この復興に向けて、各地から続々とボランティアが被災地に集まった。その数はのべ100万人を超えるといわれる。この年は日本における「ボランティア元年」として記憶されることになった。1997年（平成9）の福井沖タンカー事故でも、漂着した原油を回収するため、連日1000人単位の人々が

ロシアタンカー重油流出事故
人海戦術で回収作業をするボランティアや地元の人たち。

寒風吹きすさぶ海岸で清掃活動を行った。こういった大事件の場だけでなく、ホームレスを対象とする炊き出しや身寄りのない老人の扶助など、いまや社会のあらゆる方面で多数の人々の活動する姿がみられるようになった。その活動は国境を越えた広がりをみせている。

大量消費社会の実現とエコロジーへの回帰。ナショナリズムの高揚とグローバル・スタンダードの強調。伝統的な地縁共同体の解体とボランティア運動の広がり——新たな世紀を迎えたいま、こうした様々な動きが錯綜している。人類は己が欲望を乗り越えて、民族同士の和解と自然との共存を成し遂げることができるのであろうか。憎悪の連鎖を断ち切って、理性と信頼に基づくより高度な文明を築き上げることができるのであろうか。

この重い課題を背負って、いま私たちは21世紀に新たな一歩を踏み出したのである。

（佐藤弘夫）

▶コラム26　ポストモダニズム

　フランスの思想家フーコー（M. Foucault）は、1966年の『言葉と物』において、我々が自明のものとして受けとっている「人間」という概念は決して永遠不変でなく、たかだか西洋近代という枠の中で形作られたものに過ぎないことを解き明かしてみせた。世界を認識する基点としての「人間」、様々な学問の対象としての「人間」は、ひとつの歴史的産物にすぎない。したがって、近代の終わる時にわれわれの「人間」観があっけなく壊れたとしても何の不思議もないとし、「そのときこそ賭けてもいい、人間は波打ちぎわの砂の表情のように消滅するであろうと」と述べている。

ポストモダンという言葉は，近代（モダン）を超える何か，近代の後に来る何かを意味しているが，建築，思想，美術，文芸批評など幅広い領域で用いられており，その意味するところは様々である。また，近代の相対化を目指し，近代に代わる新たな理念や主義主張をあえては打ち出さないことが，ポストモダニズムの特徴ですらあった。たとえば，自らポストモダニストを名乗った数少ない思想家であるリオタール（J.-F. Lyotard）は，進歩，啓蒙，歴史の発展といった理念は近代の「大きな物語」であるとし，今やいかなる「大きな物語」もひとしなみに説得力を失っているとする。つまり，ある意味で「ポストモダンとはこういうものだ」という「大きな物語」を提出しえない状況こそが，ポストモダンだということができるだろう。
　こうしたわけでポストモダニズムとは何かという概括的な説明は困難だが，その源泉の一つに60年代にフランスを中心に起こった構造主義，さらにそれを深化させたポスト構造主義と呼ばれる思潮での近代批判をあげることはできよう。フーコーによる挑発的な「人間」の死の宣告をはじめとして，バルト（R. Barthes）による記号論の進展，精神分析におけるラカン（J. Lacan），文化人類学におけるレヴィ＝ストロース（C. Lévi-Strauss），哲学におけるデリダ（J. Derrida）とドゥルーズ（G. Deleuze）等の活動がそれである。
　日本においては，1980年代から情報化社会・消費社会・ポスト産業化社会と呼ばれるような状況を，構造主義・ポスト構造主義の視点を用いて分析しようとする言説が登場し，そこで「ポストモダン」という語が盛んに使われるようになった。ただし，その際に顕著だったのは，近代性それ自体の批判的分析や，丸山眞男や大塚久雄といった日本の近代論者の検討よりは，むしろファッション，ポップカルチャー，広告などがフランス現代思想の言葉で語られるようになり，またそうした論者自身が雑誌の広告に登場するなど，いわば学問のファッション化とファッションの学問化が並行して起こったことである。80年代前半，浅田彰の『構造と力』『逃走論』，中沢新一の『チベットのモーツァルト』が相次いで記録的な出版部数に達し，ニューアカ（ニューアカデミズム）ブームと呼ばれるまでになったこと，また広告コピーライターの糸井重里がメディア界のスターとして扱われたことは，その端的な例といえる。
　日本的なポストモダンの思想が一世を風靡したのは，従来の硬直した学問のあり方を一気に色あせさせるほどの新鮮さが確かにそこにあったからだといえるだろう。反面，商業主義に取り込まれた軽薄な流行現象であり，もとのポストモダニズムが持っていた近代社会に対するラディカルな批判の鋭さを失っているとの批判も当時からなされていた。こうした思想のありようが含まれる日本的ポストモダンの状況を指して浅田彰は，相対的なゲームに狂奔する子供たちがいるだけの「子供の資本主義」と皮肉を込めて呼んでいる。

　　　　　　　　　　　　　　　　　　　　　　　　　　　　　　（畑中健二）

参考文献

※原則として，初版ではなく，現在もっとも入手しやすいものを挙げてある。

全体に関わるもの

『日本思想史講座』全10巻，雄山閣，1975～78年。
『講座東洋思想』全10巻，東京大学出版会，1967年。
『講座日本思想』全5巻，東京大学出版会，1983～84年。
『岩波講座　東洋思想』全16巻，岩波書店，1988～90年。
家永三郎『日本道徳思想史』岩波書店，1954年。
家永三郎『日本思想史に於ける否定の論理の発達』新泉社，1973年。
石田一良編『日本思想史概論』吉川弘文館，1963年。
石田一良編『日本文化史概論』吉川弘文館，1968年。
石田一良編『思想史』1・2，体系日本史叢書，山川出版社，1976・2001年。
末木文美士『日本仏教史』新潮社，1992年。
田村圓澄他編『日本思想史の基礎知識』有斐閣，1974年。
津田左右吉『文学に現はれたる我が国民思想の研究』全8巻，岩波文庫，1977年。
中村元『日本人の思惟方法』東洋人の思惟方法2，みすず書房，1949年。
橋川文三・鹿野政直・平岡敏夫編『近代日本思想史の基礎知識』有斐閣，1971年。
前田勉編『新編日本思想史研究―村岡典嗣論文選』東洋文庫726，平凡社，2004年。
丸山眞男『日本の思想』岩波新書，1961年。
村岡典嗣『神道史』創文社，1956年。
和辻哲郎『日本倫理思想史』上・下，岩波書店，1952年。
『岩波　哲学・思想事典』岩波書店，1998年。
『日本思想史辞典』ぺりかん社，2001年。

古代の思想

阿辻哲次『漢字の社会史』PHP新書，1999年。
池田源太著『奈良平安時代の文化と宗教』永田文昌堂，1977年。
石上英一「古代東アジア地域と日本」『日本の社会史』1，岩波書店，1987年。
石母田正『古代国家論』石母田正著作集4，岩波書店，1989年。
井上薫『日本古代の政治と宗教』吉川弘文館，1961年。
岩佐光晴『日本の美術』457「平安時代前期の彫刻」，至文堂，2004年。
内田正男『暦と日本人』雄山閣出版，1992年。
梅沢伊勢三『記紀批判』創文社，1962年。

大久保良峻編『日本の名僧』3「最澄」，吉川弘文館，2004年。
大隅和雄『愚管抄を読む』平凡社選書，1986年。
大山誠一編『聖徳太子の真実』平凡社，2003年。
岡田英弘『倭国の時代』文藝春秋，1976年。
小原仁『文人貴族の系譜』吉川弘文館，1987年。
勝浦令子『日本古代の僧尼と社会』吉川弘文館，2000年。
工藤重矩『平安朝律令社会の文学』ぺりかん社，1993年。
後藤昭雄『平安朝漢文学論考』桜楓社，1981年。
佐藤勢紀子『宿世の思想』ぺりかん社，1995年。
薗田香融『平安仏教の研究』法藏館，1981年。
高木訷元他編『日本の名僧』4「空海」，吉川弘文館，2003年。
高取正男『神道の成立』平凡社選書，1979年。
田村圓澄『飛鳥・白鳳仏教史』上・下，吉川弘文館，1994年。
田村圓澄『伊勢神宮の成立』吉川弘文館，1996年。
西嶋定生『日本歴史の国際環境』東京大学出版会，1985年。
野口鐵郎編『選集　道教と日本』1，雄山閣出版，1996年。
橋本義彦『平安貴族』平凡社，1996年。
速水侑『平安貴族社会と仏教』吉川弘文館，1970年。
藤原克己『菅原道真と平安朝漢文学』東京大学出版会，2001年。
前田雅之「三国／本朝・公／私・今昔物語集」『成城国文学』19，2003年。
松前健『日本の神々』中公新書，1974年。
三木雅博『平安詩歌の展開と中国文学』和泉書院，1999年。
三橋正『平安時代の信仰と宗教儀礼』続群書類従完成会，2000年。
村山修一『本地垂迹』吉川弘文館，1974年。
村山修一『日本陰陽道史総説』塙書房，1981年。
八重樫直比古『古代の仏教と天皇』翰林書房，1994年。
吉川真司編『日本の時代史』5「平安京」，吉川弘文館，2002年。
吉田一彦『日本古代社会と仏教』吉川弘文館，1995年。
吉田一彦他編『日本史の中の女性と仏教』法藏館，1999年。
渡辺実著『平安朝文章史』東京大学出版会，1981年。

中世の思想

網野善彦『無縁・公界・楽』平凡社ライブラリー，1996年。
家永三郎『中世仏教思想史研究』法藏館，1947年。
池見澄隆『中世の精神世界』人文書院，1997年。
石田一良『浄土教美術』ぺりかん社，1991年。

石母田正『中世的世界の形成』東京大学出版会，1957年。
市川浩史『日本中世の光と影』ぺりかん社，1999年。
井上光貞『日本浄土教成立史の研究』山川出版社，1956年。
大山公淳『神仏交渉史』高野山大学，1944年。
鎌田純一『中世伊勢神道の研究』続群書類従完成会，1998年。
神田千里『一向一揆と戦国社会』吉川弘文館，1998年。
久保田収『中世神道の研究』神道史学会，1959年。
黒田俊雄『日本中世の国家と宗教』岩波書店，1975年。
佐藤弘夫『アマテラスの変貌』法蔵館，2000年。
末木文美士『鎌倉仏教形成論』法蔵館，1998年。
菅基久子『心敬　宗教と芸術』創文社，2000年。
菅原信海『山王神道の研究』春秋社，1992年。
平雅行『日本中世の社会と仏教』塙書房，1992年。
高木豊『鎌倉仏教史研究』岩波書店，1982年。
高橋美由紀『伊勢神道の成立と展開』大明堂，1994年。
玉懸博之『日本中世思想史研究』ぺりかん社，1998年
田村芳朗『鎌倉新仏教思想の研究』平楽寺書店，1965年。
出村勝明『吉田神道の基礎的研究』臨川書店，1997年。
戸頃重基『日蓮の思想と鎌倉仏教』冨山房，1965年。
西尾実『中世的なものとその展開』岩波書店，1951年。
袴谷憲昭『本覚思想批判』大蔵出版，1989年。
藤原正義『宗祇序説』風間書房，1981年。
村井康彦『武家文化と同朋衆』三一書房，1991年。
山本ひろ子『中世神話』岩波新書，1998年。
義江彰夫『神仏習合』岩波新書，1996年。
ルーシュ，バーバラ『もう一つの中世像』思文閣出版，1991年。

近世の思想

『江戸の思想』全10巻，ぺりかん社，1995〜99年。
大桑斉『日本近世の思想と仏教』法蔵館，1989年。
オームス，ヘルマン『徳川イデオロギー』ぺりかん社，1985年。
桂島宣弘『思想史の十九世紀』ぺりかん社，1999年。
桂島宣弘『幕末民衆思想の研究』文理閣，1992年。
黒住真『近世日本社会と儒教』ぺりかん社，2003年。
小島康敬『徂徠学と反徂徠学』ぺりかん社，1994年。
子安宣邦『宣長と篤胤の世界』中央公論社，1977年。

子安宣邦『本居宣長』岩波現代文庫，岩波書店，2001年。
相良亨『近世の儒教思想』相良亨著作集1，ぺりかん社，1992年。
相良亨『武士の思想』ぺりかん社，2004年。
相良亨・松本三之介・源了圓篇『江戸の思想家たち』上・下，研究社出版，1979年。
佐藤昌介『洋学史の研究』中央公論社，1980年。
曽根原理『徳川家康神格化への道』吉川弘文館，1996年。
田原嗣郎『赤穂四十六士論』吉川弘文館，1978年。
辻本雅史『近世教育思想史の研究』思文閣出版，1990年。
内藤湖南『先哲の学問』筑摩書房，1987年。
ナカイ，ケイト『新井白石の政治戦略』東京大学出版会，2001年。
尾藤正英『日本封建思想史研究』青木書店，1961年。
尾藤正英『江戸時代とはなにか』岩波書店，1992年。
日野龍夫『江戸人とユートピア』岩波現代文庫，2004年。
ベラー，ロバート『徳川時代の宗教』岩波文庫，1996年。
平石直昭『日本政治思想史』放送大学教育振興会，2001年。
前田勉『近世日本の儒学と兵学』ぺりかん社，1996年。
松浦玲『増補版　横井小楠』朝日新聞社，2000年。
丸山眞男『日本政治思想史研究』東京大学出版会，1983年。
丸山眞男『忠誠と反逆』ちくま学芸文庫，筑摩書房，1998年。
宮城公子『幕末期の思想と習俗』ぺりかん社，2004年。
宮田登『ミロク信仰の研究』未來社，1975年。
源了圓『徳川思想小史』中公新書，1973年。
源了圓『徳川合理思想の系譜』中公叢書，1974年。
源了圓『一語の辞典　義理』三省堂，1996年。
安丸良夫『日本近代化と民衆思想』平凡社ライブラリー，1999年。
吉川幸次郎『仁斎・徂徠・宣長』岩波書店，1975年。
吉田公平『日本における陽明学』ぺりかん社，1999年。
頼祺一編『儒学・国学・洋学』日本の近世13，中央公論社，1993年。
若尾政希『「太平記読み」の時代』平凡社選書，1999年。
若尾政希『昌益からみえる日本近世』東京大学出版会，2004年。
渡辺浩『近世日本社会と宋学』東京大学出版会，1985年。
渡辺浩『東アジアの王権と思想』東京大学出版会，1997年。

近現代の思想

赤坂憲雄『山の精神史』小学館ライブラリー，1996年。
石川弘義『娯楽の戦前史』東京書籍，1981年。

色川大吉『明治精神史』上・下，講談社学術文庫，1976年。
大谷栄一『近代日本の日蓮主義運動』法藏館，2001年。
大橋良介編『京都学派の思想』人文書院，2004年。
岡崎正道『異端と反逆の思想史』ぺりかん社，1999年。
加藤典洋『日本人の自画像』岩波書店，2000年。
鹿野政直『「鳥島」は入っているか』岩波書店，1988年。
鹿野政直『近代日本思想案内』岩波文庫，1999年。
柄谷行人編『近代日本の批評』(昭和篇上・下) 講談社学術文庫，1997年。
北河賢三『戦争と知識人』日本史リブレット，山川出版社，2003年。
小路田泰直『日本史の思想』柏書房，1997年。
子安宣邦『近代知のアルケオロジー』岩波書店，1996年。
酒井直樹『日本思想という問題』岩波書店，1997年。
坂本多加雄『知識人―大正・昭和精神史断章』読売新聞社，1996年。
佐藤康邦・清水正之・田中久文編『甦る和辻哲郎』ナカニシヤ出版，1999年。
多木浩二『天皇の肖像』岩波新書，1988年。
竹内整一『自己超越の思想』ぺりかん社，1998年。
竹内洋『学歴貴族の栄光と挫折』中央公論新社，1999年。
同時代建築研究会編『悲喜劇　一九三〇年代の建築と文化』現代企画社，1981年。
ドーク，ケヴィン・マイケル (小林宜子訳)『日本浪曼派とナショナリズム』柏書房，1999年。
中野目徹『政教社の研究』思文閣出版，1993年。
中村生雄『折口信夫の戦後天皇論』法藏館，1995年。
中村勝『市場の語る日本の近代』そしえて，1980年。
西田毅編『近代日本政治思想史』ナカニシヤ出版，1998年。
『日本キリスト教教育史 (思潮篇)』キリスト教学校教育同盟，1993年。
橋川文三『日本浪曼派批判序説』講談社文芸文庫，1998年。
橋爪紳也『化物屋敷　遊戯化される恐怖』中公新書，1994年。
平山洋『福沢諭吉の真実』文春新書，2004年。
藤田省三『天皇制国家の支配原理』未來社，1966年。
藤田正勝編『日本近代思想を学ぶ人のために』世界思想社，1997年。
松本三之介『明治思想史』新曜社，1996年。
丸山眞男『現代政治の思想と行動』未來社，1964年。
南博編『昭和文化　1925―1945』勁草書房，1987年。
山折哲雄『天皇の宗教的権威とは何か』河出書房新社，1990年。
山之内靖・成田龍一・コシュマン，ヴィクター編『総力戦と現代化』柏書房，1995年。
山室信一『思想課題としてのアジア』岩波書店，2001年。
渡辺和靖『明治思想史』ぺりかん社，1985年。

あ と が き

　「哲学」や「思想」というと，私たちがまず頭に思い浮かべるのは西洋のそれではないだろうか。現代社会において知的世界の最先端に位置する大学の内部でも，哲学という言葉は西洋哲学を意味するのが常識となっている。それに対して，日本思想を専門とする学科・講座は極端に少ない。中国哲学・インド哲学の方がまだ多いくらいである。
　もちろんなかには，日本思想ないしは日本哲学と銘打ったものも存在する。しかしその場合でも，その実際の中身は西田幾多郎と京都学派の思想など，近現代のそれが圧倒的位置を占めるのが現状である。そうでなければ，日本思想は仏教・神道・キリスト教といった分野別に腑分けされて，それぞれのジャンルの内部で処理されてしまっている。いまの日本では，この列島上で生を営んできた人々が古代から現代に至るまでいかなる世界観をもち，どのような思索を行い，いかなる思想的達成をなしえたのかという問題意識に，高度な学問レベルで対応できるような研究・教育のシステムが十分に確立しているとはとてもいいがたい。「日本思想史」という学問分野は，いまだにわが国の知的世界のなかで十全たる市民権をえてはいないのである。
　日本思想の研究に対する逆風は，他にも存在する。1990年代に入って顕著となる欧米からの批評理論の移入である。植民地主義などの厳しい現実との格闘の中で鍛え抜かれた批評理論は，私たちが無条件によりかかってきた「日本」「日本思想」といった枠組みそのものが，いかに危ういものであるかを暴露していった。怒濤のごとき新理論の流入は，いつしか日本思想の研究といえば，外来の批評理論を日本に適用することであるという風潮を作り出していった。軽やかなフットワークで「日本思想」を批判・解体することが流行となり，古典テキストをじっくり読み込む伝統的な研究方法は，時代遅れの遺物のごとくみなされることになった。
　大学において「日本思想史」の看板を正面に掲げる専攻分野を担当する者として，私は日本思想をとりまくこうしたアカデミズムの実状に強い危機感を抱いてきた。もちろん私は，自分の国のことだからという理由で，日本思想を特権化すべきであると主張しているわけではない。しかし，この列島上で営まれてきた過去の知的な営みの蓄積を無視して，そこに生きる私たちが，みずからが置かれた状況を理解し将来への展望を切り拓くことが可能であろうか。自身の背負う知的遺産に対する深い洞察こそが，世界の文化に対する真の理解と共感を呼び起こしていくのである。
　だが現実には，自国の思想に対する知識をえたいと思っても，信頼できる入門書・概説書すらほとんど存在しないというのが現状である。日本の思想を学ぼうとする外国人留学生に対して，自信を持って勧めることのできる概説書を，私たちは共有財産として

所有していないのである。

　ミネルヴァ書房の杉田啓三社長より、概説シリーズの一冊として、日本思想史の概説書を作らないかというお話をいただいたとき、まことに荷の重い課題ではあったが、この分野の学問・教育に携わる者としてどうしても避けることのできない使命と考えて、お引き受けすることにした。いま風の軽い読み物ではなく、現今の研究水準を踏まえた本格的な通史にしたいという杉田氏の見識にも共感するところが多かった。

　私個人の能力を超える仕事になるため、かねてよりこうした問題意識を共有し、しかもそれぞれの分野で最先端の研究を進めている方々に声をかけて編集委員会を結成し、組織的に仕事を進めることにした。時代や分野のバランスを考慮した上で8名の方に参加をお願いしたところ、全員からご快諾いただき、編集委員会が動き出すことができた。2001年10月のことだった。

　それ以降、泊まりがけのものを含めて幾度も会議を重ね、全体の構成を決定するとともに、執筆に際して落とすことのできないキーワードの選定を行った。その一方で執筆候補者のリストアップを進め、2002年11月にはミネルヴァ書房を通じて執筆の依頼を行った。こちらについても、お願いした方全員からご快諾をいただくことができた。その後も時代ごとの執筆者打ち合わせなど、真剣な討議を繰り返しつつ制作を進め、いまようやく刊行に漕ぎ着けることができた。

　振り返ってみれば4年半にわたる長く重い仕事だった。いま改めて校正刷りを読み返すと、これまでの経緯が次々と心に思い浮かんで感慨深いものがある。編集委員会や執筆者打ち合わせでの討論は実に刺激的であり、さまざまなことを考えさせられた。「日本思想」の中身についても、繰り返し熱い議論が戦わされた。

　本書の内容については、今後修正・訂正すべき点は数多くあるに違いない。けれどもいまの時点において、だれが挑戦してもこれ以上の概説書は絶対にできないという確信は抱いている。

　私の呼びかけに応じてこのプロジェクトに参加いただき、苦労を共にした編集委員の皆さまに、心より御礼申し上げたい。また、最先端の研究成果と読みやすさを両立させるという編集委員会サイドの困難な注文に真剣に取り組み、高いレベルを保ちながらも分かりやすい原稿をご提出いただいた執筆者の皆さまにも、改めてお礼の言葉を申し述べさせていただきたい。

　さらに、日本思想に対する逆風の吹き荒れるなかで、あえてその概説書を作るという決断をされたミネルヴァ書房の杉田啓三社長に深く敬意を表したい。また、編集の実務をご担当いただき、さまざまな困難を克服して刊行にまで漕ぎ着けた田引勝二氏のお骨折りに対して、心より感謝申し上げたい。

2005年2月20日　　　　　　　　　　　　　　　　　　　　　　　　　佐藤弘夫

日本思想史年表

〔凡　例〕
1. 本年表は，いわゆる「仏教公伝」(538年)から2000年までを対象とし，「思想史関係著書・論文」，「思想史関連事項」の2項目に整理して作成した。
2. 著書及びそれに準ずるものには『　』，新聞・雑誌掲載の論文，及び著書の一部であるものには「　」を用い，その上で編著者名を記した。ただし，編著者名の明らかでないものは書名のみ掲げた。
3. 著書・論文について，特に註記のない限り成立年で採用した。
4. 成立年時を明確にできないものには※印を付し，適宜その頃と思われる年に掲げた。

西暦	和暦	思想史関係著書・論文	思想史関連事項
538	宣化3		百済聖明王，仏像・経論を献じる（一説には552年）。
552	欽明13		仏像崇拝の可否について，論争が起こる。
587	用明2		蘇我馬子，厩戸豊聡耳皇子（聖徳太子）と共に物部守屋を討つ。
593	推古元		厩戸豊聡耳皇子，摂政となる。
			四天王寺を難波荒陵に建立。
596	4	※伊予道後温泉碑文（金石文）・大和元興寺露盤銘（金石文）	法興寺建立。
600	8		倭国王，隋に使者を派遣。
604	12	法隆寺旧蔵菩薩半跏像台座銘 ※「憲法十七条」	初めて暦を用いる。
606	14		鞍造鳥が丈六仏像を造り，法興寺金堂に安置。
607	15	法隆寺金堂薬師如来坐像光背銘	小野妹子，隋に派遣される。
			法隆寺着工。
608	16		小野妹子，使人斐世清と共に帰国。再び大使となり，高向玄理・南淵請安・僧旻らと共に発遣。
616	24		新羅，仏像を献ず。
618	26		中国にて隋滅亡，唐興る。
622	30	※天寿国曼荼羅繡帳銘	
623	31	法隆寺金堂釈迦三尊像銘	朝鮮半島にて，新羅が任那を討つ。
624	32		【唐】欧陽詢『芸文類聚』成立。
630	舒明2		第1回遣唐使派遣。
640	12		学問僧南淵請安・学生高向玄理帰朝。
643	皇極2		蘇我入鹿，山背大兄王を討つ。
644	3		東国の大生部多，常世神と称する虫を売る。
645	大化元		中大兄皇子・中臣鎌足ら，蘇我入鹿を討つ（大化の改新）。

301

西暦	和暦	思想史関係著書・論文	思想史関連事項
646	2	宇治橋碑文	仏教興隆の詔を下す。 道登, 宇治橋を架ける。
648	4		三韓に学問僧を派遣。
657	斉明3		中臣鎌足, 山階陶原の家に精舎を建て, 維摩会を行う。
658	4		智通・智達, 渡唐し玄奘に学ぶ。
663	天智2		白村江の戦いにて, 唐に大敗。
669	8		中臣鎌足, 山階寺(のちの興福寺)創建。
672	弘文元		大海人皇子, 吉野を発して東国に向かう(壬申の乱)。
673	天武元		初めて一切経を川原寺で書写す。
680	8		初めて『金光明経』を宮中, 及び諸寺で説く。 皇后の不予に伴い, 薬師寺建立。
681	9		帝記, 及び上古の諸事を記させる。 皇祖の御魂を祀る。
685	13		諸国の家毎に仏舎を造り, 仏像・経を置かせる。 初めて伊勢神宮に式年遷宮の制を定める。
686	朱鳥元	金剛場陀羅尼経書写(現存最古の写経)	
689	持統3		新羅, 天武天皇の喪を弔い, 仏像などを献納。 この頃から,「大王」号に代わり「天皇」号を使用したか。
691	5		大三輪以下18氏に命じて, その先祖の篡記を作らせる。
693	7		大学博士に封を与え, 儒学を奨励。
694	8	「藤原宮の役民の歌」(『万葉集』)	
696	10		毎年12月晦日に浄業者10名を度する。
697	文武元	「天皇雷丘に出遊の時, 人麻呂の歌」(『万葉集』)	宣命作られる(現存最古の宣命)。
698	2		多気大神宮を度会郡に移す。
701	大宝元		国学(地方)・大学(中央)を置く。 王臣に令文を読習させ, また律条を撰定する 藤原不比等・刑部皇子らに律令を撰定させる(大宝律令)。 初めて釈奠を行う。
702	2		粟田真人・山上憶良・道慈らを唐に派遣(第7回遣唐使)。 この頃から, 国号を「倭国」から「日

西暦	和暦	思想史関係著書・論文	思想史関連事項
			本」に改めたか。
706	慶雲3	法華寺露盤銘	
710	和銅3		藤原不比等，興福寺建立。
			平城京遷都。大官大寺を平城京に移す。
712	5	太安万侶『古事記』	
713	6		諸国に『風土記』撰進を命ずる。
715	霊亀元		越前・気比神宮寺建立。
717	養老元		吉備真備・玄昉・阿倍仲麻呂ら，第8回遣唐使として渡唐
			行基らの活動，取り締まりの対象となる。
718	2		道慈，唐より帰国。三論宗を伝える。
720	4	舎人親王ら『日本書紀』撰述。	初めて僧尼に公験を授ける。
721	5	『常陸国風土記』	日本紀講義が行われる（「弘仁私記」による）。
723	7		沙弥満誓を筑紫に派遣，観世音寺を造らせる。
725	神亀2		天下の災異を防ぐため，3000人を出家入道させ，諸寺に転経を行わせる。
726	3		行基，山崎橋を造る。
727	4		渤海使，王の書と方者を携え，初めて来朝。
729	天平元		長屋王，謀反の嫌疑により自害（長屋王の変）。
			異端幻術を学び，呪詛・厭魅を行うことを禁じる。
731	3	山上憶良「貧窮問答歌」（『万葉集』）	行基，及びその弟子に対する迫害緩和。
732	4	『出雲国風土記』	
		※『肥前国風土記』・『豊後国風土記』	
		山上憶良「沈痾自哀文」（『万葉集』）	
734	6	聖武天皇御願経	
735	7		遣唐使多治比広成，吉備真備・玄昉と共に帰朝。玄昉は一切経を，真備は暦書などを将来。
736	8		天竺僧菩提僊那・林邑僧仏哲・唐僧道璿ら来日。
737	9		疫病流行。藤原四卿相次いで没する。
740	12	光明皇后御願経	藤原広嗣の乱。
			聖武天皇，河内国知識寺にて盧舎那仏を拝す。
			国毎に法華経の書写と七重塔の建立を行わせる。

日本思想史年表

西暦	和暦	思想史関係著書・論文	思想史関連事項
741	13		国毎に国分寺・国分尼寺を設けさせる。
743	15		聖武天皇，金銅廬舎那仏の建立発願。
745	17		行基，大僧正に就任。
749	天平感宝元		陸奥国より初めて黄金を献ず。
			聖武天皇，自らを「三宝の奴」と称す。
			大仏鋳造なる。
			八幡大神，託宣して宇佐より京に向かう。
751	天平勝宝3	『懐風藻』	東大寺大仏殿竣工。
752	4		東大寺大仏開眼供養。
754	6		唐僧鑑真・法進ら入朝。
755	7		東大寺戒壇院建立。
757	天平宝字元		橘奈良麻呂の乱。
759	3		鑑真，唐招提寺を建立。
760	4	延慶「武智麻呂伝」(『藤氏家伝』) ※恵美押勝「大織冠伝」(『藤氏家伝』)	
761	5		下野薬師寺・筑紫観世音寺に戒壇建立。
763	7		伊勢の多度大神，神身離脱と仏教帰依を要求。
764	8		恵美押勝の乱。
766	天平神護2		道鏡に法皇の位を授ける。
770	宝亀元		僧尼の山林修行を許す。
772	3	藤原浜成『歌経標式』	
777	8	※『万葉集』	
779	10	淡海三船『唐大和上東征伝』	
783	延暦2		長岡京遷都。
785	4	※最澄『願文』	最澄，比叡山に入山。
788	7	思託『延暦僧録』 『多度神宮寺資財帳』	最澄，比叡山寺（延暦寺の前身）を創設。
789	8	『高橋氏文』	
791	10	空海『聾瞽指帰』	
794	13		平安京遷都。
797	16	菅野真道ら『続日本紀』 空海『三教指帰』	
798	17		年分度者の制度を決める。
801	20		和気弘世，最澄を高雄山寺に招じて法華会を開く。
804	23		第12回遣唐使派遣。最澄・空海ら随行。
805	24		最澄帰朝，天台宗を伝える。
			空海，長安に入り青龍寺恵果に師事。

西暦	和暦	思想史関係著書・論文	思想史関連事項
806	大同元		【唐】「長恨歌」(白居易) 成る。空海帰朝，真言宗を伝える。
807	2	斎部広成『古語拾遺』	
814	弘仁5	小野岑守ら『凌雲集』	
816	7	万多親王ら『新撰姓氏録』を奏進。最澄『依憑天台集』※徳一『仏性抄』(三一権実論争の始まり)	空海，高野山に金剛峯寺を創建。
818	9	最澄『守護国界章』・『天台宗年分度学生式八条』藤原冬嗣ら『文華秀麗集』	最澄，小乗戒を棄捨。
819	10	※空海『文鏡秘府録』	最澄，大乗戒壇独立の可否を僧綱に問う。護命をはじめ僧綱，拒否。
820	11	最澄『顕戒論』・『決権実論』	「弘仁格式」奏進。
821	12	最澄『法華秀句』	藤原冬嗣，勧学院(大学寮別曹)を創立。
822	13	※景戒『日本霊異記』	
823	14		空海，東寺を賜う。
827	天長4	良岑安世ら『経国集』	比叡山戒壇院建立。
828	5		空海，綜芸種智院を創立。
830	7	空海『秘密曼荼羅十住心論』・『秘蔵宝鑰』	勅命により，天長六本宗書撰上。
833	10	清原夏野ら『令義解』	
838	承和5		第13回遣唐使派遣。円仁・円載ら随行。
841	8	藤原緒嗣ら『日本後紀』	
842	9		【唐】武宗の排仏(会昌の廃仏)起こる。
847	14	円仁『入唐求法巡礼行記』	円仁帰朝。
853	仁寿3		円珍渡唐。
858	天安2		藤原良房，摂政就任(人臣摂政の初め)。円珍帰朝。
859	貞観元		石清水八幡宮創建。円珍，園城寺(三井寺)再興。
861	3		東大寺大仏修理落成供養挙行。
863	5		神泉苑にて御霊会挙行。崇道天皇(早良親王)・伊予親王・橘逸勢らを祀る。
877	元慶元		菅原道真，文章博士になる。
879	3	藤原基経ら『日本文徳天皇実録』	
882	6		日本紀竟宴を設ける。
889	寛平元		初めて賀茂上下社臨時祭を行う。
891	3	※『日本国見在書目録』(これ以前になる)	
892	4	菅原道真『類聚国史』	

日本思想史年表 305

西暦	和暦	思想史関係著書・論文	思想史関連事項
894	6		遣唐使停廃。
897	9	『宇多天皇御記』・『寛平御遺誡』	
900	昌泰3	※『先代旧事本紀』（これ以前になる）	奨学院を大学寮の別曹とする。
901	延喜元	三善清行『革命勘文』	菅原道真，大宰府に左遷される。
		藤原時平ら『日本三代実録』	
905	延喜5	紀貫之ら『古今和歌集』（勅撰和歌集の初め）	
907	7		藤原時平ら，『延喜格』を撰上。
			唐滅亡。後梁，契丹興る。
909	9		藤原時平没。道真の怨霊の所為とされる。
914	14	三善清行『意見封事十二箇条』	
917	17	※『上宮聖徳法王帝説』	
		藤原兼輔『聖徳太子伝略』	
927	延長5		藤原忠平ら，『延喜式』を撰上。
930	8		清涼殿に落雷。道真の怨霊の所為とされる。
938	天慶元		空也，京都で念仏を唱える。
940	3	※『将門記』	
942	5		初めて石清水臨時祭を行う。
947	天暦元		最珍ら，菅原道真の祠を北野に建立。
948	2	藤原忠平『貞信公記』	
957	天徳元	菅原文時『意見三ヶ条』	大江維時を撰国史所別当とする。
959	3		右大臣藤原師輔，北野社増築。
960	4	藤原師輔『九条殿御遺誡』	後周滅亡，宋興る。
963	応和3		空也，鴨川の西において宝塔供養。
			西光寺（後の六波羅蜜寺）創建。
964	康保元		橘好古の奏により，学館院をもって大学寮別曹とする。
965	2		宜陽院において，日本紀を講義させる。
970	天禄元		祇園御霊会を始める（以降，恒例化）。
			天台座主良源，26ヶ条の起請を定める。
982	天元5	慶滋保胤『池亭記』	
		※源高明『西宮記』	
983	永観2		奝然入宋。
984	2	源為憲『三宝絵』	針博士丹波康頼，『医心方』撰進。
985	寛和元	源信『往生要集』	
986	2	※慶滋保胤『日本往生極楽記』	源信，『往生要集』などを宋に贈る。
987	永延元		朝廷，初めて北野社を祀る。
991	正暦2		宋雲黄山寺僧行辿，経巻を源信に贈る。

西暦	和暦	思想史関係著書・論文	思想史関連事項
997	長徳3		寂照入宋。 藤原道長，左大臣に任じられる。
1007	寛弘4		藤原道長，金峯山で法華経などを書写し埋経。
1008	5		『源氏物語』の一部，流布。
1011	8	※大江匡衡『江吏部集』	
1013	長和2	※藤原公任『北山抄』（〜寛仁年間）	宋の国清寺，延暦寺に天台大師影像などを贈る。
		※藤原公任『和漢朗詠集』	寂源，大原勝林院を建立。
1020	寛仁4		藤原道長，無量寿院の落慶供養を行う。 藤原道長，延暦寺にて受戒。
1036	長元9	※赤染衛門?『栄花物語』（正編）	
1037	長暦元	※実睿『三国因縁地蔵菩薩霊験記』	
		※『日本紀略』	
1041	長久2	鎮源『大日本国法華経験記』	
1045	寛徳2	※藤原明衡『本朝文粋』	
1051	永承6		前九年の役（〜62）。
1052	7		この年より末法の世に入る。 藤原頼通，宇治の別業を仏寺とし，平等院とする。 疫病流行のため花園社を建て，御霊会を行う。
1053	天喜元		藤原頼通，平等院阿弥陀堂（鳳凰堂）を供養する。
1062	康平5	※『陸奥話記』	
1063	6		源頼義，鶴岡八幡宮を建立。
1066	治暦2	※藤原明衡『新猿楽記』・『雲州往来』	
1069	延久元		仏師円快，法隆寺の聖徳太子木像を造る。 絵師秦致貞，「聖徳太子絵伝」を描く。
1070	2		石清水八幡宮の放生会に勅使を派遣。
1073	4	※成尋『参天台五台山記』	成尋，宋・神宗下賜の新訳経413巻等を日本に託送。
1075	承保2		延暦・園城両寺の僧徒，戒壇の事で闘争。
1081	永保元		興福寺僧徒，多武峯を侵し民家を焼く。 園城寺僧徒，日吉社の祭事妨害。これを発端として闘争。
1082	2		熊野信徒，神輿を奉じて入京，強訴。
1083	3		後三年の役（〜87）。
1088	寛治2		『成唯識論』（聖語蔵）刊行される。
1090	4		大江匡房に漢書を講読させる。

西暦	和暦	思想史関係著書・論文	思想史関連事項
			白河上皇熊野に参詣，初めて三山検校を置く。
1094	嘉保元	皇円『扶桑略記』	院政始まる。
1096	永長元	大江匡房『洛陽田楽記』	
1101	康和3	大江匡房『続本朝往生伝』	大宰権帥大江匡房，筑前安楽寺にて菅原道真を祀る。
1102	4		興福寺宗徒蜂起。
			東大寺宗徒が八幡の神輿を奉じて入京。
1104	長治元	※大江匡房『江談抄』	
1105	長治2		藤原清衡，最初院（中尊寺）を陸奥国平泉に建立。
1106	嘉承元	『東大寺要録』	京都に田楽流行。
1111	天永2	※大江匡房『江帥集』・『本朝神仙伝』 ※三善為康『拾遺往生伝』	
1116	永久4	三善為康『朝野群載』	
1120	保安元	※『今昔物語集』	
1124	天治元		藤原清衡，平泉に中尊寺金色堂建立。
			良忍，融通念仏を始める。
			祇園臨時祭挙行，以後恒例化。
1131	天承元	※『大鏡』	
1139	保延5	※三善為康『後拾遺往生伝』	
1140	6		右兵衛尉佐藤義清（西行），出家する。
1150	久安6		鳥羽法皇，入道藤原通憲（信西）に国史（『本朝世紀』）を撰ばせる。
1156	保元元		保元の乱。崇徳院，讃岐に配流。
1159	平治元		平治の乱。
1160	永暦元		平清盛，厳島を参詣。
1163	長寛元		諸儒により，伊勢大神宮と熊野権現と同体であるか否かが勘申，呈出される。（長寛勘文）
1164	2		平家一門，厳島神社に納経（平家納経）。
1167	仁安2		平清盛，太政大臣となる。
			重源入宋。
1168	3		平清盛出家。厳島神社を造営。
			栄西入宋。栄西・重源帰朝。
1170	嘉応2	『今鏡』	後白河法皇，東大寺にて受戒。
1175	安元元		法然（源空），専修念仏（浄土宗）を唱える。
1178	治承2	※平康頼『宝物集』	【宋】朱子（朱熹），『論語集註』・『孟子集註』を著す。

西暦	和暦	思想史関係著書・論文	思想史関連事項
1179	3		平清盛，宋版『太平御覧』を東宮に献上。
1180	4		福原遷都。源頼朝挙兵。
1181	5		重源，造東大寺大勧進となる。
1183	寿永2		重源，宋人陳和卿らと共に東大寺大仏の修理開始。
1185	文治元	※後白河上皇『梁塵秘抄』	壇ノ浦の戦い（平氏滅亡）。東大寺大仏落慶供養を行う。
1186	2		西行，鎌倉に下向する。法然，大原談義を行う。
1189	5		藤原泰衡，源義経殺害。奥州藤原氏敗亡。
1190	建久元		東大寺上棟。
1191	2		栄西帰朝，臨済宗を伝える。
1192	3		源頼朝，征夷大将軍となる。
1194	5		延暦寺僧徒の訴えにより，栄西・能忍の禅宗布教を禁じる。
1195	6	※『水鏡』	東大寺供養。重源，醍醐寺に宋本一切経を施入し経蔵を建立する。
1198	9	法然『選択本願念仏集』 栄西『興禅護国論』	
1199	正治元		俊芿，渡宋し戒律を学ぶ。
1200	2		鎌倉幕府，念仏宗を禁じる。
1202	建仁2		栄西，建仁寺建立。
1204	元久元		源空教戒七条を定めて門人らを戒める。
1205	2	藤原定家ら『新古今和歌集』	
1206	建永元		高弁（明恵），栂尾を賜り，ついで高山寺を創建。
1207	承元元		専修念仏停止。法然を土佐，親鸞を越後に配流。
1210	承元4		源実朝，「十七条憲法」及び四天王寺・法隆寺の重宝等の記を見る。『往生要集』（源信）刊行される。
1211	建暦元	栄西『喫茶養生記』	俊芿帰朝。建仁寺に入り，のち崇福寺に移る。
1212	2	高弁（明恵）『摧邪輪』・『荘厳記』 鴨長明『方丈記』	
1215	建保3	※源顕兼『古事談』 ※信濃前司行長？『平家物語』（原本）	
1216	4		実朝，渡宋のため大船建立（翌5年に船沈没，渡宋を断念）。

日本思想史年表

西暦	和暦	思想史関係著書・論文	思想史関連事項
1218	6	『長谷寺霊験記』	
1219	承久元	『北野天神縁起絵巻』	公暁,鶴岡にて実朝を刺殺(源氏の正統断絶)。
1220	2	慈円『愚管抄』	
1221	3	※『宇治拾遺物語』	承久の乱。後鳥羽院,隠岐に配流。
1222	貞応元	慶政『閑居友』	
1223	2		道元・明全入宋。
1224	元仁元	親鸞『教行信証』	親鸞,浄土真宗(一向宗)を開く。専修念仏者を禁圧。
1227	安貞元	道元『普勧坐禅記』	道元帰朝,曹洞宗を伝える。延暦寺僧徒の念仏隆盛の訴えにより,専修念仏停止。
1232	貞永元		御成敗式目(貞永式目)制定。
1233	天福元		京都に猿楽流行。
1234	文暦元		宣旨により,専修念仏宗禁圧。
1235	嘉禎元		円爾弁円・神子栄尊入宋。九条道家,東福寺を建立。
1236	2		叡尊,西大寺に居住。
1238	暦仁元	※孤雲懐奘『正法眼蔵随聞記』	
1243	寛元元		九条道家,円爾弁円を東福寺住持とする。
1245	3	顕真『聖徳太子伝私記』	
1246	4		蘭渓道隆来朝。
1247	宝治元	※『六波羅殿御家訓』	道元,鎌倉に赴く。法隆寺にて,伝聖徳太子の三経義疏を開版。
1252	建長4	六波羅二﨟左衛門?『十訓抄』	幕府,金銅大仏を鎌倉深沢に建立。忍性,関東へ下向。
1253	5	※道元『正法眼蔵』	日蓮,鎌倉で法華宗を広める。高野版『三教指帰』開版。建長寺,落慶供養。
1254	6	橘成季『古今著聞集』	
1255	7	親鸞『愚禿抄』	
1257	正嘉元		北条時頼,弁円を鎌倉に招く。
1258	2		親鸞,「自然法爾事」を述べる。
1260	文応元	日蓮『立正安国論』	兀庵普寧来朝。
1261	弘長元		徳政・新制発布。北条長時,相模極楽寺を修営し忍性を招聘。
1262	弘長2	※『歎異抄』	叡尊,北条実時の請により鎌倉へ下向。

西暦	和暦	思想史関係著書・論文	思想史関連事項
1268	5	凝然『八宗綱要』	日蓮，書を北条時宗らに提出。諸宗を排撃し外寇を警告する。
1271	8		日蓮，佐渡配流。
1272	9	日蓮『開目抄』	親鸞の娘覚信尼，親鸞の墳墓を大谷に移して本願寺を草創。
1273	10	日蓮『観心本尊抄』	
1274	11	※『百錬抄』 卜部兼方（懐賢）『釈日本紀』（〜1301）	文永の役。 日蓮，甲斐国に赴き身延山久遠寺を開く。
1276	建治2		一遍，時宗を開く。 北条（金沢）実時，これ以前に金沢文庫創立。
1278	弘安元	『北野天神縁起』	元主，日本商船に交易を許可。 北条時宗，宋に書を送り碩徳の僧を招聘。
1279	2		宋僧無学祖元・鏡堂覚円来朝。 時宗，祖元を建長寺住持とする。
1280	3		諸寺に勅し，異国降伏を祈願させる。
1281	4		弘安の役。春日神木入洛。 幕府，勧学院を高野山に創立。
1283	6	無住『沙石集』	
1285	8		伝聖徳太子十七条憲法，初めて開版。
1286	9	叡尊『感身学生記』	
1289	正応2	※『一遍上人語録』	
1290	3		院旨により，諸国に異国降伏の祈禱を命じる。
1291	4		南禅寺建立。
1295	永仁3	六条有房『野守鏡』	
1296	4	『天狗草紙絵巻』	
1297	5		永仁の徳政行われる。
1298	6	『北野天神縁起絵巻』	
1299	正安元	無住『聖財集』	元の使僧一山一寧，鎌倉に来て国書進呈。
1300	2	※如信?『歎異抄』 土佐吉光『法然上人絵伝』	
1302	乾元元	凝然『円照上人行状』	幕府，諸国の一向宗徒を禁圧。
1304	嘉元2	※『八幡愚童訓』	金沢貞時，『百錬抄』を書写校合する。
1305	3	無住『雑談集』	貞時，前年より『古文孝経』校勘。
1308	延慶元	※『吾妻鏡』 『是害坊物語絵巻』（曼珠院本）	貞時，『群書治要』・『侍中群要』を書写校合する。
1309	2	高階隆憲『春日権現縁起絵巻』	入元僧道眼房，一切経を将来。
1311	応長元	※『渓嵐拾葉集』 凝然『三国仏法伝通縁起』	

西暦	和暦	思想史関係著書・論文	思想史関連事項
1316	正和5	『百鬼夜行絵巻』	
1317	文保元		幕府，両統迭立のことを定める（文保の和談）。
1320	元応2	『類聚神祇本源』	
1322	元亨2	虎関師錬『元亨釈書』	
1324	正中元	※存覚『諸神本懐集』	
1329	元徳元	※『一言芳談』	
1330	2	※吉田兼好『徒然草』	
1331	元徳3 元弘元		後醍醐天皇，神器を携えて奈良へ出奔。
1332	正慶元 2	※『花園院宸記』	後醍醐天皇，隠岐配流。
1333	2 3		北条高時自害，鎌倉幕府滅亡。 後醍醐天皇還幸，建武中興。
1334	建武元	※二条河原落書（『建武年間記』）	建武の新政。
1335	2		中先代の乱。
1336	建武3 延元元		南北朝分裂。
1338	暦応元 3	※北畠親房『元元集』	足利尊氏，征夷大将軍となる。
1339	2 4	北畠親房『神皇正統記』（初稿）	
1340	3 興国元	北畠親房『職原鈔』 慈遍『豊葦原神風和記』	
1342	康永元 3		五山十刹の制度定まる。
1344	3 5	夢窓疎石『夢中問答集』 ※『梅松論』 ※『庭訓往来』（南北朝期から室町初期の成立）	
1350	観応元 正平5		観応の擾乱。 この頃から前期倭寇の活動が活発。 【琉球】三山時代。
1351	2 6	従覚『慕帰絵詞』	
1356	延文元 11	二条良基ら『菟玖波集』 ※『神道集』 ※『増鏡』	
1364	貞治3 19		『論語集解』刊行。
1368	応安元 23	この頃までに『太平記』成る。	元滅亡，明建国。
1381	永徳元 弘和元	長慶天皇撰『仙源抄』	
1383	3 3	斯波義将『竹馬抄』 ※『曾我物語』（真字本） ※『御伽草子』（南北朝期頃）	
1391	明徳2 元中8	※『明徳記』	明徳の乱。

西暦	和暦	思想史関係著書・論文	思想史関連事項
1392	3 9		南北朝合一。高麗滅亡、李氏朝鮮建国。
1394	応永元		足利義満、太政大臣となる。
1398	5		幕府、三管・四職・七頭を制定。
1399	6	洞院公定『尊卑分脈』これ以前に成る。	応永の乱。
			対馬の宗氏、朝鮮と通交。
1401	8		日明貿易開始（〜1549）。
1402	9	今川了俊『難太平記』	
		※『義経記』	
1403	10	西胤俊承ら編『絶海和尚語録』	【朝鮮】銅活字印刷始まる。
1408	15		【明】『永楽大典』。
1411	18		明と一時国交中絶（〜32）。
1412	19	今川了俊（伝）『今川状』	
1414	21	※清涼寺本『融通念仏縁起』	
1415	22		【明】『性理大全』『四書大全』『五経大全』。
1416	23	後崇光院『看聞日記』（〜48）	
1418	25	世阿弥『風姿花伝』	
1419	26		応永の外寇。
1420	27		【明】明版大蔵経（北蔵）刊行開始。
1423	30	隆堯『念仏安心大要抜書』	
1428	正長元		正長の土一揆。
1429	永享元		尚巴志、琉球王国建国。
1430	2	『申楽談儀』（世阿弥の芸話を次男の元能が整理した聞書）	
		※玄棟『三国伝記』	
1433	5	後崇光院『椿葉記』	
1438	10		永享の乱。
1439	11	※『伊勢貞親教訓』	上杉憲実、足利学校を再興。
		飛鳥井雅世撰『新続古今和歌集』（二十一代集最後の勅撰和歌集）	
		『大内家壁書』（〜1529）	
1440	12	日親『立正治国論』	
1441	嘉吉元		嘉吉の土一揆。
			嘉吉の乱。
1444	文安元	『下学集』	
		※一条兼良『日本書紀纂疏』（1455〜57年頃の成立）	
1446	3		【朝鮮】訓民正音（ハングル）を制定。

日本思想史年表　313

西暦	和暦	思想史関係著書・論文	思想史関連事項
1450	宝徳2	尋尊『大乗院寺社雑事記』(〜1508)	
1457	長禄元		アイヌ首長コシャマインの乱。
1463	寛正4	心敬『ささめごと』(一説, 1461年成立)	
1467	応仁元		応仁の乱(〜77)。
1471	文明3	蓮如『御文章(御文)』(〜98)	
		※『応仁記』	
		※『節用集』	
1474	6	三条西実隆『実隆公記』(〜1536)	
1480	12	一条兼良『樵談治要』	
		※一条兼良『文明一統記』	
		※一休『狂雲集』	
		※『朝倉孝景条々』(朝倉敏景一七箇条)	
1481	13	※吉田兼倶『唯一神道名法要集』	『大学章句』刊行。
1485	17		山城の国一揆。
1486	18	吉田兼倶『神道大意』	
1488	長享2	宗祇『水無瀬三吟百韻』	加賀の一向一揆。
1493	明応2	『相良氏法度』(〜1555)	
1495	4	宗祇ら『新撰菟玖波集』	
1496	5		蓮如, 石山本願寺を創建。
1497	6		吉田兼倶, 法華三十番神をめぐり日蓮宗徒と論争。
1510	永正7		三浦の乱。
1512	9		壬申約条。
1515	12	※尊応『清涼寺縁起』(伝, 狩野元信画)	
1518	15	『閑吟集』	【明】王守仁(陽明)の語録『伝習録』刊行(徐愛編)。
		※『早雲寺殿廿一箇条』	
1523	大永3		寧波の乱。
1524	4	蓮悟撰『蓮如上人遺徳記』	【明】嘉靖年間(1522〜66)に王世貞・李攀竜ら後七子が文壇の中心となる(荻生徂徠に影響)。
1526	6	『今川仮名目録』	
1527	7	山科言継『言継卿記』(〜1567)	
1531	享禄4		【琉球】『おもろさうし』(〜1623)。
1532	天文元		天文法華の乱。
1536	5	清原宣賢『日本書紀神代巻抄』	
		『塵芥集』(伊達氏)	
1539	8	全枝『禅儀外文臆断』	
		※山崎宗鑑『新撰犬筑波集』	
1542	11	池坊専応『池坊専応口伝』	

西暦	和暦	思想史関係著書・論文	思想史関連事項
1545	14		曲直瀬道三,田代三喜に師事し,医学校啓迪院にて李朱医学を教授する。
1546	15	山本勘助『軍法兵法記』	
1547	16	『甲州法度之次第』(信玄家法)	
1548	17		この頃,南村梅軒(海南学派(南学)の祖),土佐に渡る。
1549	18		イエズス会士フランシスコ・ザビエル,鹿児島に来航,キリスト教伝来。
1550	19	曲直瀬道三『辞俗功聖方』	
1551	20		大内氏滅び,勘合貿易断絶。
1552	21	『塵塚物語』	
1556	弘治2	『結城氏新法度』	
1559	永禄2		【朝鮮】李滉(退渓)『朱子書節要』,『自省録』。
1560	3	※『新加制式』(三好氏)	桶狭間の戦い。 この頃から後期倭寇の活動が活発。
1562	5	善念『成唯識論泉鈔』	
1563	6	※里村紹巴『源氏物語抄』	
1567	10	『六角氏式目』	
1568	11		織田信長,足利義昭を奉じて入京。 【明】明人の海外渡航を許可。
1569	12		織田信長,イエズス会士ルイス・フロイスに京都在住を許可。
1570	元亀元	日澄『法華神道秘決』	石山合戦(~80)。
1571	2		織田信長,延暦寺を焼打ち。
1573	天正元		織田信長,足利義昭を追放し室町幕府滅亡。 【明】張居正の改革(~82)。
1574	2	『上井覚兼日記』(~86)	
1577	5	高坂昌信『武道心鑑』 松平家忠『家忠日記』(~94)	織田信長,安土城下を楽市とする。
1578	6		【明】李時珍『本草綱目』。
1579	7	※日淵(口述)日允(記)『安土宗論実録』	安土宗論。
1580	8		有馬・安土にセミナリヨ,府内にコレジヨ創設。
1582	10	大村由己『惟任退治記』	本能寺の変。 太閤検地始まる(~98)。 天正遣欧使節。

日本思想史年表 *315*

西暦	和暦	思想史関係著書・論文	思想史関連事項
1583	11		豊臣秀吉, 賤ヶ岳の戦いにて柴田勝家を破り, 信長の後継者の地位を確立。
1586	14	三条西実枝（講）・細川幽斎（編）『詠歌大概抄』	
1587	15		豊臣秀吉, 伴天連追放令を発令。
1588	16		豊臣秀吉, 倭寇取締令及び刀狩り令を発令。
1590	18	珠光『浄土三部経音義』	洋式印刷機伝来, キリシタン版始まる。
1591	19	『サントスの御作業』（加津佐版）	豊臣秀吉, 身分統制令を発令。
1592	文禄元	『どちりいな・きりしたん』（天草版）	文禄の役。
1593	2	ルイス・フロイス『日本史』『伊曾保物語』（天草版）（刊）	藤原惺窩, 徳川家康に『貞観政要』を講義する。
1595	4		日奥, 方広寺大仏殿での千僧供養への出仕を拒否（不受不施の起こり）。
1596	慶長元	『こんてむつす・むんぢ』（天草版）	サンフェリペ号事件の後, 26聖人殉教。栗崎道喜, ルソンより帰り, 南蛮外科医術を伝える。
1597	2	『長宗我部氏掟書』	慶長の役。朝鮮文人姜沆, 日本に連行される（～1600まで）。その間, 四書五経新注和刻本の刊行に尽力し, また藤原惺窩などの日本の知識人と交友。
1598	3		秀吉死去により, 朝鮮より撤兵。朝鮮より活字印刷・製陶法伝わる。【明】この頃, 袁宏道ら公安派が王世貞・李攀竜らの古文辞学を批判。
1600	5	※太田牛一『信長公記』	関ヶ原の戦い。藤原惺窩, 儒者の服装である深衣道服を着用し, 家康に謁見する。
1601	6	貞安『貞安問答』	
1602	7		東西本願寺分裂。【明】マテオ・リッチ（利瑪竇）『坤輿万国全図』刊行。
1603	8	『日葡辞書』	徳川家康, 征夷大将軍となる。林羅山, 無断で『論語集注』を講じ, 清原秀賢から非難される。
1604	9	頼慶『光明真言鈔』（刊）	
1605	10	ハビアン『妙貞問答』慶秀『正信偈私記』	林羅山, 徳川家康に出仕。
1606	11	林羅山『排耶蘇』（ハビアンとの論争）向井元升『孝経辞伝』	

西暦	和暦	思想史関係著書・論文	思想史関連事項
1607	12	虚応『般若心経註解』	朝鮮使来日し，幕府に国書を贈る（国交回復）。林羅山，儒者でありながら剃髪し将軍の侍講となる。
1608	13		慶長法難。
1609	14	平岩親吉編『三河後風土記』	島津氏，琉球出兵。オランダ，平戸商館を開き貿易開始。己酉約条を朝鮮と結ぶ。
1611	16	小瀬甫庵『信長記』	
1612	17		天領でキリスト教禁止（翌年全国）。
1613	18		イギリス，平戸商館を開き貿易開始。慶長遣欧使節団（〜20）。
1614	19	『装束拾要抄』 ※『慶長見聞集』（三浦浄心著？） ※細川幽斎（述）・烏丸光広（記）『耳底記』（慶長年間） ※小瀬甫庵編『政要抄』（慶長頃刊） ※『伴天連記』（慶長末）	大坂冬の陣。 ※慶長から元和にかけて『太平記評判秘伝理尽鈔』講釈（太平記読み）流行。
1615	元和元		大坂夏の陣，豊臣氏滅亡。 武家諸法度・禁中並公家諸法度。 諸宗本山本寺法度。
1616	2	聖憲（記）・良尊（注）『阿字観鈔』 日奥『宗義制法論』（受不施派の日乾『破奥記』に対する反駁書）	欧州船の寄港地を平戸・長崎に限定。 天海，大僧正となる。 後金建国，ヌルハチ（太祖）即位。
1617	3	小笠原勝三『当流軍法功者書』	日光東照宮創建。 【明】如惺『大明高僧伝』
1619	5	鈴木正三『盲安杖』 山本玄仙『万外集要』	
1620	6	林羅山『惺窩先生行状』 ハビアン『破提宇子』（刊）	
1621	7	林羅山『野槌』 小笠原作雲『諸家評定』	
1622	8		キリシタン大量処刑（元和の大殉教）。
1623	9	安楽庵策伝『醒睡笑』 ※富山道冶『竹斎』（刊）	イギリス，平戸商館を閉鎖し，日本より撤退。 【明】アレーニ（艾儒略）『職方外記』
1624	寛永元	中村惕斎『比売鑑』	イスパニア船の来航禁止。
1625	2	小瀬甫庵『太閤記』	天海，寛永寺を創建。
1626	3	大久保忠教『三河物語』（最終稿） 烏丸光広『寛永行幸記』	

西暦	和暦	思想史関係著書・論文	思想史関連事項
1627	4	林羅山・菅得庵『惺窩文集』 吉田光由『塵劫記』	
1629	6	林羅山『春鑑抄』(刊) 那波活所『活所遺稿』(刊) ※松浦宗案(または土居水也)『清良記』 (1629〜76の間の成立)	紫衣事件。 林羅山、儒者でありながら民部卿法印(最高の僧位)となる。
1630	7	中江藤樹『林氏剃髪受位弁』	キリシタン書籍の輸入禁止。 林羅山、上野忍岡の私邸に塾を開く。 日樹・日奥ら不受不施派へ弾圧強化。
1632	9	柳生宗矩『兵法家伝書』 ※鈴木正三『二人比丘尼』	
1633	10	万安『四部録抄』(刊)	鎖国令(奉書船以外の渡航禁止)。 柳川一件。
1634	11		鎖国令(海外往来通商禁止)。 那波活所、紀州藩に出仕。
1635	12		鎖国令(海外渡航禁止,帰国禁止)。 長崎に出島作られる。 寺社奉行の設置。
1636	13	如儡子『可笑記』 沢野忠庵(フェレイラ)『顕偽録』	鎖国令(ポルトガル人を出島に移す)。 外交文書における将軍の呼称が「日本国大君」に改められる。 後金,国号を清と改称。
1637	14		島原の乱(〜38)。 天海版大蔵経刊行開始。 【朝鮮】清に服属。 【明】宋応星『天工開物』。
1638	15	朝山意林庵『清水物語』刊(反駁書宗親『祇園物語』)	
1639	16	『吉利支丹物語』(刊)	最後の鎖国令(ポルトガル人来航禁止)。
1640	17	松永尺五『彝倫抄』(刊) ※中江藤樹『翁問答』	宗門改役を設置。
1641	18	※中江藤樹『孝経啓蒙』	平戸のオランダ商館を長崎出島に移す。
1643	20	林羅山ら『寛永諸家系図伝』 ※天海『東照宮縁起』(寛永年間)	
1644	正保元	※林羅山『神道伝授』・『本朝神社考』 宮本武蔵『五輪書』	明,滅亡し,東アジア世界の「華夷」秩序に変容をもたらす。
1647	4	山崎闇斎『闢異』	
1648	慶安元	※林羅山『三徳抄』 中山三柳『飛鳥川』	明の丘瓊山『文公家礼儀節』が和刻される。

西暦	和暦	思想史関係著書・論文	思想史関連事項
1649	2	鈴木正三（述）・恵中（編）『驢鞍橋』 良栄『安楽集私記見聞』（刊）	慶安の御触書。
1650	3	『心学五倫書』（刊） 山崎闇斎『白鹿洞学規集註』 度会延佳『陽復記』	熊沢蕃山，岡山藩番頭になる。 伊勢御蔭参り流行。
1651	4	山鹿素行『兵法神武雄備集』	末期養子の禁を緩和。 由井正雪の乱。
1652	5	林鵞峰『日本王代一覧』	
1653	承応2		『性理大全』の和刻本（小出永庵訓点）が刊行
1654	3		明僧隠元，長崎に至り，黄檗宗を伝える。 【清】智旭『閲蔵知津』
1655	明暦元	如儡子『百八町記』	
1656	2	『甲陽軍鑑』（刊） 辻原元甫『女四書』	
1657	3	水戸藩『大日本史』（～1906） 林羅山『老子鬳斎口義』（刊）	明暦の大火，江戸城本丸焼失。
1658	万治元	『熊野之権現記』（刊）	
1659	2	出口延佳『中臣祓瑞穂鈔』 堀杏庵『朝鮮征伐記』	
1660	3	林読耕斎『本朝遜史』	
1661	寛文元	鈴木正三『万民徳用』（刊）・『因果物語』（刊）	鄭成功，台湾に拠って清軍に抗戦（～62）。
1662	2	林鵞峰編『羅山文集』・『羅山詩集』 ※伊藤仁斎『孟子古義』（起稿） 鈴木正三『破吉利支丹』	伊藤仁斎，古義堂を開く。
1663	3		殉死の禁止。
1665	5	山鹿素行『山鹿語類』・『聖教要録』	諸宗寺院法度，諸社禰宜神主法度制定。 朱舜水，水戸藩に招聘。 山崎闇斎，会津藩に招聘。
1666	6	※伊藤仁斎『論語古義』（初稿） 浅井了意『伽婢子』 中村惕斎編『訓蒙図彙』（刊）	会津藩・水戸藩・岡山藩で寺社整理。 山鹿素行，『聖教要録』において朱子学を批判し，赤穂藩に流される。
1667	7	南部立庵『倭忠経』（刊）	
1668	8	林梅洞（著）・林鵞峰（補）『史館茗話』 貝原益軒『近思録備考』（刊）	
1669	9	山鹿素行『中朝事実』	鉄眼版（黄檗版）大蔵経を刊行開始。 アイヌ首長シャクシャインの乱。 『性理大全』和刻本（小出永庵訓点）が刊行。

日本思想史年表　319

西暦	和暦	思想史関係著書・論文	思想史関連事項
1670	10	林羅山・鵞峰『本朝通鑑』	
		※『本佐録』	
1671	11	石川丈山『覆醤集』（刊）	宗門人別改帳の作成が制度化。
			山崎闇斎，垂加神道を唱える。
1672	12	保科正之編『二程治教録』	
1674	延宝2	関孝和『発微算法』	
1675	3	山鹿素行『配所残筆』	
1676	4	熊沢蕃山『集義和書』二版本（刊）	
1679	7	名古屋玄医，『医方問余』を著し，古医方を唱える	
1680	8	宇都宮遯庵『蒙求詳説』	
1682	天和2	井原西鶴『好色一代男』	吉川惟足，幕府より神道方を任命。
1683	3	伊藤仁斎『語孟字義』（初稿）	台湾が清に属する。
		山崎闇斎『文会筆録』（刊）	
		佐藤直方『講学鞭策録』	
1684	貞享元		渋川春海，貞享暦を作る。
1685	2		生類憐みの令（～1709）。
1686	3	※熊沢蕃山『集義外書』・『大学或問』	
		阿部正武監修，林鳳岡ら編『武徳大成記』	
1687	4	浅見絅斎『靖献遺言』	熊沢蕃山，『集義外書』・『大学或問』
		藤井懶斎『仮名本朝孝子伝』（刊）	で時事を論じ，古河に禁錮。
		井原西鶴『武道伝来記』（刊）	
1688	元禄元	井原西鶴『日本永代蔵』（刊）	
1689	2		【清】ネルチンスク条約締結。
1690	3	中村惕斎『四書章句集註鈔説』	湯島聖堂（昌平黌）落成。
		契沖『万葉代匠記』（精撰本）	
1691	4	『仮名性理』刊（『心学五倫書』の二次書）	林鳳岡，蓄髪を許され後に大学頭となり，林家が正式に儒者として幕府の文教政策の中心たる位置を占める。
			幕府，日蓮宗悲田派を禁止。
1692	5		新規寺院の建立禁止。
1693	6		比叡山に安楽律院が設置され，安楽律が唱えられる。
1695	8	西川如見『華夷通商考』	
1697	10	宮崎安貞『農業全書』	
1698	11	槇島昭武編『合類大節用集』	
1702	15	松尾芭蕉『奥の細道』（刊）	赤穂浪士討ち入り。
		新井白石『藩翰譜』	
		師蛮『本朝高僧伝』	

西暦	和暦	思想史関係著書・論文	思想史関連事項
1703	16	室鳩巣『赤穂義人録』 ※盤珪『盤珪仏智弘済禅師御示聞書』（元禄年間）	
1708	宝永5	三宅尚斎『祭祀来格説』	宣教師シドッチ，屋久島に来着。
1710	7		開院宮家創立。
1711	正徳元	跡部良顕『十種瑞宝極秘伝』	外交文書における将軍の呼称が「日本国王」に改められる。 正徳の治（新井白石活躍）
1712	2	新井白石『国書復号紀事』 三輪執斎『標註伝習録』 寺島良安『和漢三才図絵』	
1713	3	貝原益軒『養生訓』 新井白石『采覧異言』	
1715	5	増穂残口『艶道通鑑』（刊） 近松門左衛門『国性爺合戦』（初演） 無着『禅林象器箋』	海舶互市新例。
1716	享保元	新井白石『古史通』・『折たく柴の記』 安積澹泊『大日本史賛藪』 山本常朝（述）・田代陣基（録）『葉隠』 栗山潜鋒『保建大記』	享保の改革（荻生徂徠，室鳩巣活躍）。 【清】張玉書・陳廷敬ら撰『康熙字典』。
1717	2	荻生徂徠『弁道』・『弁名』	昌平黌で庶民の聴講を許す。 荻生徂徠，本格的に古文辞学を提唱。
1719	4	西川如見『町人嚢』	外交文書における将軍の呼称が「日本国大君」に改められる。
1720	5	※大道寺友山『武道初心集』	漢訳洋書の輸入制限を緩和。
1721	6	田中丘隅『民間省要』	
1722	7	跡部良顕『日本養子説』 室鳩巣『六諭衍義大意』（刊） 伊藤東涯『古今学変』	
1724	9	新井白石『読史余論』・※『西洋紀聞』 玉木正英『橘家纂目口伝』 伊藤東涯『制度通』	大坂に懐徳堂開設（初代学主三宅石庵）。
1726	11	常盤潭北『百姓分量記』（刊）	
1727	12	服部南郭著・望月三英ら編『南郭先生文集』（初編，刊行1758年）	
1728	13	雨森芳洲『交隣提醒』	
1729	14	太宰春台『経済録』	石田梅岩，京都で心学を提唱。
1732	17	※荻生徂徠『政談』 室鳩巣『駿台雑話』	【琉球】蔡温『琉球王御教条』。
1736	元文元	吉見幸和「五部書説弁」	

日本思想史年表　321

西暦	和暦	思想史関係著書・論文	思想史関連事項
1739	4	湯浅常山『常山紀談』	
		石田梅岩『都鄙問答』	
1744	延享元	富永仲基『出定後語』	
1746	3	富永仲基『翁の文』	
1753	宝暦3	安藤昌益『自然真営道』（刊本）	
1754	4		山脇東洋ら，初めて屍体を解剖して『蔵志』を著す。
1758	8		幕府，竹内式部らを処罰（宝暦事件）。
1759	9	山県大弐『柳子新論』	
1764	明和元	本居宣長『古事記伝』（〜98）	
1765	2	※賀茂真淵『国意考』	
		呉陵軒可有『誹風柳多留』（初編）	
1767	4		幕府，山県大弐らを処刑（明和事件）。
1771	8	本居宣長『直毘霊』	
1773	安永2	三浦梅園『価原』	
1774	3	杉田玄白・前野良沢ら『解体新書』（刊）	
1775	4	三浦梅園『玄語』	
1776	5		平賀源内，エレキテルを完成。
			【米】『アメリカ独立宣言』
1777	6	三浦梅園『多賀墨卿君に答ふる書』	
1779	8		塙保己一，『群書類従』の編纂に着手。
1780	9	※市川匡麻呂『末賀能比連』	
		本居宣長『葛花』	
1783	天明3	工藤平助『赤蝦夷風説考』	
1786	6	林子平『三国通覧図説』（刊）	
1787	7	本居宣長『秘本玉くしげ』	松平定信，寛政の改革を始める。
		林子平『海国兵談』（刊〜91）	
1788	8	※藤原惺窩『千代もと草』（刊）	
1789	寛政元	中井竹山『草茅危言』	【仏】フランス革命勃発
1790	2	※本居宣長・上田秋成『呵刈葭』（奥書）	寛政異学の禁
			（寛政三博士〈古賀精里〔または岡田清助〕・尾藤二洲・柴野栗山〉）
1791	3	藤田幽谷『正名論』	
1792	4		幕府，林子平を禁錮し，『海国兵談』・『三国通覧図説』の絶版を命ず。
1793	5	本居宣長『玉勝間』（〜1801）	
1795	7	中沢道二『道二翁道話』（初編）	【仏】ナポレオン戦争始まる。
		司馬江漢『和蘭天説』	
1796	8	本居宣長『源氏物語玉の小櫛』	

西暦	和暦	思想史関係著書・論文	思想史関連事項
1798	10	稲村三伯ら訳『波留麻和解』刊行（日本初の蘭日辞書，『江戸ハルマ』） 志筑忠雄『暦象新書』（上編，訳述） 本多利明『西域物語』・『経世秘策』（後編）	
1800	12		幕府直轄の昌平坂学問所成立。諸士の入学を許可。
1801	享和元		伊能忠敬，全国測量を開始。
1802	2	山片蟠桃『夢の代』（自序）	
1803	3	山村才助『訂正増訳釆覧異言』	
1807	文化4	富士谷御杖『古事記燈』	
1809	6	林述斎監修・成島司直ら編纂『徳川実記』（〜49）	
1810	7	平田篤胤『古道大意』 円通『仏国暦象編』	
1811	8	平田篤胤『古史徴』 司馬江漢『春波楼筆記』	
1813	10	平田篤胤『霊能真柱』 佐藤一斎『言志録』 海保青陵『稽古談』	
1815	12	杉田玄白『蘭学事始』	
1816	13	鎌田柳泓『理学秘訣』	【琉球】イギリス艦隊来航。
1817	14	海保青陵『前識談』（写）	
1822	文政5	蒲生君平『山陵志』	
1824	7		常陸国大津湊にイギリス捕鯨船来航。
1825	8	会沢正志斎『新論』	
1827	10	佐藤信淵『経済要録』 頼山陽『日本外史』（松平定信に献上）	
1833	天保4	大塩平八郎『洗心洞箚記』	
1834	5	柴田鳩翁『鳩翁道話』（正編） ※大道寺友山『武道初心集』（松代版）	
1836	7	帆足万里『窮理通』	
1837	8	斎藤拙堂『士道要論』	大塩平八郎の乱。
1838	9	高野長英『戊戌夢物語』 渡辺崋山『慎機論』 古賀侗庵『海防臆測』	中山みき，天理教を開く。 大原幽学，下総香取郡長部村に先祖株組合を結成。
1839	10		蛮社の獄。
1840	11		アヘン戦争（〜42）。
1841	12		渡辺崋山，自刃（49歳）。 水野忠邦，天保の改革始める。

西暦	和暦	思想史関係著書・論文	思想史関連事項
1843	14	会沢正志斎『迪彝篇』	【清】魏源『海国図志』（50巻本）・『聖武記』
1844	弘化元		天保暦施行（最後の太陰太陽暦）。
1845	2	箕作省吾『坤輿図識』	
1846	3	※大原幽学『微味幽玄考』	
1847	4	藤田東湖『弘道館記述義』（成稿）	
1848	嘉永元	伊達千広『大勢三転考』（跋）	【英】マルクス・エンゲルス『共産党宣言』（刊行）。【欧】1848年革命勃発。
1849	2		【清】太平天国の乱（～56）。
1853	嘉永6		ペリー・プチャーチン米露両艦隊来航。
1854	安政元	佐久間象山『省諐録』	日米和親条約締結（神奈川条約）。
1855	2		幕府, 天文方蛮書和解御用を独立させ, 洋学所設立。
1856	3	吉田松陰『講孟余話』 月性『仏法護国論』 富田高慶『報徳記』	洋学所を蕃所調所と改称。
1858	5		日米修好通商条約調印。
1859	6	吉田松陰『留魂録』 ※大蔵永常『広益国産考』（刊）	安政の大獄。
1860	万延元	横井小楠『国是三論』	桜田門外の変。
1861	文久元	加藤弘之『隣艸』	
1864	元治元		【清】ホイートン（マーティン漢訳）『万国公法』
1866	慶応2	福澤諭吉『西洋事情』（～70）	
1867	3	柳河春三『西洋雑誌』創刊（日本初の雑誌）	「ええぢゃないか」の大衆乱舞起こる。大政奉還・王政復古の大号令（明治維新）。
1868	明治元	加藤弘之『立憲政体略』	五箇条の誓文公布。神仏分離令（廃仏毀釈運動起る）。神祇官設置。福澤諭吉, 学塾を芝新銭座に移し, 慶応義塾と改称。
1869	2	中山みき『おふでさき』（～82）	修史局を置き, 六国史以後の国史編纂に着手。版籍奉還。昌平黌を大学校（後に大学）とし, 開成所（後に大学南校）と医学校（後に大学東校）を付属させる。
1870	明治3	加藤弘之『真政大意』	大教宣布の詔（神道国教化政策）。

西暦	和暦	思想史関係著書・論文	思想史関連事項
1871	4	西周『百学連環』（講） スマイルズ（中村正直訳）『西国立志編』	『横浜毎日新聞』創刊（初の日刊新聞）。 文部省設置。 廃藩置県。 神祇官を神祇省に改組。
1872	5	福澤諭吉『学問のすゝめ』（～76） ミル（中村正直訳）『自由之理』	教部省・大教院を設置し，三条教則を制定。 島地黙雷，「三条教則」批判建白。
1873	6		学制発布。
1874	7	西周『百一新論』 加藤弘之『国体新論』	森有礼・西村茂樹ら『明六雑誌』創刊。 板垣退助ら民撰議院設立建白。
1875	8	福澤諭吉『文明論之概略』 西周「人生三宝説」（『明六雑誌』）	新聞紙条例・讒謗律公布。
1876	9	ブルンチュリ（加藤弘之訳）『国法汎論』	
1877	10	田口卯吉『日本開化小史』（～82）	東京開成学校（旧大学南校）と東京医学校（同東校）を合併し，東京大学設立。 教部省を廃し，内務省社寺局設置。 三島中洲が漢学塾二松学舎を設立。 西南戦争。
1879	12	植木枝盛『民権自由論』 元田永孚『幼学綱要』（1882宮内省印刷頒布）	学制を廃し，教育令を制定。 東京招魂社を靖国神社に改称。
1880	13	『新訳聖書』（日本訳完成）	東京基督教青年会編『六合雑誌』創刊。
1881	14	スペンサー（松島剛訳）『社会平権論』（第一巻）	国会開設の詔勅。 自由党結成。
1882	15	加藤弘之『人権新説』 ルソー（中江兆民訳）『民約訳解』（第一編）	軍人勅諭発布。 福澤諭吉，『時事新報』創刊。 立憲改進党結成。 東京専門学校創立（後の早稲田大学）。
1883	16	馬場辰猪『天賦人権論』 植木枝盛『天賦人権弁』	
1884	17	スミス（石川暎作訳）『富国論』 福住正兄『二宮翁夜話』 藤田茂吉『文明東漸史』	華族令制定。 岡倉天心・フェノロサ，京阪の古社寺歴訪。
1885	18	坪内逍遙『小説神髄』 宮口高慶『報徳記』	近藤淡水，『女学雑誌』創刊（24号から岩本善治が編集）。 大政官制を廃し，内閣制制定。
1886	19	徳富蘇峰『将来之日本』	小学校・帝国大学令等公布。
1887	20	西村茂村『日本道徳論』 中江兆民『三酔人経綸問答』 二葉亭四迷『浮雲』（第一編）	徳富蘇峰，民友社結成（雑誌『国民之友』）。

西暦	和暦	思想史関係著書・論文	思想史関連事項
1888	21	『旧約聖書』（日本訳完成）	三宅雪嶺ら，政教社を結成（機関誌『日本人』）。
1889	22		陸羯南ら，国民論派の新聞『日本』を創刊。 大日本帝国憲法発布。
1890	23		民法典論争起こる（～98）。 徳富蘇峰，『国民新聞』創刊。 第一回帝国議会開会。 教育勅語発布。
1891	24	井上哲次郎『勅語衍義』 陸羯南『近時政論考』	第一高等中学校で内村鑑三不敬事件。 森鷗外一坪内逍遙の没理想論争。
1892	25		久米邦武「神道は祭天の古俗」（『史海』転載）の筆禍事件。 教育と宗教の衝突論争。
1893	26	加藤弘之『強者の権利の競争』（日独両版） 北村透谷「内部生命論」（『文学界』） 内村鑑三『余は如何にして基督信徒となりし乎』（英文）	北村透谷・島崎藤村ら，『文学界』創刊。
1894	27	内村鑑三『代表的日本人』（英文） 志賀重昂『日本風景論』	日清戦争（～95）。
1895	28		『太陽』創刊。
1896	29	ダーウィン（立花銑三郎訳）『生物始源―名種源論』 大西祝「社会主義の必要」（『六合雑誌』）	
1897	30		高山樗牛ら，『日本主義』創刊。 片山潜ら，『労働世界』創刊。
1898	31	井上円了『破唯物論』	幸徳秋水・片山潜・河上清・村井知至ら，ユニテリアン協会内に「社会主義研究会」設立。 【清】戊戌新政。
1899	32	横山源之助『日本之下層社会』 村井知至『社会主義』 新渡戸稲造『武士道』（英文）	『反省会雑誌』が『中央公論』に改題。
1900	33		与謝野鉄幹ら，『明星』創刊。 安部磯雄・片山潜・幸徳秋水ら，社会主義協会設立。
1901	34	幸徳秋水『廿世紀之怪物帝国主義』 竹越三叉『人民読本』 高山樗牛「美的生活を論ず」（『太陽』）	

西暦	和暦	思想史関係著書・論文	思想史関連事項
1902	35	中江兆民『一年有半』 波多野精一『西洋哲学史要』 清沢満之『精神主義』 宮崎滔天『三十三年之夢』	
1903	36	岡倉天心『東洋の理想』(英文) 幸徳秋水『社会主義神髄』 片山潜『我社会主義』	山路愛山,『独立評論』創刊。 一高生徒藤村操,投身自殺。 幸徳秋水ら,週刊『平民新聞』創刊。
1904	37	木下尚江「火の柱」(『毎日新聞』) 与謝野晶子「君死にたまふことなかれ」(『明星』) 福田英子『妾の半生涯』 岡倉天心『日本の覚醒』(英文) 内村鑑三「余が非戦論者となりし由来」(『聖書之研究』) マルクス・エンゲルス(幸徳秋水・堺利彦訳)「共産党宣言」(『平民新聞』) 丘浅次郎『進化論講話』	日露戦争(～05)。
1905	38	井上哲次郎『日本朱子学派之哲学』	
1906	39	北一輝『国体論及び純正社会主義』 島崎藤村『破戒』 原勝郎『日本中世史』	堺利彦,『社会主義研究』創刊。
1907	40	夏目漱石『文学論』	日刊『平民新聞』創刊。 三宅雪嶺,『日本及日本人』創刊。
1908	41	芳賀矢一『国民性十論』	戊申詔書発布。
1909	42	山路愛山『足利尊氏』 浮田和民『倫理的帝国主義』	
1910	43	柳田國男『遠野物語』 石川啄木「時代閉塞の現状」(執筆)	大逆事件。 『白樺』創刊。 韓国併合。
1911	44	幸徳秋水『基督抹殺論』 平塚らいてう「元始女性は太陽であつた」(『青鞜』) 西田幾多郎『善の研究』 村岡典嗣『本居宣長』	南北朝正閏問題。 平塚らいてうら,『青鞜』創刊。 【清】辛亥革命。
1912	大正元	森鷗外「かのやうに」(『中央公論』) 井上哲次郎『国民道徳概論』	美濃部達吉・上杉慎吉憲法論争。 大杉栄ら,『近代思想』創刊。 【清】清朝滅亡。
1914	3	内藤湖南『支那論』 阿部次郎『三太郎の日記』(第弐1915,合本1918)	月刊『平民新聞』創刊。 田中智学,国柱会を設立。 第一次世界大戦(～18)。

西暦	和暦	思想史関係著書・論文	思想史関連事項
1916	5	吉野作造「憲政の本義を説いて其有終の美を済すの途を論ず」(『中央公論』) 津田左右吉『文学に現はれたる我が国民思想の研究』全4巻(~18) 朝永三十郎『近世に於ける「我」の自覚史』 河上肇「貧乏物語」(『大阪朝日新聞』)	『婦人公論』創刊。
1917	6	吉野作造『支那革命小史』	【露】ロシア革命。
1918	7	徳富蘇峰『近世日本国民史』全100巻(~62) 近衛文麿「英米本位の平和主義を排す」(『日本及日本人』)	満川亀太郎ら、老社会を設立。 米騒動。 【独】ドイツ革命。
1919	8	吉野作造「北京学生団の行動を漫罵する勿れ」(『中央公論』) 津田左右吉『古事記及び日本書紀の新研究』 北一輝『国家改造案原理大綱』(執筆)	河上肇、『社会問題研究』創刊。 『我等』創刊。 『デモクラシイ』創刊。 『改造』創刊。 堺利彦・山川均、『社会主義研究』創刊。 高畠素之、『国家社会主義』創刊。 『解放』創刊。 【朝】三・一独立運動起こる。 【中】五・四運動起こる。
1920	9	マルクス(高畠素之訳)『資本論』(~23)	森戸辰男筆禍事件。 満川亀太郎ら、『雄叫び』創刊。
1921	10	倉田百三『愛と認識との出発』 北一輝『支那革命外史』	第一次大本教事件(幹部一斉検挙される)。 『思想』創刊。
1922	11	阿部次郎『人格主義』	日本共産党創立。
1923	12	美濃部達吉『憲法撮要』 北一輝『日本改造法案大綱』	関東大震災。 『赤旗』創刊。
1924	13	内藤湖南『日本文化史研究』 津田左右吉『神代史の研究』	『国本』創刊。 【米】排日移民法成立。
1925	14	細井和喜蔵『女工哀史』	治安維持法・普通選挙法公布。 朝鮮神宮創建。
1926	15	平泉澄『我が歴史観』 和辻哲郎『日本精神史研究』	蓑田胸喜・三井甲之ら、『原理日本』創刊。 福本和夫、『マルキシズムの旗の下に』創刊。
1928	昭和3	コミンテルン「日本問題に関する決議(27年テーゼ)」(『マルクス主義』別冊付録)	共産党と労農派との間で戦略論争起こる。 三・一五事件(共産党員全国的大検挙)。
1929	4	矢内原忠雄『帝国主義下の台湾』	四・一六事件(共産党員全国的大検挙)。
1930	5	村岡典嗣『日本思想史研究』 九鬼周造『「いき」の構造』	統帥権干犯問題。

西暦	和暦	思想史関係著書・論文	思想史関連事項
1931	6	金子ふみ子『何が私をかうさせたか』 橘樸編『満州と日本』	満州事変。
1932	7	『日本資本主義発達史講座』全7巻（〜33） コミンテルン（河上肇訳）「日本に於ける情勢と日本共産党の任務に関するテーゼ（32年テーゼ）」（『赤旗』） 長谷川如是閑『日本ファシズム批判』	五・一五事件。 国民精神文化研究所設置。 満州国建国宣言。
1933	8	津田左右吉『上代日本の社会及び思想』 中野正剛『国家改造計画綱領』	日本，国際連盟から脱退。 瀧川事件。
1934	9	和辻哲郎『人間の学としての倫理学』 河合栄治郎『ファッシズム批判』	文部省，思想局を設置。
1935	10	戸坂潤『日本イデオロギー論』 和辻哲郎『風土―人間学的考察』	天皇機関説排撃事件→国体明徴宣言。 保田與重郎ら，『日本浪漫派』創刊。 第二次大本教事件（出口王仁三郎ら逮捕）
1936	11	中井正一「委員会の論理」（『世界文化』） 河合栄治郎「二・二六事件に就いて」（『帝国大学新聞』）	二・二六事件。
1937	12	文部省『国体の本義』 早川二郎『日本歴史読本』	日中戦争（〜45）。 文部省，教学局を設置。
1938	13	蠟山政道「東亜協同体の理論」（『改造』）	国家総動員法公布（5・5施行）。
1939	14	三木清『構想力の論理』第一（第二1946） 大川周明『日本二千六百年史』	
1940	15	家永三郎『日本思想史に於ける否定の論理の発達』 鈴木大拙（北川桃雄訳）『禅と日本文化』（続1942）	津田左右吉筆禍事件。
1941	16	文部省教学局『臣民の道』 今西錦司『生物の世界』	太平洋戦争（〜45）。
1942	17	高山岩男『世界史の哲学』	大日本言論報国会成立。
1943	18	中野正剛「戦時宰相論」（『朝日新聞』） 坂口安吾『日本文化私観』	大東亜会議・大東亜共同宣言。
1944	19	丸山眞男「国民主義理論の形成」（『国家学会雑誌』） 大塚久雄『近代欧州経済史序説』	『改造』・『中央公論』廃刊。
1945	20	平野義太郎『大アジア主義の歴史的基礎』 徳田球一ほか「人民に訴ふ」（『赤旗』） 美濃部達吉「憲法改正問題」（『朝日新聞』）	ポツダム宣言受諾。 『思想』復刊。 『赤旗』復刊。
1946	21	津田左右吉「建国の事情と万世一系の思想」（『世界』） 田辺元『懺悔道としての哲学』	天皇，神格化否定の詔書。 『世界』創刊。 『中央公論』復刊。

西暦	和暦	思想史関係著書・論文	思想史関連事項
1947	22	丸山眞男「超国家主義の論理と心理」(『世界』) 石母田正『中世的世界の形成』 歴史学研究会編『歴史家は天皇制をどう見るか』 大熊信行「戦争体験としての国家」(『思索』) 杉浦明平「転向論」(『近代文学』)	『改造』復刊。 主体性論争。 日本国憲法公布（1947・5・3施行）。
1948	23	共同研究「日本ファシズムとその抵抗線」(『潮流』) 大熊信行『戦争責任論』 大塚久雄『近代化の人間的基礎』 ルース・ベネディクト(長谷川松治訳)『菊と刀』	
1949	24	井上清『日本女性史』 三宅雪嶺『同時代史』全6巻（～54） 『きけわだつみのこえ』	中華人民共和国成立。
1950	25	中野重治「日本共産党を語る」(『展望』) 石井良助『天皇―天皇統治の史的解明』	朝鮮戦争。 警察予備隊設立。
1951	26	南原繁「民族の危機と将来」(『世界』)	対日平和条約，日米安全保障条約調印。
1952	27	和辻哲郎『日本倫理思想史』 石母田正『歴史と民族の発見』 丸山眞男『日本政治思想史研究』	
1953	28	久野収「二つの平和主義」(『群像』)	
1954	29	福田恒存「平和論の進め方についての疑問」(『中央公論』)	防衛庁・自衛隊発足。
1955	30	加藤周一「日本文化の雑種性」(『思想』) 遠山茂樹・今井清一・藤原彰『昭和史』	アジア・アフリカ会議。 自由民主党結成（保守合同），55年体制成立。
1956	31	鶴見俊輔「知識人の戦争責任」(『中央公論』) 中野好夫「もはや戦後ではない」(『文藝春秋』) 丸山眞男『現代政治の思想と行動』上（下1957，増補版1964）	『昭和史』論争。 日ソ国交回復に関する共同宣言。
1957	32	大熊信行『国家悪』	
1958	33	竹内好「中国観の破産」(『世界』) 吉本隆明「転向論」(『現代批評』)	『日本』創刊。
1959	34	思想の科学研究会編『転向』上（中1960，下1962）	

西暦	和暦	思想史関係著書・論文	思想史関連事項
1960	35	久野収・鶴見俊輔・藤田省三『戦後日本の思想』 橋川文三『日本浪漫派批判序説』(増補版1965) 深沢七郎「風流夢譚」(『中央公論』)	新安保条約強行採択, 発効。
1961	36	丸山眞男『日本の思想』	
1962	37	柳田國男『海上の道』 佐々木基一「「戦後文学」は幻影だった」(『群像』) 本多秋五「戦後文学は幻影か」(『群像』) 司馬遼太郎「竜馬がゆく」(『サンケイ新聞』, ～1966・5)	戦後文学論争。
1963	38	林房雄「大東亜戦争肯定論」(『中央公論』, ～1965・6)	
1964	39	色川大吉『明治精神史』(増補版1968, 新編1973) 大江健三郎「ヒロシマ・ノート」(『世界』, ～1965・3)	オリンピック東京大会。
1965	40	朴慶植『朝鮮人強制連行の記録』 開高健『ベトナム戦記』 小林秀雄「本居宣長」(『新潮』～1976・12)	家永教科書裁判(第1次)。
1966	41	松尾尊兊『大正デモクラシーの研究』 吉本隆明「共同幻想論」(『文芸』, ～1967・4) 外文出版社訳『毛沢東語録』 手塚治虫「火の鳥」(『COM』, ～1972・1)	【中】文化大革命はじまる。
1967	42	大岡昇平「レイテ戦記」(『中央公論』, ～1969・7)	家永教科書裁判(第2次)。 四日市ぜんそく患者, 石油会社6社を提訴。
1968	43	家永三郎『太平洋戦争』(第二版1986) 三島由紀夫「文化防衛論」(『中央公論』) 司馬遼太郎「坂の上の雲」(『サンケイ新聞』, ～1972・8)	東大紛争。 小笠原諸島, 正式に日本復帰。
1969	44	旗田巍『日本人の朝鮮観』 石牟礼道子『苦海浄土』 大江健三郎「沖縄ノート」(『世界』, ～1970・6)	『日本思想史学』創刊。
1970	45	イザヤ・ベンダサン『日本人とユダヤ人』 平泉澄『少年日本史』	よど号ハイジャック事件。 三島由紀夫割腹自殺。
1971	46	土居健郎『「甘え」の構造』	
1972	47	田中角栄『日本列島改造論』	連合赤軍浅間山荘事件。

西暦	和暦	思想史関係著書・論文	思想史関連事項
1973	48	山崎朋子『サンダカン八番娼館』 鎌田慧『自動車絶望工場』 手塚治虫「ブラック・ジャック」(『週刊少年チャンピオン』, ～1978・9)	沖縄施政権返還, 沖縄県復活。 日中国交正常化など日中共同声明。
1974	49	安丸良夫『日本の近代化と民衆思想』 五島勉『ノストラダムスの大予言』	
1975	50	黒田俊雄『日本中世の国家と宗教』 井上清『天皇の戦争責任』	
1976	51	森崎和江『からゆきさん』	
1978	53	網野善彦『無縁・公界・楽』(増補版 1987)	日中平和友好条約調印。
1980	55	柄谷行人『日本近代文学の起源』	
1981	56	井上ひさし『吉里吉里人』	
1982	57	森村誠一『悪魔の飽食』 山住正己「文部省廃止論」(『世界』)	歴史教科書の記述をめぐり国際問題化。
1984	59	網野善彦『日本中世の非農業民と天皇』 浅田彰『逃走論』	家永教科書裁判 (第3次)。
1985	60		埴谷雄高と吉本隆明との間で論争おこる。
1986	61	佐々木毅「〈一国民主主義〉の隘路」(『世界』) 洞富雄『南京大虐殺の証明』 エドワード・W・サイード (今沢紀子訳)『オリエンタリズム』	
1987	62	ベネディクト・アンダーソン(白石隆, 白石さや訳)『想像の共同体』(増補版 1997)	
1989	平成元	径書房編集部編『長崎市長への7300通の手紙』 盛田昭夫・石原慎太郎『NOと言える日本』	【中】天安門事件。 【独】ベルリンの壁崩壊。
1991	3	樋口陽一「「一国平和主義」でなく何を, なのか」(『世界』)	湾岸戦争。 金学順ら元「慰安婦」, 日本政府を提訴。 ソ連解体。
1992	4	フランシス・フクヤマ (渡部昇一訳)『歴史の終わり』 E・ホブズボウム, T・レンジャー編 (前川啓治他訳)『創られた伝統』	PKO法成立。
1993	5	小沢一郎『日本改造計画』 柄谷行人『ヒューモアとしての唯物論』	

西暦	和暦	思想史関係著書・論文	思想史関連事項
1994	6	浅田彰『「歴史の終わり」と世紀末の世界』	
1995	7	大江健三郎『あいまいな日本の私』 加藤典洋「敗戦後論」（『群像』） 高橋哲哉「汚辱の記憶をめぐって」（『群像』） 吉見義明『従軍慰安婦』	地下鉄サリン事件。 藤岡信勝ら、「自由主義史観研究会」結成。 「歴史主体」論争。
1997	9	酒井直樹『日本思想という問題—翻訳と主体』	西尾幹二ら、「新しい歴史教科書をつくる会」結成。 臓器移植法公布（10・16施行）
1998	10	上野千鶴子『ナショナリズムとジェンダー』 小森陽一・高橋哲哉編『ナショナル・ヒストリーを超えて』 小林よしのり『戦争論』	
1999	11	安彦一恵ほか編『戦争責任と「われわれ」—「「歴史主体」論争」をめぐって』 西尾幹二『国民の歴史』	ガイドライン関連3法成立。 「日の丸・君が代」法成立。
2000	12	網野善彦『歴史としての戦後史学』	

（年表作成：昆野伸幸，冨樫進，大川真，桐原健真）

人名索引

あ行

会沢正志斎　162, 201
青木和男　23
青木昆陽　195
青木周蔵　245
赤沢文治　212
芥川龍之介　263
安積艮斎　186, 206
浅田彰　290, 292
麻田剛立　196
浅野内匠頭長矩　171
足利成氏　133
足利尊氏　93
足利直義　93
足利義昭　144
足利義教　125
足利義政　126
足利義満　93, 113, 143
芦屋道満　58
阿辻哲次　5
安殿親王　→平城天皇
阿刀大足　36
阿部次郎　261, 262
安部磯雄　242
安倍晴明　57, 58
安倍益材　57
安倍能成　263, 275
アマテラス（天照大神・天照大御神）　22, 191, 193, 211, 215
網野善彦　288
アメノミナカヌシ　183, 184, 190-192
新井白石　167, 168
荒畑寒村　258
荒正人　277
有島武郎　260, 263
有栖川熾仁親王　225, 226
在原業平　49, 50, 62

在原行平　49
アレクサンドル1世　200
安重根　247
安藤氏　76
安藤重満　186, 189
安藤昌益　177, 218
安藤親重　186, 187, 189
安然　10, 38
池田光政　158, 159, 167
イザナギ（伊弉諾神）　46, 191
イザナミ（伊弉冉神）　46, 191
イザヤ・ベンダサン　286
石上英一　7
石川啄木　222
石河幹明　239
石田一良　154, 157
石田梅岩　165, 174-177
伊地知貞馨　191
石橋湛山　222, 274
石原莞爾　272, 273
石牟礼道子　287
和泉式部　118
伊勢　61
板垣退助　231
一条兼良　114
一条経嗣　112, 113
一条天皇　53, 58
一休宗純　127
一山一寧　126
一尊如来きの　193
一遍　102, 107
糸井重里　292
伊藤証信　260
伊藤仁斎　139, 167, 179
伊藤博文　231, 236, 245, 247, 265
伊藤六郎兵衛　212, 213
犬養毅　249, 250
井上馨　245

井上毅　209
井上哲治郎　220, 233, 236, 240, 243, 244, 254
井上内親王　34
井上日召　273
井上光貞　29
伊波普猷　204
井原西鶴　180
今川了俊　93, 122
伊予親王　39
岩倉具視　225, 226
岩波茂雄　274
岩野泡鳴　263
ヴィルヘルム2世　242
植木枝盛　232
上杉慎吉　249, 272
上杉憲実　149
ウェバー　278
上原勇作　248
植村正久　233, 239, 243
ヴォーゲル, エズラ　289
牛山佳幸　31
宇多天皇　39, 40, 50, 51, 55, 66
内池永年　187, 188
内田正男　8
内田良平　265
内村鑑三　219, 222, 233, 236, 243, 246, 278
宇野千代　265
生方敏郎　238, 239
厩戸皇子　→聖徳太子
梅原猛　291
梅本克己　277
卜部良連　186
海野十三　264
栄西（明庵栄西）　68, 103
叡尊　92, 101
永超　28
江川坦庵　205, 206, 208
慧灌　13
慧思　33
慧慈　13, 18
慧聡　13
江藤淳　286
江藤新平　231

江戸川乱歩　257, 258, 264
榎本其角　178
海老名弾正　233
円爾弁円　103
延昌　43
円珍　38
円仁　38, 43
円融天皇　53
奥州藤原氏　85
応神天皇　114
王陽明　164
大井憲太郎　222, 265
大石内蔵助良雄　171
大江健三郎　286
大江定基　→寂照
大江千里　65
大江匡房　45, 55, 79, 80
大川周明　272
正親町天皇　146
大国隆正　227
大久保利通　226, 231, 265
大久保彦左衛門忠敬　160
大隈重信　231, 249
大塩中斎（平八郎）　165, 206, 208
大田南畝　200
大塚久雄　277, 278, 292
大槻玄沢　207
大槻文彦　192
大西祝　219, 233, 243, 244
大原小金吾　199
大原幽学　179, 199, 201
大町桂月　240
大村由己　147
岡倉天心　266
岡田荘司　26
岡田英弘　5
岡野玲子　58
緒方正人　287
小川未明　263
沖安海　189
荻生徂徠　139, 153, 165, 169, 170, 174, 218, 277
奥村喜和男　274
尾崎秀実　272

尾崎行雄　249
他戸親王　34
大佛次郎　263
織田信長　131, 132, 134, 136, 143-147, 149,
　　150, 154, 192
小沼幸彦　181-183, 187-189, 192
小野篁　49
小野道風　55, 66
小幡景憲　157
首皇子　→聖武天皇
小山朝政　124
折口信夫　192, 193, 271

か行

カー　267
貝原益軒　176
海保青陵　179, 198
覚憲　75, 83
覚超　44
カグツチ　46
葛西善蔵　263
花山天皇　40, 44, 61
和氏　9
勧修寺晴豊　134
何承天　8
柏木義円　243
片山潜　242, 247
片山惣七郎　238
勝海舟　265
桂太郎　245-249
桂川甫周　197
加藤高明　245, 250
加藤弘之　219, 227, 230
金沢実時　92
狩野永徳　150
狩野永納　150
鎌田慧　285
カムヤマトイワレヒコノミコト　→神武天皇
亀井勝一郎　262, 272, 273
賀茂氏　58
賀茂忠行　57, 58
賀茂真淵　189
賀茂保憲　58
鴨長明　116, 122

賀屋興宣　274
狩谷棭斎　22
軽皇子　→文武天皇
河合栄治郎　274
河上肇　260
川路聖謨　205, 206, 208-210
川端康成　258, 264
観阿弥　126
元暁　76
カント　252, 253
桓武天皇　27, 31, 34, 35, 39, 48
姜沆　156
観勒　13
魏源　210
義氏　9
義湘　76
義真　38
岸信介　274
木曾義仲　114
北一輝　272
北畠親房　74, 94, 112, 113
北原白秋　263
北村透谷　241
吉蔵　28, 33
義堂周信　126
紀有友　118
紀貫之　61
紀長谷雄　59
木下順庵　167, 168
木下杢太郎　263
キヨソネ　233
清原俊蔭　62
清原夏野　23
清原宣賢　114
堯　9, 167
行基　27, 31
行教　40
行信　28
凝然　75
行満　35
清浦奎吾　250
清沢洌　274
吉良上野介義央　171
桐生悠々　274

キルケゴール　270
欽明天皇　14, 68
空海（弘法大師）　27, 29, 33, 35-38, 47-49,
　　66, 72, 73, 87
空也　43
陸羯南　236, 237, 240
九鬼周造　221, 270
具志頭親方文若　→蔡温
九条兼実　84, 91, 94
楠木正成（楠正成）　87, 151, 152
工藤平助　198
国枝史朗　263
国木田独歩　239
クニトコタチ　183-185, 187, 192
熊沢蕃山　151, 152, 158, 163, 166, 167
鳩摩羅什　12, 33
倉田百三　259-262
グラムシ　267
クルムス　195
暮田正香　191
黒岩涙香　245, 246
黒沢翁満　200
黒住宗忠　193, 211
黒田俊雄　29
芸阿弥　126
桂庵玄樹　149
恵果　36
ケーベル　255
玄叡　38
元正天皇　26
源信　43-45, 104, 105
ケンペル　200
元明天皇　22, 26
小泉信三　275
甲賀三郎　264
光孝天皇　48, 50, 55, 66
公顕　115
孝謙天皇　→称徳孝謙天皇
高坂正顕　273
孔子　157, 159, 167
光勝　→空也
康尚　43, 69
高宗［唐］　16, 20, 21
高宗王［高麗］　76

幸徳秋水　242, 246, 247
光仁天皇　27, 31, 34
光武帝　5
高弁　→明恵
弘法大師　→空海
光明皇后　26
光明天皇　93
弘也　→空海
高山岩男　273
古賀茶渓（謹一郎）　206
古賀精里　206, 207
古賀侗庵　206-208, 210
虎関師錬　126
後嵯峨天皇　92
後三条天皇　40, 79, 80
コシュマン，ヴィクター　288
後白河天皇　69, 79, 81-83, 85, 88, 91
巨勢文雄　52
後醍醐天皇　52, 87, 89, 93, 94, 151
兀庵普寧　92
コッホ　218
後鳥羽天皇　90, 94
近衛文麿　274
小林多喜二　264
小林秀雄　269, 273
小峯和明　87
護命　28, 38
後村上天皇　94
小村寿太郎　245
惟仁親王　→清和天皇
惟宗直本　23, 47
ゴロウニン　200
金比羅大権現　193

　　　　　　さ　行

蔡温　177
西園寺公望　247, 248
西行　82, 83
西郷隆盛　226, 231, 265
西笑承兌　148
西条八十　259
最澄（伝教大師）　10, 27, 28, 31, 33, 35-38,
　　49, 67, 72, 87, 105, 109
サイード　288

斉藤拙堂　206
斎藤隆夫　274
斉藤竹堂　206, 207
三枝博音　269
嵯峨天皇　27, 36, 37, 41, 47-50, 59, 66
堺利彦　242, 246, 247
酒井直樹　288
坂本太郎　24
佐久間象山　205, 206, 208-210
佐々木味津三　263
貞仁親王　→白河天皇
佐藤一斎　165, 206-208
佐藤千夜子　259
佐藤直方　156, 165
佐藤信淵　198
佐藤義清　→西行
真田幸貫　208
佐野学　268
早良親王（崇道天皇）　34, 39
三条実美　226
三要元佶　149
ジェームズ　253
慈円　74, 93, 94
ジェンナー　218
塩谷宕陰　206, 207, 210
志賀重昂　236
志賀直哉　263
重野安繹　192
始皇帝［秦］　20, 21
志筑忠雄　199, 200
十返舎一九　215
持統天皇　16, 17, 20-23, 25-27
司馬氏　13
司馬遼太郎　286
渋川春海　9
渋川六蔵　205
渋沢栄一　239
慈遍　112, 113
島崎藤村　191, 263
島田忠臣　49
島地黙雷　226, 232
島村抱月　262
清水幾太郎　279, 280
下河辺行秀　124

下母沢寛　263
下曽根信之　205
寂照（大江定基）　44
寂心　→慶滋保胤
周公　159
朱子（朱熹）　164, 166
朱舜水　158
寿霊　28
舜　168
順暁　35
淳和天皇　38, 42, 47, 48, 50
肇　33
貞慶　99, 101
勝賢（勝憲）　83
静憲　83
常暁　38
静照（静昭）　44
定朝　69
正徹（清巌正徹）　122
称徳天皇　→称徳孝謙天皇
称徳孝謙天皇　26, 27, 34
聖徳太子（厩戸皇子・厩戸王）　15, 16, 18, 19,
　22-24, 27, 28, 33, 72, 73, 87, 131
肖柏　122
聖武天皇　22, 26, 27, 34, 87
昭和天皇（裕仁皇太子）　250, 289
舒明大王　25
シラー　270
白井喬二　263
白河天皇　41, 79, 81, 85
白鳥庫吉　254
申維翰　155, 158
心覚　→慶滋保胤
心敬　119, 120, 122
神功皇后　102, 114, 149
信西（藤原通憲）　81-84
真諦　104
神武天皇　22, 94
親鸞　18, 44, 68, 99-101, 132, 137, 144, 260
神竜院梵舜　154
推古大王　14, 15
菅原衍子　51
菅原是善　51
菅原孝標女　62

人名索引　339

菅原道真	39, 49, 51-55, 59, 65	醍醐天皇	39, 40, 51, 52, 55, 60
杉田玄白	195, 218	大正天皇	234, 247, 248
須佐之男神	191	大日能忍	103
朱雀天皇	39, 40	泰範	35
鈴木成高	273	平清盛	69, 86
鈴木正三	155, 164, 172, 173, 175	平将門	39, 52
鈴木大拙	270, 271	平希世	39
鈴木広視	187	ダヴィッド	234
鈴木文治	260	高島秋帆	205, 207
鈴木三重吉	263	高野長英	196
スターリン	276, 279	高野新笠	34
崇道天皇	→早良親王	高橋是清	250
崇徳天皇	88	高橋五郎	243
陶山訥庵	176	尊仁親王	→後三条天皇
世阿弥	119, 120, 126	高天原広野姫天皇	→持統天皇
政	→始皇帝	高群逸枝	271
聖覚	83	高山右近	146
清少納言	55, 62	高山樗牛	240
清和天皇	48, 50	滝川幸辰	274
聖王［百済］	13	滝沢馬琴	180
関皐作	243	沢庵宗彭	163
絶海中津	126	竹内季治	146
千阿弥	126	竹内好	266, 278
善阿弥	126	竹田出雲	171
千家俊信	189	武田信玄	131
千家俊秀	189	竹田聴洲	164
善珠	28	竹内仁	261, 262
善信尼	30	武野紹鴎	122, 128
善導	99	太宰春台	197
相阿弥	126	田代三喜	149
増阿弥	126	田代陣基	160
蘇我氏	14, 15	橘氏	49
即伝	129	橘逸勢	39, 48, 50, 66
則天武后	20	橘広相	51, 52
宗祇	120-122	田中智学	273
宗長	122	田辺元	221, 273
宗牧	121	谷崎潤一郎	263, 270
存覚	110	田沼意次	198
尊子内親王	44	玉木正英	164
孫文	266	玉松操	190
		田山花袋	263
た 行		樽井藤吉	265
大運院陽翁	152	達磨	103
大黒屋光太夫	197	チェスタトン	264

近松門左衛門　178, 180
智顗　33
智憬　28
智光　28, 42, 129
智定房　→下河辺行秀
中厳円月　93, 126
張横渠　156
澄憲　83
張載　177
俞然　44
知里真志保　204
辻善之助　32
津田左右吉　22, 23, 32, 252, 254, 255, 275
筒井政憲　205, 206
恒貞親王　50
角田忠行　191
鶴見俊輔　268
鄭成功（和藤内）　178
手島宗義　176
手島堵庵　176
鉄眼　155
寺内正毅　250
寺沢広高　152
デリダ　292
天海　154
伝教大師　→最澄
天智大王　25, 34
天武大王　16, 17, 20, 21, 25, 34
土居健郎　286
道鏡　34
道賢　39
道元（希玄道元）　92, 103, 126
道慈　25, 27
道遂　35
東条英機　285
東常縁　121
頭山満　222, 265
ドゥルーズ　292
時枝誠記　271
斉世親王　51
常盤潭北　178
徳一　35, 37
徳川家継　167, 168
徳川家綱　160, 167

徳川家宣　167
徳川家光　153, 157, 163
徳川家康　136, 153-155, 157, 162, 164, 166, 192
徳川斉昭　201
徳川秀忠　164
徳川光圀　158, 201
徳川慶喜　225, 230
徳川吉宗　168, 169, 195
徳田秋声　263
徳富蘇峰　236, 239
徳永直　264
常世長胤　227
戸坂潤　255, 268, 269
ドーデ，レオン　274
鳥羽天皇　81
富永仲基　179
伴健岑　50
伴善男　50
友野霞舟　206
豊臣秀吉　130, 131, 136, 145, 147-149, 151, 154-156, 162, 192
豊臣秀頼　153

な 行

内藤湖南　136, 240
直木三十五　263
中井竹山　196
中井正一　268, 271
中井履軒　196
永井荷風　263
中江兆民　219, 232
中江藤樹　157, 167, 173, 177, 180
長岡監物　209
中里介山　263
中沢新一　292
永田鉄山　274
中谷博　263
中野重治　268
中村正直　219
長屋王　27, 39
中山晋平　259
中山みき　193, 212
夏目漱石　96, 219, 248, 251, 253, 263

鍋山貞親　268
ナポレオン1世　234
南原繁　277
新島襄　219
西周　218, 219, 227, 230
西川如見　174-176, 179
西嶋定生　3
西田幾多郎　252-254, 268, 269, 271, 273
西田天香　260
西谷啓治　273
西村茂樹　219
二条良基　93, 113, 119
ニーチェ　270
日奥　144
日持　76
日蓮　68, 76, 77, 90, 98, 100-102, 132
日親　132
新渡戸稲造　252
二宮尊徳（金次郎）　179, 198
如儡子　164
忍性　101
仁明天皇　41, 42, 47, 48, 50, 60, 65
能阿弥　126
乃木希典　248
野村萬斎　58
憲平親王　→冷泉天皇
野呂栄太郎　268
野呂元丈　195

は 行

ハイデガー　221, 255, 270
萩原朔太郎　220, 221, 257-259
白居易（白楽天）　44, 63
土師清二　263
橋本左内　265
パスツール　218
長谷川伸　263
長谷川如是閑　253
秦氏　58
波多野清一　254
八条宮智仁親王　147
華岡青洲　218
花園天皇　89
花田清輝　268

馬場恒吾　274
浜田国松　274
林鵞峰　165, 166, 169
林子平　197, 198, 204
林述斎　206
林達夫　268
林読耕斎　166
林信敬　166
林不忘　263
林芙美子　264
林羅山　153, 156, 157, 165, 166, 180, 184
原敬　250
バルト　292
ハルトゥーニアン，ハリー　288
伴信友　189
般若三蔵　36
東三条院　→藤原詮子
ビクトリア女王　234
久生十蘭　264
尾藤正英　157
ヒトラー　274
卑弥呼　6, 12
ピョートル1世　197
平岡浩太郎　265
平田篤胤　190, 191, 193, 200
平田銕胤　190
平塚らいてう　260
平野国臣　265
平野謙　277
平林たい子　265
平林初之輔　261, 263, 264
広津和郎　263
裕仁皇太子　→昭和天皇
広平親王　53
（倭王）武　6, 7
豊安　38
普機　38
福澤諭吉　161, 162, 227-232, 239, 251, 265, 277
福住正兄　179
福田恆存　281
福本和夫　222, 267
福羽美静　191, 227
フーコー　291, 292

藤田東湖	201, 209	藤原通憲	→信西
藤田幽谷	201	藤原宗友	45
藤原氏	27, 49, 53, 84	藤原元方	53
藤原明子	50	藤原基経	50-52, 55
藤原安子	53	藤原師輔	53, 55, 59
藤原温子	51	藤原行成	55, 66
藤原穏子	61	藤原良房	48, 50, 60
藤原葛野麻呂	36	藤原頼道	45, 54
藤原兼家	53, 62	藤村操	241
藤原兼実	→九条兼実	プチャーチン	202, 209
藤原兼通	53	フッサール	273
藤原鎌足	84	舟橋秀賢	166
藤原吉子	39	船山信一	243
藤原清貫	39	文帝[魏]	48
藤原清衡	85	文室宮田麻呂	39
藤原公任	55, 61, 65	平城天皇	34, 36, 47, 79
藤原公光	116	ヘーゲル	253
藤原伊尹	53	ベック	254
藤原伊周	53	ペリー	202
藤原定家	87, 117, 122, 123, 156	ベーリング	197
藤原実資	59	ベルグソン	270
藤原実頼	43, 52, 53, 55, 59	遍昭	49, 50
藤原順子	50	宝誌	87
藤原彰子	41, 58, 62	北条氏長	157, 174
藤原菅根	39	北条重時	77, 91
藤原祐姫	53	北条時頼	92, 100
藤原資房	67	北条泰時	77, 92
藤原佐理	55, 66	北条義時	91, 92
藤原資基	→蓮禅	法然	44, 68, 77, 97-101
藤原佐世	50	穆王[周]	67
藤原純友	39, 52	保科正之	158
藤原惺窩	156	星野直樹	274
藤原関雄	49	穂積八束	241, 272
藤原詮子	53	堀景山	153, 158
藤原園人	49	堀辰雄	258
藤原忠平	52, 53, 55, 59	堀河天皇	79, 81
藤原種継	34	本多利明	198, 218
藤原時平	39, 51, 52, 55, 60	本田善光	131
藤原俊成	122, 123	本多庸一	243
藤原広嗣	39		
藤原不比等	23, 50		ま 行
藤原道隆	53	前田勉	164
藤原道綱母	62	前田利常	152
藤原道長	41, 45, 53, 54, 58, 59, 62, 67, 69	前田雅之	10

前野良沢	195	明恵（高弁）	75, 76, 99
牧野忠雅	210	明遍	82, 83
正宗白鳥	263	三輪執斎	165, 166
升屋小右衛門	→山片蟠桃	旻	27
松尾芭蕉	83	無学祖元	103
松崎慊堂	206	武者小路実篤	260, 263
松下幸之助	281	無住	82

- 松平定信　199, 208
- 松平春岳　210
- 松平康英　201
- 松永久秀　146
- 曲直瀬道三　149
- マルクス　278
- 丸山作楽　227
- 丸山眞男　160, 254, 277-280, 286, 292
- 満願　32
- 三浦梅園　179, 196
- 三木清　221, 268, 269, 272, 275
- 三木武夫　285
- 水谷亥之輔　238
- 水野忠邦　205, 206
- 水野広徳　274
- 道康親王　→文徳天皇
- 三井高房　174
- 箕作阮甫　210
- 南方熊楠　271
- 源実朝　77
- 源順　65
- 源高明　55
- 源為憲　43, 44, 63, 67
- 源常　49
- 源義経　76, 149
- 源義朝　91
- 源頼朝　83, 91, 124, 133, 215
- 南村梅軒　149
- 美濃部達吉　249, 253, 272, 274
- 三宅雪嶺　236, 242
- 都良香　49
- 宮崎安貞　176
- 宮崎滔天　265
- 宮沢賢治　273
- 三善清行　52, 53
- 三善為康　45
- 明一　28

- ムスビノカミ（高皇産霊神・神産霊神）　190, 191
- 夢窓疎石　93, 126
- 陸奥宗光　238
- 村岡典嗣　254, 255
- 村上重良　213, 283
- 村上天皇　51-53
- 村田珠光　122, 127
- 室鳩巣　166, 168, 169
- 明治天皇　226, 247, 248
- 紫式部　55, 62, 64, 80
- 毛沢東　278
- 毛利元就　148
- 最上徳内　198
- 牧谿　126
- 本居大平　181-183, 186, 187
- 本居宣長　138, 179, 181-184, 186-189, 191-193, 218, 254, 271
- 元田永孚　209
- 物部氏　14
- 森有礼　230, 231, 236, 238
- 森鷗外　242, 248, 263
- 森博達　23
- 森崎和江　287
- 文徳天皇　48, 50
- 文武天皇　17, 22, 23, 26

や 行

- 屋代弘賢　189
- 保明親王　39
- 保田與重郎　272
- 安丸良夫　213, 283
- 矢内原忠雄　272, 274
- 柳田國男　253, 271
- 矢野玄道　190, 191
- 山県有朋　245, 250
- 山片蟠桃　179, 196

山鹿素行	152, 157, 159, 160, 166, 167, 174, 207	吉見幸和	164
山川均	267, 268	吉見義明	287
山口昌男	284	吉本隆明	268, 280

ら行

山崎闇斎	156-158, 165, 193
山崎朋子	287
山田盛太郎	268
山中鹿之介	148
山本権兵衛	249
山本常朝	159, 160
山脇東洋	195
雄略天皇	7
夢野久作	264
夢枕獏	58
永観	81
陽成天皇	48, 50
煬帝［隋］	7
用明大王	14
横井小楠	208-210
横井時雄	243
横光利一	264
吉井勇	263
吉川英二	263
吉川惟足	184
慶滋保胤	43-45, 62
吉田一彦	32
吉田兼方	113
吉田兼倶	113, 130, 184
吉田兼熙	113
吉田兼文	113
吉田兼見	134
吉田兼頼	113
吉田兼好	118
吉田松陰	208, 265
吉田孝	24
吉田良連	→卜部良連
吉野作造	253
善仁親王	→堀河天皇

ラカン	292
ラクスマン	199
ランケ	254
蘭渓道隆	92, 103
リース	254
リオタール	292
リップス	262
立阿弥	126
良源	43, 105
ルイス・フロイス	145
ルカーチ	267
ルソー	219, 232
ルーデンドルフ	274
冷泉天皇	52, 53
レヴィ＝ストロース	292
レザノフ	200
蓮覚	129
蓮禅	45
蓮如	131, 144

わ行

獲加多支鹵大王	6, 7
若林強斎	164, 193
和気氏	49
ワシントン	210
渡辺崋山	196, 206
度会家行	112
度会常昌	112
度会延佳	184
度会行忠	112
和辻哲郎	254, 255, 263, 269, 270, 275

文献・史料名索引

あ 行

芦屋道満大内鑑　58
「いき」の構造　270
岩波講座世界歴史　203
愛弟通信　239
愛と認識との出発　259
赤蝦夷風説考　198
商人夜話草　176
アクシオン・フランセーズ　274
赤穂義人録　168
赤穂浪士　263
書安積老牛子筆記神祖遺事後　166
浅草紅団　258
浅草趣味（江戸川乱歩）　257
飛鳥浄御原（律）令（浄御原律令）　16, 23
吾妻鏡　83, 93, 124
吾妻問答　120
阿芙蓉彙聞　206, 207
阿部次郎氏の人格主義を難ず　262
安倍晴明一代記　58
安倍晴明物語　58
鴉片始末　206, 207
鴉片醸変記　207
「甘え」の構造　286
天照坐伊勢二所皇太神宮御鎮座次第記　111
阿弥陀経　42, 67
綾錦　178
安心法門　164
安藤主六月八日松坂をたちて国にかへり給ふをおくる歌　186
委員会の論理　269
意見封事十二箇条　52
石田先生語録　176
異人恐怖伝　→鎖国論
泉　260
和泉式部日記　62
出雲国造神寿後釈　189

出雲国風土記　189
伊勢二所皇太神御鎮座伝記　111
伊勢国白子領風俗問状答　189
伊勢物語　50, 62, 122
伊勢湾と古代の東海　32
一言芳談　82
一乗拾玉抄　131
一寸法師　128
田舎居住者から（萩原朔太郎）　257
伊奈町史　238
稲荷山古墳鉄剣銘文　6
井上博士と基督教徒　243
夷匪犯境録　205
依憑天台集　35
今鏡　93
いまこそ国会へ　280
夷虜応接大意　209, 210
殷鑑論　207
因明論疏四相違略註釈　43
宇津保物語　62
右門捕物帖　263
盂蘭盆経述義　28
韞蔵録　156
栄華（花）物語　45, 66
永久平和論　252
叡山大師伝　33
易経　149
延喜格式（格・式）　45-47, 51, 187
厭世詩家と女性　241
延暦僧録　30
延暦寺護国縁起　109
老のすさみ　120
往生要集　43-45
王政復古の大号令　225, 232
王代記　134
近江令　23
大鏡　66
大祓詞　45, 108

346

興津弥五右衛門の遺書　248
翁問答　173
落窪物語　62
御伽草子　128
小野宮年中行事　55
御文（蓮如）　132
面白倶楽部　262
和蘭風説書　205, 208
オリエンタリズム　288
俄羅斯紀聞　207
俄羅斯情形臆度　207
陰陽師　58

　　　　　　　か　行

海国図志　209, 210
海国兵談　197
戒太子書　89
解体新書　194, 195, 218
懐風藻　48, 59
海防臆測　207
海防八策　208, 210
海游録　155
戒律伝来宗旨問答　38
蝸牛考　271
花鏡　120
学問のすゝめ　229
学問之独立　229
蜻蛉日記　62, 63
家道訓　176
仮名手本忠臣蔵　171
蟹工船　264
神代史の新しい研究　254
からゆきさん　287
元暁絵　76
漢委奴国王金印　5
菅家後集　51
菅家文草　49, 51
漢書　49
巌頭之感　241
関白任官記　147
寛平御遺誡　55
観無量寿経　42
観無量寿経疏　99
願文　35

キング　262
（貞観）儀式　47, 50
起請　45
義湘絵　76
魏志倭人伝　→三国志
擬制の終焉　280
九暦　59
教育時論　243
教育勅語　233, 235, 236, 238, 240, 243
教育と宗教の衝突　243
狂医の言　195
狂雲集　127
行基年譜　30
教行信証　100
教時諍　10
進経疏等表　35
共同被告同志に告ぐる書　268
玉葉　84, 88
近時政論考　237
近世神道と国学　164
近代化の人間的基礎　278
近代民衆宗教史の研究　213
偶然性の問題　270
空也誄　43
苦海浄土　287
愚管抄　74, 81, 94
旧事本紀玄義　112
九条殿遺誡　55, 59
九条年中行事　55
句題和歌　65
沓掛時次郎　263
国定忠治　263
悔草　175
蔵人式　51
君台観左右帳記　126
形影夜話　196
経国集　48, 49, 59
稽古談　198
経済録　197
経世秘策　198
渓嵐拾葉集　109
華厳一乗開心論　38
華厳宗祖師絵伝　76
血脈　→内証仏法相承血脈譜

決権実論　35
顕戒論　36
献可録　168
献芹籌語　191
元元集　112
蹇蹇録　238
玄語　179
源氏物語　55, 62, 64, 66, 80, 122
現代　262
現代大衆文学全集　264
現代日本の開化　251, 253
現代日本文学全集　264
剣難女難　263
憲法十七条　22
憲法義解　235
憲法講話　272
倹約斉家論　176
故石田女王一切経等施入願文　33
皇学所規則　191
黄禍論梗概　242
江家次第　55
校正日本小史　192
高僧伝　32
構造と力　292
講談倶楽部　262
江談抄　80
弘道館記　201
弘道館記述義　201
江都督納言願文集　80
弘仁格式（格・式）　23, 46, 47
弘仁私記　48
興福寺奏状　99, 101
甲陽軍鑑　149, 157
高麗版大蔵経　76
五箇条の誓文　226, 227, 232
5月18日付豊臣秀次宛秀吉朱印状　147
後漢書　3, 49
古記　24
古今和歌集　49, 51, 59-62, 65, 121, 122
古今集抄　121
国語の将来　271
国是三論　209, 210
国姓爺合戦　178
国体の本義　272

国体論及び純正社会主義　272
国防の本義と其強化の提唱　274
国民新聞　236
国民之友　236
極楽浄土九品往生義　43
こころ（夏目漱石）　248
心の文　127
古事記　3, 7, 16, 21, 46, 183, 184, 188-191
古事記伝　182-185, 193, 254
古史伝　190
後拾遺往生伝　45
御請来目録　36
古史略　191
御成敗式目　77
後撰和歌集　61
古代研究（折口信夫）　271
古代中世寺院組織の研究　31
国会開設を明治23年とする詔　231
国家改造案原理大綱（日本改造案法案大綱）　272
国家総力戦（ルーデンドルフ）　274
国家の理想　273
古道大意　200
言葉と物　291
語孟字義　167
瑚璉集　112
金剛頂経　37
金光明最勝王経　27, 41
今昔物語集　45, 57, 58, 75
混同秘策　198

さ　行

さゝめごと　119
西宮記　55
摧邪輪　99
坂の上の雲　286
鎖国論　199, 200
狭衣物語　64
更級日記　62
三外往生伝　45
山家集　83
三経義疏　15, 18, 19, 28
山家学生式　36
山家要略記　109

三教指帰（聾瞽指帰） 36
三国志 3, 6
三国通覧図説 197
三国伝灯記 75
三国仏法伝通縁起 75
三才報徳金毛録 179
三十四箇事書 104
三条教則批判建白書 232
三条の教則 232
サンダカン八番娼館 287
三徳抄 157
三宝絵 44, 63, 65, 67
三宝興隆詔 14
爾雅 49
至花道 120
士鑑用法 157, 174
史記 49, 180
信貴山縁起絵巻 85
四言教講義 165
時事小言 229
時事新報 239
自然真営道 177
思想の科学 268
子孫鑑 173
実業論 229
四道九品 121
自動車絶望工場 285
しのだ妻 58
社会科学叢書 264
社会契約論 219
社会問題叢書 264
釈日本紀 113
沙石集 82, 115
ジャパン・アズ・ナンバーワン 289
拾遺往生伝 45
拾遺抄 61
拾遺和歌集 61
週刊平民新聞 242
集義外書 163
宗義制法論 144
拾玉得花 120
集義和書 164
従軍慰安婦資料集 287
舟中規約 156

修験三十三通記 129
修験修要秘決集 129
守護国界章 35
守護国家論 100
出家とその弟子 260
出三蔵記集 32
春鑑抄 157
春記 67
貞永式目（御成敗式目） 92
小学日本史略 191
貞観格式（格・式） 46, 47, 50
貞観政要 92
承久記 90
沼山対話 209, 210
常識に還れ 281
尚書 9
正倉院文書 27, 28
正徹物語 122
少年倶楽部 262
正法眼蔵 103
勝鬘経 19
勝鬘経義疏 18, 28
浄妙玄論略述 28
小右記 58, 59
性霊集 37
書経 209, 210
続日本紀 8, 22, 23, 27
続日本後紀 42, 48, 50
諸国神社の別当・社僧復飾の令 190
諸社禰宜神主法度 185, 189
諸社禰宜神主装束並吉田之許状之儀ニ付御書付 185
諸神本懐集 110
史略 191
祠令 26
神祇秘抄 112
神祇菩薩号廃止 190
神祇令 26
慎機論 196, 206
新国史 51
真言宗未決文 37
新思潮 270
神州纐纈城 263
新青年 263

文献・史料名索引 349

新選組物語　263
新撰姓氏録　48
新撰万葉集　65
神代系図　182,183
神代物語百首　191
新潮　262
信長公記　145,149,150
神道簡要　112
神道玄妙論　190
神道集　85
神道大意（吉田兼倶）　113
神道大意（若林強斉）　193
神道大意講談　184
神道伝授　184
神道同一鹹味抄　110
真如観　104,105
神皇正統記　74,94,112,162
神仏判然令　226
神仏分離の令　190
神名帳私考　189
人倫訓蒙図彙　151
新論（会沢正志斎）　162,201
スバル　263
隋書　7
砂絵呪縛　263
惺窩先生行状　156
聖教要録　159,167
省諐録　208
政秀寺古記　144
青春の息の痕　260
政事要略　50
清慎公記　59
政談　169,174
政体書　226
晴明道満術比べ　58
西銘　177
正名論　201
西洋事情　229
清良記　176
世界大思想全集　264
世界ノ図　197
世界文化　269
世界文学全集　264
積達古事談　186

節用集　192
善光寺縁起　131
1582年度日本年報追信　145
千載和歌集　116
漸次立憲体制の詔　231
選択本願念仏集　99
先哲叢談　156
善の研究　253,254
宣命　189,192
造伊勢二所太神宮宝基本記　111
蔵志　195
宋書　6
僧尼令　25
増補華夷通商考　179
総力戦（ドーデ）　274
続高僧伝　32
続古事談　58,81
即身成仏義　37
続本朝往生伝　45,58,80
祖先崇拝―民俗と歴史　164
徂徠先生答問書　169,174
孫子　149
尊皇思想とその伝統　270

　　　　　　た　行

ターヘル・アナトミア　195
大学　159
大学或問　158,167
大教宣布の詔　191,227
太閤記　149
太后御記　61
大乗起信論　104
大嘗祭の本義　192
大乗三論大義鈔　38
大乗法相研神章　38
大政奉還の勅許　225
大日経　37
大日本史　158,201
大日本女性史（母系制の研究）　271
大日本帝国憲法　235,236,240
大日本膨脹論　239
大般若経　41,43,57
大般若経疏　28
太平記　87,150-152

太平記評判秘伝理尽鈔　151, 152, 158
大宝律令　23-25, 46
大菩薩峠　263
太陽のない街　264
内裏式　47
竹取物語　62
多度神宮寺と神仏習合　32
種蒔く人　261
玉勝間　185, 188
霊の真柱　193
丹下左膳　263
探偵小説十年　258
歎異抄　137
池亭記　44
チベットのモーツァルト　292
中央公論　273
中朝事実　167
注維摩詰経　33
中右記　81
超国家主義の論理と心理　277
町人考見録　174
町人嚢　174-177
張良一巻書　149
勅語衍義　236, 243
通俗国権論　229
通俗民権論　229
月に吠える　220, 221, 259
筑波問答　119
徒然草　118
「である」ことと「する」こと　277
帝鑑図　151
帝国大学令　240
亭子院歌合　61
貞信公記　59
訂正出雲風土記　189
手のつけられない子供（堀辰雄）　258
照る日くもる日　263
天子非即神論　192
田氏家集　49
天寿国繡帳銘　16, 18, 19
天照大神儀軌　109
天台法華宗義集　38
天地神祇審鎮要記　112
天長勅撰六本宗書　38, 48

天賦人権弁　232
天文義論　179
篆隷万象名義　38
典論　48
東域伝灯目録　28
東海道中膝栗毛　215
東家秘伝　112
道閑花伝書　127
当今の衝突論　244
討薩表　225
東照大権現縁起　154
東照宮御遺訓　157
唐人往来　161
唐船風説書　205
道僧格　25
逃走論　292
統道真伝　177
東洋の理想　266
遠野物語　271
都会と田舎（萩原朔太郎）　257
徳川実記　153, 154
読鎖国論　200
土佐日記　61, 62
都氏文集　49
都鄙問答　165, 174, 176
豊受皇太神御鎮座本紀　111
豊葦原神風和記　112
土曜日　269

な 行

内証仏法相承血脈譜　10, 36
内部生命論　241
直毘霊　193
中臣祓　108, 113
中臣祓訓解　108, 109, 130
鳴門秘帖　263
南国太平記　263
二十一社記　112
二十四孝図　151
27年テーゼ　267
日葡辞書　173
二宮翁夜話　179
日本　236, 237
日本イデオロギー論　269

日本往生極楽記　43, 44, 65
日本感霊録　30
日本紀略　39, 53
日本後紀　47
日本古代の国家と仏教　29
日本古典の研究　23
日本三代実録　33, 39, 48, 50, 51
日本誌　200
日本資本主義発達史講座　264, 268
日本主義を賛す　240
日本書紀（日本紀）　3, 7-9, 12-14, 16, 18, 19, 21, 23, 27, 30, 34, 45, 46, 48, 60, 64, 66, 113, 114, 183-185, 188
日本書紀纂疏　114
日本書紀の謎を解く　23
日本人　236
日本人とユダヤ人　286
日本的霊性　271
日本二千六百年史　272
日本の神道　32
日本仏教史研究　32
二本松藩史　186
日本問題に関する決議　→27年テーゼ
日本文徳天皇実録　48, 49
日本律令国家論攷　23
日本霊異記　30-32, 65, 123
日本浪漫派　272
人間の学としての倫理学　270
仁王経　57
ねずみの嫁入り　10
年中行事御障子文　55
年譜（林鵞峰）　166
農業全書　176, 177
農政全書　176
農務帳　177
農業全書約言　177
祝詞　189
祝詞考　189

　　　　　　は　行

葉隠　159, 160
白氏文集　63, 65
旗本退屈男　263
伴天連追放令　147

浜松中納言物語　64
林大学頭信敬申上書　166
番神問答記　110
般若心経述義　28
万民徳用　164, 173, 175
ひとりごと　119
秘蔵宝鑰　37, 38
秘府略　48
秘密曼荼羅十住心論（十住心論）　37
微味幽玄考　180, 199
百姓分量記　178
百八町記　164
百錬抄　93
貧乏物語　260
風姿花伝　120
風土―人間学的考察　270
福音新報　239
福翁自伝　230
福翁百話　229
福澤諭吉全集　229
福澤諭吉傳　239
武家義理物語　180
武士道　252
富士に立つ影　263
不尽言　153
婦人倶楽部　262
再び阿部次郎氏に　262
風土記　12, 189
蒲団　263
プロテスタンティズムの倫理と資本主義の精神　278
文華秀麗集　48, 59
文学界　273
文学に現はれたる我が国民思想の研究　254
文鏡秘府論　37
分権論　229
文正草子　128
文明論之概略　229, 251
平安時代の国家と祭祀　26
平家物語　117
兵将陣訓要略鈔　148
平中物語　62
別段風説書　205
別当・社僧還俗の上は神主・社人と称せしむる件

190
弁顕密二教論　37
弁道　169, 170
弁明　169
方丈記　116
北条五代記　134
法然上人行状絵図　97
宝物集　129
法令全書　236
放浪記　264
北槎聞略　197
北山抄　55
北地危言　199
法華経　19, 27, 33, 35, 42, 57, 67, 100
法華経直談鈔　131
法華経鷲林拾葉鈔　131
反古集　173
戊戌夢物語　196
法華義疏　18, 28
法華玄論略述　28
法華秀句　35
法華神道秘決　110
発心集　116, 117
ホメーロス批判　255
本地垂迹説の起源について　32
本朝画史　150
本朝皇胤紹運録　42
本朝新修往生伝　45
本朝世紀　81
本朝法華験記　45
本朝文粋　65
本朝麗藻　65

ま 行

枕草子　55, 62
増鏡　93
末法灯明記　67
マルクス＝エンゲルス全集　264
マルクス主義叢書　264
万葉集　12, 192
三河物語　160
水鏡　93
三角柏伝記　109
御堂関白記　58, 59

水無瀬三吟百韻　123
未来記　73, 87
弥勒下生経　67
弥勒三部経　67
弥勒上生経　67
弥勒成仏経　67
民家童蒙解　178
民権自由論　232
民情一新　229
民撰議院設立建白書　231
民約訳解　219, 232
陸奥国信夫伊達神社記　187
陸奥国信夫郡伊達郡風俗記　189
無名抄　122
紫式部日記　62
無量寿経　42
無量寿経論釈　28
明月記　87
明治教典　212
明治思想小史　242
明治女性史　287
明治大正見聞史　238, 239
明治哲学史研究　243
明六雑誌　231
盲安杖　172
毛詩　61
孟子　167
本居宣長（村岡典嗣）　254
文選　48, 49, 59

や 行

（法隆寺金堂）薬師如来像・釈迦三尊像光背銘　18
野総茗話　178
野馬台詩　87
山鹿語類　159, 174
山崎与次兵衛寿の門松　178
大和物語　62
大和俗訓　176
倭姫命世記　111
唯一神道名法要集　113, 184
唯物論研究　269
維摩経義疏　18, 28
夢の代　179, 196

文献・史料名索引　353

夜明け前　191
幼年倶楽部　262
陽復記　184
用明天王職人鑑　178
養老律令　23-25, 47
夜の寝覚　64
万朝報　246

ら　行

羅山林先生行状　166
蘭学事始　195
理気差別論　163
六韜　149
六諭衍義大意　168
六国史　66
立正安国論　100, 102
リップスの人格主義に就いて―阿部次郎氏のそれを批評する前に　262
律令国家と古代の社会　24
凌雲（新）集　48, 59
令義解　23, 25, 47
令集解　23-25, 47

倫理学（和辻哲郎）　270
類聚国史　51
類聚三代格　47
類聚神祇本源　112
麗気記　109
歴象新書　200
驢鞍橋　173
老子　95
労農　268
老農類語　177
六代勝事記　90
六波羅殿御家訓（北条重時家訓）　77, 91
与露国社会党書　242
論語　167
論語集註　166
論語徴　169

わ　行

和漢朗詠集　55, 65
早稲田文学　263
和名類聚抄　65
我等　253, 262

執筆者紹介（所属・執筆分担，執筆順，＊印は編集委員）

＊八重樫直比古（前ノートルダム清心女子大学文学部教授，古代の思想概説）

曾根正人（就実大学大学院人文科学研究科教授，第1章，コラム1）

吉田一彦（名古屋市立大学大学院人間文化研究科教授，第2章，コラム2）

三橋正（元明星大学教授，第3・4章，コラム3・6）

＊佐藤勢紀子（東北大学高度教養教育・学生支援機構教授，第5章，コラム4・5）

＊佐藤弘夫（東北大学大学院文学研究科教授，中世の思想概説，第7・25章，コラム25）

市川浩史（群馬県立女子大学文学部教授，第6章，コラム8・11）

＊髙橋美由紀（東北福祉大学名誉教授，第9章，コラム7・10）

吉原健雄（東北工業大学非常勤講師，第8章，コラム9）

菅基久子（元武蔵大学非常勤講師，第10章）

曽根原理（東北大学学術資源研究公開センター助教，第11・12章，コラム12）

＊田尻祐一郎（東海大学文学部教授，近世の思想概説，第24章）

若尾政希（一橋大学大学院社会学研究科教授，コラム13）

＊前田勉（愛知教育大学教育学部特別教授，第13章，コラム14・17）

中村安宏（岩手大学人文社会科学部教授，第14章）

髙橋禎雄（東北大学高度教養教育・学生支援機構助教，コラム15・16）

佐久間正（長崎大学名誉教授，第15章）

＊髙橋章則（東北大学大学院文学研究科教授，第16章）

桐原健真（金城学院大学文学部教授，第17章，年表）

荻生茂博（元山形県立米沢女子短期大学教授，第18章，コラム18）

須佐俊吾（成蹊大学非常勤講師，コラム19）

＊渡辺和靖（愛知教育大学名誉教授，近現代の思想概説，第22章）

＊平山　洋（静岡県立大学国際関係学部助教，第19・21章，コラム20・21）

中野目徹（筑波大学人文社会系教授，第20章）

畑中健二（東京工業大学大学院社会理工学研究科助教，第23章，コラム22・26）

岡崎正道（岩手大学教授，コラム23・24）

昆野伸幸（神戸大学大学院国際文化学研究科准教授，年表）

富樫　進（東北福祉大学教育学部講師，年表）

大川　真（中央大学文学部准教授，年表）

《編集委員紹介》

佐藤弘夫（さとう・ひろお）（代表）
    1953年　宮城県に生まれる。
    1978年　東北大学大学院文学研究科博士前期課程修了。
    現　在　東北大学大学院文学研究科教授。博士（文学）。
    著　作　『偽書の精神史』講談社選書メチエ，2002年。
          『霊場の思想』吉川弘文館，2003年。
          『日蓮』ミネルヴァ書房，2003年。

八重樫直比古（やえがし・なおひこ）
    1948年　岩手県に生まれる。
    1976年　東北大学大学院文学研究科博士後期課程単位取得退学。
    著　作　『古代の仏教と天皇——日本霊異記論』翰林書房，1994年。

佐藤勢紀子（さとう・せきこ）
    1955年　宮城県に生まれる。
    1985年　東北大学大学院文学研究科博士後期課程単位取得退学。
    現　在　東北大学高度教養教育・学生支援機構教授。博士（文学）。
    著　作　『宿世の思想——源氏物語の女性たち』ぺりかん社，1995年。
          『源氏物語の思想史的研究——妄語と方便』新典社，2017年。

高橋美由紀（たかはし・みゆき）
    1947年　宮城県に生まれる。
    1974年　東北大学大学院文学研究科博士後期課程中退。
    現　在　東北福祉大学名誉教授。博士（文学）。
    著　作　『伊勢神道の成立と展開』大明堂，1994年。
          『王権と神祇』共著，思文閣出版，2002年。
          『神道思想史研究』ぺりかん社，2013年。

田尻祐一郎（たじり・ゆういちろう）
    1954年　茨城県に生まれる。
    1984年　東北大学大学院文学研究科博士後期課程単位取得退学。
    現　在　東海大学文学部教授。
    著　作　「荻生徂徠『論語弁書』をめぐって」『東洋古典学研究』第18集，2004年。
          「鈴木朖『論語参解』私注（一）～（八）」『東海大学紀要　文学部』第75輯，2001年～第82輯，2004年，連載中。

前田　勉（まえだ・つとむ）
    1956年　埼玉県に生まれる。
    1988年　東北大学大学院文学研究科博士後期課程単位取得退学。
    現　在　愛知教育大学教育学部特別教授。博士（文学）。
    著　作　『近世日本の儒学と兵学』ぺりかん社，1996年。
          『近世神道と国学』ぺりかん社，2002年。
          『新編　日本思想史研究—村岡典嗣論文選』東洋文庫726，平凡社，2004年。

高橋章則（たかはし・あきのり）
　1957年　宮城県に生まれる。
　1986年　東北大学大学院文学研究科博士後期課程単位取得退学。
　現　在　東北大学大学院文学研究科教授。
　著　作　「『媒介』の思想史的意義――思想を『媒介』する『モノ』と『人』」『日本思想史学』第36号，2004年。
　　　　　『江戸の転勤族――代官所手代の世界』平凡社，2007年。
　　　　　「思想の流通――月次な学芸世界」『岩波講座日本の思想2』岩波書店，2013年。

渡辺和靖（わたなべ・かずやす）
　1946年　山形県に生まれる。
　1971年　東北大学大学院文学研究科修士課程修了。
　現　在　愛知教育大学名誉教授。博士（文学）。
　著　作　『保田與重郎研究』ぺりかん社，2004年。
　　　　　『吉本隆明の一九四〇年代』ぺりかん社，2010年。
　　　　　『闘う吉本隆明六〇年安保から七〇年安保へ』ぺりかん社，2013年。

平山　洋（ひらやま・よう）
　1961年　神奈川県に生まれる。
　1986年　慶應義塾大学文学部哲学科卒業。
　1992年　東北大学大学院文学研究科博士後期課程修了。
　現　在　静岡県立大学国際関係学部助教。博士（文学）。
　著　作　『西田哲学の再構築』ミネルヴァ書房，1997年。
　　　　　『福沢諭吉の真実』文春新書，2004年。
　　　　　『アジア独立論者　福沢諭吉』ミネルヴァ書房，2012年。

　　　　　　　　　　　概説　日本思想史

　2005年4月30日　初版第1刷発行　　　　　〈検印省略〉
　2019年11月10日　初版第9刷発行
　　　　　　　　　　　　　　　　　　　　定価はカバーに
　　　　　　　　　　　　　　　　　　　　表示しています
　　　　　　　編集委員
　　　　　　　代　　表　　佐　藤　弘　夫
　　　　　　　発　行　者　　杉　田　啓　三
　　　　　　　印　刷　者　　江　戸　孝　典
　　　　　　　　　　　　株式
　　　　　　　発　行　所　会社　ミネルヴァ書房
　　　　　　　　　607-8494 京都市山科区日ノ岡堤谷町1
　　　　　　　　　電話代表（075）581-5191
　　　　　　　　　振替口座　01020-0-8076

　　　　　　© 佐藤弘夫ほか，2005　　　共同印刷工業・新生製本
　　　　　　　　　　ISBN 978-4-623-04303-3
　　　　　　　　　　　Printed in Japan

日記で読む日本中世史	元木泰雄編著	A5判三五二頁 本体三二〇〇円
日本政治思想	松薗斉	A5判三三〇頁 本体三二〇〇円
日本の歴史 近世・近現代編	米原　謙著	A5判三二〇頁 本体三三〇〇円
アジア独立論者福沢諭吉	藤井譲治 伊藤之雄編著	A5判二八四頁 本体三二〇〇円
ミネルヴァ日本評伝選	平山　洋著	A5判七〇四頁 本体四〇〇〇円
安倍晴明——陰陽の達者なり	斎藤英喜著	四六判三三八頁 本体二四〇〇円
源　信——往生極楽の教行は濁世末代の目足	小原　仁著	四六判三〇四頁 本体三〇〇〇円
日　蓮——われ日本の柱とならむ	佐藤弘夫著	四六判三七八頁 本体三〇〇〇円
山崎闇斎——天人唯一の妙、神明不思議の道	澤井啓一著	四六判四二四頁 本体三八〇〇円
吉田松陰——身はたとひ武蔵の野辺に	海原　徹著	四六判二二八頁 本体二二〇〇円
福澤諭吉——文明の政治には六つの要訣あり	平山　洋著	四六判三六〇頁 本体三〇〇〇円
陸　羯南——自由に公論を代表す	松田宏一郎著	四六判三六〇頁 本体三六〇〇円
吉野作造——人世に逆境はない	田澤晴子著	四六判三三六頁 本体三〇〇〇円
平泉　澄——み国のために我つくさなむ	若井敏明著	四六判三〇八頁 本体三六〇〇円

ミネルヴァ書房
http://www.minervashobo.co.jp/